A QUARTA PARTE DO MUNDO

OBJETIVA

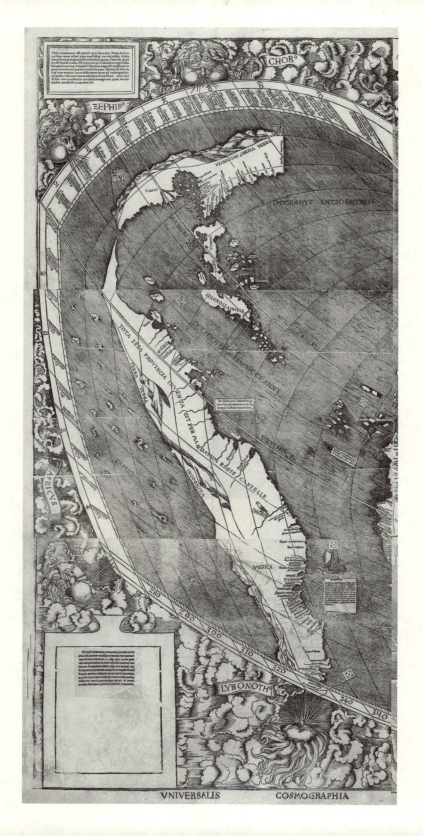

TOBY LESTER

A QUARTA PARTE DO MUNDO

a corrida aos confins da Terra e a épica história do mapa que deu nome à América

Tradução
Carlos Leite da Silva

OBJETIVA

© 2009 by Toby Lester

Todos os direitos desta edição reservados à
EDITORA OBJETIVA LTDA.
Rua Cosme Velho, 103
Rio de Janeiro – RJ – CEP: 22241-090
Tel.: (21) 2199-7824 – Fax: (21) 2199-7825
www.objetiva.com.br

Título original
The fourth part of the world: The race to the ends of the Earth, and the epic story of the map that gave America its name

Capa
Marcelo Pereira

Imagem de capa
Cortesia da Divisão de Geografia e Mapas, Library of Congress

Revisão
Bruno Fiuza
Joana Milli
Lilia Zanetti

Editoração eletrônica
Filigrana

CIP-BRASIL. CATALOGAÇÃO-NA-FONTE
SINDICATO NACIONAL DOS EDITORES DE LIVROS, RJ

L635q

Lester, Toby
    A quarta parte do mundo : a corrida aos confins da Terra e a épica história do mapa que deu nome à América / Toby Lester ; tradução de Carlos Leite da Silva. - Rio de Janeiro : Objetiva, 2012.
    548p.   ISBN 978-85-390-0412-6

    Tradução de: *The fourth part of the world : The race to the ends of the Earth, and the epic story of the map that gave America its name*

    1. Waldseemüller, Martin, 1470-1521? 2. Paris, Matthew, 1200-1259. 3. Polo, Marco, 1254-1323? 4. Mapas-múndi - História. 5. Cartografia - História. 6. Viagens - História - Até 1500. 7. Descobertas geográficas - Até 1500. 8. Escritos de viajantes europeus. 9. América - Mapas - História. 10. América - Nome. I. Título.

12-5508.   CDD: 912.7
                                                                                  CDU: 912(7)

Às quatro partes do meu pequeno mundo:
Catherine, Emma, Kate e Sage

Sumário

	Prefácio	9
Prólogo ◦	*Despertar*	15
PRIMEIRA PARTE ◦	**VELHO MUNDO**	37
Capítulo Um ◦	Os mapas de Matthew	39
Capítulo Dois ◦	A praga de Deus	60
Capítulo Três ◦	A descrição do mundo	82
Capítulo Quatro ◦	Pelo Mar Oceano	101
Capítulo Cinco ◦	Ver para crer	115
SEGUNDA PARTE ◦	**NOVO MUNDO**	131
Capítulo Seis ◦	Redescoberta	133
Capítulo Sete ◦	Ptolomeu, o sábio	150
Capítulo Oito ◦	A perspectiva florentina	169
Capítulo Nove ◦	*Terrae Incognitae*	189
Capítulo Dez ◦	Em regiões africanas	204
Capítulo Onze ◦	Homens instruídos	224
Capítulo Doze ◦	O Cabo das Tormentas	242
Capítulo Treze ◦	Colombo	265
Capítulo Catorze ◦	O Almirante	287
Capítulo Quinze ◦	O portador de Cristo	310
Capítulo Dezesseis ◦	Américo	336

TERCEIRA PARTE ∘ **O MUNDO TODO**	359
Capítulo Dezessete ∘ Gymnasium	361
Capítulo Dezoito ∘ Mundo sem fim	382
Capítulo Dezenove ∘ Além-mundo	409

| *Epílogo* ∘ O caminho do mundo | 434 |
| *Apêndice* ∘ O mapa Stevens-Brown | 438 |

Agradecimentos	443
Notas	447
Obras citadas	479
Leitura adicional	495
Autorizações e créditos	498
Índice remissivo	508

Prefácio

Mapas antigos nos levam a lugares estranhos e inesperados, e nenhum o faz de forma mais incontestável que o tema deste livro: o enorme e fascinante mapa-múndi de Waldseemüller, de 1507. O mapa nos seduz, revela-se aos poucos e não nos larga. Quando pensei em contar a história do mapa pela primeira vez, alguns anos atrás, achei que sabia o que estava fazendo. Mas então o mapa assumiu o controle e, por dois anos, segui seu comando. Este livro incomum é o resultado disso.

Tomei conhecimento do mapa pela primeira vez em 2003, quando deparei com um comunicado de imprensa anunciando que a Library of Congress dos Estados Unidos tinha comprado o único exemplar restante do mapa pela surpreendente quantia de 10 milhões de dólares. Era o valor mais alto já pago publicamente por um documento histórico, quase 2 milhões de dólares acima do último detentor do recorde, um exemplar original da Declaração da Independência dos Estados Unidos. Fiquei intrigado. Que mapa era esse? Por que era considerado tão valioso? E por que eu nunca tinha ouvido falar dele?

O mapa tem um memorável direito à fama: ele deu nome à América. Descrevendo orgulhosamente o mapa como a "certidão de nascimento da América", o comunicado de imprensa da Library of Congress contava a história básica. O mapa era criação de um pequeno grupo de estudiosos e impressores estabelecidos nas montanhas de Lorena, no leste da França — entre os quais estava um cartógrafo alemão chamado Martin Waldseemüller, cujo nome está atualmente vinculado ao mapa. Surpreendentemente, Waldseemüller e seus colegas, hoje quase inteiramente esquecidos, haviam decidido que, 15 anos após a descoberta inicial de Colombo, já era hora de dar um nome ao Novo Mundo. Mas o que eles chamaram de América nada tinha a ver com o que hoje se chama, coloquialmente, de América: os Estados

Unidos. A América de Waldseemüller era a do Sul: uma vasta região no sul do Novo Mundo que Waldseemüller e seus colegas acreditavam ter sido explorada e descrita pela primeira vez poucos anos antes, pelo mercador italiano Américo Vespúcio, em cuja honra cunharam seu novo nome.

O mapa, porém, fez mais do que somente apresentar o nome América ao mundo. Pela primeira vez — rompendo com a noção predominante de que Colombo e Vespúcio haviam descoberto uma parte desconhecida da Ásia —, retratava claramente o Novo Mundo cercado por água. Em outras palavras, tornou-se o primeiríssimo mapa a apresentar o hemisfério ocidental mais ou menos como hoje o conhecemos. E, misteriosamente, por razões que ainda precisam ser mais bem explicadas, fazia-o anos antes da data em que os europeus supostamente descobriram a existência do oceano Pacífico, em 1513.

Mil cópias foram impressas e, no espaço de uma década, auxiliado pela disseminação da recém-inventada prensa tipográfica, o nome havia se tornado popular em toda a Europa. Mas o mapa em si logo ficou desatualizado, sendo substituído e descartado em favor de outros que ofereciam imagens cada vez mais completas do Novo Mundo. No final do século XVI, já tinha desaparecido inteiramente. Ficaria esquecido ou dado como perdido por vários séculos, até 1901, quando um padre jesuíta de meia-idade, ao visitar um castelo sem muita importância no sul da Alemanha, achou por acaso um exemplar do mapa num canto isolado da biblioteca do castelo. Especialista em história da cartografia, Fischer reconheceu o que havia encontrado e rapidamente anunciou ao mundo que descobrira o pai de todos os mapas modernos: o mapa que apresentara o Novo Mundo à Europa e dera nome à América.

Era uma história fascinante, e decidi tentar escrever um livro sobre ela. No entanto, quanto mais analisava o mapa, mais eu via. A visão rapidamente se tornou caleidoscópica: um mutante mosaico de geografia e história, povos e lugares, lendas e ideias, verdade e ficção. Em pouco tempo me dei conta de que o mapa abre uma janela para algo muito mais vasto, estranho e interessante do que apenas a história de como a América recebeu seu nome. Ele oferece uma nova visão de como, no decorrer de vários séculos, os europeus aos poucos abandonaram ideias tradicionais e antigas sobre o mundo; como rapidamente expandiram seus horizontes geográficos e intelectuais; e, finalmente — num empreendimento coletivo que culminou na elaboração do mapa —, como conseguiram chegar a um novo entendimento do mundo como um todo.

Este livro, portanto, conta a história do mapa de Waldseemüller de duas maneiras distintas: como uma micro-história que se concentra na pouco conhecida e cativante história da elaboração do mapa em si, nos anos que culminaram em 1507; e como uma macro-história que rastreia a convergência de ideias, descobertas e forças sociais que juntas viabilizaram o mapa — uma série de viagens justapostas, algumas geográficas e outras intelectuais, algumas famosas e outras esquecidas, que possibilitaram a representação do mundo como hoje o conhecemos.

O livro está dividido em quatro partes principais. O prólogo, intitulado "Despertar", apresenta o mapa, conta a história da atribuição do nome à América e termina com a dramática redescoberta do mapa em 1901. Em seguida, as duas primeiras partes do livro, intituladas "Velho Mundo" e "Novo Mundo", apresentam um numeroso e diversificado elenco de personagens que, de maneira geral e a seu próprio modo idiossincrático, ajudaram a produzir o mapa. Américo Vespúcio tem um papel proeminente na história, assim como Cristóvão Colombo, mas legiões de outros também o têm: sábios e monges medievais da Europa, que preservaram ensinamentos antigos sobre a natureza do mundo e do cosmos; os primeiros missionários e mercadores que viajaram para o Oriente em busca dos mongóis, de Gengis Khan e de um mítico rei cristão conhecido como Preste João; Marco Polo e outros viajantes e escritores que apresentaram à Europa medieval as maravilhas do Extremo Oriente; os estudiosos e poetas da Renascença, que começaram a ressuscitar antigas obras de geografia como um exercício literário e patriótico e acabaram por compreender o mundo de maneiras fundamentalmente novas; as autoridades da Igreja que desejavam tornar a cristandade uma potência global e estudaram a geografia como forma de transformar esse sonho em realidade; os marinheiros e mercadores que viajaram para lugares cada vez mais distantes de suas terras e regressaram com novos mapas do que haviam encontrado — e, claro, em meio a isso tudo, os zelosos geógrafos e cartógrafos que, ano após ano, século após século, tentaram compreender tudo aquilo.

O que une todos os elementos do livro é o próprio mapa de Wald-seemüller. A história, assim como o mapa, é eurocêntrica. Cada capítulo abre com um detalhe destacado do mapa e depois revive algumas das muitas histórias e ideias, conhecidas e desconhecidas, que estão ali incrustadas. Partindo do início dos anos 1200, na Inglaterra, no extremo ocidental do mundo conhecido, os capítulos percorrem o mapa gradualmente, numa progressão narrativa ao mesmo tempo cronológica e geográfica. Primeiro, o livro desloca-se para o lado leste do mapa, quando os europeus começam a explorar e mudar suas concepções sobre a Ásia; depois viaja para o sul, quando fazem o mesmo em relação à África e ao oceano Índico; e finalmente avança para o oeste, atravessando o Atlântico, quando pela primeira vez avistam o Novo Mundo e tentam entender o que encontraram. Somente depois de assentada toda esta base é que o mapa de Waldseemüller propriamente dito volta à cena, na terceira e última seção do livro, "O Mundo Todo", que descreve a elaboração do mapa e termina com uma história quase nunca contada: a história de como, não muito tempo após sua publicação, em 1507, o mapa chegou à Polônia e ajudou o jovem Nicolau Copérnico a desenvolver a surpreendente ideia de que a Terra não era fixa no centro do cosmos, mas girava em torno do Sol.

É um final adequado à história. O mapa de Waldseemüller entrou em cena numa época de tumultuosa mudança social e intelectual, exatamente quando os europeus estavam reavaliando seu lugar no cosmos. Por um acaso feliz, inesperado e indelével, o mapa captou uma nova visão do mundo no momento em que ela começava a existir — e essa visão do mundo, claro, é a nossa.

A Terra está localizada na região central do cosmos, ocupando fixamente o centro, equidistante de todas as outras partes do firmamento [...] Está dividida em três partes, uma das quais é chamada Ásia, a segunda Europa, a terceira África [...] Além destas três partes do mundo, há uma quarta, além do Oceano, que nos é desconhecida.[1]

— Isidoro de Sevilha, *Etimologias* (c. 600 d.C.)

PRÓLOGO

DESPERTAR

Mas onde está esse mapa de Waldseemüller? [...] Em algum lugar,
num canto escuro de uma biblioteca monástica, dobrada dentro de
algum volume encadernado, talvez uma cópia esteja dormindo.[1]

— John Boyd Thacher (1896)

ERA UM LIVRINHO curioso. Quando algumas cópias começaram a emergir, nos séculos XVIII e XIX, ninguém sabia o que pensar a respeito. Com 103 páginas e inteiramente escrito em latim, o livro expunha seu conteúdo na página de rosto (Figura 1).

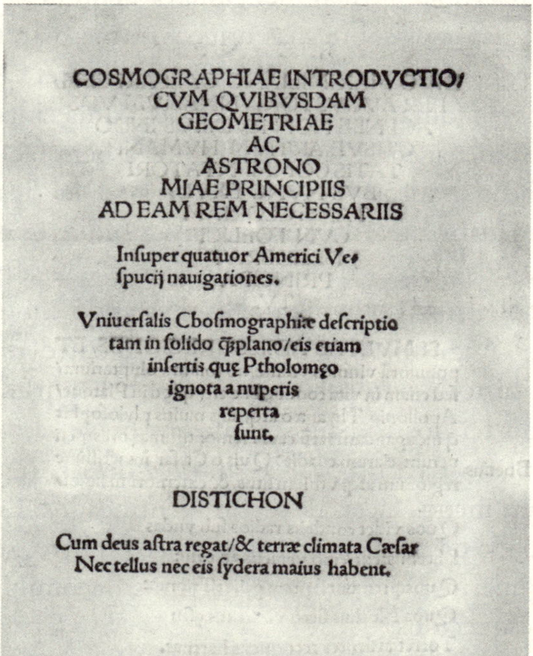

COSMOGRAPHIAE INTRODVCTIO,
CVM QVIBVSDAM
GEOMETRIAE
AC
ASTRONO
MIAE PRINCIPIIS
AD EAM REM NECESSARIIS

Insuper quatuor Americi Ve‑
spucij nauigationes.

Vniuersalis Cosmographiæ descriptio
tam in solido ꝗplano/eis etiam
insertis quę Ptholomęo
ignota a nuperis
reperta
sunt.

DISTICHON

Cum deus astra regat/& terræ climata Cæsar
Nec tellus nec eis sydera maius habent.

Figura 1. Página de rosto,
Cosmographiae introductio (1507).

Introdução à cosmografia[2]
com certos princípios de geometria e astronomia necessários a este assunto

Em suplemento, as quatro viagens de Américo Vespúcio

Uma descrição do mundo inteiro tanto em globo como em planisfério com a inserção daquelas terras desconhecidas por Ptolomeu e descobertas por homens recentes

Dístico
Dado que Deus governa os céus e César as terras, nem a Terra nem as estrelas possuem algo maior do que estes.

O livro — hoje conhecido como *Cosmographiae introductio*, ou *Introdução à cosmografia* — não mencionava nenhum autor. Mas dava alguns indícios dispersos sobre suas origens. Uma marca do impressor na quarta capa registrava que tinha sido publicado "sete anos após o sesquimilênio"[3], nas "montanhas dos Vosges", em uma cidade que recebeu seu nome em homenagem a são Deodato. Era bem fácil de decifrar: a data de publicação era 1507 e a cidade, Saint-Dié, ficava no leste da França, aproximadamente 100 quilômetros a sudoeste de Estrasburgo, nas montanhas dos Vosges de Lorena. Mais pistas surgiam nas duas dedicatórias de abertura do livro, ambas prestando tributo a certo Maximiliano César Augusto. Um único personagem detinha este título nesta época da história europeia: Maximiliano I, um monarca alemão conhecido como rei dos romanos e que em breve se tornaria o Sacro Imperador Romano da Europa. Os autores dessas duas dedicatórias, no entanto, eram menos fáceis de serem identificados. Embora parecessem ter participado da preparação e impressão do livro, se identificavam apenas como Philesius Vogesigena e Martinus Ilacomilus — pseudônimos há muito esquecidos.

A palavra *cosmografia* não é muito utilizada hoje, mas em 1507 os leitores eruditos sabiam seu significado: o estudo do mundo conhecido e seu lugar no cosmos. Na época, como ocorria há séculos, acreditava-se que o cosmos consistia num conjunto de gigantescas esferas concêntricas. A Lua, o Sol e os planetas tinham cada qual sua própria esfera, e para além deles havia uma esfera única contendo a totalidade das estrelas: o firmamento. A Terra ficava imóvel no centro dessas esferas, cada uma das quais girava grandiosamente ao redor do globo, dia e noite, numa interminável procissão. Era função do cosmógrafo — ao mesmo tempo um geógrafo, astrônomo, matemático e até filósofo — descrever a composição visível do cosmos e explicar como suas várias partes se ajustavam.

A *Introdução à cosmografia* dedicava suas primeiras 35 páginas a essa tarefa. De forma metódica e cuidadosa, a obra expunha um modelo tradicional do cosmos. Primeiro vinham as definições abstratas: um *círculo*, uma *linha*, um *ângulo*, um *sólido*, uma *esfera*, um *eixo*, um *polo*, um *horizonte*. Depois vinham descrições sobre a ordem do cosmos, sustentadas por diagramas práticos e citações de autoridades antigas. Finalmente, vinha a própria Terra: seu lugar no centro do cosmos; sua forma, que todos sabiam ser redonda; suas zonas climáticas; seus ventos; e suas muitas regiões habitáveis e inabitáveis.

Tudo isso era material conhecido. Inúmeros outros livros e tratados haviam discutido tais ideias. A questão era exatamente essa: o mundo e o cosmos eram o que sempre tinham sido, e a *Introdução à cosmografia* ensinava seus leitores como estudá-los. Mas, já próximo ao final do livro, no capítulo dedicado à composição da Terra, o autor fez algo extremamente incomum: abriu espaço na página para uma interferência e firmou uma declaração estranhamente pessoal. Foi logo depois de ter apresentado aos leitores a Ásia, a África e a Europa — as três partes do mundo conhecidas desde a antiguidade. "Essas partes", escreveu,

foram, agora, mais amplamente exploradas, e uma quarta parte foi descoberta por Américo Vespúcio (como se verá a seguir). Já que tanto a Ásia como a África receberam seus nomes a partir de mulheres, não vejo por que impedir que esta [nova parte] seja chamada *Amerigen* — a terra de Amerigo Vespucci, no italiano — ou *América*, em homenagem a seu descobridor, Americus, um homem de personalidade perspicaz.[4]

Foi um momento profundamente estranho. Sem nenhum alarde, já próximo ao final de um tratado menor sobre cosmografia, escrito em latim e publicado nas montanhas da França oriental, um autor anônimo do século XVI saiu brevemente da obscuridade para dar nome à América.

E então voltou a desaparecer.

*　*　*

SOMENTE O PRIMEIRO TERÇO da *Introdução à cosmografia* fazia, efetivamente, uma introdução à cosmografia. O restante da obra consistia de uma longa carta escrita por Américo Vespúcio e dirigida a certo Renato II, duque de Lorena. Em detalhes vivos e muitas vezes sensacionalistas, Vespúcio, um mercador florentino, descrevia quatro viagens que havia feito — ou pelo menos afirmava ter feito — ao Novo Mundo, entre 1497 e 1504. Foi a busca por esta carta que, de fato, trouxe cópias da *Introdução à cosmografia* novamente à luz no século XVIII. O que estava em causa era uma questão que os historiadores da Era dos Descobrimentos vinham debatendo rancorosamente havia séculos: quem tinha chegado primeiro ao continente do Novo Mundo, Cristóvão Colombo ou Américo Vespúcio?

Ninguém duvidava que Colombo havia navegado na direção oeste pelo Atlântico antes de Vespúcio. Como era bem sabido, Colombo tinha feito quatro viagens de descobrimento no Ocidente, começando em 1492 — mas durante as duas primeiras viagens, que ocorreram entre 1492 e 1496, só visitara as ilhas do Caribe, às quais chamou de Índias, acreditando estarem nas cercanias da Ásia. Foi apenas em 1498, durante sua terceira viagem, que finalmente pisou em solo continental, na costa da atual Venezuela. Segundo os partidários de Colombo, este momento representava a autêntica descoberta europeia do Novo Mundo.

Um dos primeiros a registrar esta opinião por escrito, pouco antes da metade do século XVI, foi o frei espanhol Bartolomeu de Las Casas. "Está provado"[5], trovejou ele no primeiro livro de sua *História das Índias*, "que o Almirante D. Cristóbal Colón foi o primeiro por meio de quem a Divina Providência determinou que este nosso grandioso continente fosse descoberto"; e prosseguiu, acrescentando: "Ninguém pode ousar usurpar o crédito, nem conferi-lo a si mesmo ou a outro, sem agravo, injustiça e injúria cometida contra o Almirante e, consequentemente, sem ofensa a Deus".

O que provocou esta explosão foi a pequena *Introdução à cosmografia*. Las Casas estudara o livro com cuidado e ficara profundamente ofendido pela carta de Vespúcio, que sugeria que ele havia visitado a costa da América do Sul em 1497, um ano antes de Colombo. O livro indicava que Colombo fora o primeiro a chegar às Índias, mas que Vespúcio fora o primeiro a descobrir o Novo Mundo. Nos registros históricos não havia provas desta afirmação, e Las Casas decidiu que era um erro que precisava corrigir. Escrevendo com a *Introdução à cosmografia* explicitamente na cabeça, descartou Vespúcio como uma fraude e iniciou um debate sobre a descoberta do Novo Mundo que por séculos provocaria uma fúria internacional.

> Deve-se considerar aqui a injúria e injustiça feita ao Almirante por Américo Vespúcio, ou pelos que publicaram suas *Quatro viagens*, ao atribuir a descoberta deste continente a ele, sem mencionar ninguém mais senão ele próprio. Em virtude disso, todos os estrangeiros que escrevem sobre as Índias em latim, ou em sua língua materna, ou que fazem gráficos e mapas, chamam o continente de *América*, como se tivesse sido descoberto por Américo [...] É certo que essas *Viagens* injustamente usurpam do Almirante a honra e o privilégio de, por seus esforços, diligência e com o suor do seu rosto, ter sido o primeiro a dar à Espanha e ao mundo o conhecimento deste continente.[6]

A *Introdução à cosmografia* desapareceu rapidamente da memória após a morte de Las Casas, em 1566. Mas o nome América pegou, para consternação de muitos espanhóis, que o consideravam uma afronta não apenas a Colombo, mas também à sua honra nacional. Outros levaram adiante a campanha contra Vespúcio, e no século XIX os próprios americanos se juntaram a ela. "Todo mundo conhece os ardilosos estratagemas destes indignos florentinos"[7], escreveu Washington Irving em 1809, "pelos quais roubaram os louros dos braços do imortal Colon (vulgarmente chamado Colombo) e concederam-nos a seu intrometido cidadão Américo Vespúcio". Ralph Waldo Emerson deu sua opinião mais tarde no mesmo século, refletindo, em frases que viriam a ser famosas, sobre quão estranho era o fato de a "vasta América carregar o nome de um ladrão [...] [que] conseguiu neste falso mundo suplantar Colombo e batizar metade da Terra com seu próprio nome desonesto"[8].

O povo de Florença naturalmente tinha uma posição diferente sobre o assunto. O astrônomo florentino Stanislao Canovai resumiu-o num tributo público a Vespúcio proferido no dia 15 de outubro de 1788.

> O universo, surpreso ante seus feitos, considerou-o confidente das estrelas, pai da cosmografia, o portento da navegação e tendo, pelo unânime sufrágio de todas as nações, abolido aquela primitiva denominação de *Novo Mundo*, determinou que o continente derivasse seu nome apenas de Américo, e com sublime gratidão e justiça, garantiu-lhe esta recompensa e uma eternidade de fama. Mas, pode-se acreditar? [Alguns países] ainda acalentam corações tão ingratos e mentes tão tacanhas que não apenas desonraram com sátiras os incomparáveis feitos de Vespúcio, mas, censurando estrondosamente o decreto unânime das nações, incriminaram Américo por seu nome ter sido adotado e o retrataram nas cores negras de um ambicioso usurpador.[9]

Resumindo, foi um estardalhaço épico — um grande feito para um obscuro e pequeno tratado sobre cosmografia.

*   *   *

O PRIMEIRO AUTOR de renome a chamar a atenção popular para a *Introdução à cosmografia* foi Washington Irving. Enquanto trabalhava numa biografia de Cristóvão Colombo, na década de 1820, Irving decidiu tentar resolver o debate Colombo-Vespúcio — em favor de Colombo. Examinando a literatura erudita sobre Vespúcio, na tentativa de confirmar que sua viagem de 1497 nunca acontecera, Irving descobriu a obra de um abade italiano de nome Francesco Cancellieri, que algumas décadas antes tinha encontrado por acaso um exemplar da *Introdução à cosmografia* na Biblioteca do Vaticano e resumira seu conteúdo

— sucintamente, mas com detalhes suficientes para deixar claro que Vespúcio nada tinha a ver com a designação da América. Quando publicou sua biografia de Colombo, em 1828, Irving dirimiu as dúvidas sobre Vespúcio. "Seu nome foi dado a esta parte do continente por outros", escreveu. A façanha, explicou em nota de rodapé, tinha sido feita "em St. Diey, na Lorena, em 1507"[10]. Quando questionado sobre quem eram esses "outros", no entanto, ele não teve nada a dizer.

A pessoa que finalmente chegou à resposta foi o barão Alexander von Humboldt, um dos grandes estudiosos e exploradores do século XIX. Intrigado pelo que Irving havia escrito sobre a *Introdução à cosmografia*, Humboldt desenvolveu uma obsessão pelo livro e, em 1839, após muitas pesquisas, anunciou que desvendara seu segredo. "Este livro extremamente raro tomou boa parte do meu tempo nos últimos anos"[11], escreveu em sua monumental *Critical Examination of the History of the Geography of the New Continent* (Análise crítica da história da geografia do novo continente), acrescentando: "Tive o prazer de descobrir recentemente o nome e as relações literárias do misterioso personagem que primeiro propôs o nome *América* como designação do Novo Continente e que se escondia sob o nome helenizado de *Hylacomylus*."[12]

A história que Humboldt tinha montado era mais ou menos a seguinte: Hylacomylus — Martinus Ilacomylus, isto é, o autor de uma das dedicatórias da *Introdução à cosmografia* — era Martin Waldseemüller, um cartógrafo alemão da região próxima a Friburgo; Philesius Vogesigena, autor da outra dedicatória, era Matthias Ringmann, um jovem poeta e classicista de uma cidade nas montanhas dos Vosges. Os dois homens eram amigos e foram para Saint-Dié nos primeiríssimos anos do século XVI. Ali fizeram parte de um pequeno grupo de estudiosos e impressores que, com o apoio do duque Renato, estabeleceram uma imprensa erudita e começaram a chamá-la de Gymnasium Vosagense. Quando o duque recebeu sua famosa carta de Vespúcio e a partilhou com os membros do Gymnasium, eles decidiram que era hora de colocar as descobertas de Vespúcio em um contexto teórico, isto é, cosmográfico. E foi assim que, em 1507, a América ganhou seu nome e nasceu a *Introdução à cosmografia*.

A reconstrução de Humboldt era uma obra-prima do trabalho de investigação histórico-literário: meticulosamente pesquisado, rigorosamente argumentado e elegantemente escrito. Sua publicação inspirou outros a procurarem a *Introdução à cosmografia* — só que agora, em vez de irem direto para a passagem sobre a designação da América, estudiosos cuidadosos se deram conta de que Humboldt havia negligenciado um importante aspecto da história do livro. O político e estrategista norte-americano Charles Sumner adquiriu um exemplar parcial do livro na metade do século XIX e, em sua página inicial em branco, registrou um pensamento que estava ocorrendo cada vez a mais pessoas. "Quem quer que tenha sido o autor desta cosmografia"[13], escreveu Sumner, "fez mais do que dar à América o nome que ela carrega hoje. Pois, em diferentes passagens de sua obra, pode-se ver que já no início de 1507 ele tinha preparado mapas do mundo confirmando tudo o que se sabia do Novo Mundo".

Os mapas! Todo aquele alvoroço em torno de Vespúcio e da designação da América fizera com que os leitores negligenciassem o último item anunciado na página de rosto da *Introdução à cosmografia*: o mapa e o globo. Estudiosos do livro agora reconheciam que esses mapas eram a principal razão de ele ter sido escrito. O próprio autor do livro deixou isso absolutamente claro, mas apenas em um parágrafo que passava facilmente despercebido, na parte de trás de um diagrama desdobrável. "O propósito deste pequeno livro", declarava ele, "é escrever uma espécie de introdução a todo o mundo que retratamos em globo e em planisfério"[14]. O restante do parágrafo prosseguia descrevendo o mapa de modo bastante detalhado.

> O globo, certamente, limitei em tamanho. Mas o mapa é maior. Assim como os fazendeiros em geral demarcam e dividem suas fazendas por linhas de fronteira, assim nos empenhamos em marcar os principais países do mundo com os emblemas de seus governantes. E (começando por nosso próprio continente) no meio da Europa colocamos as águias do Santo Império Romano (que governa os reis da Europa), e com a chave (que é o símbolo do Santo Padre) envolvemos quase toda a Europa, que reconhece a Igreja Romana. A grande parte da África e uma parte da Ásia identificamos com meias-luas, que são emblemas do supremo sultão da Babilônia, senhor de todo o Egito e de parte da Ásia. A parte da Ásia chamada

Ásia Menor nós cercamos com uma cruz cor de açafrão junto a um ferrete, que é o símbolo do sultão dos turcos, que governa a Cítia deste lado dos Himalaias, a maior das montanhas da Ásia, e a Cítia sármata. A Cítia asiática marcamos com âncoras, que são os emblemas do grande tártaro Khan. A cruz vermelha simboliza Preste João (que governa as Índias ocidental e oriental e reside em Biberith); e finalmente, na quarta parte do mundo, descoberta pelos reis de Castela e Portugal, colocamos os emblemas destes soberanos. O que não deve ser ignorado é que marcamos com uma cruz locais rasos no mar onde se pode temer naufrágios. Com isso encerramos.

Outras informações sobre o mapa apareciam na dedicatória de Waldseemüller a Maximiliano I. "Por meus maiores esforços e com a ajuda de outros", escreveu, "estudei os livros de Ptolomeu, de um exemplar em grego, e, tendo acrescentado as informações das quatro viagens de Américo Vespúcio, preparei um mapa-múndi. [...] Decidi dedicar esta obra a sua mais sagrada Majestade, já que é o senhor do mundo inteiro"[15]. No final da obra, o autor também mencionou que fizera esse mapa em "folhas"[16], o que sugeria que seu tamanho era considerável, montadas a partir de uma série de páginas impressas separadamente. O autor observou que, ao preparar este mapa, ele havia consultado não apenas o trabalho de Ptolomeu, um antigo geógrafo grego, mas também gráficos feitos por marinheiros modernos. E imediatamente após o parágrafo sobre a designação da América, soltou uma bomba. Esta nova parte do mundo, escreveu, "descobriu-se ser cercada, de todos os lados, por oceano"[17].

Era uma afirmação surpreendente de se fazer em 1507. De acordo com os livros históricos, foi apenas em 1513 — depois de Vasco Núñez de Balboa ter visto o Pacífico ao olhar para o oeste do alto de uma montanha no Panamá — que os europeus começaram a conceber o Novo Mundo como um continente separado. Colombo morrera em 1506 acreditando ter chegado às adjacências do Japão e da China, e o próprio Vespúcio se referira explicitamente à região que havia explorado como uma "interminável terra asiática"[18]. Somente depois de 1520 — após Magalhães ter dado a volta na parte inferior do Novo Mundo e navegado para o Pacífico — os europeus confirmariam a natureza continental do Novo Mundo.

Então por que a *Introdução à cosmografia* anunciava que o Novo Mundo era cercado por água? Seria apenas um palpite inspirado, feito no mesmo espírito poético que dera origem ao nome América? Ou seria uma indicação de que Waldseemüller e seus colegas tiveram acesso a informações sobre uma viagem de descobrimento esquecida que havia alcançado a costa oeste da América do Sul antes de 1507 — uma viagem que talvez até envolvesse o próprio Américo Vespúcio? Ninguém poderia saber. A única coisa certa era que este mapa apresentava uma nova e revolucionária visão geográfica. Preparado com cuidado por um grupo de estudiosos, impresso em várias folhas e mostrando as divisões políticas do mundo, ele sintetizava o saber dos antigos e as descobertas dos modernos, e os reunia, criando um novo retrato do mundo — um retrato que o expandia dramaticamente pela inclusão de um novo continente chamado América.

Infelizmente, no entanto, a *Introdução à cosmografia* não continha esse mapa.

* * *

O MAPA FOI GANHANDO um aspecto cada vez mais lendário com o andar do século XIX. Os estudiosos procuravam por ele em bibliotecas e coleções de mapas e publicavam extensos novos estudos sobre as atividades de Waldseemüller, Ringmann e do Gymnasium Vosagense. Com a aproximação do aniversário dos quatrocentos anos da primeira viagem de Colombo, a ideia de encontrar o mapa tornou-se uma espécie de busca pelo Santo Graal cartográfico. "Desde que Humboldt chamou a atenção para o *Cosmographiae introductio* pela primeira vez[19]", declarou o *Geographical Journal* na virada do século, "nenhum mapa perdido tinha sido procurado tão diligentemente quanto estes de Waldseemüller. Não é exagerado dizer que a honra de ser seu afortunado descobridor há muito tem sido considerada, pelos estudantes do campo da cartografia antiga, o maior prêmio possível". No entanto, nenhuma cópia do mapa apareceu, e, com a aproximação do fim da década, alguns especialistas começaram a considerar a busca uma perda de tempo. "Muito do que foi escrito sobre o Gymnasium de St. Dié e de Waldseemüller[20]", escreveu, em 1889, o barão Adolf Erik

Nordenskjold, a maior sumidade em cartografia, "tem sido uma inútil exibição de saber".

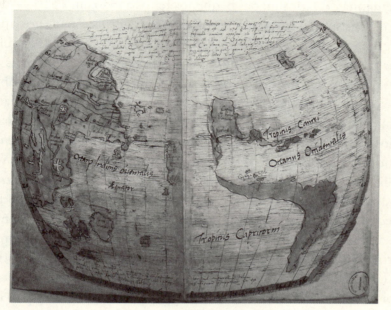

Figuras 2 e 3. No alto: mapa do hemisfério ocidental, Henricus Glareanus (1510). As Américas do Norte e do Sul estão à direita; o Japão está no meio; China e Extremo Oriente estão à esquerda. *Abaixo:* mapa do mundo, Henricus Glareanus (1510).

Menos de uma década depois, em 1897, o barão teve de engolir suas palavras. Nesse ano, o *Geographical Journal* anunciou a descoberta na Alemanha de vários mapas pequenos feitos à mão em 1510 — documentos "de especial interesse"[21], informou o *Journal*, "para nos ajudar, em alguma medida, a reconstruir o mapa perdido de Waldseemüller". Os mapas eram obra de um humanista suíço chamado Henricus Glareanus. Em um de seus mapas, Glareanus informava que, ao desenhá-lo, tinha seguido o "geógrafo deodato ou, preferencialmente, vosgeano"[22] — uma clara referência a Waldseemüller. Em outro de seus mapas — um dos dois descobertos no exemplar da *Introdução à cosmografia* do próprio Glareanus — ele dava mais informações. O mapa de Waldseemüller original era grande demais para caber na *Introdução à cosmografia*, escreveu ele, e, portanto, para completar seu exemplar do livro, ele decidira fazer uma cópia reduzida. "Retratei-o proporcionalmente em escala menor"[23], escreveu: "as três partes do mundo e a recém-descoberta terra americana". Estranhamente, os dois mapas encontrados no exemplar de Glareanus da *Introdução à cosmografia* pareciam cópias de dois mapas diferentes; um mostrava o hemisfério ocidental e o outro mostrava o mundo como um todo (Figuras 2 e 3). Isso era difícil de explicar, já que os dois mapas eram, supostamente, cópias do mesmo original, mas, apesar de suas diferenças, estavam claramente relacionados. Ambos colocavam as palavras "terra americana" (*Terra America*) na porção sul do Novo Mundo que Américo Vespúcio afirmava ter visitado — e ambos o retratavam como um novo continente completamente cercado por água.

Era uma descoberta empolgante. Os estudiosos podiam agora reconstruir, com alguma certeza, a verdadeira aparência do mapa perdido. Ao que parecia, Waldseemüller havia criado o documento pai da cartografia do mundo moderno: o primeiro mapa a apresentar a visão dos continentes e oceanos do mundo que corresponde, aproximadamente, à que hoje conhecemos.

A busca pelo mapa continuou nos anos de 1890, mas não deu frutos. Escrevendo em 1896, em *The Continent of America: Its Discovery and Its Baptism* (O continente americano: seu descobrimento e batismo), o historiador dos descobrimentos John Boyd Thacher resumiu admiravelmente tudo o que se sabia sobre a história de Waldseemüller, mas, quando chegou a hora de abordar a questão do mapa desaparecido, se mostrou simplesmente impotente. "O mistério do mapa"[24], escreveu, "ainda é um mistério".

* * *

No verão de 1901, liberado de suas funções docentes no Stella Matutina, um internato jesuíta em Feldkirch, Áustria, o padre Joseph Fischer fez as malas e partiu para a Alemanha. Fischer, que era quase calvo, usava óculos e tinha 44 anos, era professor de história e geografia. Ao longo dos sete anos anteriores vinha frequentando bibliotecas públicas e privadas da Europa em seu tempo livre, na esperança de encontrar mapas que dessem evidência das antigas viagens dos noruegueses pelo Atlântico. Sua atual viagem não era exceção. Mais cedo nesse ano, em correspondência com o padre Hermann Hafner, jesuíta responsável pela imponente coleção de livros e mapas no castelo de Wolfegg, no sul da Alemanha, Fischer fora informado de um raro mapa-múndi do século XV que retratava a Groenlândia de um modo incomum.

Do Stella Matutina, Fischer só precisou viajar uns 75 quilômetros para chegar a Wolfegg, uma pequenina cidade na sinuosa região rural ao norte da Áustria e Suíça, não muito longe do lago de Constança. Entrou na à cidade no dia 15 de julho, e ao chegar ao castelo foi recebido pelo proprietário, o príncipe Franz zu Waldburg-Wolfegg und Waldsee, que, conforme Fischer recordaria mais tarde, imediatamente lhe ofereceu um "acolhimento muito amigável e toda assistência que pudesse desejar"[25].

O mapa da Groenlândia acabou por se revelar tudo aquilo que Fischer esperava que fosse. Como era de costume em suas viagens de pesquisa, depois de estudar o mapa, Fischer iniciou uma busca sistemática por toda a coleção do príncipe, na esperança de encontrar outros objetos de interesse. Primeiro, fez um amplo inventário dos mapas e gravuras que, para seu prazer, continham uma série de tesouros. Depois passou horas mergulhado na biblioteca do castelo, examinando muitos de seus livros raros. E então, no dia 17 de julho, seu terceiro dia no castelo, se dirigiu à torre sul. De acordo com a informação que recebeu, no segundo andar encontraria um pequeno sótão contendo o pouco que ainda não vira da coleção do castelo.

O sótão era um cômodo simples, projetado para depósito, não para exposição. As prateleiras de livros revestiam três de suas paredes, desde o chão até o teto, e duas janelas permitiam a entrada de uma agradável quantidade de luz. O piso sem tapete era guarnecido com tábuas grandes e sem acabamento. Ao caminhar pelo cômodo e olhar para as lombadas dos livros nas prateleiras, Fischer logo se deparou com algo que despertou sua curiosidade: um fólio com capas de madeira de faia vermelha amarradas com couro de porco finamente trabalhado. Dois grampos góticos de metal fechavam o fólio, e Fischer os abriu delicadamente. Na capa interior ele encontrou um pequeno ex-líbris trazendo a data de 1515 e uma inscrição curta que informava o nome do proprietário original do fólio: Johannes Schöner, um renomado matemático e geógrafo alemão do século XVI. A inscrição dizia: "Posteridade, Schöner a ti concede isto como oferenda."[26]

Fischer começou a folhear cuidadosamente o fólio e descobriu, para sua surpresa, que ele continha não apenas um raro mapa estelar de 1515, estampado por Albrecht Dürer, um dos mais famosos e disputados artistas de toda a Renascença, mas também dois mapas mundiais gigantescos e desconhecidos. Fischer nunca tinha visto nada parecido com eles. Em condições originais, impressos a partir de blocos de madeira intricadamente entalhados, cada mapa era composto de 12 folhas separadas que, se removidas do fólio e montadas, criariam mapas de aproximadamente 1,40 x 2,40 metros de tamanho.

Fischer começou a examinar o primeiro mapa do fólio. Seu título, correndo em letras de fôrma pela parte inferior do mapa, dizia: O MUNDO INTEIRO CONFORME A TRADIÇÃO DE PTOLOMEU E AS VIAGENS DE AMÉRICO VESPÚCIO E OUTROS. Era uma linguagem que fazia lembrar imediatamente a *Introdução à cosmografia* — assim como o que Fischer viu no topo do mapa. Na segunda página do fólio, em uma das quatro folhas do alto do mapa, Fischer encontrou um retrato finamente executado de Ptolomeu, olhando para o leste por cima de um pequeno hemisfério contendo a Europa, a África e a Ásia. O significado da imagem era claro: era o Velho Mundo, do modo como era conhecido desde os tempos antigos e como o próprio Ptolomeu o havia mapeado.

Outro retrato, desenhado de forma a juntar e complementar o primeiro, aparecia na página seguinte. Este mostrava Américo Vespúcio, olhando para o oeste, sobre a outra metade do mundo, contendo o que hoje conhecemos como América do Norte e do Sul, o Pacífico e o Extremo Oriente. Era o Novo Mundo, conforme explorado e mapeado em séculos recentes — e tinha uma espantosa semelhança com o mapa do hemisfério ocidental de Glareanus (Figura 2).

O pulso de Fischer se acelerou. Estaria ele olhando para... o mapa? Ele mal se atrevia a pensar nisso, mas a rara representação do pequeno hemisfério do Novo Mundo, junto com a rara junção de Ptolomeu e Vespúcio no topo do mapa, era irresistivelmente sugestiva.

Fischer começou a estudar o mapa folha por folha. Rapidamente determinou que as duas folhas centrais do mapa — que mostravam a Europa, o norte da África, o Oriente Médio e a Ásia ocidental — derivavam diretamente do trabalho de Ptolomeu, cujos mapas antigos foram retomados e reproduzidos em larga escala durante o século XV. Mais para o leste, além dos limites do mundo conhecido por Ptolomeu, o mapa tomava emprestada uma representação do Extremo Oriente que Fischer encontrara em outros mapas do período: uma visão altamente conjectural da região baseada em grande parte nos escritos de Marco Polo. No entanto, Fischer notou imediatamente que a representação do sul da África derivava de uma terceira fonte: mapas de marinheiros que mostravam a rota marítima ao redor do continente e entrando no oceano Índico, na qual os portugueses foram pioneiros no fim do século XV.

Era uma incomum mistura de estilos e fontes, precisamente o tipo de síntese prometida na *Introdução à cosmografia*. Havia mais. O conjunto de emblemas políticos mencionados na *Introdução à cosmografia* estava espalhado ao longo das páginas do mapa: a águia imperial, a chave papal, o ferrete, a âncora e os vários tipos de cruzes. Mas a emoção maior de Fischer veio quando ele se voltou para as três folhas ocidentais. O que viu ali, emergindo da água e estendendo-se por uns 90 cm desde o alto da página do mapa até sua parte inferior, era uma gigantesca representação do Novo Mundo cercado por água, que apresentava uma fantástica semelhança com o Novo Mundo registrado no *outro* mapa encontrado no exemplar de *Introdução à cosmografia* de Glareanus (Figura 3).

A visão era de tirar o fôlego. Uma legenda na parte inferior da página informava os leitores do que estavam vendo, e a linguagem correspondia literalmente a um parágrafo que aparecia na *Introdução à cosmografia*. "Uma descrição geral"[27], dizia a legenda, "das várias terras e ilhas, incluindo algumas às quais os antigos não fazem menção, descobertas recentemente, entre 1497 e 1504, em quatro viagens pelos mares, duas por Fernando de Castela e duas por Manuel de Portugal, sereníssimos monarcas, sendo Américo Vespúcio um dos navegantes e oficiais da frota; e especialmente um delineamento de muitos lugares até agora desconhecidos".

A América do Norte aparecia no alto da folha, uma versão reduzida de seu correspondente moderno, e na sua margem ocidental trazia as palavras TERRAS DISTANTES DESCONHECIDAS. Ao sul havia algumas ilhas caribenhas, entre elas duas grandes, identificadas como Spagnolla e Isabella, acompanhadas por uma pequena legenda que dizia: "Estas ilhas foram descobertas por Colombo, um almirante de Gênova, sob o comando do rei da Espanha." No entanto, o que dominava este lado do mapa, enchendo duas folhas inteiras, era uma massa de terra ao sul, comprida e fina, que se estendia desde acima da linha do equador até a parte inferior do mapa. As palavras TERRAS DISTANTES DESCONHECIDAS também apareciam na costa noroeste dessa massa de terra, e logo abaixo do equador outra legenda dizia: TODA ESTA REGIÃO FOI DESCOBERTA POR ORDEM DO REI DE CASTELA. Mas o que surpreendeu Fischer foi o que viu na folha de baixo. Impressa no que hoje conhecemos como Brasil e colocada junto ao contorno da costa descrita por Américo Vespúcio em suas cartas, havia uma única palavra: AMÉRICA (Gravura 11).

Empolgado, e agora se permitindo acreditar que tinha, de fato, encontrado o mapa perdido, Fischer procurou nele uma data ou autor. Mas não encontrou nada em lugar nenhum — até que se voltou para o segundo mapa no fólio.

Datado de 1516, este mapa se autodenominava *carta marina* — carta náutica em latim. O mapa era deslumbrante, ilustrado e anotado em detalhes quase desconcertantes, mas, a não ser por seu tamanho e formato em 12 folhas, ele pouca semelhança tinha com o primeiro. Não fazia referência a Ptolomeu, não mostrava o Novo Mundo cercado por água e usava apenas as palavras NOVA TERRA para identificar a América do Sul, ela própria representada de maneira muito mais experimental do que no primeiro mapa. Mas na parte inferior do mapa Fischer encontrou uma nota que deve ter chamado sua atenção. "Organizado e finalizado por Martin Waldseemüller, Ilacomilus", dizia, "na cidade de Saint-Dié". Melhor ainda, descobriu que a mais longa legenda do mapa era um divagante discurso ao leitor escrito pelo próprio Waldseemüller. ("Um cumprimento de Waldseemüller!"[28], Fischer mais tarde se lembrou de ter pensado.) E nesse discurso Waldseemüller fazia uma breve alusão a um mapa do mundo que ele havia desenhado antes, muito parecido com o mapa anônimo que Fischer acabara de analisar. "No passado"[29], Waldseemüller escreveu, "publicamos uma imagem do mundo todo em mil cópias, o que levou alguns anos para ser finalizado, não sem árduo trabalho e baseado na tradição de Ptolomeu, cujas obras são conhecidas de poucos em virtude de sua excessiva antiguidade".

Fischer já não tinha dúvidas. A manifesta justaposição de Ptolomeu e Vespúcio, o uso da palavra *América*, os ecos da *Introdução à cosmografia*, a semelhança com os mapas de Glareanus, a representação do Novo Mundo cercado por água, a confiança em mapas de marinheiros, as afirmações do próprio Waldseemüller — as evidências eram esmagadoras. Sozinho no pequeno sótão na torre do castelo de Wolfegg, o padre Fischer compreendeu que havia descoberto o mapa de 1507, de Waldseemüller, há muito dado como perdido — o mapa mais procurado de todos os tempos.

* * *

Fischer levou a notícia diretamente a seu mentor e ex-professor, o renomado historiador de cartografia Franz Ritter von Wieser — que, por acaso, fora o descobridor dos mapas de Glareanus na *Introdução à cosmografia*. No outono de 1901, após um período de intensos estudos, Fischer e Von Wieser tornaram pública a notícia da descoberta de Fischer, que foi recebida com alvoroço. "Estudiosos de geografia de todas as partes do mundo esperavam com o maior interesse os detalhes desta tão importante descoberta"[30], declarou o *Geographical Journal*, ao dar a notícia em um ensaio em fevereiro de 1902, "mas provavelmente ninguém estivesse preparado para o gigantesco monstro cartográfico que o Prof. Fischer agora despertou de tantos séculos de sono tranquilo". O

New York Times seguiu na mesma linha no dia 2 de março. Sob a manchete Descoberto mapa há muito procurado: o mais antigo registro da palavra América finalmente veio à luz, a matéria dizia: "Recentemente foi feita na Europa uma das mais admiráveis descobertas da história da cartografia, que daqui para a frente deverá ser citada em todos os trabalhos que pretendam contar, de forma detalhada, a história do Novo Mundo."[31]

Novas aclamações vieram no ano seguinte, quando Fischer e Von Wieser publicaram *O mais antigo mapa com o nome América e a Carta Marina do ano de 1516*. O livro era um estudo crítico do mapa de Waldseemüller de 1507 e da Carta Marina, mas também anunciava uma nova descoberta de Waldseemüller. Ao investigarem o livro, escreveram Fischer e Von Wieser, conseguiram identificar um pequenino mapa mundial impresso — descoberto no fim do século XIX e que inicialmente se acreditava datar de muito depois de 1507 — como uma cópia original do globo mencionada na página de rosto da *Introdução à cosmografia*. O mapa consistia de um conjunto de faixas ovais, conhecidas como gomos, desenhadas para serem recortadas e coladas em uma bola — e também identificava o Novo Mundo como América e o representava cercado por água. Era mais um ineditismo de Waldseemüller: o primeiro globo da história a ser produzido em massa (Figura 4).

O mais antigo mapa reunia, pela primeira vez em séculos, o grande mapa de Waldseemüller, o pequeno globo e a *Introdução à cosmografia*. Era um livro grande e luxuoso, projetado para chamar atenção — e chamou. O presidente Theodore Roosevelt adquiriu uma cópia não muito tempo depois de o livro ser publicado e ficou tão satisfeito que enviou a Fischer um bilhete escrito à mão, congratulando-o por suas descobertas. O livro também chegou ao papa Pio X. Durante uma reunião privada com Fischer no Vaticano, o papa confessou que havia ficado satisfeito ao saber que o Novo Mundo fora designado e incluído no mapa por Waldseemüller, um clérigo católico que tinha vivido e trabalhado "antes da chamada Reforma"[32].

O interesse no mapa continuou a crescer, chegando a seu clímax em 1907, quando o livreiro Henry Newton Stevens Jr., um importante comerciante de Americana que morava em Londres, adquiriu os direitos

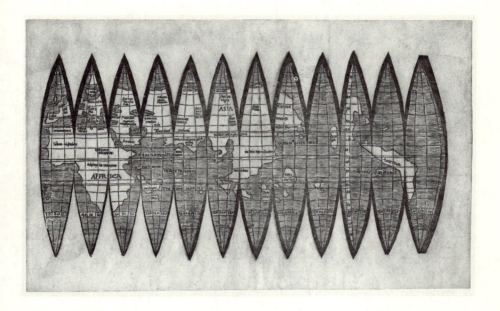

Figura 4. Gomos globais, Martin Waldseemüller (1507). A África e a Europa estão à esquerda; a Ásia está no meio; as Américas do Norte e do Sul estão à direita.

para colocar o mapa de 1507 e a Carta Marina à venda por 300 mil dólares — cerca de 7 milhões de dólares na moeda de hoje. Stevens sabia que o preço estabelecido colocava o mapa além do alcance dos colecionadores particulares, por isso, em seu catálogo de leilão, após chamar a atenção para o fato de que em 1907 completavam-se 400 anos da nomeação da América, mudou seu alvo de vendas.

> Que celebração mais adequada ou patriótica deste auspicioso evento se poderia conceber senão a aquisição deste memento contemporâneo único para alguma biblioteca norte-americana representativa, onde poderia ser visto e reverenciado eternamente por historiadores e antiquários como autêntica nascente de onde, em associação ao livro *Cosmographiae introductio*, a América recebeu seu nome batismal![33]

O argumento de Stevens foi bom, mas ele não encontrou compradores. O preço que pedia era alto demais. O aniversário de 400 anos passou, duas guerras mundiais e a Guerra Fria envolveram a Europa por boa parte do século XX, e o mapa de Waldseemüller voltou a dormir em seu sótão na torre. Mas hoje, finalmente, ele está mais uma vez desperto — desta vez para sempre. No dia 30 de abril de 2007, quase 500 anos exatos desde a sua confecção, o mapa foi oficialmente transferido aos Estados Unidos pela chanceler alemã Angela Merkel. Em dezembro deste mesmo ano, foi colocado em exibição pública permanente na Library of Congress — envolvido pela mais sofisticada e cara moldura já feita — como peça central de uma exposição intitulada "Explorando as Américas Primitivas".

É uma exposição pequena. Ao se movimentar por ela, passa-se por uma variedade de artefatos culturais valiosos feitos nas Américas pré-colombianas, junto com uma seleção de textos e mapas originais datando do período do primeiro contato entre o Novo Mundo e o Velho. Finalmente, chega-se a um santuário interior. Ali, reunido à Carta Marina, ao fólio Schöner e à *Introdução à cosmografia,* encontra-se o mapa de Waldseemüller. A sala é silenciosa, a iluminação, fraca. Para ver o mapa é preciso se aproximar e observá-lo com cuidado — e, ao fazê-lo, ele começa a contar suas histórias (Figura 5).

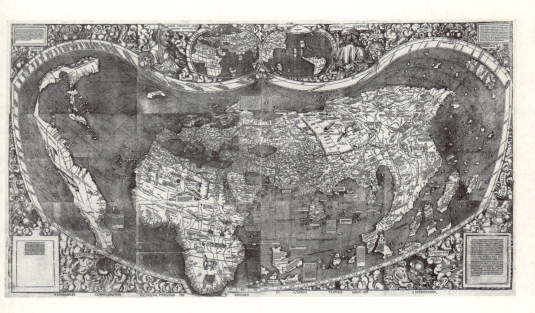

Figura 5. O mapa-múndi de Waldseemüller, de 1507.

PRIMEIRA PARTE
VELHO MUNDO

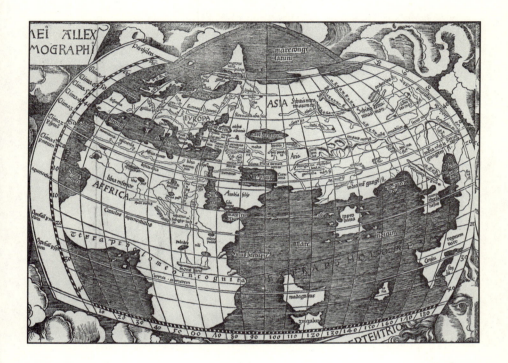

✦ Ilhas Britânicas e norte da Europa ✦

CAPÍTULO UM

OS MAPAS DE MATTHEW

É vocação de um monge buscar não a Jerusalém terrena, mas a celestial, e ele o fará não partindo com seus próprios pés, mas avançando com seus sentimentos.[1]

— São Bernardo de Claraval (c. 1150)

No início de 1200, a abadia beneditina de Santo Albano fervilhava de atividade. Localizada a apenas um dia de viagem a partir do norte de Londres, a abadia era uma das maiores e mais importantes da Inglaterra e lar de duzentos monges. Na linguagem da época, eram latinos: membros da comunidade maior dos católicos romanos da Europa que se submetiam à autoridade do papa. Mas Santo Albano não era apenas um retiro religioso. Era um movimentado centro de vida econômica, política e intelectual, e havia servido até de local para a primeira redação da Magna Carta, em 1213. Ele também administrava uma pousada popular — o primeiro ponto de parada da Grande Estrada do Norte, construída pelos romanos fora de Londres — e operava estábulos capazes de acomodar cerca de trezentos cavalos por vez. No início do século XIII, Santo Albano alimentava e abrigava um fluxo constante de visitantes que iam ou voltavam de Londres: professores de Oxford, conselheiros reais, bispos poderosos, emissários do papa e monges de outras regiões da Europa, uma delegação itinerante de armênios e até o próprio rei da Inglaterra. Era um lugar mundano.

Depois de um dia de viagem, os hóspedes relaxavam nos dormitórios e no refeitório do mosteiro. As conversas giravam inevitavelmente em torno do lugar de onde vinham e das notícias e informações que haviam colhido ao longo do caminho. Os mesmos assuntos surgiam recorrentemente: o tempo, os crimes e as contravenções locais, a política, os escândalos envolvendo membros da realeza, os pronunciamentos do papa e a série de guerras mal planejadas e aparentemente intermináveis que estavam sendo travadas no Oriente Médio — as Cruzadas. Um monge em particular tinha interesse especial nas histórias além das paredes da abadia. Era o irmão Matthew Paris, um homem excêntrico, prático, obstinadamente teimoso e geralmente simpático: o maior e mais brilhante de todos os cronistas da igreja medieval.

Nascido por volta de 1200, Matthew ingressou na ordem beneditina em Santo Albano em 1217, tornou-se seu cronista oficial em 1237 e morreu em 1259. A obra pela qual se tornou mais conhecido é *Chronica majora* ou *Grande crônica*, uma vasta história do mundo que, num estilo tipicamente medieval, se estende desde o tempo da criação até a época do próprio Matthew. A primeira metade da *Crônica*, aproximadamente, corresponde a pouco mais que uma cópia e manipulação da crônica de seu antecessor, mas de 1235 em diante as entradas são suas. Numa tradução em língua inglesa, muito consultada, elas preenchem três volumes de quinhentas páginas[2]. Mesmo assim, apesar de seu tamanho, a *Crônica* é uma leitura maravilhosa.

Matthew escrevia, escrevia e escrevia. Mantê-lo adequadamente suprido de material de escrita era tarefa difícil. No século XIII, a produção de um livro — isto é, um manuscrito rabiscado com pena de ganso e tinta, em uma página de pergaminho após outra — representava um significativo investimento do capital de uma abadia. Um único livro podia consumir as peles de todo um rebanho de ovelhas[3]. Mas a produção de Matthew justificava este investimento; ele trouxe grande renome a Santo Albano, ainda em vida.

Matthew era mais que um simples escritor. Era também um artista talentoso que ilustrou seu trabalho com todo tipo de desenho, desde pequenos rabiscos até retratos prodigamente executados. Figuras bíblicas, imperadores antigos, papas, reis europeus, santos, monges, mártires, batalhas, naufrágios, eclipses, animais exóticos — tudo isso ganhou vida nas páginas de Matthew, e não apenas como acréscimos banais a seu texto. Eram uma parte integral de sua crônica. "É meu desejo e esperança"[4], escreveu, "que aquilo que o ouvido ouvir os olhos possam ver".

A breve referência a ouvir, em vez de ler, serve como um lembrete útil: na Inglaterra do século XIII, a leitura era principalmente um ato oral, e não silencioso. Os monges nas bibliotecas dos mosteiros liam para si mesmos em voz alta, e o barulho que geravam exasperaria os modernos frequentadores de bibliotecas. Matthew lia para si mesmo, para os outros monges, e para os hóspedes especiais em visita à abadia, e o que oferecia a seus leitores e ouvintes era uma cativante mistura de palavras e imagens. "Folhear as páginas da *Chronica majora* de Matthew"[5], escreveu um historiador da atualidade, "é como abrir a porta do grande armário de uma abadia, de onde jorra uma rica sucessão de imagens e objetos díspares, cada qual invocando sua própria história atraente do passado, de modo que cada evento torna-se mais uma vez visualmente 'presente'".

O grande armário de uma abadia. Esta é uma imagem crucial para se ter em mente ao tentar compreender a mixórdia de ideias e imagens díspares que se encontra nas obras de Matthew e de outros escritores medievais — especialmente em seus mapas.

* * *

Matthew tinha paixão por mapas. Ele os desenhou ao longo de toda a sua vida adulta, seguindo uma série de modelos tradicionais, e os que sobreviveram oferecem uma visão extremamente útil sobre os diferentes modos pelos quais os europeus medievais instruídos imaginavam e retratavam o mundo.

Uma das principais fontes das ideias geográficas de Matthew foi a imensamente popular e influente obra de Santo Isidoro de Sevilha, *Etimologias*: um vasto compêndio de saberes antigos e medievais, escrito no século VII. Ao longo da Idade Média e até na Renascença, os europeus consideravam Isidoro uma de suas autoridades mais confiáveis. Ele iniciou a seção geográfica de suas *Etimologias* situando seus leitores cosmicamente. "A Terra"[6], escreveu, "está localizada na região central do cosmos, ocupando fixamente o centro, equidistante de todas as outras partes do firmamento". Esta antiga concepção do mundo — como uma esfera imóvel no centro do universo, com a Lua, o Sol, os planetas e as estrelas girando ao seu redor — foi diagramada frequentemente por autores medievais em suas obras, e Matthew não foi exceção (Figura 6).

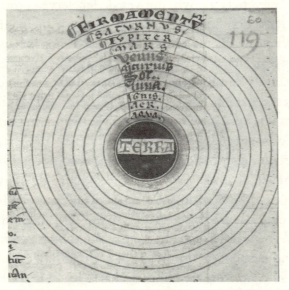

Figura 6. O cosmos medieval, por Matthew Paris (c. 1255). A Terra está fixa no centro, cercada pelas esferas da água, ar, fogo, Lua, Sol, planetas e firmamento.

Até hoje se diz que os europeus medievais, mesmo o mais culto geógrafo entre eles, acreditavam que o mundo era plano. Mas isso simplesmente não é verdade. Graças, em grande parte, aos esforços de astrônomos e matemáticos árabes, antigas provas gregas de que a terra era esférica chegaram à Idade Média e passaram a circular na Europa — e, em algum momento no início do século XIII, um estudioso inglês conhecido como João de Holywood, ou Sacrobosco, colocou-as em um tratado astronômico apropriadamente intitulado *A esfera*. Por séculos subsequentes, a obra seria ensinada e estudada em escolas e universidades por toda a Europa. "Se a Terra fosse plana de leste a oeste"[7], escreveu Sacrobosco, "as estrelas surgiriam ao mesmo tempo para os ocidentais e orientais, o que é falso. Igualmente, se a Terra fosse plana de norte a sul, e vice-versa, as estrelas visíveis a qualquer um continuariam a sê-lo aonde quer que ele fosse, o que é falso. Mas parece plana aos olhos humanos por ser muito extensa". Os marinheiros certamente sabiam que o mundo era redondo: um vigia do topo do mastro de um navio, indicou Sacrobosco, sempre vê a terra antes de um vigia parado ao pé do mastro — "e não há outra explicação para isso"[8], escreveu, "do que o abaulamento da água". As cópias de *A esfera*, quase invariavelmente, incluíam um pequeno desenho ilustrando este conceito. (Figura 7).

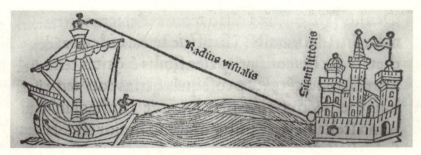

Figura 7. Prova de que a Terra é redonda: um marinheiro no topo do mastro de um navio enxerga a terra antes que um marinheiro no deque. De uma edição do século XV do livro de Sacrobosco, *A esfera* (princípio de 1200).

Outra fonte que teria ajudado a determinar a visão geográfica de Matthew, e à qual ele tinha acesso na biblioteca de Santo Albano[9], era o *Comentário ao sonho de Cipião*, do escritor romano do século V, Macróbio. A obra — que por todo um milênio após sua redação seria usada amplamente como livro-texto na Europa — analisava *O sonho de Cipião*, uma fantasmagórica reflexão sobre o mundo e seu lugar no cosmos, escrito aproximadamente cinco séculos antes por Cícero, o filósofo político romano. De um ponto privilegiado de observação, bem alto no céu, um personagem na obra de Cícero descrevera a Terra exatamente como Isidoro mais tarde faria, fixa no centro do universo, mas também se aproximara para analisar mais de perto. "Vocês observarão"[10], declarou ele, imaginando o mundo do modo como pareceria do espaço,

que a superfície da Terra está encerrada e envolvida por uma série de zonas diferentes; e que as duas que estão mais amplamente separadas uma da outra e jazem debaixo de polos opostos do céu são rígidas e geladas, enquanto a zona central e mais extensa arde com o calor do sol. Outras duas, situadas entre as zonas quentes e as frias, são habitáveis. A zona ao sul não tem qualquer relação com a sua. [...] Quanto à sua contraparte no norte, onde vocês moram [...] o território nada mais é que uma pequena ilha, estreita do norte ao sul, um tanto menos estreita de leste a oeste, e cercada pelo mar conhecido na Terra como Atlântico, ou Grande Mar, ou Oceano.

Macróbio escreveu extensamente sobre esta divisão do mundo em seu *Comentário*, que continha um diagrama simples. Conhecido hoje como mapa zonal, ele mostrava o mundo como um círculo dividido nas cinco zonas descritas por Cícero: duas zonas geladas, no norte e no sul; duas zonas temperadas (ou habitáveis), próximas ao centro; e uma zona tórrida que envolvia as regiões equatoriais da Terra. Os mapas zonais foram desenhados e estudados com frequência durante a Idade Média, e Matthew, naturalmente, produziu sua própria versão (Figura 8).

Figura 8. Mapa zonal mostrando as zonas geladas, habitáveis e tórridas. O sul está no topo. Matthew Paris (c. 1255).

Como o mapa zonal de Matthew mostra claramente, a zona temperada do norte — que, seguindo a prática dos geógrafos árabes, Matthew colocou na parte de baixo do mapa — contém a totalidade do mundo como os antigos o haviam descrito e como os europeus medievais ainda o conheciam. Isidoro de Sevilha descreveu sucintamente sua constituição em seu *Etimologias*. "Está dividido em três partes"[11], escreveu, "uma das quais é chamada Ásia, a segunda, Europa, a terceira, África". Para acompanhar esta descrição, Isidoro, ou um de seus primeiros copistas, desenhou um diagrama rudimentar, e por séculos após sua morte permutações desse diagrama, conhecido hoje como mapa T-O, adornariam enciclopédias europeias, crônicas, textos religiosos e relatos de viagens (Figura 9). Matthew conhecia bem os mapas T-O e desenhou uma série deles em seu trabalho (Figura 10).

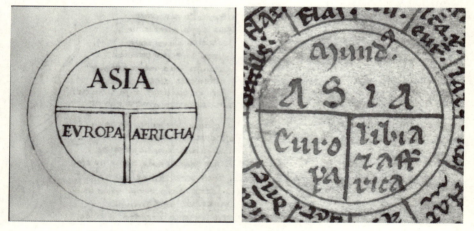

Figuras 9 e 10. Esquerda: O mapa T-O clássico. *Direita*: O mapa T-O de Matthew Paris (c. 1255).

O mapa T-O padrão coloca o mundo dentro de uma estrutura circular (daí o O). Essa estrutura representa o oceano como Cícero o havia descrito: um corpo de água que envolvia tudo e banhava toda a costa do mundo conhecido. A Ásia, o continente maior, ocupa a metade superior do círculo; a Europa e a África partilham a parte inferior. Dividindo os três continentes há duas linhas que se encontram em um ângulo reto no meio do mapa (daí o T). Essas três linhas representam três corpos de água: o Mediterrâneo, separando a Europa da África; o rio Nilo, que se acreditava separar a África da Ásia; e o rio Don, na Rússia, separando a Europa e a Ásia.

De modo geral, o esquema T-O representa, de uma forma concisa e eficaz, o mundo como os europeus medievais o conheciam. Mas em determinado aspecto, o esquema é desconcertante para o olhar moderno, porque coloca o leste no topo do mapa. Hoje, o norte seria a escolha natural, mas isso é uma convenção arbitrária, e no tempo de Matthew ela ainda não existia. O leste, na verdade, tinha lugar de primazia na Europa medieval, motivo pelo qual tantas línguas europeias modernas ainda usam uma forma da palavra *oriente* para indicar o que uma pessoa deve fazer.

Sendo a direção de onde nasce o sol, o Oriente representava a origem das coisas. (*Oriens*, raiz latina da palavra *oriente*, significa "nascer", "levantar".) O Antigo Testamento está estruturado sobre este fundamento. Deus plantou o Paraíso Terrestre e seus quatro grandes rios "no Éden, na banda do oriente"[12], explica o Livro do Gênesis, e essas águas alimentavam o mundo correndo do oriente para o ocidente. "Do caminho do oriente"[13], diz o Livro de Ezequiel, "vinha a glória do Deus de Israel". O Novo Testamento desenvolve este tema: a estrela do oriente anuncia o nascimento de Cristo, que mais tarde morre na cruz de frente para o oeste. (*Occidens*, raiz latina de *ocidente*, significa "cair" ou "morrer" e pode se referir ao pôr do sol.) O sentido simbólico de leste e oeste na teologia cristã primitiva foi instaurado claramente por Lactâncio, padre da Igreja do século IV. Deus, ele escreveu,

> estabeleceu duas partes da própria Terra, uma oposta à outra e com naturezas diferentes — isto é, o leste e o oeste; e destes, o leste é atribuído a Deus, porque ele próprio é a fonte de luz e iluminador de todas as coisas, e porque ele próprio nos eleva à vida eterna. Mas o oeste é atribuído àquela mente perturbada e depravada, porque esconde a luz, porque sempre traz a escuridão e porque faz os homens morrerem e perecerem em seus pecados.[14]

*　*　*

DOS MAPAS T-O remanescentes, os mais antigos, que aparecem nos exemplares do século VIII do *Etimologias* de Isidoro, não estão investidos de nenhum desses simbolismos cristãos. São diagramas simples, que parecem basear-se em um modelo que data, pelo menos, dos tempos imperiais romanos (embora nenhum exemplar tenha sobrevivido). Eram um modo de representar a extensão não apenas do mundo conhecido, mas também do mundo que os romanos aspiravam governar: um mundo que Augusto, o primeiro imperador romano, descreveu como "um império global com o qual todas as pessoas, monarcas, nações [...] consentem"[15].

Depois que o cristianismo se tornou a religião oficial de Roma, no século IV, surgiu a ideia de cristandade: um império cristão global tendo Roma como sua capital. Nos séculos que se seguiram, os cartógrafos na Europa revestiram seus mapas T-O simples com camadas de simbolismo cada vez mais complexas. Os governadores cristãos da Europa começaram, por exemplo, a ser retratados sentados em tronos e com globos T-O nas mãos: uma pose imperial que rapidamente se tornaria um arquétipo cristão, usado por séculos para representar não apenas os governadores políticos, mas também o próprio Cristo. Matthew desenhou muitos soberanos, antigos e modernos, nesta pose (Figura 11).

Figura 11. O Sacro Imperador Romano Frederico II segurando um globo T-O. Matthew Paris (c. 1255).

O próprio formato do mapa T-O prestava-se com naturalidade a um tipo de simbolismo especificamente cristão: o O trazia à mente uma descrição bíblica de Deus "assentado sobre a redondeza da Terra"[16] e o T trazia à lembrança o *tau*, uma letra grega mística que, segundo Isidoro, simbolizava a cruz[17]. Com essas implicações, os cartógrafos cristãos começaram, inevitavelmente, a identificar o T em seus mapas T-O como representação não só dos corpos de água que dividiam os três continentes, mas também da cruz na qual Cristo havia morrido para reuni--los (Gravura 2). O simbolismo era irresistível. Que melhor maneira de transmitir a ideia da Trindade — um todo encerrado em si mesmo e dividido em três — do que um mapa T-O? "Esta divisão da Terra em três partes é muito apropriada"[18], escreveu o arcebispo de Mogúncia, do século IX, a cuja obra Matthew também tinha acesso em Santo Albano, "pois foi dotada de fé na Santa Trindade e instruída pelos evangelhos".

A topografia do mundo também começou a ganhar um aspecto distintamente cristão nos mapas mundiais medievais. "O Paraíso é um lugar localizado nas partes orientais"[19], disse Isidoro a seus leitores. À época de Matthew, a maioria das autoridades geográficas europeias deu ao Paraíso Terrestre uma localização específica no mundo; afinal de contas, se ele era terrestre, tinha de estar *em algum lugar*. Em geral eles o colocavam nos limites mais a leste do Oriente, bem na extremidade de seus mapas, a parte do mundo onde o sol nascia e onde o tempo havia começado. Jerusalém, por sua vez, aos poucos se tornou o centro não apenas espiritual, mas também geométrico do mundo, como ditado pela Bíblia: "Esta é a Jerusalém"[20], declara Deus no Livro de Ezequiel; "pu-la no meio das nações e terras que estão ao redor dela". A cidade até passou a ser identificada pela palavra grega *omphalos*, ou "umbigo" — o ponto geográfico na Terra onde os deuses faziam contato com o mundo para oferecer alimento espiritual à humanidade. Esta ideia entrou no pensamento cristão convencional no século V, quando uma influente tradução latina da Bíblia, conhecida como Vulgata, descreveu o centro do mundo, no Livro de Ezequiel, como o *umbilicus terrae*: o umbigo da Terra.

Os geógrafos medievais também começaram a encher seus mapas T-O com informações topográficas e históricas e, ao tempo de Matthew, um tipo de mapa-múndi elaborado e altamente estilizado fora criado. Esses mapas são muitas vezes descritos, coletivamente, como *mappaemundi* (mapas do mundo, em latim) — e naturalmente um deles sobrevive com a assinatura de Matthew (Figura 12).

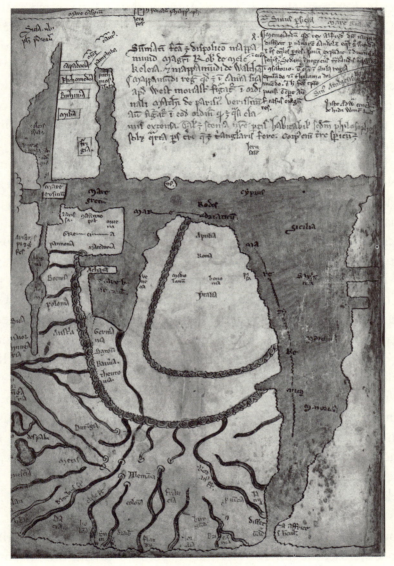

Figura 12. Mapa-múndi de Matthew Paris (c. 1255). O leste está no topo. A porção mais escura do mapa representa água. A Ásia está coberta com texto; a Europa está dominada por uma versão atarracada da Península Italiana; e uma África do Norte truncada aparece à margem direita.

Seguindo o modelo T-O, Matthew colocou o leste no topo de seu mapa. A costa oeste da Europa continental aparece na parte inferior esquerda, e acima dela, olhando-se do oeste para o leste, estão a Alemanha ("Alemania"), os Alpes, e depois uma Itália compacta e atarracada. A leste e sul (para cima e à direita) da Itália estão o Chipre e a Sicília, no Mediterrâneo. Do outro lado do Mediterrâneo e ao sul está a África, e a leste está a Ásia, em cuja costa oeste está Jerusalém, ocupando um ponto solitário da extremidade do Oriente desconhecido. A Ásia ocupa todo o topo do mapa, que Matthew considerou ser espaço em branco suficiente para preencher com observações para si mesmo.

Em termos de exatidão geográfica, o mapa de Matthew é um fiasco. Nem mesmo os contornos básicos da Europa estão corretos; ele coloca lado a lado lugares lendários, bíblicos e modernos; e não tenta enquadrar aceitavelmente a África e a Ásia. Mas o objetivo de Matthew, ao desenhar este mapa, não era a exatidão geográfica, pelo menos não como nós entendemos o termo hoje.

Lembre-se de que Matthew desenhava para que "aquilo que o ouvido ouvir, os olhos possam ver". Seus mapas não eram exceção. Como muitos escritores religiosos de seu tempo, ele reconhecia totalmente o poder da imagem como complemento à Palavra. "Saibam"[21], escreveu João de Gênova em um popular dicionário religioso do século XIII, conhecido como *Catholicon*, "que há três razões para a instituição de imagens nas igrejas. *Primeiro*, para a instrução das pessoas simples, porque são instruídas por elas como se por livros. *Segundo*, para que o mistério da encarnação e os exemplos dos santos sejam os mais ativos em nossa memória por se apresentarem diariamente a nossos olhos. *Terceiro,* para despertar sentimentos de devoção, sendo eles incitados mais eficazmente pelas coisas vistas que pelas ouvidas".

Esta descrição ajusta-se bem à função dos *mappaemundi*. Eles também eram desenhados para a instrução e contemplação espirituais. Eram objetos devocionais, orientações sobre a divina ordem cósmica das coisas. Seu retrato do mundo servia como um pano de fundo a partir do qual as várias coordenadas históricas, religiosas e simbólicas da história humana podiam ser delineadas: Adão e Eva no Jardim do Éden, Noé e a arca no monte Ararat, os judeus sendo arrastados para a Babilônia, Alexandre, o Grande, aventurando-se na Índia, os romanos conquistando a Europa, Cristo retornando a Jerusalém, os apóstolos difundido o Evangelho pelos lugares mais distantes da Terra, e muito mais. Em outras palavras, um mapa-múndi "correto" deveria orientar seus observadores não apenas no espaço, mas também no tempo.

Hoje a palavra *mappamundi* é usada exclusivamente para se referir a mapas. Mas Matthew e seus contemporâneos a usavam de forma mais ampla. Além de uma representação visual do mundo, podia significar sua descrição por escrito, isto é, um texto muito semelhante à *Crônica* de Matthew. Ele delineava a marcha da história humana — escrita antecipadamente por Deus no início dos tempos — desde suas origens no Oriente até seu presente estado no Ocidente. Um mapa era uma história visual; uma história era um mapa textual; e, como aquele grande armário de abadia, ambos estavam repletos de sinais e símbolos díspares que, se contemplados juntos, permitiam aos crentes imaginar que estavam vendo seus lugares na história e no mundo como Deus podia vê-los.

* * *

UMA DAS OBSERVAÇÕES que Matthew escreveu em seu mapa-múndi sobre a Ásia registra que o mapa era, na verdade, apenas "uma cópia reduzida" de um *mappamundi* que ele havia visto em algum lugar. Ele não informa que mapa é esse, mas sem dúvida se assemelhava a alguns dos lindos *mappaemundi* cristãos do século XIII ainda existentes. Entre eles está o chamado Mapa Saltério, desenhado na Inglaterra, em 1265 (Gravura 1).

O Mapa Saltério tem tudo. Mescla a imagem de um Cristo imperial com muitos dos elementos típicos da cartografia medieval: Cristo paira acima da Terra segurando um globo T-O na mão, e abaixo dele está o mundo inteiro, com três partes, ele próprio traçado de acordo com o esquema T-O. No topo do mapa, na extremidade oriental da Ásia, está o Paraíso Terrestre, logo abaixo do sol nascente, com as faces de Adão e Eva claramente visíveis no interior de suas muralhas. A Europa aparece na parte inferior esquerda do mapa, na extremidade ocidental do mundo — e no centro de tudo está a cidade sagrada de Jerusalém, o alvo central para onde os cristãos devem voltar seu olhar. Outro *mappamundi* do período, conhecido como mapa de Lambeth Palace, representa esta mesma visão do mundo, mas leva seu simbolismo um passo além (Figura 13). Nele, Cristo não apenas observa e envolve o mundo, mas também o incorpora literalmente. Sua cabeça aparece no topo do mapa, no início do Oriente, junto ao Paraíso Terrestre. Suas mãos aparecem ao norte e ao sul, representando um abraço do mundo inteiro, de norte a sul. Quase no centro do mapa, onde seria o umbigo de Cristo, está Jerusalém: o *omphalos*, o umbigo do mundo. Finalmente, na parte inferior do mapa, no oeste, estão seus pés, prolongando-se para dentro do oceano no Ocidente e representando o fim da história e da geografia.

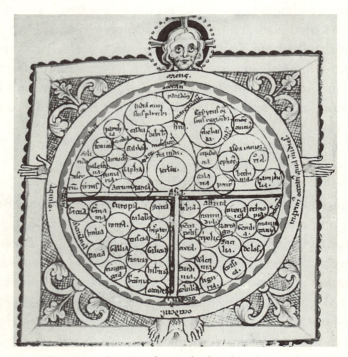

Figura 13. O Mapa de Lambeth Palace (c. 1300). O leste está no topo. O semicírculo diretamente abaixo de Cristo é o Paraíso Terrestre; o círculo grande no centro é Jerusalém. Cada um dos outros círculos representa uma região ou cidade.

O Mapa Saltério contém outros traços típicos dos elaborados *mappaemundi* produzidos na época de Matthew. Em sua extremidade sul, por exemplo, nos limites da África, encontram-se as raças monstruosas.

Meio humanas e meio animais, as raças monstruosas foram catalogadas no século I por Plínio, o Velho, autoridade romana, em uma vasta e abrangente obra chamada *História natural*. Este catálogo tinha sido adornado e popularizado cerca de dois séculos antes por outro escritor romano, Julio Solino, em sua *Galeria das coisas maravilhosas*. Ambas as obras circularam amplamente na Idade Média e influenciaram muito o modo como os europeus imaginavam as regiões remotas do mundo e seus habitantes.

Os artistas medievais desenhavam frequentemente as raças monstruosas, e é fascinante contemplar suas representações fantásticas (Figura 14). Segundo as descrições de Plínio, Solino e outros, as raças monstruosas incluíam as amazonas (mulheres guerreiras que extirpavam o seio direito para conseguir puxar melhor as flechas em seus arcos); os antropófagos (canibais); os ástomos (seres sem boca que obtinham a maior parte de seu sustento cheirando maçãs); os blêmios (seres sem cabeça ou pescoço, cujas faces estavam em seus peitos); os ciclopes (a raça de um olho só que Homero tornou famosa); os cinocéfalos (seres com cabeças de cão que se comunicavam latindo); os etíopes (cujas faces tinham ficado negras, queimadas pelo calor do sol); os panotes (cujas orelhas eram tão grandes que seus donos tinham de segurá-las nas mãos e podiam usá-las para voar); e os ciápodes (raça de uma só perna com um pé grande o bastante para ser usado como guarda-chuva).

Figura 14. Algumas das raças monstruosas que os europeus medievais acreditavam habitar as regiões remotas do mundo.

Ao ler sobre as raças monstruosas e vê-las nas ilustrações e mapas, os leitores medievais desfrutavam uma espécie de entretenimento inculto, não muito diferente daquele proporcionado pelos relatos dos tabloides modernos sobre várias monstruosidades humanas. Mas para os pensadores cristãos, elas apresentavam uma séria preocupação teológica. Qual era a natureza deles? Deveriam ser considerados humanos? Essa não era uma questão sem valor. Se os seres monstruosos fossem humanos, então deveriam ser encontrados e convertidos antes da chegada do fim dos tempos. "E será pregado este evangelho do reino por todo o mundo"[22], proclamava o evangelho de Mateus, "para testemunho a todas as nações. Então virá o fim".

O Mapa Saltério também contém outro traço típico dos *mappaemundi* do fim do período medieval. No limite nordeste da Ásia, por trás de uma grande muralha, está o reino de Gogue e Magogue: uma raça de guerreiros diabólicos, às vezes identificada com uma das tribos originais dos judeus. De acordo com o livro do Apocalipse, as forças de Gogue e Magogue em algum ponto seriam unidas pelo anticristo e conduzidas em uma luta apocalíptica contra os cristãos do mundo. Uma lenda medieval popular dizia que, durante sua grande campanha oriental, Alexandre, o Grande, tinha encontrado Gogue e Magogue e os prendido atrás de uma distante cadeia de montanhas, ao norte do mar Cáspio — uma história recontada, por exemplo, no amplamente lido *Romance de Alexandre*. Mas todos sabiam que os esforços de Alexandre só tinham postergado o inevitável. Mais cedo ou mais tarde, Gogue e Magogue, ou os "judeus cercados", como às vezes eram conhecidos, sairiam do cativeiro e começariam a destruir o mundo.

A ideia do Apocalipse perseguia Matthew, que acreditava, como muitos de seus contemporâneos, que a chegada do anticristo e o fim do mundo eram iminentes. Os *mappaemundi* lhe confirmavam isso em palavras e desenhos. Desde seu ponto inicial no Oriente — no alto do mapa e no início dos tempos —, a história humana havia marchado firmemente em direção ao Ocidente: através dos desertos selvagens da Ásia, passando pelas regiões cada vez mais civilizadas da Grécia e de Roma, pela Terra Santa, e finalmente chegando à Europa. Todos os sinais sugeriam agora a Matthew que esta longa marcha estava se aproximando do fim — como havia declarado, não muito tempo antes do nascimento de Matthew, o cronista do século XII, bispo Otto de Freising.

> Que grande saber havia no Egito e entre os caldeus, de quem Abraão extraiu seu conhecimento! Mas o que é hoje a Babilônia, outrora famosa por sua ciência e seu poder? [...] E o Egito é hoje, em grande parte, um ermo sem rastro, de onde a ciência foi transferida para os gregos, depois para os romanos e finalmente para os gauleses e espanhóis. E observe-se que, pelo fato de que todo saber humano começou no Oriente e acabará no Ocidente, a mutabilidade e o desaparecimento de todas as coisas estão demonstrados.[23]

Em Santo Albano, localizado precariamente na extremidade ocidental do mundo, na Inglaterra, Matthew sentiu a história e a geografia pesando sobre ele. O mundo acabaria em 1250, decidiu, e ele talvez estivesse vivo para ver a chegada de Gogue e Magogue.

* * *

COMO PARA A MAIORIA dos cristãos latinos, Jerusalém era o ponto focal da imaginação geográfica de Matthew. Mas durante os anos em que ele estava escrevendo sua *Crônica* e fazendo seus mapas, Jerusalém e a maior parte da Terra Santa encontravam-se em mãos muçulmanas, apesar de mais de um século de esforços das Cruzadas para recuperá-las.

A Primeira Cruzada fora um sucesso. Iniciada em 1095, era a resposta do Ocidente latino a um pedido de ajuda dos cristãos do Império Bizantino, que se achavam sob a ameaça dos exércitos muçulmanos dos turcos seljúcidas. Algum tempo antes, nesse mesmo século, os turcos tinham conquistado a Armênia e boa parte da Terra Santa, incluindo Jerusalém, e agora pareciam determinados a avançar para Constantinopla, capital bizantina. Por algum tempo, a Primeira Cruzada — que culminou na recuperação de Jerusalém, em 1099 — ajudou a acalmar os ânimos, e o clima entre os latinos era de triunfo. Eles implantaram uma série de postos avançados por toda a

Terra Santa e deram a este novo estado cruzado o nome de *Outremer* (nome francês que significa "além do mar [Mediterrâneo]"). Há muito os cristãos vinham fazendo peregrinações a Jerusalém, mas agora soldados, peregrinos e viajantes começaram a afluir para lá em números sem precedentes. William de Malmesbury, cronista britânico do século XII, registrou memoravelmente a cena. "O galês deixou sua caça"[24], escreveu, "o escocês, seus amigos com piolhos, o dinamarquês, sua bebedeira, e o norueguês, seu navio de guerra. As terras ficaram sem agricultores, as casas, sem seus habitantes, até cidades inteiras migraram".

Eram tempos impetuosos. Mas a presença dos cruzados na Terra Santa induziu os muçulmanos em todo o Oriente Médio a pôr de lado muitas de suas divergências regionais e resistir. Com o passar do século XII, os exércitos muçulmanos aos poucos recuperaram muitas das cidades estrategicamente importantes da Terra Santa, e em 1187 os exércitos do Egito, liderados por Saladino, reconquistaram Jerusalém.

Para os latinos, foi uma derrota humilhante. Nos séculos que se seguiram, sonhando retomar a posse de Jerusalém, eles enviaram Cruzada após Cruzada para a Terra Santa. Mas nunca retomariam o controle da cidade.

Reconhecendo que os peregrinos cristãos eram a maior fonte de renda de Jerusalém, Saladino e muitos de seus sucessores permitiram que visitassem a cidade livremente. Em consequência, à época de Matthew diversas rotas de peregrinação da Europa até Jerusalém tinham sido criadas, e os cartógrafos tinham começado a incluí-las em seus mapas, escolhendo os pontos de parada ao longo do caminho. O próprio Matthew desenhou um conjunto desses mapas e os incluiu em sua *Crônica* (Figura 15). Eles são um valioso registro de como os peregrinos medievais se dirigiam da Europa à Terra Santa, mas também são documentos frustrantes, pelo muito que deixam de fora. Matthew desenhou seus mapas como uma série de cidades de destino dos peregrinos, frequentemente separadas pela palavra francesa *journée* — significando "dia", como um dia de viagem, um uso que deu origem à palavra inglesa *journey* [e à portuguesa *jornada*] —, mas os mapas não revelam praticamente nada sobre o tipo de lugar que os viajantes encontravam entre tais cidades. Não fazem nenhum esforço para retratar a Europa toda de forma realista.

Por que não? Porque, mais uma vez, o objetivo de Matthew não era a exatidão geográfica. Ele desenhou seus mapas de itinerário principalmente como guias para seus confrades monges — uma classe de fiéis à qual era frequentemente proibido por suas ordens empreender viagens efetivas à Terra Santa. "Ir a Jerusalém"[25], declarou uma autoridade monástica no século XII, "é indicado aos leigos, mas proibido aos monges".

A proibição parece estranha. Os monges eram cristãos devotos, então por que impedi-los de fazer uma peregrinação a Jerusalém? Não faltavam razões. O próprio mosteiro era considerado um destino religioso final — um jardim de deleites espirituais, cuidado amorosamente por aqueles que renunciaram ao mundo físico. "Isto é uma imagem do Paraíso"[26], escreveu um monge do século XII sobre a natureza e função de um mosteiro: "faz pensar que já se está no céu". Partir numa longa e árdua viagem em busca do que já se tinha em casa simplesmente não fazia sentido.

Outro problema era a viagem, que envolvia riscos significativos e práticos. O mundo exterior ao claustro era um lugar perigoso e feio. "Senhor"[27], escreveu um monge da Cantuária, em 1188, depois de atravessar os Alpes para chegar a Roma, "devolve-me a meus irmãos, para que eu lhes possa dizer para não virem para este lugar de tormento". Pior ainda, viajar pela estrada rumo a Jerusalém obrigaria os monges a passar por um fogo cruzado de vícios mundanos — bebidas, desejos, dúvidas — que poderia tentá-los a abandonar o caminho escolhido. Eles já tinham deixado tudo isso para trás em seu caminho para o mosteiro, então para que sofrer tudo outra vez? A própria Jerusalém devia ser evitada. Ela era uma cidade "não de paz, mas de tribulação"[28], escreveu Santo Anselmo.

Matthew desenhou seus mapas de itinerário para viajantes mentais, não viajantes reais. Indicando parada por parada, eles proviam os monges de um guia para uma viagem meditativa — desde uma realidade mundana na Europa ao ápice espiritual em Jerusalém. "Quem nos dará asas como as da pomba"[29], escreveu um monge beneditino anônimo no século XII, "para podermos voar por todos os reinos do mundo e

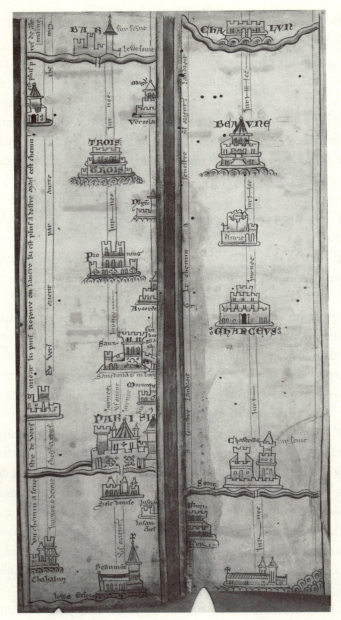

Figura 15. Itinerário de peregrinação através da França. Paris está na parte inferior esquerda. Cada castelo representa uma cidade, e cada cidade está separada da seguinte por um dia de viagem — uma *journée*, a raiz de *jornada*. Matthew Paris (c. 1255).

penetrar as profundezas do céu oriental? Quem então nos conduzirá à cidade do grande Rei?"

Os mapas de Matthew representavam um esforço para atender a este chamado. Eles retratavam o mundo como Deus o havia criado, como somente Deus o podia ver ao observá-lo do alto ou ao segurá-lo em suas mãos. A história humana havia feito a longa marcha do Oriente para o Ocidente e, se Deus quisesse, uma Cruzada reconquistaria Jerusalém. O curso dos acontecimentos, do modo como Matthew o colocou em seus mapas e em sua *Crônica*, parecia claro.

Então vieram os mongóis.

✦ Ásia Central ✦

CAPÍTULO DOIS

A PRAGA DE DEUS

Neste ano, em que as alegrias humanas talvez não perdurem por muito tempo e os prazeres deste mundo talvez não mais permaneçam livres de lamentações, uma imensa horda daquela raça detestável de Satã, os tártaros, irrompeu de suas regiões confinadas por montanhas. [...] Atravessando o país, cobrindo a face da terra como gafanhotos, eles devastaram os países orientais.[1]

— Matthew Paris (c. 1240)

A PRIMEIRA VEZ QUE Matthew registrou que algo não estava bem foi em 1238.

Todos os anos era costume os mercadores do norte da Europa navegarem até Yarmouth, um porto pesqueiro na costa leste da Inglaterra, para comprar arenque — mas em 1238, observou Matthew, eles não vieram e os peixes se acumularam nos mercados do porto, apodrecendo. Nesse mesmo ano, embaixadores representando os Assassinos — uma muito temida seita muçulmana estabelecida no Irã e na Síria — chegaram à Inglaterra e França e pediram ajuda, escreveu Matthew, "em nome de todo o povo do Oriente"[2].

Era uma proposta extraordinária, considerando-se o relacionamento entre cristãos e muçulmanos à época. Mas ela nascia de circunstâncias extraordinárias. "Uma raça de homens monstruosos e desumanos havia se lançado de suas montanhas no norte", anunciaram os embaixadores, "e tomado posse das extensas e ricas terras do Oriente". Os invasores eram chamados de tártaros e vinham dos "montes Cáspios ou de regiões adjacentes", relatou Matthew — os limites a nordeste do mundo conforme retratados nos *mappaemundi*. Liderados por um homem "extremamente violento chamado Khan", os tártaros assolaram vastas extensões de território muçulmano e já haviam devastado a Grande Hungria — terras a sudoeste dos montes Urais, isto é, na Rússia de hoje. Se os cristãos e muçulmanos não deixassem imediatamente de lado suas diferenças e trabalhassem juntos para repelir os saqueadores em território muçulmano, afirmavam os embaixadores, muito em breve toda a Europa estaria sob ataque.

Entre os membros da corte inglesa que ouviram o apelo dos Assassinos estava o bispo de Winchester. Segundo relato de Matthew, o bispo reagiu com desdém. "Deixemos estes cães devorarem-se uns aos outros"[3], escarneceu, "para que sejam todos consumidos e pereçam, e nós, ao avançarmos contra os inimigos de Cristo que restarem, os mataremos e limparemos a face da Terra, para que o mundo inteiro se submeta à única Igreja católica, e então haverá um só pastor e um só rebanho". Mas Matthew não foi tão desdenhoso. "Onde essas pessoas, em tão grande número, estiveram escondidas até agora?"[4], escreveu. Quem *eram* esses tártaros?

Debatendo-se com estas questões, Matthew e outros buscaram ajuda na Bíblia e nos *mappaemundi*. O que encontraram logo fez soar alarmes apocalípticos em suas cabeças. Uma raça de guerreiros diabólicos de uma região montanhosa no nordeste distante, determinados a devastar o Ocidente cristão?

Parecia muito com Gogue e Magogue.

* * *

EM SUA *CRÔNICA*, Matthew dedicou longos registros aos tártaros. Muito do que ele escreveu veio dos relatos de um frei húngaro chamado Juliano[5], um dos primeiros europeus a descrever os invasores com algum detalhe. Em meados dos anos de 1230, Juliano havia deixado sua terra natal e viajado para o leste em busca de convertidos ao cristianismo, e em 1237 localizara uma comunidade de húngaros de etnia pagã que vivia próxima aos montes Urais. Para sua satisfação, descobriu que falavam sua língua. Mas as informações que lhe deram eram alarmantes. Uma ameaçadora força de tártaros — cavaleiros e arqueiros temerários "com cabeças tão grandes que não pareciam se ajustar a seus corpos", escreveria Juliano mais tarde — tinha se reunido durante uns quinze dias no leste e pretendia "devastar todas as terras que conseguisse subjugar"[6].

Embora Juliano não soubesse, os invasores chamavam a si mesmos de mongóis — e estavam se preparando para avançar em direção a Europa ocidental. É quase certo que os informantes de Juliano tenham descrito os mongóis não como tártaros, mas como tátaros, nome de uma das muitas tribos que faziam parte do império mongol mais amplo. Mas muitos europeus cultos rapidamente associaram o nome a *Tartarus*[7], designação latina para o submundo, e logo começaram a usar amplamente a expressão "tártaro": uma descrição adequada a uma raça de guerreiros aparentemente saída do inferno.

Originalmente, os mongóis eram uma tribo da região do lago Baikal, ao norte da Mongólia, na Rússia de hoje, mas, quando Juliano ouviu falar deles, tinham se tornado uma federação multiétnica de tribos nômades governada a partir do alto planalto da Mongólia: uma região de invernos rigorosos, verões tórridos e vastas extensões de terras ermas. As tribos foram unificadas no fim do século XII por um líder originalmente conhecido como Temüjin, que em 1206 foi declarado seu líder incontestável. Temüjin então passou a empreender uma série de campanhas militares surpreendentes que, à época de sua morte, em 1227, o tinha colocado no controle do maior império de terras contíguas da história, estendendo-se da China, no leste, até o mar Cáspio, no oeste, e da Sibéria, no norte, até o noroeste da Índia, no sul. Temüjin e os mongóis achavam que suas campanhas de conquista foram ordenadas pelo supremo deus céu, Tenggeri, e acreditavam que o mundo todo era um império mongol em formação. "Pelo poder de Deus"[8], anunciaria o Grande Khan Güyük ao Ocidente em 1246, "todos os impérios, desde o nascer até o pôr do sol, nos foram dados e nos pertencem". Os que se recusassem a se submeter ao governo mongol estavam se rebelando contra o plano divino, e a punição para esta recusa era, frequentemente, o imediato massacre de cidades e povos inteiros[9].

As conquistas lideradas por Temüjin eram lendárias, e para celebrá-las os mongóis deram a ele o título póstumo de Soberano Feroz[10], ou Chingis Khan. Hoje, graças a uma transliteração árabe imperfeita deste nome, ele é amplamente conhecido como Genghis Khan.

Chingis Khan reconhecia que seus homens, cavaleiros durões acostumados às dificuldades, à privação e ao contínuo deslocamento, eram guerreiros naturais. Eles viajavam com um grande número de cavalos de reserva, e usando-os em forma de rodízio, conseguiam cavalgar até 150 quilômetros por dia — uma distância muito maior que a percorrida por qualquer outro exército da época. Como nômades, eles sabiam a maneira de usar as terras e os povos que conquistavam para sobreviver, mas em períodos de privação e de viagens difíceis, sustentavam-se bebendo o sangue de seus próprios cavalos e, se necessário, comendo-os. Tais práticas, somadas à ferocidade que demonstravam em batalha, alimentavam rumores na Europa de que os mongóis eram canibais e selvagens. "Os homens são desumanos e da natureza animal"[11], registrou Matthew Paris, "melhor chamados de monstros que de homens, sedentos e bebedores de sangue, rasgando e devorando a carne de cães e seres humanos" (Figura 16).

Figura 16. Os mongóis aos olhos ocidentais: matando, cozinhando e comendo seus prisioneiros. Matthew Paris (c. 1255).

A selvageria dos mongóis era calculada. Eles queriam que sua reputação os precedesse. Muitas vezes, na véspera de uma invasão, eles informavam antecipadamente seus adversários de sua missão de conquista e exigiam a rendição sem luta. Inevitavelmente, muitos oponentes aquiesciam, tendo já ouvido os rumores aterrorizantes sobre o que lhes aconteceria se não o fizessem — e em consequência, quando a prometida invasão acontecia, as fileiras dos mongóis já estariam repletas de prisioneiros. Alguns seriam forçados a lutar como soldados de infantaria nas fileiras de frente. Outros seriam usados como guias, intérpretes, engenheiros e espiões.

* * *

A MAIORIA DOS EUROPEUS nunca ouvira falar dos mongóis antes de Juliano encontrá-los, mas eles já tinham se aventurado pela Europa oriental anteriormente. Em 1223, próximo ao fim de um ataque repentino que varrera o extremo sul do mar Cáspio e entrara no Cáucaso, um dos exércitos de campo de Chingis Khan fizera uma missão de reconhecimento no que é hoje o sul da Rússia. Esta era uma prática padrão: os mongóis exploravam regularmente as regiões que estavam além das que controlavam para reunir informações sobre pontos de fragilidade que pudessem explorar em campanhas futuras. Sua incursão na Rússia pegou os habitantes de surpresa. "Tribos desconhecidas vieram"[12], escreveu um cronista russo. "Ninguém sabe quem são nem de onde vieram, nem qual é sua língua, nem de que raça são e nem qual é a sua fé." Os mongóis exigiram rendição, os russos se recusaram, e no dia 31 de março de 1223, uma grande batalha estourou próxima ao rio Kalka. Dezoito mil mongóis e cerca de 5 mil tropas aliadas atacaram uma força de 40 mil russos — e os mongóis ganharam de forma categórica. Em comemoração à vitória, colocaram um conjunto de pranchas de madeira em cima de seis príncipes russos capturados, criaram uma mesa temporária e a cobriram com um farto banquete de comemoração. Depois se fartaram enquanto seus prisioneiros sufocavam lentamente sob o peso do banquete.

Tão rápido quanto chegaram, os mongóis desapareceram. "Não sabemos onde eles voltaram a se esconder"[13], escreveu o cronista russo.

Na apreensiva calma que restou após sua partida, as histórias sobre o que acontecera em outras regiões do Cáucaso começaram a vir à tona e chegar a pontos cada vez mais ocidentais. "Os tártaros entraram em nossa terra carregando a cruz à sua frente"[14], relatou um escritor georgiano ao papa, "e dessa forma, parecendo ser cristãos, nos enganaram". A rainha Rusudan, da Geórgia, fez um comentário semelhante. "Não tomamos nenhuma precaução contra eles"[15], escreveu, "porque acreditávamos que eram cristãos". Ao verem os exércitos mongóis carregando a cruz, relatou um cronista armênio, alguns habitantes haviam presumido que eram exércitos dos magos — os lendários reis do Oriente citados na Bíblia — e os receberam de braços abertos. Os habitantes foram massacrados em questão de instantes[16].

Os mongóis tinham aprendido bem com seus informantes cativos. Por décadas os cristãos da região vinham acalentando uma fantasia religiosa, e os mongóis, aparentemente, tinham-na usado em benefício próprio. A fantasia era a seguinte: um rico e poderoso rei-sacerdote cristão do Oriente vinha, há algum tempo, avançando para o Ocidente. Descendente direto dos magos, era conhecido como Preste João e tinha uma missão: unir os cristãos do Oriente e do Ocidente para derrotar os exércitos muçulmanos onde quer que os encontrassem e retomar Jerusalém para todo o sempre.

Embora os exércitos que chegaram ao Cáucaso em 1223 não fossem os de Preste João, sua lenda continuou viva. Nos séculos seguintes, os rumores sobre o grande rei ganhariam vida própria, e o desejo de localizá-lo e a seus distantes reinos orientais teria um papel crítico na motivação dos europeus para explorar tanto a Ásia quanto a África.

*   *   *

A MAIS ANTIGA MENÇÃO a Preste João data de 1145. Ela deriva de um prelado sírio chamado Hugo, que viajou para a Europa nesse ano para pedir uma nova Cruzada. As forças cristãs tinham conseguido se estabelecer na Terra Santa na virada do século, mas agora vinham perdendo terreno rapidamente para os exércitos muçulmanos que avançavam, e os latinos do *Outremer* [Ultramar] precisavam desesperadamente de ajuda. Hugo fez seu apelo pessoalmente ao papa Eugênio III no dia 18 de novembro de 1145, e durante sua visita também conheceu um bispo chamado Otto de Freising, que mais tarde registrou um relato sobre sua conversa com Hugo. É no relato de Otto sobre essa conversa que Preste João aparece pela primeira vez.

Hugo contou a Otto que a situação dos cristãos na Terra Santa era terrível, mas depois falou de um fato promissor no Oriente. "Contou que não muitos anos antes"[17], registrou Otto,

> certo João, rei e sacerdote que vive para além da Pérsia e da Armênia, no Oriente mais remoto, e que, juntamente com seu povo, é cristão, porém nestoriano, guerreou contra os reis irmãos dos persas. [...] Afugentando os persas por meio de um terrível massacre, Preste João — pois assim estão acostumados a chamá-lo — finalmente saiu vitorioso. [Hugo] disse que, após esta vitória, o já mencionado João levou seu exército ao auxílio da Igreja em Jerusalém, mas que, ao alcançar o Tigre, não conseguiu conduzir seu exército para o outro lado do rio [...] e foi obrigado a voltar para casa. Conta-se que ele é descendente direto dos magos citados no Evangelho, e que, governando os mesmos povos que eles governavam, desfruta de tantas glórias e riquezas que não usa outro cetro senão um de esmeralda. Inflamado pelo exemplo de seus pais que foram adorar a Cristo em sua manjedoura, ele planejava ir a Jerusalém, mas, pelo motivo exposto acima, não conseguiu — assim contam.

Se verdadeira, a notícia era realmente animadora.

A história de Preste João seria contada repetidamente nas décadas seguintes, mas poderia ter desaparecido da memória não fosse por uma carta curiosa — uma das maiores fraudes de todos os tempos — que começou a circular na Europa em 1165, supostamente escrita pelo próprio Preste João.

Quem escreveu a carta e por quê? Não há respostas a estas perguntas. Tudo o que se pode dizer é que seu autor era provavelmente um culto clérigo ocidental que passara algum tempo na Terra Santa. A carta talvez tenha sido escrita para conquistar apoio para uma nova Cruzada, ou talvez tenha sido apenas uma brincadeira. Seja qual for o caso, foi aceita como genuína, e nas décadas e nos séculos que se seguiram, circulou amplamente, traduzida para muitas línguas, tendo influência duradoura sobre a maneira como os europeus imaginavam o Oriente.

Na carta, Preste João se apresentava de maneira imperiosa. "Eu, Preste João, que reino supremo"[18], anunciou, "excedo em riquezas, virtude e poder a todas as criaturas que habitam sob o céu". Governava 72 reis vassalos, ele continuou, e 12 arcebispos; alimentava 30 mil soldados todos os dias em mesas de ouro, ametistas e esmeraldas; mantinha um grande exército dedicado a proteger os cristãos em toda parte; e tinha se dedicado a travar guerra perpétua contra os inimigos de Cristo. Prosseguia descrevendo a forma como ele e seus homens seguiam para a batalha — e talvez fosse esta descrição que os habitantes do Cáucaso tinham em mente no momento em que, cerca de 60 anos mais tarde, viram os exércitos mongóis avançando para eles com uma cruz à sua frente. "Quando nos encaminhamos para a guerra"[19], explicava Preste João, "nossas tropas são precedidas por 13 imensas e imponentes cruzes feitas de ouro e ornamentadas com pedras preciosas, em vez dos estandartes, e cada uma delas é seguida por 10 mil soldados montados e 100 mil soldados de infantaria. [...] Quando saímos a cavalo em ocasiões comuns, precede-nos uma cruz de madeira, sem decoração, nem ouro, nem joias, para que nos lembremos da paixão de nosso Senhor Jesus Cristo".

Ao descrever o lugar de onde vinha, Preste João era ao mesmo tempo específico e vago. "Nossa grandeza domina as Três Índias"[20], escreveu, "e se estende à Extrema Índia, onde repousa o corpo do apóstolo São Tomé. Estende-se pelo deserto até o lugar onde nasce o sol". No início da Idade Média, os europeus conheciam a Índia como pouco mais que uma parte distante e misteriosa do mundo, em lugar a leste da Terra Santa, mas no século XII tinham começado a dividi-la em três partes: Índia Próxima (a parte norte do subcontinente indiano e pontos a leste); Extrema Índia (parte sul da Índia, e regiões produtoras de especiarias do Extremo Oriente); e Índia Média (Etiópia e outros reinos africanos, que no esquema T-O eram considerados parte da Ásia, já que estavam no lado oriental do Nilo). A divisão pode parecer estranha a nós hoje, mas substitua "Índia" por "Oriente" e você terá algo como nosso próprio modo característico de dividir a Ásia: Oriente Próximo, Extremo Oriente e Oriente Médio.

No início dos anos 1200, o mito de Preste João já criara raízes na Europa e na Terra Santa. A esta altura, Jerusalém estava novamente em mãos muçulmanas, e a ideia de uma outra Cruzada, a quinta, começava a ganhar forma. Um de seus proponentes era o bispo de Acre, Jacques de Vitry — que via Preste João e os exércitos cristãos do Oriente como sua força propulsora. "Acredito"[21], escreveu ele em 1217, "que haja mais cristãos que muçulmanos vivendo em países islâmicos. Os cristãos do Oriente, tão distantes quanto a terra de Preste João, têm muitos reis, que, ao saberem que a Cruzada chegou, virão em seu auxílio".

A quinta Cruzada de fato foi lançada pouco tempo depois, mas não correu bem. Em 1221, seu último ano, ela parecia fadada ao fracasso, mas Jacques continuava otimista, e naquela primavera ele espalhou boas notícias. "Um novo e poderoso protetor do cristianismo surgiu"[22], escreveu. "É o rei Davi da Índia, que foi para o campo de batalha contra os descrentes à frente de um exército de tamanho incomparável." Este rei Davi, continuava Jacques, era "comumente chamado de Preste João"[23]. Rumores sugeriam que[24] esse rei devia ser filho ou neto do Preste João original, mas outros contavam uma história diferente: Preste João teria acesso a uma fonte da juventude e era imortal. "Saibam que nós nascemos e fomos abençoados no útero de nossa mãe há 562 anos", afirmava Preste João em uma versão de sua carta, "e desde então nos banhamos na fonte seis vezes".

Os pronunciamentos de Jacques eram propaganda da Cruzada, mas firmavam-se em fatos. Em 1219, Chingis Khan iniciara uma campanha de conquista na Pérsia e ali derrotara poderosos exércitos muçulmanos. As notícias de suas vitórias tinham empolgado uma seita de cristãos orientais, conhecida como nestorianos, que aparentemente as tinham interpretado como a realização de um sonho que acalentavam há séculos: que um exército dos magos, liderado por um rei-sacerdote da Índia, logo chegaria e os libertaria da dominação muçulmana.

Relatos deturpados das vitórias de Chingis Khan chegaram à Terra Santa e depois à Europa por meio dos nestorianos. Contava-se que um grande exército cristão surgido no Oriente estava dizimando os muçulmanos na Pérsia e em breve estaria marchando sobre Jerusalém. Não é de admirar, portanto, que os mongóis tenham sido recebidos amigavelmente ao chegarem ao Cáucaso. Chingis Khan e Preste João pareciam ser a mesma pessoa.

* * *

FREI JULIANO — O MISSIONÁRIO húngaro que esbarrou nos mongóis em 1237, quando se preparavam para entrar na Europa pela segunda vez — não tinha tais ilusões. Os mongóis, decidiu ele, não eram os exércitos de Preste João; eram nada menos que "a praga de Deus"[25]. Abandonando seus esforços missionários, ele voltou correndo para casa para avisar seus compatriotas. No caminho, encontrou dois enviados mongóis que carregavam consigo uma ordem de rendição para o rei Béla IV, da Hungria, traduzida, sem dúvida, por um de seus prisioneiros, e ela confirmava seus piores temores. A ordem vinha de Ogodai, filho e sucessor de Chingis Khan. "Estou ciente"[26], dizia Ogodai a Béla, "que você é um monarca rico e poderoso, tem muitos soldados sob seu comando e governa sozinho o grande reino. Portanto, é difícil que se submeta a mim por vontade própria. No entanto, seria melhor e mais saudável que se submetesse de boa vontade".

Com exceção do próprio rei Béla, que talvez tenha tentado reunir tropas para a defesa da Hungria, ninguém na Europa oriental parece ter dado muita atenção aos avisos de Juliano. Não que tivesse adiantado muita coisa. Durante os quatro anos seguintes, entre 1237 e 1241, os mongóis varreram boa parte da Rússia, Polônia e Hungria, destruindo cidades, exércitos e populações inteiras. Após uma derrota completa na Silésia, um cronista registrou que soldados mongóis tinham recolhido nove sacos cheios de orelhas de suas vítimas e enviado-as de volta para sua capital, Karakorum, na estepe da Mongólia, como prova de sua vitória.

Em 1241, os mongóis estavam a apenas 60 quilômetros de Viena e pareciam determinados a invadir a Europa ocidental. A classe governante da região, afinal se conscientizando da ameaça, ficou profundamente preocupada. "Se, Deus nos livre, eles invadirem o território alemão"[27], escreveu o Sacro Imperador Romano Frederico II ao rei Henrique III da Inglaterra, "e não encontrarem nenhuma oposição, então o resto do mundo sentirá os trovões da tempestade que subitamente se avizinha.

[...] Pois eles deixaram seu próprio país, descuidados do risco a suas próprias vidas, com a intenção [...] de subjugar todo o Ocidente e destruir e erradicar a fé e o nome de Cristo". Henry Raspe, um nobre alemão, interpretou a invasão numa perspectiva ainda mais apocalíptica. "Os perigos vaticinados nas Escrituras na Antiguidade"[28], escreveu, "estão agora, em virtude dos nossos pecados, surgindo e se expandindo".

Mas, então, os mongóis desapareceram novamente. Desta vez fizeram uma retirada violenta, queimando e destruindo tudo no caminho e, como escreveu memoravelmente um cronista, não deixando para trás "ninguém para mijar contra um muro"[29]. Ninguém sabia por que tinham partido nem para onde tinham ido, mas desta vez todos imaginavam que logo retornariam.

Três anos depois, em 1245, o papa Inocêncio IV convocou o primeiro Concílio de Lyon — o 13º concílio ecumênico cristão, um encontro de bispos de toda a cristandade para definir questões relativas a doutrina e práticas oficiais. Centenas de membros ilustres dos clérigos latinos e da nobreza europeia convergiram para Lyon a fim de participar do evento. O ponto alto dos trabalhos, todos concordavam, era a necessidade de encontrar o que o papa chamava de "um remédio contra os tártaros"[30].

*   *   *

Uma possível opção logo surgiu. Um bispo russo chamado Pedro relatou que, em seus acampamentos na Rússia, os mongóis estavam encorajando visitas de embaixadores europeus. Animado com a notícia, o papa Inocêncio IV nomeou três pequenos grupos de enviados, dois liderados por dominicanos e um por um franciscano, e os enviou em missões para encontrar os mongóis. Os dominicanos deveriam viajar pelo Oriente Médio em busca de postos militares avançados; os franciscanos deveriam seguir pela Europa oriental e Rússia e para além da estepe oriental, em um esforço para encontrar o Grande Khan.

A exploração medieval europeia da Ásia estava a ponto de começar.

O que esses primeiros enviados sabiam do lugar para onde estavam indo? Quase nada. Mas saíram com uma série de pré-concepções geográficas. Sendo cristãos instruídos do século XIII, estariam familiarizados tanto com as descrições bíblicas da Ásia, incluindo as que mencionavam o Paraíso Terrestre e Gogue e Magogue. Compreenderiam a Ásia como a maior região do mundo conhecido e a mais importante, simbolicamente, e considerariam Jerusalém seu centro espiritual. As raças monstruosas nos extremos da Terra, Alexandre, o Grande, na Índia, Preste João nas Três Índias: eles conheceriam todas essas histórias. Em outras palavras, sua concepção de mundo era aquela descrita nos *mappaemundi*.

O líder da missão enviada para encontrar o Grande Khan era João de Plano Carpini, um monge obeso bem entrado nos 60 anos, que fora um dos companheiros originais de São Francisco de Assis, o fundador da Ordem Franciscana. Naturalmente, João estava amedrontado ao partir. Em um relato que veio a ser conhecido como *A história dos mongóis*, ele escreveu ao papa ao retornar: "Temíamos ser mortos pelos tártaros ou por outras pessoas, ser aprisionados para a vida toda, ou sofrer fome, sede, frio, calor, ferimentos e provações grandes demais, além de nossa capacidade de resistência — e, com exceção da morte e do aprisionamento para toda a vida, enfrentamos tudo isso de várias maneiras, numa extensão muito maior do que a que tínhamos previsto."[31]

João e seus companheiros partiram de Lyon no Domingo de Páscoa, dia 16 de abril de 1245. Levaram consigo duas cartas do papa, dirigidas ao "rei dos tártaros"[32]. A primeira carta, datada de 5 de março, apresentava João e seu grupo como amigos, listava os princípios do cristianismo e expressava a ingênua esperança de que os tártaros, ao conhecerem esses princípios, cessassem suas hostilidades e se convertessem. A segunda carta, datada de 13 de março, era uma proposta mais diplomática.

> Não é sem motivo que somos levados a expressar em termos fortes nossa surpresa por vocês, segundo fomos informados, terem invadido muitos países pertencentes aos cristãos e a outros e os assolarem, deixando-os em horrível devastação. [...] Seguindo o exemplo do Rei da Paz e desejando que todos os homens vivam unidos em concórdia, no temor a Deus, nós exortamos, imploramos e sinceramente suplicamos a todos vocês que no futuro desistam por completo de assaltos deste tipo e, em especial, da perseguição dos cristãos, e que após tantas e tão dolorosas ofensas

aplaquem, por uma apropriada penitência, a ira da Divina Majestade. [...] Neste sentido, consideramos adequado enviar-lhes nosso amado irmão [Frei João] e seus companheiros, os portadores desta carta. [...] Depois que tiverem tido discussões proveitosas com eles acerca dos assuntos citados acima, especialmente aqueles relativos à paz, informem-nos inteiramente, por meio destes mesmos frades, o que os levou a destruir outras nações e quais são suas intenções para o futuro.[33]

O que o papa e frei João não sabiam era que os mongóis esperavam apenas uma coisa dos enviados estrangeiros: ofertas de absoluta submissão.

Por dez meses, João e seus companheiros seguiram caminho para o norte e leste através da Europa e, no início do inverno de 1246, começaram a longa e árdua viagem através da Rússia ocidental até Kiev. João agora estava "desesperadamente doente"[34], como mais tarde registrou, e precisou ser "carregado em um veículo pela neve em meio a um frio intenso". O que viu ao longo do caminho para Kiev não o fez se sentir nada melhor. "Quando viajávamos por essa terra"[35], escreveu, "passamos por incontáveis caveiras e ossos de homens mortos largados no chão. Kiev foi uma cidade muito grande e populosa, mas agora está reduzida a quase nada".

Os enviados foram até Kiev, mas só ficaram alguns dias. No dia 3 de fevereiro de 1246, partiram para as "nações bárbaras"[36] do Oriente.

* * *

Três semanas depois, eles encontraram os mongóis — ou, melhor, os mongóis os encontraram. "Na primeira sexta-feira após a Quarta-Feira de Cinzas"[37], escreveu João, "estávamos nos preparando para a noite ao pôr do sol, quando alguns tártaros armados vieram para cima de nós, de maneira horrível, querendo saber que tipo de homens éramos". João explicou que ele e seus companheiros tinham sido enviados pelo papa[38] com a mensagem de que "todos os cristãos deviam ser amigos dos tártaros e viver em paz com eles". Ao ouvirem isso, os mongóis mudaram sua atitude em relação aos frades, evidentemente por um único motivo: eles usavam a mesma palavra para *submissão* e para *paz*, e, portanto, entenderam que os frades estavam levando uma mensagem de rendição[39]. Eles ofereceram cavalos descansados aos frades e cavalgaram com eles para o leste durante o mês seguinte, até que chegaram a uma grande cidade de tendas no rio Volga: o acampamento imperial de Batu, neto de Chingis Khan e governador da Rússia e da Europa oriental, que estavam ocupadas pelos mongóis.

No acampamento de Batu, os frades finalmente compreenderam por que a invasão da Europa ocidental nunca tinha acontecido. O Grande Khan Ogodai morrera em 1241 e os exércitos mongóis em campanhas de conquista em todo o mundo foram convocados de volta a Karakorum para elegerem um sucessor. Güyük, outro dos netos de Khan, fora eleito, e sua entronização deveria acontecer em Karakorum no verão de 1246.

Batu ordenou que os freires assistissem. Então João e seus companheiros mais uma vez se viram seguindo para o leste. "Junto com os dois tártaros que nos tinham sido designados"[40], escreveu, "partimos com muitas lágrimas, sem saber se estávamos indo para a morte ou para a vida".

Os missionários enviados agora tinham de cavalgar com tanto vigor e rapidez quanto os mongóis. Instigados por seus acompanhantes, e dependendo dos postos de retransmissão dos mongóis para obterem cavalos descansados e suprimentos, eles se levantavam cedo todas as manhãs, trocavam de montaria várias vezes ao dia, e paravam para comer e descansar somente à noite. Durante as horas de luz, cavalgavam por mais cenários de morte e desolação. "Passamos por muitas caveiras e ossos de homens mortos largados no chão como esterco"[41], escreveu João, acrescentando que viu "inúmeras cidades destruídas, fortalezas demolidas e muitas cidades desertas"[42]. Dia após dia, semana após semana, mês após mês, os freires seguiram pelas ermas estepes da Ásia Central — atravessando todo o atual Cazaquistão, passando pelas montanhas Altai e se aprofundando na Mongólia. Foi uma viagem de quase 5 mil quilômetros, atravessando terras que João só conseguia descrever como "mais desgraçadas do que poderia dizer"[43], e a viagem cobrou seu preço. "Estávamos tão fracos que mal podíamos cavalgar"[44], escreveu João. "Durante todo aquele período de Quaresma, nosso único alimento tinha sido painço com água e sal, e continuou o mesmo em outros dias de jejum, e não tínhamos nada para beber a não ser neve derretida numa chaleira." Viagens assim eram rotina para os mongóis, mas era uma provação que testaria os europeus mais resistentes. É de espantar que o idoso, obeso e doente frei João tenha sobrevivido.

Em 22 de julho, os enviados finalmente chegaram a seu destino: uma imensa cidade de tendas localizada a meio dia de viagem ao sul de Karakorum. A cidade fora instalada para receber os muitos dignitários que chegavam para se submeter e prestar tributo ao novo Grande Khan — mais de 4 mil deles, pelas contas de frei João, incluindo nobres da Rússia e da Geórgia, dez sultões muçulmanos, um embaixador do califa de Bagdá e os líderes de muitas tribos asiáticas. "Os enviados trouxeram tantos presentes"[45], João recordou, "que era maravilhoso de se olhar: sedas, samitos, veludos, brocados, cintos de seda com tramas de ouro, peles finas e [...] mais de quinhentas carroças cheias de ouro, prata e tecidos de seda". No acampamento os frades encontraram muitos russos, húngaros e outras pessoas. Falavam latim e francês, explicou, e tinham "acompanhado os tártaros, alguns por 30 anos, em meio a guerras e outros acontecimentos, e sabiam tudo sobre eles, pois conheciam a língua e tinham vivido com eles continuamente"[46]. Por várias semanas, enquanto esperavam a realização da cerimônia de entronização, os frades reuniram grande quantidade de informações com esses homens sobre os costumes, crenças, táticas militares e intenções dos mongóis. Mas também levantaram informações desalentadoras. "Homens informados"[47] lhes disseram que este novo Grande Khan pretendia "levantar seu estandarte contra todo o mundo ocidental".

Após a entronização, João finalmente pôde entregar ao Grande Khan suas cartas de apresentação. A resposta veio alguns dias depois, na forma de uma ameaçadora ordem de submissão que ele foi incumbido de levar de volta ao papa.

> Tendo sido aconselhados a manterem a paz conosco, o Senhor Papa e todos os cristãos nos mandaram um enviado, como ouvimos dele mesmo e como suas cartas o declaram. Por esse motivo, se desejarem ter paz conosco, o Senhor Papa e todos os reis e potentados de modo algum se demorem a vir até mim para estabelecer os

termos da paz, e então ouvirão igualmente a nossa resposta e a nossa vontade. Os conteúdos de suas cartas afirmaram que devemos ser batizados e nos tornar cristãos. A isto respondemos brevemente que não entendemos de que modo devemos fazê-lo. Com relação aos demais conteúdos de suas cartas — em que se admira de tão grande massacre de homens, especialmente cristãos e, em particular, poloneses, morávios e húngaros —, respondemos que também isso não compreendemos. [...] Porque não obedeceram a Deus e às ordens de Chingis Khan e do Khan [...], Deus ordenou que os destruíssemos e os entregou em nossas mãos. [...] Se aceitarem a paz e estiverem dispostos a nos entregar suas fortalezas, o Senhor Papa e príncipes cristãos de forma alguma se demorem a vir até mim para concluir a paz. [...] Mas, se não acreditarem em nossas cartas e no mandamento de Deus, nem ouvirem nosso conselho, então teremos a certeza de que desejam a guerra.[48]

João não teve outra escolha senão concordar em levar a carta de Khan para o papa, e assim ele e seus companheiros atravessaram novamente a estepe em direção ao oeste, mais uma vez enfrentando grandes dificuldades ao longo do caminho. "Viajamos durante o inverno"[49], escreveu João, "frequentemente dormindo no deserto, sobre a neve, exceto quando conseguíamos abrir um espaço com nossos pés. Quando não havia árvores, mas somente campo aberto, muitas vezes acordávamos completamente cobertos de neve". Quando finalmente chegaram a território cristão, foram recebidos como heróis e, durante o caminho de regresso da Rússia até a França, encantaram públicos locais com histórias sobre o lugar onde tinham estado e o que tinham visto. O relatório oficial de João ao papa, redigido na segunda metade de 1247, depois de ter chegado de volta a Lyon, tornou-se avidamente procurado na Europa — assim como o próprio frei, que parece ter embarcado numa espécie de turnê de escritor. "Ele escreveu um grande livro sobre os feitos dos tártaros"[50], registrou um cronista franciscano chamado Salimbene, em 1247, "e fazia com que o livro fosse lido em voz alta sempre que achava trabalhoso demais contar a história, como eu próprio vi e ouvi; e quando os leitores ficavam surpresos ou não compreendiam, ele próprio expunha ou discutia as questões com mais detalhes".

Nos séculos seguintes, o relatório de frei João se tornaria o mais lido entre todos os antigos relatos sobre os mongóis, graças, em grande parte, a um frei dominicano chamado Vicente de Beauvais, que incluiu passagens do relatório em sua enciclopédia do século XIII, *Speculum historiale* ou *Espelho histórico*, uma das mais lidas e influentes do fim da Idade Média. Em seu relatório, João fez referências passageiras a Preste João e às raças monstruosas, mas eram informações de segunda mão, tiradas de outros, e lhes deu um tratamento apenas superficial.

*   *   *

O QUE JOÃO TINHA A DIZER sobre os mongóis e suas intenções não era de bom agouro para a Europa ocidental. Mas ele trouxe uma pequena notícia auspiciosa. Os nestorianos a serviço do Grande Khan, relatou ele, "nos disseram que acreditam firmemente que ele [o Khan] está a ponto de se tornar cristão, e eles têm provas claras disso"[51].

Notícias semelhantes de outras regiões também chegavam à Igreja. Um dos missionários dominicanos do papa retornou de sua missão trazendo a informação de que a mãe do Grande Khan era uma cristã — uma filha de Preste João. O papa e o rei Luís IX da França também tiveram acesso a uma carta encorajadora de um armênio que passara algum tempo em Samarcanda, em 1248, dando notícias surpreendentes: um grande número de cristãos vivia por todo o império mongol; recentemente, os mongóis tinham apoiado um governador cristão na Índia em sua guerra contra os muçulmanos da região; e o Grande Khan e todo o seu povo tinham se convertido ao cristianismo[52]. Falava-se também que Sartaq, filho de Batu, que governava os territórios europeus dos mongóis, também era um convertido.

O desenvolvimento mais animador de todos veio no fim de 1248. Dois enviados nestorianos, Davi e Marcos, chegaram a Chipre com uma proposta para o rei Luís, que estava na ilha fazendo os preparativos finais para lançar a sétima Cruzada. Davi e Marcos traziam consigo uma carta de um príncipe mongol chamado Eljigidei. Estranhamente, o príncipe não fazia exigências de submissão e, em vez disso, desejava bons votos a Luís. Mais importante que a carta em si foi o que Davi e Marcos disseram pessoalmente ao rei Luís. Eljigidei e muitos outros príncipes mongóis tinham se convertido ao cristianismo, anunciaram eles, e agora Eljigidei, ultrajado com as recentes indignidades perpetradas pelos muçulmanos aos cristãos na Terra Santa, decidira invadir Bagdá no verão seguinte. Na verdade, ele estava interessado em formar um tipo de aliança. Não estariam os cruzados dispostos a atacar o Egito nesse verão para impedir que os exércitos muçulmanos da região partissem em defesa de Bagdá?

Mais uma vez, ao que parece, os mongóis estavam manipulando astutamente as suscetibilidades religiosas cristãs — e, mais uma vez, funcionou. Luís recebeu com entusiasmo a proposta de Davi e Marcos. Enviou a carta para sua mãe na França, que a entregou ao rei Henrique III, na Inglaterra, e logo começaram a circular rumores de que os mongóis não apenas tinham se convertido, mas concordado em se unir à iminente Cruzada[53].

Tais rumores motivaram a primeira missão expressamente evangélica aos mongóis, lançada em 1253 pelo frei franciscano Guilherme de Rubruck. Guilherme passara algum tempo em Chipre e no Egito na companhia do rei Luís durante a infeliz sétima Cruzada, e após o fracasso do empreendimento, voltara sua atenção para os mongóis. Como outros, ele tinha ouvido rumores sobre a conversão do príncipe mongol Sartaq — e decidiu tentar encontrá-lo.

* * *

GUILHERME INICIOU SUA jornada partindo primeiro da cidade portuária de Acre, na Terra Santa, para Constantinopla, no início de 1253, e depois para Soldaia, uma cidade mercantil na costa do Mar Negro da Península Crimeia (hoje conhecida como Sudaq), que tinha se tornado um importante porto de trocas comerciais entre a Ásia e a Europa. Em Soldaia, fez preparativos para sua viagem iminente, reunindo suprimentos e levantando todas as informações possíveis sobre os mongóis com oficiais locais e mercadores; e, enquanto estava ali, proferiu pelo menos um sermão público, numa igreja chamada Santa Sofia. Entre os que talvez o tenham ouvido pregar nesse dia estava um mercador veneziano que tinha casa na cidade: Marco Polo, tio do Marco Polo que mais tarde nesse século partiria em busca dos mongóis e viria a se tornar o mais renomado dos viajantes europeus à Ásia.

Guilherme deixou Soldaia no dia 1º de junho. Durante os dois meses seguintes, ele e seus companheiros viajaram em direção ao acampamento de Sartaq no Volga. Encontraram-se com os mongóis não muito tempo depois de partirem e ficaram imediatamente desapontados. Os mongóis mostravam pouco interesse no cristianismo e nos cristãos. Antes, pareciam preocupados apenas com presentes, que Guilherme, sendo um frei mendicante com voto de pobreza perpétua, não tinha como oferecer.

Após dois meses de estrada, Guilherme chegou ao acampamento de Sartaq, que, afinal, não tinha se convertido coisa nenhuma. "Se Sartaq acredita ou não em Cristo, não sei dizer"[54], escreveria Guilherme em um relatório que entregou ao rei Luís ao fim de sua viagem. "O que sei é que ele não quer ser chamado de cristão: na verdade, minha impressão é que ele zomba dos cristãos."

Presumindo que Guilherme levasse cartas de submissão, Sartaq ordenou que ele prosseguisse ao longo do Volga para se encontrar com seu pai, Batu. Mas Guilherme não teve mais êxito com Batu do que com Sartaq. Ao se encontrar com ele, Guilherme começou a lhe falar sobre a condenação eterna que o aguardava se não se convertesse ao cristianismo. O sermão não teve boa aceitação. Batu deu "um leve sorriso"[55], lembrou-se Guilherme, "e os outros *mo'als* [mongóis] começaram a nos aplaudir, ridicularizando-nos". De acordo com outro relato do encontro, Batu também abordou Guilherme diretamente. "A ama primeiro deixa que gotas de leite caiam na boca da criança"[56], disse-lhe, "para que o doce sabor a anime a mamar; só então ela lhe oferece o mamilo. Assim você nos devia ter persuadido, de modo simples e razoável, já que este ensinamento nos parece totalmente estranho. No entanto, você imediatamente [nos] ameaçou de punição eterna".

Batu então mandou que Guilherme e seus companheiros viajassem até Karakorum para uma audiência com o Grande Khan, um neto de Chingis Khan recém-eleito, de nome Mangku. E foi assim que Guilherme se viu fazendo a mesma viagem pela Ásia Central que frei João fizera antes. Ao partirem, o mongol escolhido para acompanhá-los lhe ofereceu pouco consolo. "Vou levá-los até Mangku Chan"[57], disse a

Guilherme. "É uma viagem de quatro meses e o frio lá é tão intenso que pedras e árvores se partem ao meio com a geada: veja se conseguem suportar. [...] Se não conseguirem, vou abandoná-los no caminho."

Guilherme sobreviveu à viagem. Ele e seus companheiros acabaram passando mais de seis meses no acampamento de Mangku e na cidade próxima de Karakorum. Durante esse período, misturaram-se a um grupo de estrangeiros que incluía persas, turcos, chineses, armênios, georgianos, russos, húngaros, alemães, franceses e até um inglês. A maioria provavelmente era prisioneira de várias campanhas de conquista mongóis; todos trabalhavam para os mongóis em algum âmbito. A corte também estava repleta de sacerdotes e presbíteros de diferentes religiões, entre eles, um grande número de nestorianos — alguns dos quais disseram a Guilherme que Mangku estava realmente a ponto de se converter. Mas, quando Guilherme finalmente teve sua audiência com o Grande Khan, qualquer esperança que acalentasse sobre a participação dos mongóis em uma nova Cruzada caiu por terra. Numa ordem de submissão que ordenou que Guilherme levasse para o rei Luís, ele aludiu à visita de Davi e Marcos em Chipre. "Um homem chamado Davi o procurou, como se fosse um enviado dos *mo'als*"[58], disse Mangku a Luís. "Mas era um mentiroso."

Guilherme chegou à Terra Santa em 1255, após uma árdua viagem pela estepe da Ásia Central, e pouco depois entregou seu relatório ao rei Luís. Ele descreveu detalhadamente o que vira durante suas viagens, retratando os mongóis e seus costumes de maneira ainda mais vívida que frei João. Quanto às crenças tradicionais dos europeus acerca do Oriente, ele injetou um novo tom de ceticismo, baseado em investigação empírica. Discordou delicadamente de Isidoro de Sevilha, por exemplo, em relação ao mar Cáspio. Em sua viagem, escreveu Guilherme, circundara o Cáspio pelo norte e descobrira que era um corpo de água circunscrito por terras. Isso significava que "o que Isidoro havia dito, isto é, que é um golfo que se estende do oceano para a terra, é incorreto"[59]. Sugeriu também que as raças monstruosas talvez não existissem. "Questionei sobre os monstros ou as aberrações humanas descritos por Isidoro e Solino"[60], disse ele ao rei Luís, "mas fui informado de que tais coisas nunca foram vistas, o que nos faz duvidar que [a história] seja verdadeira". Mas seu maior ceticismo era em relação a Preste João.

"Os nestorianos o chamavam de rei João"[61], explicou, "[mas] apenas um décimo do que disseram sobre ele era verdade. Pois assim funcionam os nestorianos que vêm dessas regiões: eles criam grandes rumores a partir de nada".

Guilherme tinha de admitir, no entanto, que como iniciativa evangélica sua missão tinha sido um fracasso. Ele passara seis meses entre os mongóis, mas não conseguira quase nenhuma conversão. "Nós ali batizamos um total de seis almas"[62], escreveu.

* * *

TANTO FREI JOÃO quanto frei Guilherme regressaram à Europa com notícias profundamente desanimadoras. Os mongóis não se converteram ao cristianismo; tinham um programa de conquista do mundo; e pretendiam varrer todos que não se submetessem ao seu governo. Mas havia uma coisa boa. Quem mais sofrera nas mãos dos mongóis, pelo menos até esse momento, tinham sido os muçulmanos e os bizantinos, os grandes inimigos e rivais da cristandade latina. Não só isso, era cedo demais para se declarar que a tentativa de converter os mongóis fora um fracasso; sendo um povo monoteísta sem um clero ou uma fé nacional organizados, os mongóis e seus líderes certamente eram suscetíveis a persuasão. E mesmo que os mongóis não se convertessem, o grande número de cristãos cismáticos que frei João e frei Guilherme haviam descoberto na Ásia talvez pudesse ser convencido a unir forças com os latinos para fazer um grande movimento de ataque pela Terra Santa, por leste e oeste.

Os mongóis haviam feito outro favor aos europeus. Ao se apoderarem e governarem uma vasta extensão territorial que se estendia da China às extremidades da Europa, eles abriram uma nova estrada para o Oriente. Esta estrada representava uma oportunidade inédita para os missionários e diplomatas da Europa — e para seus mercadores. Nos cinquenta anos desde que Chingis Khan unira as tribos nômades da estepe da Mongólia, ele e seus sucessores pilharam e extorquiram tributos de algumas das nações mais ricas e poderosas do mundo. Em meados do século XIII, tinham acumulado uma riqueza fabulosa e seu apetite por objetos de luxo crescia rapidamente — e foi por isso que, em 1260, "na expectativa de uma aventura lucrativa"[63], dois comerciantes venezianos chamados Niccolò e Maffeo Polo encheram um navio com joias caras e partiram de Constantinopla para Soldaia.

Esta não era uma ação incomum. Os mercadores venezianos estabeleceram uma colônia de comércio em Soldaia ao tempo em que os irmãos Polo partiram. Era o porto onde frei Guilherme parara e pregara em 1253, e onde Marco, o irmão de Niccolò e Maffeo, tinha casa. Mas depois de chegarem a Soldaia, Niccolò e Maffeo decidiram fazer algo novo e diferente: resolveram tentar a sorte mais para o leste, entre os mongóis. E assim, em 1260, eles deixaram Soldaia e seguiram para o norte, rumo aos acampamentos mongóis no Volga, como frei Guilherme fizera sete anos antes.

Eles ficariam fora por nove anos.

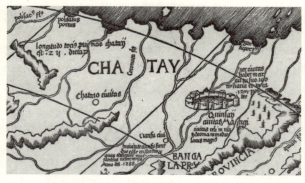

✦ China ✦

CAPÍTULO TRÊS

A DESCRIÇÃO DO MUNDO

Desde o tempo em que com suas mãos nosso Senhor Deus formou Adão, nosso primeiro pai, até hoje, não houve homem, cristão ou pagão, tártaro ou indiano, ou alguém de qualquer raça, que tenha conhecido ou explorado tantas das várias partes do mundo e suas grandes maravilhas como [...] o Senhor Marco Polo.[1]

— Prólogo, Livro de Marco Polo (c. 1300)

Quando Niccolò e Maffeo Polo finalmente reapareceram em Acre, em 1269, traziam consigo uma magnífica placa de ouro e uma carta. A placa, que concedia aos irmãos provisões, abrigo e passagem segura por onde quer que viajassem dentro do território mongol, vinha do "Grande Khan de todos os tártaros, cujo nome era Kubilai"[2]. Kubilai reinava sobre um vasto e poderoso reino conhecido como Catai (China), localizado nos "confins da terra, na direção leste-norte-oriental"[3], e os irmãos afirmavam que o tinham visitado ali. A carta que levavam também era de Kubilai. Por meio dela ele se dirigia diretamente ao papa, mas não fazia nenhuma das exigências de rendição normalmente impostas pelos mongóis. Antes, mandava seus cumprimentos e pedia que cem cristãos instruídos fossem enviados para sua corte, onde esperava vê-los "discutir e demonstrar claramente aos idólatras e pessoas de outras persuasões que sua religião é completamente equivocada"[4]. Também fazia uma promessa memorável.

A descrição do mundo

No dia em que virmos isso, eu também condenarei [os idólatras] e sua religião. Então serei batizado e todos os meus barões e magnatas farão o mesmo, e seus súditos, por sua vez, passarão pelo batismo. Logo haverá mais cristãos aqui do que em sua parte do mundo.[5]

Não foi senão em 1271 que os Polo conseguiram uma audiência com o papa, o recém-eleito Gregório X; no entanto, quando finalmente se encontraram, o pontífice recebeu a carta com entusiasmo. O papa não podia dispor de cem homens, mas fez o que pôde: convocou dois de seus mais instruídos frades dominicanos, deu-lhes "plena autoridade para ordenar sacerdotes e bispos e conceder absolvição tão completamente quanto ele próprio"[6], e os despachou, junto com os irmãos Polo, de volta para o Grande Khan, levando presentes e cumprimentos. Desta vez Niccolò decidiu levar seu filho Marco, de 17 anos.

Os dominicanos, de constituição evidentemente menos robusta que a de frei João e frei Guilherme, logo ficaram amedrontados, conferiram aos Polo "todos os privilégios e cartas que tinham recebido"[7] e voltaram imediatamente. Os Polo seguiram sozinhos para o leste, atrapalhados por "neve, chuva e rios transbordados"[8], e finalmente, após três anos e meio de viagem, encontraram-se novamente com o Grande Khan em Catai — onde permaneceriam pelos 17 anos seguintes.

O jovem Marco Polo desabrochou na corte mongol. Dominou quatro idiomas locais, mostrou-se bem mais sensato e confiável que o normal na sua idade e aos poucos se tornou um enviado especial do Grande Khan, que "o favoreceu tanto e o manteve tão próximo à sua própria pessoa que outros lordes tiveram inveja"[9]. Percebendo que Marco tinha um dom especial para a observação, o Grande Khan o enviou em importantes missões a muitos reinos espalhados pelo Extremo Oriente, e Marco não apenas cumpria sua missão oficial com grande perícia como também voltava sempre para encantar o Grande Khan com descrições vivas e detalhadas de lugares e povos que tinha visto.

Finalmente, os Polo decidiram voltar para casa e o Grande Khan autorizou-os com relutância. Deu-lhes duas novas placas, que lhes garantiriam passagem segura, e então, em virtude dos perigos de viajarem por terra pelos territórios mongóis em guerra, colocou-os numa missão por mar que estava enviando à Pérsia. O Grande Khan também tinha razões egoístas para fazer isso: ele sabia que os Polo já tinham passado algum tempo navegando a seu serviço entre a Pérsia e o Catai e que poderiam servir de guias nos "estranhos mares"[10] ao redor da Índia.

Durante a maior parte dos dois anos seguintes, os Polo navegaram pelas 12.700 ilhas do oceano Índico, cuja extensão e os prodígios desafiavam a completa descrição. Na Pérsia, eles desembarcaram entre os mongóis, que mais uma vez lhes deram placas de ouro para lhes garantir uma travessia segura, e dali eles retornaram primeiro para o mar Negro e depois para Constantinopla. Finalmente, em 1295, 24 anos depois de terem partido, chegaram de volta a Veneza — os primeiros europeus medievais a terem vivido entre os mongóis no Catai e na Índia.

Ou assim diz a história que Marco contou ao voltar.

*   *   *

A HISTÓRIA DE MARCO POLO sobrevive numa desconcertante variedade de versões e línguas. A título de conveniência, os estudiosos de Polo da atualidade referem-se frequentemente a qualquer uma de suas edições apenas como o Livro. Cerca de 150 manuscritos do Livro sobrevivem desde antes do advento da impressão, em meados de 1400, e estão escritos não apenas em latim, a língua dos leitores europeus cultos, mas também em uma série de idiomas locais e dialetos[11], entre eles o franco--italiano, o francês do norte, o toscano, o veneziano, o alemão, o tcheco, o irlandês e o italiano. Não há duas versões exatamente iguais do texto; algumas são radicalmente diferentes e, para complicar as coisas, parecem derivar de uma fonte altamente problemática: um original perdido supostamente composto por certo Rustichello de Pisa, um escritor italiano de romances cavalheirescos sem grandes pretensões intelectuais. Rustichello afirmava ter conhecido Marco Polo numa prisão genovesa, em 1298, e ter colaborado com ele na redação da obra.

São muitas as perguntas sobre Marco Polo e seu Livro. Será que ele e Rustichello realmente se conheceram? Será que Rustichello registrou sua história com fidelidade? Terão os copistas posteriores preservado a essência do relato original? Terá Marco Polo realmente chegado à China? Será que ele existiu mesmo? Estas e outras perguntas provocaram animadas especulações e debates, e o resultado, no que diz respeito ao

Livro em si, é o que um exasperado perito em Marco Polo descreveu como um "enigma indecifrável"[12]. Muitos estudiosos concordam, no entanto, que boa parte da história de Polo é real e que Marco efetivamente chegou à China.

Os Polo talvez tenham sido os primeiros cristãos latinos a visitarem Kubilai em sua corte no Catai, mas não foram os primeiros ocidentais a chegar lá. Registros da corte sobrevivem e, numa crônica do ano de 1261, um deles descreve a chegada, em 6 de junho, de uma embaixada representando uma nação de nome Fa-lang. A palavra é uma transliteração de *Farang*, ela própria uma versão de *Frank*, e era frequentemente usada na época, no Oriente Próximo e no Extremo Oriente, para se referir a qualquer povo europeu que vivia a oeste e norte do território muçulmano. "Essas pessoas"[13], diz o registro,

> vieram e mostraram roupas feitas de tecidos vegetais e outros presentes. Esses enviados tinham viajado por três anos desde seu país até Shang-tu. Contaram que seu país fica no Extremo Ocidente, além de Uighurs. Em seu país há luz constante e nenhuma escuridão. A noite é quando os ratos saem de seus buracos. Se alguém morre lá, o céu é invocado e pode acontecer de a pessoa ser restaurada à vida. As moscas e os mosquitos nascem da madeira. As mulheres são muito lindas e os homens geralmente têm olhos azuis e cabelos loiros. Há dois oceanos na rota de lá. Um deles leva um mês para se atravessar, o outro, um ano inteiro. Seus barcos são tão grandes que podem levar entre 50 e 100 homens. Esses homens apresentaram uma caneca de vinho feita de casca de ovo de um pássaro marinho. Quando se coloca vinho dentro dela, ele fica imediatamente quente. [...] O imperador ficou muito satisfeito por essas pessoas virem de tão longe e lhes deu muitos presentes de ouro e tecidos.

Esta passagem é fascinante em vários aspectos diferentes. Em fontes medievais, sejam elas orientais ou ocidentais, não há qualquer menção a visitas anteriores de europeus à China. Esses visitantes, portanto, talvez tenham sido uns dos primeiros — embora outros comerciantes ocidentais certamente tenham chegado ao Extremo Oriente mais ou menos na mesma época, mas, ou não conseguiram uma audiência com o Grande Khan, ou preferiram manter em segredo suas novas fontes de produtos. A passagem corrobora a ideia de que comerciantes europeus começaram a se aventurar pelo leste na segunda metade do século XIII, após as invasões mongóis à Europa e ao Oriente Próximo, e é também um lembrete útil de que o Ocidente parecia tão distante, estranho e maravilhoso aos orientais quanto o Oriente para os ocidentais. Séculos antes de os europeus medievais chegarem, de fato, os chineses vinham contando histórias entre si sobre os seres monstruosos que viviam às margens do mundo, incluindo os que estavam no distante e misterioso Ocidente. Uma obra antiga e muito apreciada, conhecida como *Clássico das montanhas e mares*, referia-se a raças como os orelhudos[14] ("têm orelhas tão grandes que elas pendem sobre seus ombros"), os empenados (que "podem voar, mas não muito longe"), os peludos (cobertos por pelos "como um porco"), os homens-cogumelo (cujo aspecto era parecido com "um fungo de carne"), e os sem progênie (uma raça sem ossos que, por comerem apenas ar, "são lúcidos e vivem por muito tempo") (Figura 17).

Figura 17. Seres monstruosos que os antigos chineses acreditavam habitar as regiões remotas do mundo. Observe as semelhanças com as raças monstruosas da Europa (Figura 14).

O relato de Fa-lang também é um lembrete de que, para cada história de viagem e descobrimento que sobrevive, como a dos Polo, há inúmeras outras que se perdem. Como os viajantes de Fa-lang chegaram à China? O que os levou até lá? E os primeiros mongóis a chegarem à Europa? Que histórias levaram para casa? Jamais saberemos.

A descrição do mundo

O que nos leva de volta a Marco Polo. O que mais importa a seu respeito não é apenas o fato de ele ter sido um dos primeiros europeus a viajar para além da Ásia Central até o Extremo Oriente. É que ele — ou alguém, pelo menos — registrou por escrito o que ele encontrou lá.

*   *   *

MARCO NÃO É NEM o herói nem o sujeito de sua própria história. Ao contrário de frei João e frei Guilherme, ele não dá quase nenhuma informação sobre o que passou, pensou ou sentiu em suas viagens. As poucas narrativas que aparecem no Livro — isto é, a versão dos acontecimentos apresentados no início deste capítulo — limitam-se quase inteiramente a seu prólogo, que em uma tradução moderna em inglês toma apenas as primeiras 13 das 300 páginas. O restante do Livro não é um relato de viagem ou história de aventura, mas uma análise incrivelmente impessoal de "todas as grandes maravilhas e curiosidades"[15] do Oriente, apresentadas, como o prólogo informa, "na devida ordem"[16]. Em outras palavras, o objetivo do Livro era muito mais que contar os detalhes das viagens de Marco; era revelar uma nova e completa descrição do mundo.

Apesar de seu objetivo tão grandioso, o Livro é escrito num estilo comicamente enfadonho e desorganizado. "Deixemos agora estas regiões e passemos ao mar Negro", anuncia o autor em certo ponto.

> É verdade que há muitos mercadores e outros que o conhecem bem; ainda assim, há muitos mais que não o conhecem. Portanto, por eles, vale a pena registrar os fatos por escrito. Comecemos, então, com a boca do mar Negro, o estreito de Constantinopla. À entrada do mar, no lado ocidental, há uma montanha chamada Faro. Mas, agora que entramos neste tópico, mudamos de ideia sobre seu registro por escrito; pois, afinal de contas, ele é bastante conhecido por muitas pessoas. Portanto, deixemos este assunto e iniciemos outro.[17]

Desde o início o Livro declara que sua função é instruir e entreter. Marco registrará "todas as coisas que viu e ouviu por meio de um relato verdadeiro, para que outros [...] possam conhecê-las"[18], uma tarefa que empreenderá como forma de "oferecer entretenimento aos leitores"[19]. Mas uma das muitas curiosidades a respeito do Livro é que ele não tem exatamente o tipo de instrução e entretenimento que os europeus esperavam no que dizia respeito às maravilhas do Oriente: descrições de tribos guerreiras diabólicas, as raças monstruosas, criaturas míticas, lugares famosos da Antiguidade, a lendária topografia da Bíblia, e daí por diante. O que tornava o relato de Marco tão diferente — e tão difícil de entender — era que o Extremo Oriente descrito por ele *não* continha tais coisas. Ao contrário, Marco o descreve prosaicamente como mais rico, mais poderoso, mais populoso, mais extenso, mais tecnologicamente avançado e mais civilizado que qualquer coisa que os europeus jamais haviam imaginado.

* * *

"COMEÇAREI PELA Armênia."[20] Com esta breve frase, Marco inicia o principal corpo de seu Livro — e então passa, metodicamente, a apresentar aos europeus as maravilhas do Extremo Oriente, num relato arrebatador que cativaria leitores pelos séculos vindouros. Descreve a rota por terra da Europa ao Catai; traz um novo olhar sobre a surpreendente riqueza e civilização dos povos sob o domínio do Grande Khan; preenche os espaços vazios entre as Três Índias; e pinta um retrato encantador do oceano Índico, descrevendo-o como um grande labirinto de ilhas banhadas em ouro, pedras preciosas e especiarias exóticas. Hoje, o título normalmente dado ao Livro de Marco é *As viagens de Marco Polo*, criando expectativas de que a obra seja uma espécie de relato de viagem pessoal. Mas é algo totalmente diferente. No início, o título do Livro era *A descrição do mundo*, o que, em muitos sentidos, é um título muito mais adequado. Ele sugere que o Livro era lido e compreendido inicialmente não como um relato minucioso das viagens de um homem, mas como uma espécie de *mappamundi* verbal, composto com a intenção de rechear o esquelético conhecimento que a Europa tinha do Oriente.

Está claro que Marco compôs seu Livro tendo mapas na cabeça. No caso das ilhas e mares das Índias, ele admite especificamente o fato, contando que se baseou não apenas em suas próprias observações, mas também nos "mapas e escritos de marinheiros experientes que navegam por estas águas"[21]. Muitas de suas descrições das rotas através da Ásia Central também parecem feitas a partir de um mapa — especificamente, descrições de itinerários que sabidamente foram feitas dos trechos do vasto sistema de correio mongol. Evidências internas no Livro também sugerem que Marco se baseou em novos levantamentos exploratórios que Kubilai Khan ordenou que fossem feitos de seus territórios chineses. Por sua ampla concepção do Oriente, que apresentou de maneira muito mais extensa que qualquer enciclopédia ou *mappamundi* cristão de seu tempo, Marco parece ter se baseado em mapas hoje perdidos preparados por cosmógrafos chineses ou persas trabalhando na corte mongol[22].

A descrição do mundo feita por Marco não inclui nada sobre a Europa, mas a omissão não causa surpresa; ele não acha necessário descrever lugares bem conhecidos de seus leitores. Ele foca sua atenção no Oriente e faz suas descrições num estilo conciso, que dá a impressão de querer oferecer material aos cartógrafos europeus para que pudessem usar nas legendas de seus mapas. Ao descrever algumas das províncias de Manzi (sul da China), por exemplo, ele escreve:

A primeira delas, esplêndida e rica, é chamada de Ngan-king. As pessoas são idólatras [budistas], usam papel-moeda e são súditas do Grande Khan. Vivem do comércio e da indústria. Possuem muita seda e fabricam tecidos de ouro e seda de todos os tipos. Também há muita caça. Eles queimam seus mortos. Há muitos leões aqui. E há muitos mercadores ricos, de modo que a província paga pesados impostos e rende uma significativa receita ao Grande Khan. [...] Não há mais nada digno de nota, então passemos à esplêndida cidade de Sian-yang-fu [...] É um importante centro de comércio e indústria. Estas pessoas são idólatras, usam papel-moeda e queimam seus mortos. São súditas do Grande Khan. Têm seda em grande quantidade e tramam tecidos de ouro e seda de todos os tipos. A carne de caça também é abundante.[23]

Incrustados na curta passagem acima estão três elementos do Livro de Marco que impressionaram muito os leitores europeus: o poder e a riqueza do Grande Khan, os recursos materiais e as sofisticadas indústrias sob seu controle, e as antes insuspeitas massas de pessoas que ainda viviam fora do alcance do cristianismo e do islamismo. Como é conveniente a um homem que viveu boa parte de sua vida na corte mongol, o retrato que Marco faz do Grande Khan é extremamente reverente, mas brinca com o estereótipo europeu do rei oriental, percebido também na lenda de Preste João. Kubilai é o mais rico e poderoso soberano que o mundo já conheceu. Ele preside benevolentemente sobre o maior império que já existiu. Vive em Khanbalik (Pequim), a capital do Catai, no maior palácio já visto. Seu interior é adornado com ouro e prata e seu salão principal pode receber mais de 6 mil comensais. Na agora arruinada cidade de Shang-tu, ou Xanadu, ele mantém um imenso palácio de verão feito de mármore e ouro, instalado no meio de parques meticulosamente cuidados, fontes e animais de caça (que, graças à descrição de Marco, deram origem ao poema "Kubla Khan" e suas famosas frases iniciais: "Em Xanadu Kubla Kahn instituiu uma majestosa catedral de prazer"). O Grande Khan governa todos os reinos de budistas, cristãos, muçulmanos e judeus. Ele concede tratamento igual a todas essas religiões e celebra todos os seus festivais, mas considera apenas uma a "mais verdadeira e a melhor"[24]: o cristianismo. Isto leva Marco a fazer um raro e intencional editorial à parte sobre o famoso pedido de Kubilai para que fossem enviados cem homens instruídos. "Se o papa tivesse realmente enviado homens com habilidade para pregar a nossa fé ao Grande Khan"[25], Marco escreve, "ele certamente teria se tornado cristão. Pois é fato que desejava ser convertido".

No vasto domínio do Grande Khan, nenhuma cidade era maior que Kinsai (hoje Hangzhou), uma cidade chinesa sob o controle mongol na província de Manzi. A cidade, escreve Marco, é "a mais admirável e esplêndida do mundo"[26], e como tal merece seu nome, que ele afirma significar "Cidade dos Céus"[27]. Entrecruzada por uma vasta rede de ruas, canais e pontes ("como Veneza"[28], registra um dos manuscritos do veneziano Polo), a cidade possui dez importantes mercados. Três vezes por semana, 40 mil a 50 mil comerciantes chegam a cada um deles, trazendo consigo uma imensa fartura de carne de caça, frutas e vegetais de todos os tipos, grandes quantidades de peixe e muito mais. Ao redor dos mercados há "lojas nas quais se pratica todo tipo de ofício e se vende todo tipo de bens de luxo, incluindo especiarias, pedras preciosas e pérolas"[29].

Marco encontra o mesmo tipo de fartura na grande cidade portuária chinesa de Zaiton (hoje Quanzhou), a capital de outra das províncias de Manzi, todas elas submetendo-se e pagando tributo ao Grande Khan. Como Kinsai, Zaiton impressiona Marco com suas riquezas e a descrição que faz delas seria um profundo atrativo para as subsequentes gerações de mercadores e exploradores ocidentais que começaram a considerar a ideia de navegar da Europa para o Oriente. A cidade, escreve ele, é "porto para todas as embarcações que chegam da Índia carregadas de artigos de grande valor, pedras preciosas de alto preço e pérolas de excelente qualidade. [...] E asseguro-lhes de que, para cada navio de especiarias que parte para Alexandria ou outro local a fim de buscar pimenta e exportá-la para a cristandade, Zaiton é visitada por cem. [...] E digo mais: a receita que vai para o Grande Khan a partir desta cidade e porto é colossal"[30].

Marco faz um desvio para observar que a riqueza de Manzi não é apenas comercial, mas também cultural. A província, como boa parte do restante da China, é o lar de grande número de artesãos, médicos, astrólogos e magistrados — os peões da civilização, em termos europeus, profissionais que não aparecem nos antigos relatos sobre o que se pensava ser o Oriente primitivo. Marco descreve a maioria dos habitantes de Manzi como idólatras, mas faz uma digressão, em certo ponto, para contar que, ao viajar pela região, ele e Maffeo encontraram uma estranha seita oriental de cristãos — provavelmente nestorianos. Os Polo convenceram o Grande Khan a reconhecê-los e a lhes dar os mesmos privilégios concedidos a outros cristãos, escreve Marco. Mais tarde souberam que havia um total de aproximadamente 700 mil cristãos vivendo "aqui e ali"[31] em Manzi. A suposta presença de tantos cristãos no Extremo Oriente, juntamente com a abundância de riquezas encontradas lá, faria do lugar objeto de particular fascinação para futuras gerações de europeus.

*   *   *

A PRIMEIRA ILHA que Marco descreve após deixar Catai e Manzi é chamada por ele de Cipangu — isto é, Japão. (O nome deriva do chinês

Jin-pön-kuo[32], ou "Terra do Sol Nascente", e sua pronúncia, em italiano, seria "Chipangu".) A descrição da ilha, que Marco não afirma ter visitado, é, segundo registros, a primeira a chegar à Europa.

Cipangu, escreve Marco, está a cerca de 2.400 quilômetros a leste do continente chinês no mar do Catai — um corpo de água que ele afirma conter 7.448 ilhas, a maioria delas rica em ouro, pedras preciosas, especiarias e árvores e plantas exóticas. Cipangu é muito grande, ele conta. Em virtude da distância do continente e das dificuldades para chegar até lá por mar, seu povo é totalmente independente; não governa nem é governado por nenhuma outra nação. São idólatras, assim como os habitantes do Catai e Manzi, e apresentam um elemento particularmente bárbaro: consideram a carne humana cozida "a preferida entre todos os alimentos"[33].

O que é mais notável em Cipangu é sua riqueza. Inundada de pedras preciosas e ouro, a ilha é uma verdadeira Terra Prometida para os mercadores europeus.

> Eles têm ouro em grande abundância, encontrado ali em quantidades incomensuráveis. E asseguro-lhes de que ninguém o exporta da ilha, já que nenhum comerciante, na verdade ninguém, vai para lá do continente. Foi por isso que chegaram a possuir tanto — tanto, na realidade, que posso lhes contar, com a mais pura verdade, sobre uma autêntica maravilha acerca de certo palácio do soberano da ilha. Acreditem, ele tem um enorme palácio cujo telhado é completamente forrado de ouro. [...] Por fim, posso dizer que o palácio é de riqueza tão incalculável que qualquer tentativa de estimar seu valor ultrapassaria as fronteiras do incrível.[34]

Depois de descrever Cipangu, Marco leva seus leitores numa fantasmagórica viagem para o sul e depois para o oeste, através do que ele chama de "ilhas das Índias"[35]. Estas ilhas incluem não apenas as 7.448 do mar do Catai, mas também as 12.700 que podem ser encontradas no corpo de água a sudoeste: o oceano Índico. Nesta jornada ele desce numa ilha após outra, encontrando uma profusão de povos nativos, pérolas, pedras e metais preciosos, juntamente com florestas ricas em especiarias, árvores raras, macacos, papagaios estridentes e outros animais exóticos. Os nativos que ele encontra em geral não usam quase nenhuma roupa, por causa do calor extremo; alguns são dóceis e amigáveis; outros são canibais. Ele não desenha nenhum itinerário reconhecível em sua narrativa, mas segue gradualmente para o sul e depois para o oeste através das Índias, como se traçasse com o dedo a margem oceânica de um *mappamundi* circular. Em termos gerais, esse avanço representa uma viagem pelas regiões das Filipinas, Malásia e Indonésia, seguida por uma passagem pelo estreito de Malaca, na Indonésia, bem conhecido hoje por ser a rota marítima mais rápida da China à Índia.

Boa parte das descrições de Marco de suas viagens por este deserto oceânico tem uma qualidade em comum: ali se encontra ouro e especiarias, idólatras e canibais. Mas algo muito incomum acontece quando Marco chega ao que ele chama de Java Menor (provavelmente a Sumatra): uma imensa ilha habitada que ele afirma ter uma circunferência de mais de 3 mil quilômetros. Ao apresentar a ilha, Marco faz uma pausa para uma observação que, segundo prevê, "surpreenderá a todos"[36]. Ela diz respeito não ao tamanho da ilha, a suas riquezas ou a seus canibais, mas à sua localização.

"A verdade", escreve ele, "é que ela fica tão ao sul que a Estrela Polar não é visível ali".

*   *   *

EM TODOS OS MANUSCRITOS remanescentes do Livro de Marco aparece somente um único mapa: um mapa-múndi rudimentar datado de algum momento do século XIV (Figura 18). É quase certo que o mapa não tenha nada a ver com o próprio Marco e provavelmente seja obra do escriba que copiou o manuscrito. Ele tem uma aparência estranha — possui um aspecto disforme, amébico —, mas no século XIV seria imediatamente reconhecido por qualquer um que estudasse geografia. Era um diagrama zonal e mostra uma das primeiras e mais importantes formas como o Livro de Marco foi recebido: como uma prova de que era possível entrar na zona tórrida, atravessar o equador e encontrar terra habitável no hemisfério sul.

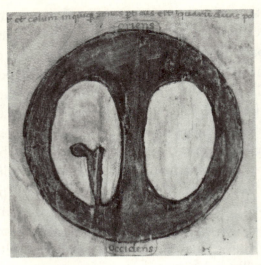

Figura 18. O único mapa-múndi que se sabe ter sido incluído em um manuscrito do Livro de Marco Polo (século XIV).

A viabilidade dessas façanhas há muito era tema de debate teológico e erudito. Autoridades da Grécia e da Roma antigas geralmente concordavam que provavelmente houvesse terra em algum lugar no lado sul da zona tórrida, talvez colocada ali para contrabalançar as terras do norte. Estas terras eram frequentemente chamadas de Antípoda, nome que derivava de seus supostos habitantes, os antípodas — literalmente, aqueles que têm os pés sobre o lado oposto da Terra. Algumas teorias antigas até imaginavam o globo dividido em quatro quadrantes iguais, cada um cercado por oceano e contendo uma massa de terra continental, sendo apenas um deles o mundo conhecido. Segundo essa escola de pensamento, a Antípoda existia não apenas ao sul, mas também a oeste. Era o lugar no lado extremo do globo onde se chegaria se fosse possível viajar através do mundo conhecido atravessando o centro da Terra. Por estar localizada no lado sul da zona tórrida, a Antípoda era considerada inatingível, e por isso se tornou uma metáfora para a inacessibilidade e a distância extrema.

O nome Antípoda também era usado para se referir a terras em qualquer parte do hemisfério sul, e a questão de sua existência inquietava os primeiros cristãos. Se, como a Bíblia sugeria, Deus tinha colocado Adão e Eva e o Paraíso Terrestre na Ásia; se, como a Bíblia também sugeria, "toda a terra"[37] tinha sido povoada pelos três filhos de Noé, Sem (Ásia), Cão (África) e Jafé (na Europa); e se era impossível atravessar a zona tórrida do norte ao sul — sendo tudo isso verdadeiro, então a extensão da habitação humana *tinha* de se limitar à zona temperada do norte.

Tudo isso fazia sentido na teoria, mas na prática ninguém fora capaz de confirmar ou negar a existência da Antípoda. E se ela existisse? E nesse caso, e se fosse habitada? Como um bom evangelista, encarregado pela Bíblia de levar a Palavra "por toda a terra"[38], poderia chegar até os antípodas e trazê-los para o rebanho dos cristãos?

Uma das mais antigas autoridades a manifestar uma opinião sobre o assunto foi Santo Agostinho. Em seu *Cidade de Deus*, escrito no início do século V, Agostinho descarta inteiramente a possibilidade. "Com relação à história da Antípoda", ele declarou:

isto é, que existam homens do outro lado da Terra, onde o sol se levanta quando se põe para nós, que plantam suas pegadas opostamente às nossas, não há qualquer fundamento lógico para se acreditar nisso. [...] Mesmo que se defenda que o mundo tem forma global ou arredondada, ou mesmo que algum processo de raciocínio venha a provar que é este o caso, ainda assim não se poderia concluir, necessariamente, que a terra do outro lado não seja coberta por massas de água. Além disso, mesmo que a terra lá seja exposta, não devemos concluir imediatamente que tenha habitantes. Pois não há absolutamente nenhuma falsidade nas Escrituras, que ganha crédito por seu relato de eventos passados, pelo fato de suas profecias terem se cumprido. E é absurda demais a ideia de que alguns homens possam ter navegado de nossa parte da Terra até a outra e ter chegado lá atravessando as ilimitadas extensões de oceano, de modo que outra raça humana possa ter se estabelecido lá também como descendência do primeiro homem.[39]

Para Agostinho, a existência dos antípodas era duvidosa. Mas Isidoro de Sevilha, que escreveu um século depois dele, discordava. "Além destas três partes do mundo"[40], escreveu, referindo-se à Ásia, África e Europa, "há uma quarta, além do Oceano, que nos é desconhecida". Isidoro, claro, viria a se tornar uma das mais confiáveis autoridades geográficas da Idade Média, e, portanto, alguns cartógrafos medievais sentiram-se compelidos a anexar esta quarta parte do mundo ao esquema T-O padrão (Figura 19).

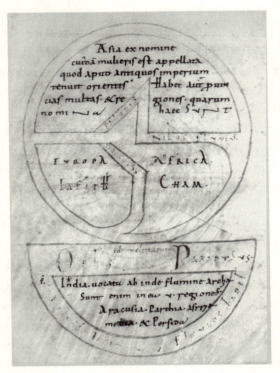

Figura 19. Mapa T-O mostrando uma quarta parte do mundo a oeste da Europa e África do outro lado do oceano (século X). O continente é identificado como Índia e como local do Paraíso Terrestre.

O que o mapa zonal de Marco Polo retrata deve agora estar aparente. O leste está na parte superior. À esquerda está o mundo conhecido, ocupando boa parte da zona temperada do norte; à direita, ocupando grande parte da zona temperada do sul, há um gigantesco continente amorfo: a Antípoda. Por que um escriba anônimo do século XIV inseriria este mapa específico no livro de Marco? Por causa da Java Menor, a grande ilha que segundo a descrição de Marco estava "tão ao sul que a Estrela Polar não é visível ali". Os versados em geografia e astronomia teriam compreendido o significado da ausência da Estrela Polar: Marco havia navegado para dentro da zona tórrida, atravessado o equador e chegado a uma gigantesca massa de terra habitada no hemisfério sul. A Antípoda e os antípodas, afinal de contas, talvez existissem.

Quando Marco finalmente voltou para casa, em 1295, suas histórias tiveram uma recepção mista. De acordo com uma fonte contemporânea, não muito posterior à morte de Marco, em 1324, muitas pessoas consideravam "indigno de crédito"[41] muito do que ele tinha a dizer. Mas Pietro d'Abano, um professor de Pádua, pensava diferente. Em 1310, ao tomar conhecimento das viagens de Marco, D'Abano o procurou, discutiu com ele algumas questões de geografia e se declarou impressionado. Marco era "o viajante de maior projeção e o explorador mais diligente que já se tinha conhecido"[42], escreveu ele.

* * *

MUITAS PESSOAS TAMBÉM duvidavam das histórias de Marco sobre Kubilai, o Grande Khan, para quem ele afirmava ter trabalhado. Mas Kubilai foi, de fato, uma figura histórica. Por extraordinários 34 anos, de 1260 até 1294, ele presidiu boa parte da China e outros territórios ocupados pelos mongóis. Na teoria e por título, ele reinou sobre todo o império mongol, mas, na verdade, este império começara a se dividir na época em que ele assumiu o poder, corroído por dentro em virtude de rivalidades entre facções. Em 1258, os mongóis haviam tomado Bagdá e pareciam a ponto de apoderar-se de todo o mundo islâmico; e a Europa ocidental, aparentemente, era a próxima na lista. Mas apenas dois anos depois, a maré começou a mudar. Os mamelucos do Egito derrotaram os mongóis na Terra Santa naquele ano e os expulsaram do Oriente Médio, e os mongóis nunca mais retornariam.

Com seu poder diminuindo e diante da cada vez mais bem-sucedida resistência dos muçulmanos à sua presença no Oriente Próximo, os mongóis começaram a fazer propostas cada vez mais amigáveis ao Ocidente cristão. Em 1262, Hülegü, soberano dos mongóis na Pérsia, gabava-se de ser um "bondoso exaltador da fé cristã"[43]. Em 1274, vários enviados mongóis foram batizados em Lyon[44], um acontecimento muito comentado e celebrado no Ocidente nas décadas e nos séculos posteriores. E em

1287, Arghun, um soberano mongol na Pérsia, despachou um enviado nestoriano chamado Rabban Sauma a Roma com cumprimentos ao recém-eleito papa Nicolau IV. A chegada de um enviado do "rei dos tártaros" surpreendeu alguns cardeais do círculo íntimo do papa, mas Rabban Sauma assegurou-lhes de que a conversão dos mongóis ao cristianismo estava bem adiantada. "Saibam", disse ele aos cardeais,

> que muitos de nossos pais em tempos passados entraram nas terras dos turcos, dos mongóis e dos chineses e os instruíram na fé. Hoje, muitos mongóis são cristãos. Há rainhas e filhos de reis que foram batizados e professam Cristo. Os Khan têm igrejas em seus acampamentos. E como o Rei está unido aos católicos pela amizade e está decidido a tomar posse da Síria e da Palestina, ele pede seu auxílio para a conquista de Jerusalém.[45]

O papa, naturalmente, recebeu Rabban Sauma calorosamente e o enviou de volta para casa com uma carta "confirmando sua autoridade patriarcal sobre todos os orientais"[46]. Não está claro se Arghun tinha algum interesse real em se submeter à autoridade de Nicolau, mas ele ao menos disse coisas que devem ter agradado ao papa. Em 1288 prometeu ser batizado em Jerusalém se uma aliança entre mongóis e europeus conseguisse retomar a cidade; em 1291 batizou seu filho com o nome cristão de Nicolau; e nesse mesmo ano — aludindo à missão de Rabban Sauma e citando a autoridade do próprio Kubilai — propôs uma genuína ação militar conjunta contra os muçulmanos que ocupavam a Terra Santa. "Quando tivermos tomado Jerusalém deste povo"[47], escreveu ao rei Filipe IV da França, "nós a daremos a vocês".

Este é o contexto no qual Kubilai alegadamente fez seu famoso pedido, por intermédio dos Polo mais velhos, para que o papa enviasse cem cristãos instruídos para a China. Talvez Kubilai tenha feito o pedido, ou talvez não, mas o fato é que missionários cristãos chegaram ao Extremo Oriente antes do fim do século. Em 1294, antes mesmo de Marco ter voltado à Europa, um franciscano conhecido como João de Monte Corvino chegou a Khanbalik, a capital do Catai ocupado pelos mongóis, onde viveu pelo resto de sua vida construindo igrejas e batizando cristãos. Os franciscanos fizeram um esforço especial para estarem presentes no Extremo Oriente, e em 1318 tinham estabelecido pelo menos 34 mosteiros em regiões controladas pelos mongóis, com pelo menos quatro no próprio Catai[48]. Muitos de sua ordem não apenas viajaram extensamente pela Ásia, mas também escreveram relatos pessoais memoráveis de suas viagens e por várias gerações posteriores estes relatos, como o Livro de Marco, exerceriam uma profunda influência sobre o modo como os europeus imaginavam o Oriente.

Aparentemente foram os missionários que primeiro levaram o Livro de Marco mais a sério. Em 1314, Francesco Pipino, um frei dominicano de Bolonha, fez uma importante tradução para o latim e em sua introdução ele disse por que o tinha feito.

> Sou da opinião de que a leitura atenta do Livro pelos fiéis pode merecer uma graça abundante do Senhor; ao contemplar a variedade, a beleza e a vastidão da criação de Deus, como aqui exibida [...] os corações de alguns membros das ordens religiosas podem se sentir compelidos a lutar pela divulgação da fé cristã e, com o auxílio divino, levar o nome de nosso Senhor Jesus Cristo, esquecido entre tão amplas multidões, àquelas nações cegas entre as quais a colheita é, de fato, tão grande e os trabalhadores, tão poucos.[49]

Missionários e mercadores, igualmente, partilhavam este otimismo sobre a colheita que se abria para eles no Extremo Oriente, e durante as primeiras décadas do século XIV, viajaram para lá e para cá entre Europa e Ásia com alguma regularidade — o bastante para que, em 1340, o caderno de um mercador registrasse que "de acordo com o que dizem mercadores que a utilizaram"[50], a rota desde as costas do mar Negro até o Catai era "perfeitamente segura, seja de dia ou de noite". Mesmo entre os que não viajavam, uma espécie de moda mongol se desenvolveu, nascida do crescente interesse pelo Extremo Oriente. Nobres encomendaram generosas edições do Livro de Marco para suas bibliotecas; pais italianos começaram a dar nomes de *khans* mongóis a seus filhos; prisioneiros mongóis tornaram-se a classe mais popular de escravos. Numa ocasião memorável, em 1344, o rei Eduardo III, da Inglaterra, fez um torneio no qual todos os participantes se vestiram, alegremente, com roupas mongóis[51].

Então, no meio do século, aparentemente no espaço de apenas alguns anos, os contatos entre a Europa e a Ásia minguaram. Vários fatores foram responsáveis por isso. Um deles — grave, mas pouco discutido — foi o cruzamento de ratos asiáticos e europeus. Graças ao crescente comércio e viagens entre Oriente e Ocidente sob a soberania mongol, populações de ratos asiáticos infectados de peste conseguiram ultrapassar a extensão de isolamento da estepe asiática central[52] e a consequência, na Europa, foi a Peste Negra — uma epidemia que devastou o continente, reduzindo o interesse nas viagens e o apetite pelo comércio. O ressurgimento do poder muçulmano na Terra Santa e no Oriente Próximo foi outro fator. Em 1291, os muçulmanos já haviam expulsado do Oriente Médio não apenas os mongóis, mas também os latinos. Os soberanos mongóis que permaneceram na Pérsia começaram a se converter ao islã e, em meados do século, estavam desencorajando ativamente todas as viagens entre a Europa e a Ásia. Um terceiro fator, em 1368, foi talvez o mais significativo de todos: após décadas de humilhante ocupação, os chineses finalmente derrotaram os mongóis e os expulsaram de volta para as estepes. Junto com os mongóis, foram expulsos também os missionários e mercadores ocidentais que viviam em seu meio.

Os europeus não voltariam ao Extremo Oriente senão nos anos 1500. Nesse ínterim, muito depois de os mongóis terem sido retirados da China e seu império ter se dissolvido, os cristãos europeus se agarravam à visão do Extremo Oriente que Marco Polo e os primeiros missionários haviam apresentado em seus escritos. Era um domínio de inimaginável riqueza e civilização, rico em recursos naturais e atividade humana, habitado não somente por um número quase ilimitado de potenciais convertidos ao cristianismo, mas também grandes comunidades de cristãos orientais que podiam ser facilmente conduzidas para o rebanho latino. E presidindo a isso tudo estava um Grande Khan imensamente poderoso que — se pudesse ser achado — acolheria de bom grado a sua volta.

✦ China oriental e Japão ✦

CAPÍTULO QUATRO

PELO MAR OCEANO

Naveguemos rumo ao oeste, para a ilha chamada de Terra Prometida dos Santos, que Deus dará aos que vierem atrás de nós, no fim dos tempos.[1]

— Anônimo, *A viagem de São Brandão, o abade* (c. 750)

A Descrição do mundo, de Marco Polo, trouxe aos europeus uma nova e fascinante visão do Oriente e ela se fixaria nas mentes de mercadores, missionários e monarcas pelos séculos vindouros. Sugeria, também, a surpreendente ideia, pelo menos para os versados em teoria geográfica, de que o hemisfério sul poderia ser alcançado e habitado. Mas produziu também uma mudança profunda no modo como muitos europeus viam o mundo. Ao levá-los para os arquipélagos do mar do Catai e do oceano Índico — nos extremos da Terra conforme apareciam nos *mappaemundi* —, a *Descrição* arrastou seus pensamentos para os espaços oceânicos inexplorados que estavam além deles, para o leste e o sul. Em resumo, ela ajudou a atraí-los ao mar.

Quando Marco conduziu seus leitores, pela primeira vez, ao mar do Catai, tomou o cuidado de lhes explicar que as águas nas quais estava entrando não eram tão desconhecidas como poderiam soar. "Quando digo que este mar é chamado de 'mar do Catai'"[2], escreveu, "devo esclarecer que ele é, na realidade, o oceano. Assim como nós dizemos 'o mar da Inglaterra' ou 'o mar de Rochelle' [o Egeu], nessas regiões eles também falam do 'mar do Catai' ou do 'mar Índico' e assim por diante. Mas todos esses nomes referem-se, na realidade, ao oceano".

Como costuma acontecer com os apartes, este caiu como uma bomba. Até este ponto, Marco levara seus leitores por um caminho relativamente direto e terrestre até o Oriente, revelando-lhes uma Ásia muito maior em extensão do que jamais tinham imaginado. Mas agora, ao deixar o mundo conhecido e seguir para o mar, ele arqueia este curso. O mundo é redondo, o mar do Catai e o mar da Inglaterra são uma coisa só — e ao olhar das Índias para o leste, acima do horizonte, quase se pode enxergar o Ocidente.

Marco não chegou a afirmar que era possível navegar da Ásia à Europa, mas ao justapor tão diretamente o mar do Catai e o mar da Inglaterra, obrigou seus leitores a considerar esta ideia. Como possibilidade teórica, isso não era nenhuma novidade para os europeus do século XIII. "Um homem poderia dar a volta ao mundo"[3], escreveu uma autoridade francesa em geografia, em 1246, "como uma mosca circunda uma maçã". Na época em que foi escrito, este comentário não era mais que uma proposição abstrata, mas apenas meio século depois, graças a Marco e aos primeiros missionários, ela começou a parecer cada vez mais como a declaração de uma possibilidade real. Se a Ásia realmente se estendia até muito além do leste do que se imaginava, então, por definição, o oceano que separava a Ásia da Europa tinha de ser igualmente menor.

* * *

Os leitores não precisaram esperar muito para que um escritor de literatura de viagens expandisse a visão de Marco Polo sobre o Oriente. Em um livro do século XIV conhecido hoje como *As viagens de Mandeville*, uma das mais populares e influentes de todas as obras geográficas medievais, um autor que se identificava por Sir John Mandeville levou seus leitores por uma volta completa pelo globo.

Cópias de *A viagem de Mandeville* começaram a aparecer na Europa em algum momento entre 1356 e 1366. Descrevendo-se como um cavaleiro da Inglaterra, Sir John afirmava ter passado 34 anos viajando por todo o mundo conhecido e, nesse período, ter testemunhado pessoalmente muitas das maravilhas do Oriente. Quando finalmente retornou à Inglaterra, Sir John encontrou seus compatriotas tão famintos por informações sobre o lugar onde estivera que decidiu escrever esse livro para satisfazer seus apetites.

A identidade de Sir John é um mistério. Nunca se encontrou qualquer registro de alguém com este nome que possa ter escrito seu livro. Já se sugeriram vários personagens da vida real, mas foi impossível fazer uma identificação definitiva. Quem quer que tenha sido — e, por uma questão de simplicidade, neste relato nós o chamaremos apenas de Sir John —, pelo menos uma coisa se pode dizer com certeza a seu respeito: ele nunca fez a viagem que afirmou ter feito. Em vez disso, como os estudiosos documentaram amplamente, ele montou seu relato utilizando-se, livremente, de uma variedade de fontes geográficas antigas e contemporâneas.

O resultado foi um exercício de viagem estática e geografia que, embora frequentemente imaginativo e mal orientado, forneceu um retrato do mundo tão completo quanto possível para meados do século XIV. Havia uma abundância de informações geográficas corretas em obras que se esperava que europeus cultos conhecessem — exatamente aquelas que Sir John usou para compor seu livro —, mas também havia uma abundância de informações incorretas. O desafio de distinguir a verdade da fraude — especialmente a verdade improvável da fraude improvável — era uma tarefa impossível.

De uma forma mais acessível e concisa que qualquer outro escritor de seu tempo, Sir John reuniu todo o conhecimento tradicional de viagens de seu tempo e apresentou a seus leitores uma visão do mundo na qual os elementos tradicionais da geografia medieval (os conteúdos do grande armário de uma abadia) estavam lado a lado com as maravilhas recentemente reveladas sobre a Ásia. Na verdade, seu livro apareceu exatamente quando os mongóis estavam a ponto de serem expulsos da China, e bem quando o muro que dividia o Oriente e o Ocidente começava a se reerguer. Consequentemente, *As viagens de Mandeville* permaneceria, por mais de um século e meio, um dos resumos mais atualizados sobre o Oriente disponíveis no Ocidente — um guia do que os viajantes europeus podiam esperar encontrar se conseguissem reencontrar seu caminho.

Sir John construiu seu itinerário com engenhosidade, deslocando-se do oeste para o leste. Tem início no extremo ocidental do mundo conhecido — em Santo Albano, onde Matthew Paris vivera e trabalhara um século antes. O livro começa como uma espécie de guia de itinerário, levando os leitores pelas regiões por onde eles provavelmente passariam numa peregrinação a Jerusalém. Sir John passa um tempo considerável na Terra Santa, mas depois vai para a Ásia, onde encontra exatamente o que qualquer leitor europeu do século XIV esperaria que ele encontrasse: bestas fabulosas, povos estranhos, raças monstruosas de diversos tipos, fenômenos naturais miraculosos, Gogue e Magogue, Preste João e o Grande Khan. Mas depois de chegar ao Catai e às Índias, Sir John não retorna, diferentemente de Marco. Em vez disso, faz um movimento audacioso. Tendo viajado até os extremos orientais da Ásia, seu objetivo é o lugar onde "a Terra começa"[4]: o próprio Paraíso Terrestre. Surpreendentemente, ele admite que nunca esteve lá; tal façanha, explica, é impossível.

> Vocês devem compreender que nenhum homem vivo pode ir ao Paraíso. Nenhum homem pode ir até lá por terra por causa das bestas selvagens no deserto e por causa das montanhas e rochas, que ninguém consegue atravessar; e também por causa dos muitos lugares escuros que há lá. Também não é possível ir pela água, pois aqueles rios fluem com uma correnteza tão forte, com tamanho ímpeto e tamanhas ondas, que nenhum barco consegue navegar contra elas. E as águas também fazem um barulho tão grande que um homem não consegue ouvir o outro, por mais alto que grite. Muitos grandes senhores tentaram, em diferentes ocasiões, viajar por aqueles rios até o Paraíso, mas não tiveram sucesso em suas viagens; alguns morreram de exaustão de tanto remar e de esforço excessivo, alguns ficaram cegos e surdos por causa do barulho das águas, e alguns se afogaram por causa da violência das ondas. E, portanto, como eu disse, nenhum homem é capaz de chegar lá, a não ser pela graça especial de Deus.[5]

Sir John relata o que os habitantes das regiões próximas ao Paraíso Terrestre lhe contaram sobre o lugar. Ele fica numa terra tão alta, diz ele, que escapou das devastações do dilúvio de Noé. É cercado por uma grande muralha, com uma grossa camada de musgo e mato. Bem para dentro da muralha — por trás de uma região de fogo perpetuamente ardente — há um poço gigantesco, a nascente dos quatro rios bíblicos do Paraíso: o Fison (Ganges), o Geon (Nilo), o Tigre e o Eufrates. Despencando impetuosamente das alturas, os rios inundam as terras índias adjacentes — criando as milhares de ilhas encontradas lá — e depois mergulham para debaixo da terra, onde correm, subterraneamente, por milhares de quilômetros antes de voltarem à superfície em suas respectivas regiões do mundo conhecido.

Pouco depois desta descrição do Paraíso Terrestre, Sir John conclui seu livro. Mas em outra parte de seu relato, ele já levou seus leitores ainda mais para o leste, numa viagem pelo que descreve como "os países que circundam a redondeza da terra e do mar"[6]. É aí, numa anedota memorável criada para ilustrar a redondeza da terra, que ele leva seus leitores a uma volta completa.

> Eu penso muitas vezes em uma história que ouvi quando era jovem, sobre um homem respeitável de nosso país que um dia saiu para ver o mundo. Ele passou a Índia e muitas ilhas além da Índia, onde há mais de 5 mil ilhas, e viajou para tão longe por terra e mar, circundando o globo, que encontrou uma ilha onde se falava sua própria língua. Pois ele ouviu um homem que conduzia uma charrua dirigir-se aos bois usando palavras que ouvira em sua própria terra, ditas aos bois que aravam a terra. Ele ficou absolutamente maravilhado, pois não compreendia como isso era possível. Mas eu imagino que tenha viajado para tão longe por terra e mar que, circum-navegando a Terra, tenha chegado a suas próprias fronteiras.[7]

Aquelas ilhas circundando a redondeza da terra e do mar. O que Sir John está descrevendo é o Oriente, do modo como aparece nos elaborados *mappaemundi* cristãos: um mundo conhecido dividido em três partes, cercado por um anel de oceano cravejado de ilhas, com o Paraíso Terrestre em algum ponto bem no início do Oriente. Embora Sir John tenha feito sua viagem até os limites do Paraíso Terrestre, viajando por terra até o leste, as implicações de sua anedota sobre o homem respeitável eram óbvias. Partindo da Europa, navegue para o oeste longe o bastante pelo oceano e cedo ou tarde você chegará ao Paraíso — que foi exatamente o que aconteceu, séculos antes, a um monge irlandês chamado Brandão.

* * *

QUALQUER UM QUE TENHA passado algum tempo na costa oeste da Irlanda sabe o que esperar. A chuva e a neblina podem instalar-se por dias seguidos e com elas um ambiente desolador e sombrio tão penetrante que a ilha parece realmente ocupar um lugar nos confins da Terra. Mas, sem qualquer aviso, o céu pode clarear e, quando isso acontece, desvelar uma paisagem de tirar o fôlego: uma vasta e revigorante extensão de oceano azul, do qual brotam pequenas ilhas cintilando com um precioso verde-esmeralda.

Foram momentos como este que atraíram os primeiros monges da Irlanda para o oceano. A ilha converteu-se ao cristianismo nos séculos IV e V, e no século VI já era o lar de muitas comunidades monásticas. Eram lugares movimentados — agitados demais para o gosto de alguns monges, que buscavam um modo de vida mais solitário. Em qualquer outro lugar, isso significaria buscar as montanhas ou o deserto. Na Irlanda, significava partir para o mar.

Assim começaram séculos em que os monges cristãos da Irlanda deslizaram, flutuaram, remaram e velejaram rumo ao Atlântico norte — primeiramente instalando-se nas várias pequenas ilhas pouco distantes da costa oeste da Irlanda, depois seguindo para as Faroés, ao norte da Escócia, e finalmente seguindo norte e oeste até a Islândia. Ao que parece, os monges acreditavam que as águas que estavam explorando acabariam por levá-los até o Oriente. Um relato da vida do primeiro e mais famoso deles, São Columba, registra que sete "filhos do rei da Índia"[8] atravessaram o mar até a Irlanda para receberem dele o batismo.

Em algum momento do século VIII, um monge irlandês anônimo compôs uma obra conhecida hoje como *A viagem de São Brandão*. Este Brandão foi uma pessoa real: antigos anais irlandeses retratam-no como um monge do século VI que construiu igrejas, fundou um mosteiro e viajou extensamente.

A história da famosa viagem de Brandão, como contada em *Viagem*, é mais ou menos assim: uma noite, quando Brandão está cuidando dos afazeres de seu mosteiro, um monge de nome Barrind, que acabara de retornar de uma longa viagem marítima, chega diante dele e cai em acessos de choro e oração. Quando pressionado por Brandão a se explicar, Barrind descreve que havia alcançado uma ilha à qual chama de a Terra Prometida dos Santos. "Cobria-nos uma neblina tão espessa que mal conseguíamos enxergar a popa ou a proa da embarcação"[9], contou a Brandão. "Mas depois de passarmos cerca de uma hora assim, uma grande luz brilhou à nossa volta, e apareceu-nos uma terra ampla e cheia de relva e frutos. [...] Não conseguimos encontrar seu fim."

Inspirado pela história de Barrind, Brandão reúne uma tripulação de monges, inspeciona a construção de um pequeno barco à vela, e parte numa expedição em busca da ilha de Barrind (Gravura 3). Assim começa uma sequência circular, pulando de ilha em ilha, que Brandão e seus companheiros estão destinados a repetir anualmente durante sete anos. Entre outras aventuras, eles encontram ilhas paradisíacas cheias de pássaros falantes; comemoram a Páscoa em um afloramento rochoso que acaba por se revelar uma baleia; navegam por quatro dias ao redor de um misterioso "pilar no mar"[10] feito de "cristal radiante" (um iceberg gigantesco); aventuram-se tanto para o norte que chegam a um ponto onde o mar coagula — e então repetem tudo outra vez. E mais uma vez. Ao fim de sete anos, Brandão e seus companheiros navegam por quarenta dias e finalmente chegam à Terra Prometida dos Santos, que é exatamente como Barrind a descreveu: oculta por trás de uma espessa neblina, eternamente banhada na luz de Cristo, e de extensão aparentemente interminável. Os monges exploram a ilha por mais quarenta dias, e então voltam para casa, onde Brandão morre pouco tempo depois.

A viagem de São Brandão teria um público leitor inesperadamente grande na Europa durante a Idade Média. Como as obras de Marco Polo e de Sir John Mandeville, ela foi traduzida para um grande número de línguas e mais de cem cópias manuscritas sobrevivem até hoje. A obra exerceu poder sobre os geógrafos medievais, que já no século XII tinham começado a incluir as ilhas de São Brandão — ou simplesmente ilha de São Brandão — em suas descrições do mundo. "No oceano", registrou uma autoridade em 1130, há certa ilha mais agradável e fértil que todas as outras, desconhecida aos homens mas descoberta, por acaso, e então procurada sem que ninguém conseguisse encontrá-la outra vez, e assim passou a ser chamada "Ilha Perdida". Era a ilha, dizem, à qual um dia chegou São Brandão.[11]

Já durante o século seguinte, a ilha de São Brandão fazia aparições rotineiras nos *mappaemundi*, entre eles o imenso Mapa Ebstorf, do final do século XIII, onde aparece a oeste da África, acompanhada da seguinte legenda "A Ilha Perdida. São Brandão a encontrou. Desde que partiu de lá, nenhum homem a encontrou".[12]

* * *

EXATAMENTE À ÉPOCA em que o Mapa Ebstorf estava sendo feito, um novo estilo de mapa, radicalmente diferente, começava a circular na Europa: a carta náutica. Ela também mudaria o modo como os europeus viam o mundo e ajudaria a atraí-los para o mar.

A carta náutica, também conhecida como portulano, faz sua primeira aparição definitiva nos registros históricos em 2 de julho de 1270. Nesse mês, o rei Luís IX da França partiu para a Terra Santa à frente da oitava Cruzada. A expedição teve um início pouco auspicioso. Uma tempestade caiu quase imediatamente, desviando do curso o navio do rei Luís e dispersando sua frota. Quando o mau tempo finalmente passou, o rei exigiu, ansiosamente, que lhe fosse indicada a localização de sua nau — e sua tripulação produziu um mapa no qual puderam apontar que não estavam longe de Cagliari, uma cidade na costa da ilha da Sardenha.

Este relato aparece em uma biografia do rei Luís escrita por um cronista beneditino. O autor refere-se ao mapa como um *mappamundi*[13], porém nenhum mapa conhecido hoje com este nome poderia ter ajudado os marinheiros a explicar seu paradeiro ao rei. O que eles devem ter-lhe mostrado, e o que este biógrafo marinheiro de água doce provavelmente não teria o vocabulário para descrever, só pode ter sido uma carta náutica. Na verdade, a carta náutica mais antiga data de quase exatamente essa mesma época, aproximadamente 1275, o que permite imaginar com alguma especificidade a aparência da carta de Luís.

Conhecida como Carta Pisana (Figura 20), ela foi feita na Itália, como todas as cartas náuticas mais antigas ainda existentes (Figura 21).

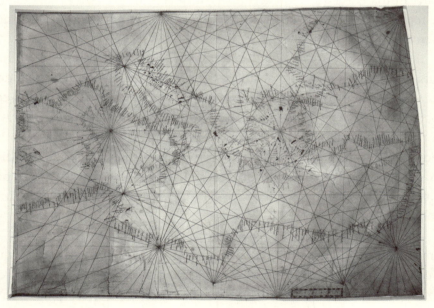

Figuras 20 e 21. No alto: Carta Pisana, a mais antiga carta náutica europeia (c. 1275). Desenhada em uma única peça de papel pergaminho, a carta mostra a África do Norte, a Europa e o Mediterrâneo. A Itália está ao centro. *Abaixo*: Uma carta náutica anônima (do século XIV) mostrando o desenho frugal da escola italiana: linhas de rumo, os contornos das costas repletos de nomes, e os interiores dos continentes vazios. A Europa fica no alto à esquerda; a África do Norte está na parte inferior; a Terra Santa está à direita.

Desde a antiguidade, os marinheiros europeus no Mediterrâneo e no oceano Índico levavam consigo nas viagens um conjunto de instruções por escrito. Essas instruções, algumas das quais existem até hoje, permitiam aos marinheiros reconhecer pontos de referência na costa e navegar com segurança de um porto a outro. O mais bem preservado desses guias é o "Périplo do Mar Eritreu", do século I. "Diante do porto"[14], diz um registro típico ao descrever a costa do mar Vermelho do Egito, "encontra-se a assim chamada ilha do Monte, a cerca de duzentos estádios em direção ao mar desde a ponta da baía, estando as margens do continente próximas a ela em ambos os lados". É possível que os marinheiros da antiguidade e do início da Idade Média também fizessem uso de algum tipo de carta ilustrada para acompanhar tais descrições, mas, se tinham, não restou nenhuma, e não existe nenhuma referência clara a uma carta antes do século XIII. Portanto, a Carta Pisana chega de repente como um raio, desnudando um novo tipo de mundo: plenamente formado e totalmente sem precedente.

O mundo das primeiras cartas náuticas é uma revelação. Olhar para ele depois de quebrar a cabeça com o mundo vago e figurativo dos *mappaemundi* é como colocar um par de óculos e ver tudo entrar em foco. O efeito mais dramático é quando se olha para a Itália. Declarada por Plínio, o Velho, como tendo a forma de uma folha de carvalho[15] e retratada normalmente por Matthew Paris e outros cartógrafos medievais apenas como uma península retangular atarracada (Gravura 4), nas cartas náuticas a Itália ganha a forma que conhecemos hoje: a de uma bota (Gravura 5).

Hoje restam quase duzentas cartas náuticas de antes de 1500[16] — um número que representa apenas uma pequena fração das cartas que efetivamente devem ter circulado. A maior parte delas era usada sob condições extremas no mar; em terra, não eram contempladas com olhos sonhadores, e finalmente se desgastaram, se perderam ou foram descartadas quando versões mais novas surgiram. As cartas que ainda sobrevivem são exemplares basicamente decorativos, feitos para as bibliotecas pessoais de ricos proprietários de navios e mercadores.

No início do século XIV, a maioria das cartas náuticas tinha adquirido uma aparência padronizada. Desenhadas geralmente sobre uma única peça retangular de pergaminho, elas mostravam a bacia mediterrânea, o mar Negro e, em alguns casos, uma porção limitada das costas atlânticas da Europa e da África do Norte. Elas dão detalhes apenas da região ao longo das costas; o que fica no interior naturalmente tinha pouca importância para os marinheiros, que consultavam as cartas apenas para se orientar no mar e localizar portos e características naturais na costa. Hoje as cartas são mais fáceis de serem compreendidas olhando-as com o norte para cima, mas na realidade foram projetadas para serem giradas em todas as direções, e observadas a partir de todos os ângulos, dependendo do curso do navio. Isso explica por que os nomes dos lugares, na carta, sempre seguem os contornos das costas.

A característica mais imediatamente reconhecível de todas as cartas náuticas é a elaborada teia de linhas que as cobre. São as linhas de rumo, ou loxodromias: fixas linhas de direção irradiadas a partir de uma rosa dos ventos no centro (Figura 22). Um pequeno diagrama projetado para permitir aos marinheiros determinar seu curso, a rosa dos ventos tem este nome por causa de seu formato floral e do fato de mostrar, ao redor de suas pétalas, os vários ventos que os antigos marinheiros europeus usavam para descrever a direção do curso. Navegar para o norte, por exemplo, podia significar navegar com Ábrego (o vento sul), e navegar para o sul, com Bóreas (o vento norte). Mas, na realidade, para se utilizarem das linhas de rumo e das rosas dos ventos que apareciam em suas cartas, os navegadores precisavam de algo mais: uma bússola náutica.

Figura 22: Rosa dos ventos da carta náutica de José Aguiar (1492).

Onde e quando a bússola náutica foi inventada, não se sabe com clareza. Tanto a China como a Europa afirmam ser uma invenção sua; na verdade, ambas podem tê-la inventado independentemente. As referências ao instrumento começam a aparecer em ambas as regiões mais ou menos na mesma época. Na China do século XII, certo Chu Yü, ao escrever sobre as viagens comerciais entre Cantão e Sumatra (o mesmo tipo de viagem que Marco Polo faria um século depois), observou que "em tempo encoberto", quando as estrelas já não são visíveis, os marinheiros navegam olhando para "a agulha que aponta para o sul"[17]. Na Europa, em 1187, Alexander Neckam de Santo Albano registrou uma prática semelhante. "No mar"[18], escreveu, "os marinheiros, quando enfrentam um tempo nebuloso durante o dia, com sol encoberto, ou durante a escuridão da noite, perdem a noção da parte do mundo para a qual estão navegando, tocam uma agulha com um imã, que, por sua vez, gira; quando o movimento para, sua ponta estará voltada para o norte".

Essas primeiras bússolas eram instrumentos rudimentares e, frequentemente, não passavam de uma agulha imantada flutuando em uma tigela de água ou se equilibrando sobre uma cavilha e apontando para o norte — um bom recurso quando tudo o mais falhava, mas certamente não era um instrumento prático para ser usado no mar. Em 1269, no entanto, pouco antes de o rei Luís partir para a oitava Cruzada, um cientista experimental chamado Petrus Peregrinus engendrou uma versão mais sofisticada da bússola, muito mais ajustada aos desafios da vida no mar, inserindo uma agulha imantada em uma caixa sólida e cobrindo-a com vidro ou cristal. "Primeiro divida a cobertura em quatro partes e depois subdivida cada uma em 90 partes"[19], propôs. "Marque as partes com norte, sul, leste e oeste. [...] Então gire o navio até que a agulha fique na linha norte-sul já marcada no instrumento. [...] Por meio deste instrumento você pode direcionar seu curso rumo às cidades e ilhas e qualquer outro lugar aonde queira ir por terra ou mar." Peregrinus, no entanto, era um estudioso, não um marinheiro — e os marinheiros são uma classe notoriamente supersticiosa. Muitos navegadores do século XIII, relata uma fonte contemporânea, se recusavam a se envolver com a nova invenção, considerando-a um "espírito infernal"[20].

De onde quer que a bússola tenha vindo, e como quer que os marinheiros tenham começado a adotá-la, suas utilidades práticas tornaram-se imediatamente óbvias. Imagine a situação com que o rei Luís e sua tripulação se confrontaram depois de passada a tempestade que os tirou do curso. Seu navio estava no centro de um círculo de oceano sem traços característicos e cuja circunferência era o horizonte. Com as nuvens ainda no céu, nem o sol nem as estrelas seriam visíveis. Mas mesmo as agulhas imantadas mais rudimentares teriam permitido ao piloto da nau determinar a direção dos ventos que tiraram o navio do curso, e assim voltá-lo para onde se sabia que haveria terra. E uma vez que a Sardenha ficasse visível, eles teriam sido capazes de comparar as características da costa com aquilo que aparecia em sua carta — e então, usando sua bússola e sua rosa dos ventos, teriam conseguido traçar um curso para o porto de Cagliari.

Ao deixar que os navegantes fixassem os pontos em seu horizonte, a bússola náutica lhes permitia traçar rumos precisos e delinear as linhas de visão de um ponto da terra a outro. Isto, por sua vez, permitia-lhes desenhar suas admiráveis cartas. Portanto, na Europa, a invenção — ou pelo menos a chegada — da bússola náutica no fim do século XII talvez explique o súbito surgimento da carta náutica no século seguinte.

Uma coisa que as cartas náuticas *não* faziam era considerar a curvatura da Terra. Isso significava que, quanto maior a área que aparecia numa carta, mais distorcida ela seria. Mas como a região que aparecia nas primeiras cartas náuticas representava apenas uma pequena parcela do globo, esta distorção não trazia consequências — especialmente quando comparada com as muitas outras vantagens que as cartas náuticas ofereciam aos navegantes. A maior delas era, de longe, a seguinte: ao usar suas cartas náuticas e suas bússolas, e sem se preocupar com a visibilidade das estrelas, os marinheiros podiam navegar com confiança crescente por longas extensões de mar aberto.

Era um desenvolvimento que teria consequências significativas. Já em 1270, os mercadores europeus tinham começado a esgueirar-se pelas rotas de navegação muçulmanas no estreito de Gibraltar e a sair para o Atlântico em viagens comerciais a Portugal, Espanha, Inglaterra e Países Baixos[21]. Estas viagens, que ladeavam a extremidade ocidental do mundo conhecido, abriram aos marinheiros europeus novos horizontes oceânicos para o sul e oeste — e, em 1291, impeliram dois irmãos de Gênova, Ugolino e Vadino Vivaldi, a bolar um plano ambicioso.

Os irmãos abasteceram duas galés com comida, água e suprimentos; reuniram uma tripulação (incluindo dois monges franciscanos); e, em maio de 1291, não muito tempo antes de Marco Polo retornar de sua viagem épica, partiram para o oceano aberto. Um registro que descrevia seu destino pretendido sobrevive nos anais genoveses do ano de 1291 e relata que os irmãos planejavam navegar "pelo Mar Oceano até partes da Índia e trazer de lá mercadorias úteis"[22].

O que não está registrado é o que os irmãos Vivaldi pretendiam fazer depois de passar pelo estreito de Gibraltar. Será que pretendiam virar para o sul e navegar perto da costa ocidental da África, penetrando na zona tórrida em busca de uma passagem para leste circundando a África para chegar à Índia — uma passagem claramente visível nos mapas zonais do mundo? Ou será que, encorajados por suas bússolas e pelas histórias de viajantes do oceano como São Brandão, cuja ilha aparece em algumas cartas náuticas, pretendiam chegar à Índia atravessando o oceano para o oeste?

Ninguém sabe, pois os irmãos nunca retornaram.

✦ O Vento Norte ✦

CAPÍTULO CINCO

VER PARA CRER

Todo ponto da Terra é o centro de seu próprio horizonte.[1]

— Roger Bacon (1267)

No início do século XIV, as cartas náuticas já não eram apenas para os marinheiros. O cartógrafo genovês Petrus Vesconte, por exemplo, não via motivo para que as técnicas que usava para fazer suas cartas náuticas não fossem aplicadas também na confecção de um novo mapa-múndi. Por isso, resolveu tentar.

O resultado é um híbrido fascinante — e um inédito cartográfico (Figura 23). O esquema geral do mapa é o de um *mappamundi* tradicional: mostra um mundo redondo, dividido em três partes, tendo Jerusalém ao centro e o leste no topo. A África e a Ásia são retratadas vagamente, como sempre, mas os contornos da Europa, a bacia mediterrânea e o mar Negro são os mesmos que aparecem nas cartas náuticas. Vesconte também cobriu seu mapa com uma rede de linhas de rumo. Este foi um gesto apenas simbólico, já que ele tinha muito poucas informações novas sobre a Ásia ou a África para apresentar, mas a mensagem que transmitia era clara: com a ajuda de uma bússola e de uma carta náutica era possível ter uma representação melhor do mundo.

Figura 23: O mundo híbrido de Petrus Vesconte (1321), reunindo características dos *mappaemundi* e das cartas náuticas. A Ásia está no topo; a Europa, na parte inferior esquerda; a África está à direita.

Esta mensagem logo encontrou seu caminho para além do mundo da cartografia. Em 1321, o propagandista cristão Marino Sanudo enviou o novo mapa-múndi híbrido de Vesconte, juntamente com várias de suas cartas náuticas regionais, para o papa João XXII e para o rei Filipe da França. Sanudo os incluiu em seu *Liber secretorum*, ou *Livro dos segredos*, uma obra na qual ele defendia entusiástica e elaboradamente uma nova Cruzada. "Quem quer que exerça a liderança da Cruzada deve seguir sinceramente as orientação propostas no *Livro dos segredos*"[2], escreveria Vesconte mais tarde ao rei Filipe. "O líder da Cruzada deve estudar e prestar muita atenção ao mapa-múndi, e muita atenção aos mapas que mostram o Egito, o Mediterrâneo e a Terra Santa. Se estas precauções forem seguidas, com a ajuda de Deus este empreendimento terá um desfecho vitorioso."

Os mundos das cartas náuticas e dos *mappaemundi* também se juntam em um dos mais pródigos e famosos mapas-múndi medievais que sobrevivem até hoje: o Atlas Catalão (Gravura 6). Desenhado em 1375 por Abraão Cresques, um cartógrafo judeu que viveu e trabalhou em Maiorca, o mapa é outro híbrido fascinante. No oeste, ele mostra a Europa, a África do Norte, o Mediterrâneo e o mar Negro no estilo preciso das cartas náuticas; no sul, ele apresenta um novo e completo retrato do norte da África, incorporando o conhecimento geográfico dos judeus de Maiorca, que eram capazes de viajar entre a Europa cristã e a África do Norte muçulmana; e no leste ele se assemelha a um *mappamundi* fantasticamente desenhado, ricamente ilustrado e com descrições de uma coleção de personagens medievais como Preste João, os Três Reis Magos e Gogue e Magogue. Mas o Atlas Catalão é importante por outro motivo. É um dos primeiros mapas-múndi a fazerem um sério esforço para ampliar a visão tradicional do Oriente incluindo os lugares descritos por Marco Polo, Sir John Mandeville e os primeiros missionários: Catai, Manzi e o fascinante novo mundo de ilhas que está além deles ao leste e ao sul.

Ao enxertar esta visão do Extremo Oriente em um mapa que também reunia os mundos estabelecidos da carta náutica e do *mappamundi*, o Atlas Catalão fornece um levantamento valioso e ilustrado sobre o estado dos conceitos e conhecimentos geográficos europeus no fim do século XIV. Mas outras formas de retratar o mundo começavam a aparecer — incluindo uma que havia ocorrido durante o século anterior a um franciscano inglês chamado Roger Bacon.

*　　*　　*

Bacon era um polímata: um teólogo, um filósofo, um cientista e um geógrafo. Em meados dos anos 1200, ele lecionou na Universidade de Paris, um dos grandes centros de ensino medieval. Durante o tempo em que esteve na cidade, em algum momento no fim dos anos 1250 ou início dos 1260, Bacon se encontrou com frei Guilherme de Rubruck, que chegara recentemente da Terra Santa, depois de entregar ao rei Luís seu relatório sobre os mongóis. Bacon estudou o relatório com grande interesse, e os dois homens evidentemente passaram muito tempo discutindo o que Guilherme tinha visto e ouvido em suas viagens. Bacon estava especialmente preocupado com o advento iminente do anticristo. Como Matthew Paris e outros, ele refletia sobre a relação entre os mongóis e Gogue e Magogue, e por isso prestou muita atenção ao que Guilherme tinha a dizer sobre os mongóis: onde eles se estabeleciam, com que rapidez conseguiam viajar, quais eram suas forças e fraquezas, que religiões pareciam favorecer, quais pareciam ser suas ambições imperiais e suas intenções políticas. Também ouviu com um misto de fascinação e tristeza o que Guilherme lhe contou sobre a extensão geográfica inesperadamente ampla do Oriente e o grande número de não cristãos que viviam ali. Ele fez muitas perguntas. Quais eram os reais contornos do Cáspio? A que distância ficavam os portões de Alexandre? Onde *exatamente* ficavam Karakorum, o Tibete e o Catai? Onde se poderiam encontrar comunidades dos cristãos?

Nem Guilherme nem ninguém mais poderia responder a essas perguntas com precisão. Na opinião de Bacon, esse era um problema sério. Como poderiam os cristãos — cristãos latinos — vencer a luta contra os infiéis e idólatras do mundo e levar a Palavra aos confins da terra, se eles não tivessem uma boa ideia de como era a Terra? Era hora de criar um novo tipo de mapa — e Bacon tinha algumas ideias sobre como fazer um.

Em 1266 ele teve a chance de colocar essas ideias em prática. O papa Clemente IV tinha ascendido ao papado no ano anterior e, ao assumir o cargo, viu-se oprimido pelos muitos desafios da nova função, entre eles a questão de como lidar com os mongóis no leste e os muçulmanos no sul. Então Clemente escreveu uma carta a Bacon, cujo conhecimento ele admirava, e fez um pedido urgente. Poderia Bacon, por favor, enviar, com a máxima urgência, "escritos e soluções para as atuais condições?"[3].

Talvez Clemente esperasse algo na linha de um documento de políticas: um breve resumo contendo conselhos que pudessem ser de uso prático para o estadista mais ocupado do mundo. O que Bacon enviou a Clemente um ano depois foi algo totalmente diferente: assombrosos meio milhão de palavras, ou algo em torno disso, abordando… praticamente tudo.

O trabalho, conhecido como *Opus majus*, ou *Grande obra*, era um argumento enciclopédico em favor de uma nova abordagem do conhecimento, fundamentada na experiência e projetada para oferecer aos cristãos as ferramentas necessárias ao entendimento — e, implicitamente, o controle — do mundo. Baseando-se não apenas em antigas autoridades da Grécia e de Roma, mas também em seus próprios experimentos e pesquisas, bem como nos escritos contemporâneos mais sofisticados de pensadores muçulmanos e judeus, Bacon abordou temas tão variados quanto alquimia, astronomia, biologia, reforma do calendário, cosmologia, geografia, gramática, linguística, matemática e filosofia moral. Um único princípio o guiava nisso tudo. "Todas as ciências estão relacionadas"[4], ele escreveria mais tarde; "elas oferecem umas às outras auxílio material como partes de um grande todo, cada uma fazendo seu próprio trabalho, não para si mesmas, mas para as outras partes".

Para Bacon, o conhecimento era uma teia relacional de informações. Assim como a própria geografia. A compreensão dos lugares do mundo, disse ele a Clemente, exigia análise e confronto de relatos diretos "daqueles que viajaram, em grande medida, pelas regiões do mundo"[5]. Tais observações, apropriadamente sintetizadas em um novo retrato do mundo, seriam inestimáveis em muitos níveis. O conhecimento geográfico detalhado era essencial para os esforços missionários. "Homens incontáveis"[6], escreveu, "fracassaram nos assuntos mais importantes da cristandade simplesmente porque não compreendiam as imensas diferenças entre as regiões do mundo". O conhecimento do mundo também era essencial para um entendimento apropriado das Escrituras, que estavam repletas de referências geográficas.

> Aquele que adquiriu uma boa ideia dos lugares, e aprendeu sua localização, distância, altura, comprimento, extensão e profundidade, e testou sua diversidade em termos de calor e aridez, frio e umidade, cor, sabor, odor e beleza, feiura, amenidade, fertilidade, esterilidade e outras condições, terá enorme prazer na história literal [como apresentada na Bíblia], e será fácil e admiravelmente capaz de compreender os sentidos espirituais. Pois não há dúvida de que os caminhos físicos anunciam caminhos espirituais.[7]

Viajantes como frei Guilherme e frei João poderiam oferecer muitas informações desse tipo. Mas como uma pessoa poderia identificar com exatidão o lugar onde tinha estado? Bacon achava que a resposta a essa pergunta exigia que se olhasse o mundo de uma nova perspectiva. A Terra era uma esfera no centro do cosmos, portanto, por que não começar daí? Por que não considerá-la um objeto matematicamente definível, passível de ser mapeado conforme os princípios da geometria? Essa ideia lançou Bacon, que tinha uma habilidade especial nessa área, numa espécie de êxtase. "Toda a verdade das coisas do mundo"[8], disse ele ao papa, "repousa no sentido literal, como já se disse, e especialmente as coisas relativas à geometria, porque não podemos entender nada por completo a menos que sua forma se apresente diante de nossos olhos".

Bacon estava apresentando um desafio ao papa. Esqueça o que você sabe sobre o mundo. Como será ele *realmente*?

* * *

ESTA NÃO ERA uma pergunta que pudesse ser feita isoladamente. Compreender o mundo significava compreender o cosmos — e isso significava voltar-se para Aristóteles.

Boa parte da literatura da Grécia Antiga tinha sido perdida ou esquecida na Europa no começo da Idade Média, mas estudiosos muçulmanos e judeus a tinham preservado e estudado cuidadosamente durante séculos, alguns deles nos grandes centros de ensino que tinham sido estabelecidos na Espanha. No final do século XII, por meio de contatos com os muçulmanos e judeus, estudiosos cristãos da Europa começaram a traduzir as obras de importantes autores gregos, e um dos primeiros e mais significativos era Aristóteles.

Aristóteles era um empirista. Ele observava o mundo à sua volta e tentava descrevê-lo de forma sistemática e ordenada. No momento de descrever o cosmos, ele observou como a terra, o mar e o céu pareciam se encaixar e apresentou um sistema que explicava tudo o que via. O cosmo visível, achava ele, podia ser dividido em duas regiões: a material e a celestial. A região material consistia de quatro elementos: terra, água, ar e fogo, cada um deles ocupando sua própria esfera. Mas essas esferas não se autocontinham perfeitamente: a terra estava acima da água, afinal de contas, a água é encontrada no ar, o ar está preso na terra e na água, e o fogo pode queimar sobre a terra e no ar.

O mais pesado dos elementos materiais era a terra. Isso era óbvio: se você deixasse cair uma pedra, ela cairia em linha reta atravessando o ar e a água até atingir a terra. A água vinha em seguida, concentrando-se acima da terra, mas abaixo do ar. O fogo era o mais leve dos elementos: as chamas subiam pelo ar, tornavam-se invisíveis e se reuniam em uma esfera nos limites exteriores da região material. Terra, água, ar e fogo: todos eles se revestiam uns aos outros em esferas concêntricas, embora imperfeitas, atraídos a um centro comum por uma espécie de campo gravitacional universal. Como elemento mais pesado, a terra — e, portanto, a Terra — ficava, por definição, no centro.

Acima da região material ficava a região celestial: outro conjunto de esferas concêntricas, uma encaixada suavemente dentro da outra, e todas firmemente comprimidas ao redor das esferas materiais. A lua, o sol e os planetas tinham cada qual sua própria esfera, girando cada um em seu próprio ritmo ao redor da região material, e acima deles todos estava o firmamento: uma única esfera na qual estavam fixadas todas as estrelas. Na circunferência exterior de todas as esferas cósmicas, envolvendo tudo o mais, havia uma esfera invisível, que girava rapidamente, chamada por Aristóteles *primum mobile*, ou "primeiro móvel" — assim nomeada porque sua rotação colocava todas as outras esferas em movimento. E além disso? As coisas ficavam um pouco vagas. Tudo o que Aristóteles podia dizer era que se tratava de uma região onde "não havia lugar, nem vazio nem tempo"[9].

Aristóteles traçou a arquitetura de todo o seu sistema com graça e concisão. Mas forneceu poucos detalhes mecânicos, e seus sucessores na Antiguidade, em especial o astrônomo e matemático do século II, Claudio Ptolomeu, tiveram de se esforçar bravamente para explicar, digamos, por que os planetas se comportavam de modo errático, aparentemente pulando para a frente e para trás ao circundarem o mundo. Para explicar tais inconsistências, Ptolomeu propôs um sistema de movimento planetário engenhosamente convoluto; a lógica era um tanto tortuosa e a matemática, complexa, mas o modelo previa os movimentos dos planetas melhor do que qualquer outro.

Foi esse o retrato do cosmos que chegou plenamente formado na Europa no fim do século XII. Foi exatamente esta imagem que Matthew Paris diagramaria algumas décadas depois (Figura 6). O modelo atraiu grandemente uma escola emergente de pensadores e lógicos cristãos conhecida como os escolásticos, que, desde o início do século, vinham tentando conciliar as ideias teológicas medievais com os ensinamentos seculares dos antigos. No século XIII, os escolásticos tinham conseguido transformar o modelo físico do cosmos proposto por Aristóteles em outro especificamente cristão: a *machina mundi*, ou "máquina mundial". Como tantos outros elementos de pensamento medieval, alguns traços deste modelo do cosmos sobrevivem até hoje; aludimos a seu funcionamento quando falamos em encontrar "nosso próprio elemento", quando dizemos que estamos no "sétimo céu", ou que existe uma "esfera de influência".

A adaptação da cosmologia de Aristóteles com a teologia cristã parecia muito apropriada. Confiando apenas em fenômenos observáveis e em deduções de senso comum, Aristóteles mostrou que o mundo estava no centro do cosmos — que, é claro, era exatamente onde as Escrituras o tinham colocado. A fixação dos vários elementos materiais em suas esferas separadas também concordava muito bem com o relato bíblico da criação. ("Disse também Deus: Ajuntem-se as águas debaixo dos céus num só lugar, e apareça a porção seca. E assim se fez."[10]) Quanto à região mais distante, onde "não havia lugar, nem vazio nem tempo" que Aristóteles tinha colocado além do *primum mobile*, havia melhor maneira de caracterizar a inefável mente de Deus que a tudo envolve? "Este céu quieto e pacífico"[11], escreveu Dante, que tinha sido instruído na tradição escolástica, "é a morada daquela Suprema Deidade que é a única que se vê completamente a si mesma".

A adaptação era boa e fácil de diagramar (Figura 24), mas não era perfeita. Com o passar do século XIII e com os escolásticos tentando explicar o funcionamento idiossincrático da máquina mundial, eles se viram diante de uma incongruência inquietante. Se a Terra era cercada por água (como uma gema rodeada pela clara do ovo, como alguns escolásticos a descreviam), e se o sistema inteiro envolvia uma série de esferas concêntricas tendo a Terra no centro, então a razão dizia que toda ela estaria submersa. Portanto, como poderia o mundo conhecido estar exposto ao ar?

Uma forma de responder à pergunta era tomando a Bíblia como valor nominal: a terra era mantida seca por um milagre divino e,

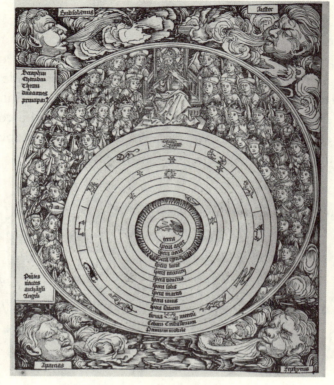

Figura 24: O cosmos cristão (1492). A Terra está no centro, o *primum mobile* está na circunferência e, presidindo a tudo, numa região além do espaço e tempo, estão Deus e as hostes celestiais.

portanto, não era necessária nenhuma explicação. Sacrobosco adotou esta abordagem em sua *Esfera*. A água, o ar e o fogo, disse ele, "cercam esfericamente a Terra por todos os lados, exceto onde a terra seca interrompe a maré do mar"[12]. Como exatamente a terra seca fazia isso, no entanto, ele não disse.

Alguns pensadores exigiram uma explicação. Mesmo que a terra inicialmente tivesse sido exposta ao ar por um milagre, tinha de haver uma razão física para ela continuar assim. Os escolásticos debateram-se com esta questão durante o século XIII e finalmente apresentaram uma teoria para explicá-la, e essa teoria permaneceria popular até bem adiante no século XVI, quando Nicolau Copérnico finalmente rompeu com a tradição e propôs que a Terra girava em torno do Sol.

A teoria tinha uma lógica encantadoramente circular. A terra permanecia sem água porque tinha se tornado mais leve onde Deus a havia misturado com o ar. Em consequência, o centro de gravidade da Terra tinha mudado do centro exato do cosmos; na verdade, ela tinha subido à superfície do oceano em um lado da esfera de água, assim como uma maçã, ao ser colocada debaixo da água em uma banheira, sobe à superfície (Figuras 25 e 26).

Figura 25 e 26: Duas perspectivas diferentes do centro do cosmos. *À esquerda*: a Terra no centro exato, cercada pela esfera de água, em seguida pela do ar, e depois pela do fogo (detalhe da figura 24). *À direita*: a Terra fora do centro. Desenhada na clássica forma zonal, a Terra aqui é o círculo menor. Ela subiu à superfície da água (sombreada com linhas horizontais onduladas), expondo parte de si ao ar e tornando a vida na terra possível. De uma edição de 1499 de *A esfera*, de Sacrobosco (início dos anos 1200).

Era uma ótima solução. Como uma maçã na banheira, a maior parte da terra estava coberta por água, mas uma porção dela — o mundo conhecido, que um escolástico chamou de "a face frontal da Terra"[13] — flutuava acima da superfície. A teoria parecia solucionar outro debate importante. Se a Terra subira à superfície em um lado da esfera de água, então, por definição, quanto mais alguém se afastasse das margens do mundo conhecido, mais profundo o oceano ficaria, o que significava que no lado do globo oposto ao mundo conhecido era impossível haver terra exposta. A Antípoda, portanto, não podia existir.

* * *

O PRÓPRIO BACON não tocou na questão da Antípoda, mas tentou descobrir a proporção de terra exposta em relação à água na Terra. Ele percebeu que somente quando conseguisse determinar o verdadeiro tamanho do mundo conhecido poderia reproduzi-lo geometricamente como uma parte de todo o globo. Mas as autoridades da Antiguidade estavam divididas em relação à questão, disse ele ao papa. Ptolomeu tinha proposto a razão de um para seis, enquanto Aristóteles havia proposto mais de um para quatro.

Bacon concordava com Aristóteles. Citando relatos antigos de viagens extensas, ele argumentou que o mundo conhecido, do oeste ao leste, tinha de se estender até pelo menos metade da circunferência do globo, e talvez mais. "Aristóteles sugere que o mar entre o oeste da Espanha e a extremidade oriental da Índia não tem grande extensão [...]"[14], escreveu ele, "[e] Sêneca nos informa que este mar pode ser atravessado em poucos dias se o vento estiver favorável". Bacon também embasou suas opiniões em uma fonte religiosa incomum: o livro bíblico de Esdras (também conhecido como Ezra), uma obra controvertida geralmente rejeitada pelos católicos romanos, mas aceita pelos cristãos ortodoxos. "Em seu quarto livro, Esdras nos diz que seis partes da Terra são habitadas, enquanto a sétima é coberta por água"[15], relatou Bacon. "Ninguém deveria questionar a autoridade desta passagem afirmando que este livro é apócrifo e de autoridade duvidosa; todos sabem que os santos do passado usavam este livro constantemente para confirmar as verdades sagradas, e até usavam as declarações deste livro no ofício divino."

Havia mais. Não só a terra cobria boa parte da zona habitável do norte do mundo, mas parecia fazer o mesmo no hemisfério sul. Bacon encontrou prova disso na obra de Plínio, o Velho, *História natural*, que relata uma anedota sobre Taprobana — uma ilha gigantesca "a sudeste da Índia"[16], que se estendia por 1.875 quilômetros desde o norte até o sul. "Alguns homens deste lugar chegaram a Roma durante o reinado de

Claudio"[17], escreveu Bacon. "Eles ficaram atônitos ao descobrir que suas sombras projetavam-se para o norte, e que o Sol viajava para o sul." Para Bacon, a causa do assombro dos homens era óbvia: Taprobana, ou pelo menos parte dela, ficava abaixo do equador.

Bacon, então, imaginou que o mundo conhecido se estendia ao redor de boa parte do globo de leste a oeste, e além do equador até o sul. Nesta visão, um canal de oceano relativamente estreito separava a Espanha da Índia. Em sua *Opus majus*, Bacon fez um pequeno e curioso desenho para ilustrar este canal: um diagrama em forma de haltere, tendo o oeste no alto, delineando a extensão global do oceano e enfatizando visualmente a proximidade entre o fim do Ocidente e o início do Oriente (Figura 27).

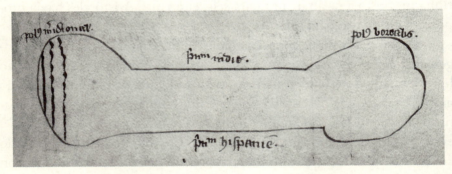

Figura 27: Diagrama de Roger Bacon mostrando a pequena extensão do mar que separava o Oriente do Ocidente (c. 1267). O oeste fica no alto; no interior do diagrama tudo é água. Os círculos nas extremidades do diagrama são as duas regiões polares, onde, de acordo com Bacon, o frio causa um "acúmulo natural de água" que expõe a terra em outra parte do globo. Entre os polos está o estreito canal de mar (o Atlântico) que Bacon acreditava separar o começo da Índia ("*principium Indie*") e o começo da Espanha ("*principium Hispanie*").

Bacon, então, apresentou a Clemente sua proposta geográfica mais original: uma técnica de mapeamento do mundo que usava coordenadas matemáticas.

Como estas zonas e suas famosas cidades não podem ser bem descritas somente com palavras, é preciso usar um mapa para torná-las mais claras aos nossos sentidos. Portanto, apresentarei primeiro um mapa do nosso quadrante [região do globo], e nele indicarei as cidades importantes, cada qual em seu próprio lugar, com a distância da cidade ou região em relação ao equador — o que chamamos latitude. Também as indicarei de acordo com sua distância do leste ou oeste, o que chamamos de longitude de um lugar. Em minha determinação de zonas, e também da latitude e longitude, farei uso do prestígio e experiência dos mais sábios estudiosos. Para localizar cada cidade em seu local específico [neste mapa] conforme sua longitude e latitude, que já foram descobertas por minhas autoridades, usarei um método pelo qual suas posições poderão ser demonstradas por suas distâncias do norte e sul, leste e oeste. O esquema é o seguinte: desenha-se uma linha reta [...] paralela ao equador. Esta se cruza com outra linha reta [correndo de norte a sul], desde o ponto correspondente ao número de graus de latitude do lugar. [...] Este procedimento é mais fácil e melhor [do que qualquer coisa usada hoje], e um mapa desenhado desta forma é absolutamente capaz de representar aos sentidos a localização de qualquer ponto no mundo.[18]

As "autoridades" de quem Bacon extraiu seus dados de coordenada eram astrônomos árabes. Mas eles não tinham compilado a latitude e longitude de várias cidades por quererem determinar sua localização no globo. Na época em que Bacon escrevia, latitude e longitude eram ferramentas astronômicas, não geográficas, e eram usadas para ajudar a prever como, em determinado tempo e lugar, os planetas e as estrelas se alinhariam com determinada cidade — informações necessárias para, entre outras coisas, esboçar horóscopos. Bacon, no entanto, se deu conta de que essas coordenadas geográficas, espalhadas em tabelas que pertenciam aos movimentos do céu acima de diferentes regiões terrestres, podiam ser combinadas de tal modo que se começava a desenvolver um retrato da Terra. Mas ele também associava os lugares da Terra com o que se abatia sobre eles do alto. "Este é o primeiro axioma de nosso estudo"[19], disse ele ao papa, "cada ponto na terra é o ápice de uma pirâmide que transmite o poder dos céus".

No mapa de Bacon — que, infelizmente, se perdeu —, o ponto central entre o norte e o sul era fácil de ser determinado. Era o equador:

o ponto zero localizado em qualquer lugar ao redor da circunferência do globo, o lugar onde a Estrela Polar desaparece abaixo do horizonte e onde o dia e a noite sempre duram doze horas cada um. Mas onde começaria o leste ou o oeste? Aí não havia um ponto zero natural, mas era essencial que se escolhesse um para daí derivar uma tabela de longitudes uniforme — isto é, distâncias relativas entre leste e oeste a partir do mesmo ponto zero. Como Bacon extraía seus dados em grande parte das autoridades islâmicas, ele escolheu o ponto central ao longo do equador usado por elas em suas tabelas: uma cidade mítica chamada Aryne. A escolha era óbvia e lógica, baseada em nada mais que necessidade matemática e dados já existentes. Mas seu significado não passaria despercebido a ninguém que estivesse familiarizado com os *mappaemundi* em voga na época: Jerusalém já não era o centro do mundo.

Bacon concluiu sua proposta com um lamento. Ao desenhar seu mapa, disse ele, tinha confiado em tabelas de coordenadas compiladas principalmente por fontes árabes. Estas eram as melhores disponíveis, mas, continuou, não iam suficientemente longe. "Nós precisamos desesperadamente de outras mais exatas"[20], escreveu, "já que as latitudes e longitudes do mundo de língua latina e suas cidades ainda não foram estabelecidas. De fato, elas nunca serão, a menos que por decreto apostólico ou imperial, ou pelo apoio de algum grande soberano que esteja disposto a patrocinar os filósofos".

Se Bacon tivesse lido suas fontes um pouco mais atentamente, talvez não tivesse feito esta afirmação. Antes, teria notado referências ocasionais a um antigo texto geográfico que continha exatamente o tipo de informação que ele estava procurando. Em *Sobre a ciência das estrelas*, por exemplo, traduzido para o latim no século XII, o astrônomo al-Battani falava do "sistema proposto por Bartolomeu e confirmado pelos antigos, pelo qual os lugares e regiões do mundo são registrados conforme sua latitude e longitude". Este Bartolomeu, continuou al-Battani, apresentara este sistema em "seu livro sobre a forma do mundo, chamado *Ieraphie*"[21].

Quem era este Bartolomeu? E qual era seu livro? Bacon poderia ter encontrado a resposta em outro tratado traduzido para o latim mais ou menos na mesma época: *Sobre o funcionamento do astrolábio*, de Ibn al-Saffar. Bartolomeu acabou por se revelar ninguém menos que Claudio

Ptolomeu (cujo nome tinha sido corrompido ao passar para o árabe e depois para o latim), e seu livro aparentemente intitulava-se *Geografia*. Ptolomeu, explicou al-Saffar, "coligiu as latitudes e longitudes de todas as regiões conhecidas em um livro chamado *Gerapphie*"[22].

Em meados do século XIII, outras referências semelhantes a Ptolomeu em obras dos árabes estavam circulando em tradução latina. Ao discutir Ptolomeu e suas obras astronômicas, um escritor mencionou de passagem um "livro seu que elabora a forma da terra habitável". Outro falou do "livro no qual ele nomeava cidades, ilhas e mares", e ainda outro mencionou "seu livro intitulado *Mappamundi*". O próprio Ptolomeu fez uma observação de passagem em seu *Almagest* — um tratado astronômico muito estudado e traduzido — que confirmava que ele de fato tinha escrito um estudo autônomo sobre a geografia mundial. "O que ainda falta nas preliminares"[23], escreveu, depois de apresentar tabelas de fenômenos astronômicos, "é determinar as posições de cidades notáveis em cada província em termos de longitude e latitude. [...] Mas como a demonstração desta informação é pertinente a outro projeto cartográfico, nós o apresentaremos sozinho".

Mas, como quer que este trabalho geográfico se chamasse, e o que quer que contivesse, todos que o mencionavam pareciam concordar em um ponto: ele se perdera.

SEGUNDA PARTE
NOVO MUNDO

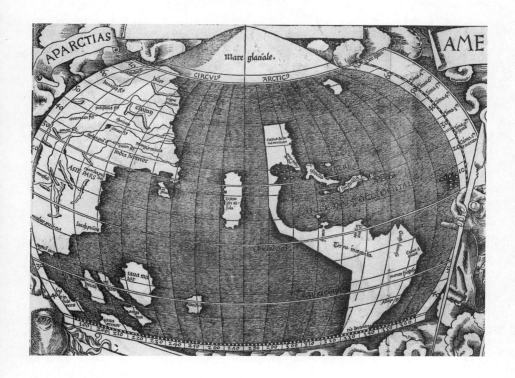

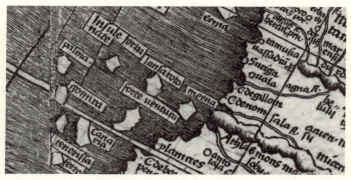

✦ As ilhas Canárias e o noroeste da África ✦

CAPÍTULO SEIS

REDESCOBERTA

Quem poderia duvidar de que Roma se levantaria outra vez se apenas começasse a conhecer a si mesma?[1]

— Francesco Petrarca (1341)

Em 1º de julho de 1341, dois veleiros e um pequeno navio de guerra apanharam a vazante e partiram de Lisboa seguindo para sudoeste, para o Atlântico, levando consigo "cavalos, armas e várias máquinas de guerra, construídas para tomar cidades e castelos". Contratados e abastecidos pelo rei de Portugal, Afonso IV, os navios navegavam sob a direção conjunta de navegadores genoveses e florentinos, e sua missão, segundo o único relato da viagem[2] ainda existente, era encontrar "estas ilhas a que geralmente chamamos 'redescobertas'" — uma referência a duas ilhas visitadas algum tempo antes, nesse mesmo século, por um marinheiro genovês chamado Lanzarotto Malocello, que aparentemente buscava vestígios da expedição dos irmãos Vivaldi[3].

A expedição não partiu para o vazio. Muito provavelmente, os navegantes levassem cartas náuticas muito semelhantes àquela desenhada apenas dois anos antes, em 1339, por Angelino Dulcert, cartógrafo de Maiorca, o mais antigo mapa ainda existente a mostrar as duas ilhas de Malocello. Na carta de Dulcert, as ilhas aparecem não muito distantes da costa sul do atual Marrocos, à época o mais distante ponto sul ao longo da costa africana a ser mapeado por navegadores europeus (Figura 28). Um pouco ao noroeste delas, o mapa também retrata a ilha de São Brandão — cuja migração do mundo dos *mappaemundi* para o das cartas náuticas demonstra a ampla atração imaginativa que a lenda de Brandão teve na época. Junto às duas ilhas de Malocello, Dulcert desenhou a cruz vermelha de Gênova, como um tributo à sua descoberta, e deu a uma delas o nome de Insula de Lanzarotus Marocelus. A ilha é conhecida hoje como Lanzarote, uma das ilhas Canárias, mas na época de sua descoberta alguns europeus acharam que fosse uma das lendárias ilhas conhecidas dos antigos como ilhas Afortunadas.

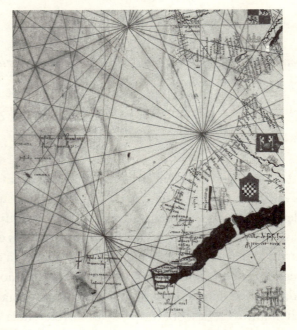

Figura 28: As ilhas do Atlântico da carta náutica de Angelino Dulcert (1339). Portugal e Espanha estão no alto, à direita. Abaixo deles está o canto noroeste da África. Abaixo, a pouca distância da costa, marcadas com uma cruz, estão as duas ilhas descobertas por Lanzarotto Malocello. A noroeste delas estão algumas das lendárias ilhas atlânticas: a ilha de São Brandão e as ilhas Afortunadas, ainda não associadas às ilhas de Malocello.

Europeus medievais conheciam bem a lenda. Ela remetia pelo menos aos gregos, que acreditavam que os deuses enviavam muitos heróis mortais para as ilhas Afortunadas para uma vida pós-morte em meio a um clima ameno, abundância agrícola e felicidade eterna. Os gregos descreviam as ilhas nebulosamente, colocando-as em algum lugar no oceano a oeste do estreito de Gibraltar, mas nos tempos romanos várias autoridades começaram a localizá-las com mais precisão. Escrevendo no século I, Plutarco relatou que os marinheiros tinham descoberto recentemente duas ilhas atlânticas a alguma distância da costa da África e observou que se acreditava, em geral, que estas ilhas[4] — abençoadas com ventos suaves, chuvas moderadas e solo fértil — eram as ilhas Afortunadas. Plínio, o Velho, foi mais específico em sua *História natural*, posicionando as ilhas a algumas milhas da costa do norte da África e dando-lhes nomes individuais. "Sobre as ilhas Afortunadas"[5], registrou, "Juba garantiu que [...] a primeira ilha a ser alcançada é chamada de Ombrios, [...] que a segunda ilha é chamada de Junonia, e que nela há um pequeno templo feito de uma única pedra; e que na sua vizinhança há uma ilha menor com o mesmo nome, e depois Capraria, [...] e dessas ilhas se vê Ninguaria, assim chamada por sua neve perpétua, e por estar envolta por nuvens; e junto a ela há outra chamada Canária, por causa da multidão de cães imensos que há lá". Em meados do século XIV, as ilhas Afortunadas estavam fazendo aparições regulares nos *mappaemundi*, aproximadamente onde Plutarco e Plínio as tinham localizado — e onde Lanzarotto Malocello as havia redescoberto.

Depois de deixarem Lisboa, os marinheiros do rei Afonso apanharam uma brisa favorável. Por cinco dias eles permitiram que ela os conduzisse para o sul, rumo à região onde a carta náutica de Dulcert havia colocado as ilhas de Malocello, e finalmente chegaram a uma cadeia de ilhas vulcânicas: lugares rochosos, fortemente arborizados, assustadoramente montanhosos, ricamente providos de água fresca e plantados em mares surpreendentemente calmos. Eles visitaram 13 delas, e em seis encontraram grupos de povos primitivos que pareciam nunca ter tido contato com a civilização europeia. Esses povos, que foram completamente varridos por incursões escravagistas europeias e empreendimentos coloniais, são conhecidos hoje como guanchos.

Logo no início de sua visita, os navegantes de Afonso seguiram para uma das maiores ilhas e, ao se aproximarem, uma grande multidão de homens e mulheres nativos foi para a margem da água para recebê--los. Os ilhéus pareciam interessados em comércio, mas os marinheiros, apreensivos pela barreira da língua, ancoraram a pouca distância da praia e não se aproximaram. Isso instigou vários jovens a nadarem para saudá-los — um gesto que os europeus recompensaram tomando--os como prisioneiros. Mais tarde os marinheiros ganharam coragem e atacaram uma parte diferente da ilha, onde descobriram sinais de uma existência vivida em tranquilidade e abundância: hortas, figueiras e palmeiras; reservas de figos secos, trigo e cevada; casas engenhosamente construídas em pedra e madeira (que os marinheiros invadiram); e um pequeno templo (que saquearam).

Os navegadores também exploraram algumas das outras ilhas. Uma delas parecia coberta senão por "inúmeras árvores, grandes e subindo direto para o céu". Em outra encontraram grande número de pombos e aves de rapina. Outra consistia de "montanhas rochosas extremamente altas, a maioria coberta por nuvens, onde as chuvas são frequentes". A distância viram ainda outra ilha que parecia erguer-se 100 quilômetros no ar e seu cume era branco. Depois de explorarem as ilhas por algum tempo, os marinheiros reuniram uma amostra dos poucos produtos que elas tinham a oferecer — alguns animais, algumas peles de cabra e foca, tinturas de madeira natural, óleo de peixe e sebo — e partiram de volta para casa, levando consigo quatro de seus prisioneiros. O relato de viagem que sobreviveu descreve-os com alguns detalhes.

> Os quatro homens que levaram consigo eram jovens, sem barba e belos; usavam uma tanga e tinham um cinto de corda ao redor dos quadris do qual pendiam tiras de folhas de palmeira, grossas e longas [...] com as quais cobriam sua vergonha na frente e atrás, a menos que o vento ou algo mais as levantasse. Não são circuncidados e têm cabelos compridos e loiros até a cintura, e eles se cobriam com seus cabelos e caminhavam descalços. A ilha de onde foram levados chamava-se Canária, a mais habitada delas. Eles não entendem a língua de ninguém, pois foram abordados em vários

idiomas. Sua altura não ultrapassa a nossa. Têm membros fortes, são animados, muito robustos e de grande inteligência, até onde se pode julgar. Falamos com eles por meio de gestos, e com gestos eles respondem, à maneira dos mudos. [...] Foram-lhes mostradas moedas de ouro e prata, mas eles não as reconheceram. Nem perfumes de nenhum tipo, nem colares de ouro, vasos entalhados, sabres e espadas de todo tipo, e parece que nunca viram ou ouviram nada semelhante.[6]

Não existe nenhuma descrição da viagem dos navegadores de volta a Portugal ou de como foram recebidos ao chegar. Mas as notícias do que tinham descoberto se espalharam rapidamente. Logo foi lançada uma segunda viagem às ilhas, desta vez pelos catalães, e em 1344 a notícia da descoberta das ilhas já havia chegado ao papa Clemente VI, que decidiu que tinha autoridade para concedê-las a um príncipe franco-espanhol chamado Louis de La Cerda. Após a morte de La Cerda, em 1348, o direito às ilhas tornou-se mais uma vez uma questão aberta, e durante o restante do século tanto os catalães como os portugueses enviariam missões frequentes às ilhas para fazerem valer seus direitos.

Vale a pena fazer uma pequena pausa para considerar as várias dinâmicas que atuavam neste episódio pouco conhecido. Com o apoio financeiro de um rei da Península Ibérica, uma expedição marítima conduzida por marinheiros italianos parte em busca das ilhas que se dizia existirem em algum lugar no Atlântico. Guiados por mapas contendo uma mistura de elementos reais e imaginários, eles descobrem uma série de ilhas nas quais encontram uma sociedade pagã previamente desconhecida da Europa. Levam prisioneiros, procuram riquezas, saqueiam e pilham, e finalmente voltam para casa, levando amostras de produtos comerciais, incluindo prisioneiros humanos, que acreditam interessar a mercadores da Europa. A notícia sobre as ilhas se espalha rápido e chega ao papa, que se considera no direito de conceder sua propriedade a quem julga apropriado — e, ao fazê-lo, provoca uma corrida entre diferentes monarcas ibéricos para investigar, explorar e cristianizar a região. Estas são as mesmas dinâmicas, claro, que os afirmaria no Atlântico, repetidamente, conforme a Era Europeia dos Descobrimentos punha-se em marcha.

Os detalhes da expedição de Afonso IV só sobreviveram porque mercadores florentinos em Sevilha entrevistaram pelo menos um de seus membros após seu retorno e, em novembro de 1341, enviaram a seus colegas em Florença uma descrição do que tinham descoberto. Embora a correspondência original tenha se perdido, ela parece ter sido pouco mais que um relato rotineiro das descobertas comerciais da expedição. Mas a correspondência chegou a Florença no ápice de um momento histórico, quando a cidade estava se tornando um importante centro de conhecimento geográfico. A era dos humanistas acabava de começar.

* * *

HUMANISMO É UM TERMO loucamente incerto, mas no contexto da Itália do século XIV, onde o movimento nasceu, ele tem um significado bastante específico: descreve uma onda de interesse nas obras dos antigos gregos e romanos, o desenvolvimento de um novo tipo de método crítico para estudar essas obras e a gradual emergência de um programa de educação e renovação cultural com base no pensamento clássico.

No entender dos primeiros humanistas italianos, a queda de Roma no século V empurrara os europeus a um período multissecular de declínio intelectual e decadência social, e a única maneira de reverter a tendência era reavivando a sabedoria e o conhecimento da Antiguidade. Os humanistas achavam que os italianos, vivendo como viviam no antigo centro da civilização romana, eram os herdeiros naturais deste legado — se ao menos se dedicassem à difícil tarefa de trazê-la de volta.

O principal proponente do antigo humanismo italiano foi Francesco Petrarca. Nascido em 1304, filho de um oficial judiciário florentino, Petrarca viajou extensa e amplamente durante boa parte de sua vida em busca de textos clássicos, muitos dos quais tinham permanecido ignorados ou pouco conhecidos por séculos em bibliotecas de mosteiros e em coleções particulares da Europa. Ele teve grande êxito, trazendo à luz um número incrível de textos esquecidos, e, ao se dar conta da imensa quantidade de material perdido, ficou irado. "Cada autor famoso da Antiguidade que eu recupero", esbravejou, impõe uma nova ofensa e nova causa de desonra às gerações anteriores que, não satisfeitas com sua vergonhosa aridez, permitiram que os frutos de outras mentes e os escritos que seus ancestrais haviam produzido com esforço e aplicação perecessem por insuportável negligência. Embora não tivessem nada de seu para entregar aos que estavam por vir, roubaram à posteridade sua herança ancestral.[7]

Esta era uma ideia à qual Petrarca retornaria recorrentemente em seus escritos ao longo dos anos. Sua própria época, argumentou, era de "trevas [intelectuais] e densa obscuridade"[8], enquanto os antigos tinham vivido numa era de ouro de conhecimento. Mas ele tinha esperança no futuro. "Uma era muito melhor seguirá"[9], escreveu ao fim de seu poema épico *África*. "Este sono de esquecimento não durará para sempre. Quando as trevas tiverem se dispersado, nossos descendentes poderão retornar ao antigo e puro esplendor." Durante o curso de sua carreira, Petrarca definiu a visão da evolução cultural europeia, dividida em três partes, e que domina a historiografia hoje: primeiro vem a Antiguidade, uma era gloriosa de conhecimento clássico; depois vem a Idade Média, séculos longos e sombrios em que o conhecimento dos antigos é esquecido ou se perde; e finalmente vem a Renascença, quando este conhecimento é revivido.

No século XIV, qualquer um que tentasse estudar a literatura e a história da Antiguidade enfrentava uma imensidão de desafios práticos. Hoje, os estudantes dos clássicos podem consultar edições críticas dos textos preparadas por estudiosos especializados — uma tarefa coletiva de constante revisão, correção e reconstrução que vem ocorrendo por séculos. Estes estudiosos desenvolvem seu trabalho em colaboração com organizadores cuidadosos e editores conceituados, e as próprias obras vêm utilmente complementadas com resumos que discutem as fontes dos textos, a vida dos autores e os contextos histórico e literário em que tais textos surgiram. Para facilitar a leitura e a referência, elas contêm páginas de título, sumários, glossários geográficos, mapas, diagramas, figuras, comentários explicativos, notas de rodapé, bibliografias, índices remissivos e sugestões de leituras adicionais. Usam pontuação moderna e são divididas em capítulos, seções e parágrafos. Petrarca não contava com esse aparato crítico para auxiliá-lo. Ao contrário, lutava frequentemente com grandes quantidades de textos sem título, indiferenciados, copiados de forma não confiável e incompletos. Às vezes não havia qualquer menção ao autor nos manuscritos com os quais trabalhava; outras vezes, a atribuição podia estar errada, ter sido impropriamente copiada ou acrescentada por engano por um copista. Plínio ou Sêneca podiam ser identificados como autor de um texto sem qualquer sugestão do que sabemos hoje: existem dois de cada um deles, Plínio, o Velho, e Plínio, o Novo, e Sêneca, o Velho, e Sêneca, o Jovem. Tentar determinar a verdadeira idade de um texto não era tarefa fácil, e até a distinção entre autores latinos medievais e antigos era, com frequência, problemática.

Petrarca aceitou o desafio. Ele decidiu que era preciso fazer uma espécie de arqueologia literária — um esforço inédito e diligente para localizar, cavar, vasculhar, separar, limpar, salvar, comparar, contrastar, corrigir e estudar os restos textuais espalhados da Antiguidade.

Foi uma ideia inspiradora. Mas bem no início de seus estudos Petrarca identificou um problema fundamental. Percebeu que, para avaliar a literatura e a história clássicas, ele precisava compreender o contexto geográfico em que tinham sido escritas e onde haviam acontecido. Isto apresentava uma série de dificuldades. Como poderia uma pessoa estudar uma história sobre as campanhas romanas na Gália, por exemplo, sem saber o que os antigos pensavam ser a Gália? Sem uma sólida compreensão da geografia do mundo antigo, como poderia uma pessoa avaliar plenamente e se inspirar com poemas épicos como a *Eneida*, de Virgílio, e as *Odisseia* e *Ilíada*, de Homero, que envolviam histórias alegóricas de viagens por ambientes geográficos específicos?

Os fragmentos de geografia antiga que Petrarca começou a recolher e juntar criaram uma imagem que era, na melhor das hipóteses, confusa; na pior, discrepante; e em muitos aspectos quase impossível de corresponder à realidade contemporânea. Os nomes das antigas cidades, rios, montanhas, lagos, mares, países e regiões tinham mudado. Cidades antigas haviam sido destruídas e outras novas tinham surgido. Países, povos e impérios inteiros tinham aparecido e desaparecido. Partes do mundo conhecido aos antigos tinham sumido dos mapas medievais, e regiões exploradas desde a queda de Roma tinham sido acrescentadas. Mesmo quando havia continuidade, ela era difícil de discernir: erros de escrita, acrescentados ao longo das gerações por copistas que nada sabiam de geografia ou da Antiguidade, tinham produzido ortografias mutantes que variavam grandemente de um manuscrito para outro, e alguns tinham se tornado inteiramente indecifráveis. Estava uma bagunça — e Petrarca queria arrumá-la. No início de um esboço biográfico de Júlio César, ele descreveu suas motivações. "A ponto de escrever sobre as conquistas de Júlio César na Gália"[10], escreveu ele, "creio que eu deveria começar por descrever a localização geográfica da Gália, onde os acontecimentos tiveram lugar; sua descrição foi feita de modo tão confuso por alguns que impede a compreensão dos fatos".

Mas Petrarca não limitou sua atenção à Gália. Ele tinha em mente algo muito mais ambicioso: um retrato completo do mundo conforme os antigos o haviam conhecido.

* * *

PARA ATINGIR SEU OBJETIVO, Petrarca trabalhou de diversas formas. Um de seus primeiros passos foi buscar quaisquer informações geográficas que pudesse encontrar nos escritos enciclopédicos e históricos dos romanos. A fonte mais óbvia a buscar era a *História natural* de Plínio, o Velho, uma obra não muito conhecida na Itália nessa época, mas consultada frequentemente em outras partes da Europa. Ao ler a *História natural*, Petrarca notou que Plínio fazia várias referências à obra de um geógrafo do século I quase inteiramente esquecido no século XIV: Pompônio Mela, um cidadão romano que vivera e trabalhara na Espanha. Petrarca fez da busca pela obra de Mela uma parte de suas expedições de caça aos livros, e em algum momento da década de 1330, possivelmente nos círculos papais de Avignon, ele encontrou o que estava procurando: uma cópia da pequena obra de Mela, *De chorographia* ou *Sobre a corografia*. Hoje, o pequeno livro de Mela é considerado o mais antigo tratado latino sobre geografia ainda existente e, tal qual o *Livro* de Marco Polo, é frequentemente chamado de *A descrição do mundo*.

Escrito de maneira muito mais concisa e elegante do que a tortuosa *História natural* de Plínio, a *Descrição* de Mela imediatamente atraiu Petrarca, que fez uma cópia e logo passou a circulá-la entre seus amigos. Junto com a *História natural* de Plínio e a *Galeria das coisas maravilhosas* de Solino, a *Descrição* de Mela viria a se tornar uma das obras de geografia antiga mais populares e amplamente consultadas nos dois séculos seguintes — e quase todos os exemplares feitos durante este período remetem a este que Petrarca fez para si mesmo[11].

Nas décadas que se seguiram, Petrarca contou com seus exemplares de Plínio e Mela para o auxiliarem a decifrar os lugares e regiões mencionados na literatura e história clássicas. Embora seu exemplar original da *Descrição* tenha se perdido, o de *História natural* sobrevive, e suas seções geográficas demonstram a forma metódica como Petrarca conduzia seus estudos. Ele fazia muitas anotações no manuscrito, na verdade criando uma espécie de glossário geográfico rudimentar para si mesmo que corria ao longo da tortuosa narrativa de Plínio. Quando Petrarca chegava a nomes de lugares e características geográficas, ele os anotava nas margens dos manuscritos, criando um conjunto de nomes de fácil localização que ele podia consultar à medida que encontrava referências geográficas obscuras em outras obras. Também projetou um sistema simples para identificar para si mesmo o tipo de objeto geográfico a que suas anotações nas margens se referiam. Ao redor dos nomes de montanhas ele desenhava uma pequena caixinha que formava uma espécie de pico acima da palavra; sob o nome de rios ele desenhava uma linha que subia verticalmente à esquerda da palavra; à esquerda dos nomes de regiões inteiras ele desenhava uma linha vertical; e acima dos nomes de cidades ele desenhava uma linha que descia verticalmente à esquerda.

Petrarca também marcava muitos de seus manuscritos com observações sobre geografia; uma das mais longas e reveladoras aparece em seu exemplar de *Eneida*, de Virgílio. O poema, um épico tido como um análogo romano dos épicos gregos de Homero, descreve as viagens oceânicas de Eneias, um cidadão troiano que foge de Troia após sua queda para os gregos. Eneias navega para a Itália, onde ele e seus companheiros se instalam e se tornam os ancestrais dos romanos. A intenção de Virgílio era que a *Eneida* fosse lida como o poema nacional do povo romano, e Petrarca e os primeiros humanistas o entendiam como tal, dando-lhe um lugar central no reavivamento clássico que tentavam executar. Portanto, desvendar sua geografia era um trabalho da mais absoluta importância.

A longa e reveladora observação que Petrarca colocou em seu exemplar da *Eneida* aparece no ponto da narrativa em que Eneias e seus companheiros de viagem avistam a Itália pela primeira vez. Uma enseada se revela a eles, acima da qual há algo que Virgílio identifica como o Templo de Minerva. "A enseada tinha a forma de um arco curvado pelas ondas sopradas do leste"[12], diz o texto. "Estava oculta por rochas salientes que espumavam com borrifos de sal, e dos altos rochedos suas duas muralhas, quais braços caídos, desciam abruptamente. O templo ficava afastado da praia."

Que lugar era este? Petrarca se lançou a pesquisar a questão e acabou por decidir que Virgílio só podia estar descrevendo a costa italiana próxima a Otranto, uma cidade portuária na extremidade sudeste da Itália, situada no salto da bota. Ele explicou seu raciocínio com considerável minúcia.

> Muitas coisas produzem erros em relação ao conhecimento de lugares, entre elas: a inacessibilidade de regiões a homens de nossa era; a mudança de nomes, a escassez e falta de clareza de autores, e às vezes a discordância entre eles; mas acima de tudo a falta de curiosidade intelectual e a preguiça dos que não se importam com nada que não esteja bem diante de seus olhos. Não apenas o leitor comum, mas também os comentaristas cultos não se detêm sobre essas coisas. Quanto a nós, tanto quanto fomos capazes, por meio de investigação absolutamente meticulosa não apenas das obras de autores, especialmente cosmógrafos, mas também de descrições do mundo e de certos mapas muito antigos que nos chegaram às mãos, descobrimos que este lugar localiza-se bem no canto da Itália, acima ou além de Otranto, e é chamado de castelo ou campo de Minerva. Quando se atravessa do [lado leste do mar Adriático] para a costa italiana, este é o primeiro lugar a que se chega. [...] Quanto a este lugar, ou aceitamos simplesmente o termo Templo de Minerva, como está, porque foi o primeiro lugar avistado [por Eneias], ou, desejando dar um nome ao lugar, ele [Virgílio] usou a palavra *templo* no lugar de *castelo*, invertendo um lugar pelo outro, como era seu costume. E de fato há outro lugar conhecido pelo

nome de Templo de Minerva, embora Pompônio o chame de promontório em outra costa[13].

Estas observações são esclarecedoras em muitos aspectos. Elas revelam quão profundamente Petrarca mergulhava no estudo da geografia antiga — e quão confusa e desanimadora a iniciativa toda deve ter sido. Elas mostram Petrarca usando a geografia a serviço da crítica literária, um elemento definidor do movimento humanista inicial, e o refletem cotejando diferentes textos antigos e fontes uns com os outros, tentando deliberadamente expor e resolver suas contradições — outro traço humanista. Também ao se referir explicitamente aos "cosmógrafos", Petrarca diverge da tradição medieval e concede à geografia um status novo e independente, tornando-a não mais um simples elemento subordinado a outras disciplinas intelectuais. E também rompe com a tradição em outro aspecto: suas observações indicam que ele está tentando não apenas reavivar a geografia antiga em seus próprios termos, mas também compreender sua correspondência com a realidade atual.

A referência de Petrarca a "mapas muito antigos" é particularmente reveladora. Os *mappaemundi* medievais não tinham como oferecer a Petrarca o tipo de detalhes que ele precisava para solucionar as questões geográficas que estava tentando responder. A alternativa mais provável é que ele estivesse se referindo a cartas náuticas, que deve ter considerado parte de uma tradição que remetia à Antiguidade. Em outros contextos, sabe-se que Petrarca fez grande uso de cartas náuticas para ajudá-lo a resolver problemas de geografia antiga e a delinear uma estrutura geográfica para suas próprias criações literárias. Na verdade, ele é o escritor mais antigo de que se tem notícia a dizer que a Itália tinha o formato de uma bota — uma referência que ele simplesmente não poderia ter feito se não tivesse visto uma carta náutica. "Poderosa no mar e na terra"[14], escreveu ele sobre a Itália em uma de suas cartas, "por seu próprio aspecto parece destinada ao império, como se quisesse atingir o mundo com seu salto. Como uma espora você estende sua Otranto e opõe às ondas nórdicas a bicéfala Brindisi".

Que Petrarca fazia uso das cartas náuticas aparece muito claramente em sua única obra explicitamente geográfica, um guia de peregrinação intitulado *Itinerário ao sepulcro de Nosso Senhor Jesus Cristo*. A maior parte da obra descreve a rota sul através da Itália a caminho da Terra Santa e, de fato, ela é um equivalente textual dos mapas de itinerário de Matthew Paris: uma descrição geográfica de uma jornada espiritual. Esta ideia — de que os mapas tornavam possível uma viagem sem sair de casa — era algo que Petrarca claramente acalentava. "Eu decidi"[15], escreveu ele em uma de suas cartas, "não fazer uma única grande viagem de navio, a cavalo ou a pé a estas terras, mas muitas com um pequeno mapa, livros e a imaginação".

*   *   *

COM LIVROS E A IMAGINAÇÃO: a frase resume uma das principais maneiras pelas quais Petrarca abordava o estudo da geografia. Mas não era a única. Homem muito viajado, Petrarca sabia movimentar-se pela Europa melhor do que quase todos os seus contemporâneos e se orgulhava de seu conhecimento. "Estive em quase todas as fronteiras mais distantes dessas regiões"[16], escreveu no início de sua biografia de César, "seja a lazer, seja pelo simples propósito de ver e aprender, ou a trabalho". Petrarca achava que suas viagens o qualificavam de maneira única para o trabalho de decifrar os enigmas da antiga geografia, e achava que seu conhecimento de geografia antiga podia ajudá-lo a expandir seu entendimento do mundo moderno. Lugares remotos exerciam sobre ele uma atração especial. A busca de conhecimento a respeito deles tornou-se uma metáfora para o projeto humanista: a vasta, cooperativa e interminável tentativa de ver e compreender o mundo como um todo. Quando soube que seu amigo Philippe de Vitry, após uma prolongada permanência na Itália, se referira a este período como um "exílio" da França, escreveu para repreendê-lo por sua tacanhez geográfica. "Houve um tempo em que a Índia não lhe parecia muito distante", escreveu. "Houve um tempo em que, com parecer zeloso, você costumava mensurar Thoprobanes [Taprobana] e qualquer lugar desconhecido que existisse no Oceano Oriental. Em outros tempos você costumava suspirar por Ultima Thule [provavelmente a Islândia, com isso significando os limites noroestes do mundo]. [...] Em minha opinião, você se esqueceu daquele homem que, quando questionado sobre o lugar de onde era, respondia ser um cidadão do mundo."[17]

Os escritores e geógrafos medievais normalmente se contentavam em colocar tais lugares quase míticos, como Taprobana e Thule, onde quer que houvesse espaço para eles às margens de seus mapas. Mas Petrarca buscava um novo tipo de precisão. Se tais lugares realmente existiam, onde *exatamente* eles ficavam? Podiam ser redescobertos? Seu reencontro, assim como a redescoberta dos textos perdidos da Antiguidade, poderia ajudar a antecipar a tão esperada nova era de ouro? Petrarca nunca teve a satisfação de identificar a localização de Taprobana e de Thule, mas teve mais sorte com as ilhas Afortunadas. Em 1346, apenas cinco anos após a expedição do rei Afonso IV às ilhas descobertas por Lanzarotto Malocello, ele escreveu: "Os navios de guerra dos genoveses penetraram na memória de nossos pais."[18]

Petrarca não disse como soube da expedição, mas é provável que tenha obtido esta informação com alguém próximo ao papa Clemente VI, a quem ele conhecia pessoalmente e com quem tinha estado em Avignon. A notícia da expedição chegou ao papa no início de 1340, e os estudiosos de seu meio tinham rapidamente associado as ilhas recém--descobertas com as ilhas Afortunadas, evidentemente depois de consultarem a *História natural* de Plínio. Louis de La Cerda, o nobre a quem o papa concedeu autoridade sobre as ilhas, certamente tinha Plínio em mente quando escreveu ao papa em 1344. De La Cerda fez questão de se identificar como "príncipe da Fortuna"[19] e em seguida relacionou as ilhas sob seu controle como "Canaria, Ningaria, Pluviaria, Capraria, Iunonia, Embreonea, Atlantia, Hesperide, Cernent, Gorgonide e Galeta"[20]. Os primeiros desses seis nomes correspondiam diretamente aos nomes dados por Plínio às ilhas Afortunadas, e os restantes correspondiam às ilhas que Plínio havia localizado em águas próximas — presumivelmente, ilhas que La Cerda pretendia localizar e colocar sob seu controle.

A carta de La Cerda revela que uma importante nova tendência estava em progresso na Europa: a Igreja latina e a nobreza europeia começavam a contar com antigas ideias geográficas para ajudá-los a desenvolver um moderno programa de exploração atlântica e expansão imperial. Convenientemente para Petrarca e seus amigos, a tendência ajustava-se ao emergente esforço humanista de reavivar o conhecimento, o poder e a extensão geográfica de Roma.

Redescoberta

* * *

UM DOS DISCÍPULOS mais importantes de Petrarca foi o autor e escritor florentino Giovanni Boccaccio. Como Petrarca, Boccaccio é celebrado hoje como um dos pais fundadores da literatura italiana, e é mais conhecido por sua poesia no vernáculo italiano. Mas Boccaccio também ganhou fama como autoridade em geografia antiga — e foi ele, na verdade, quem registrou o único relato ainda existente da expedição do rei Afonso IV às ilhas Canárias.

A contribuição mais importante de Boccaccio ao estudo humanista da geografia foi uma obra quase inteiramente esquecida hoje: um dicionário de referência, de ampla circulação e consulta em seu tempo, intitulado *Sobre montanhas, florestas, nascentes, lagos, rios, pântanos ou charcos, sobre os nomes do mar*[21]. Ao preparar seu dicionário, Boccaccio estudou atentamente antigos textos geográficos, *mappaemundi* medievais, cartas náuticas e relatos de viajantes contemporâneos — e, como Petrarca, ficou aturdido, vacilando ante a imensidão da bagunça. Os autores antigos contradiziam-se uns aos outros numa quantidade vertiginosa de detalhes; erros de escrita haviam confundido tudo; e as regiões do mundo conhecido dos antigos e dos modernos não batiam completamente. Esses problemas não eram novos, mas a maioria dos escritores antigos e medievais não tinha lidado diretamente com eles. Antes, tinham simplesmente registrado todos os relatos e boatos sobre o mundo. Para os humanistas, isso não era o bastante.

Ao marcar seu exemplar da *História natural*, Petrarca tinha criado uma espécie de glossário geográfico, mas ele era de difícil manuseio e criado apenas para seu uso pessoal. A obra de Boccaccio representou o próximo passo lógico: um único volume, fácil de usar, dedicado à geografia da Antiguidade e que poderia ser copiado e consultado por qualquer um interessado em história e literatura clássicas. Para preparar seu dicionário, Boccaccio passou um pente-fino pelos textos antigos, com grande cuidado, mas também examinou fontes modernas. Ele voltou-se para as cartas náuticas como forma de resolver as inconsistências que encontrou em textos clássicos e passou um tempo considerável comparando os relatos geográficos de viajantes recentes com os de autoridades antigas. Nas obras tanto de Marco Polo como de Guilherme de

Rubruck, por exemplo, ele leu que o mar Cáspio era cercado por terras — uma afirmação contestada por autoridades como Plínio, Pompônio Mela e Isidoro de Sevilha, que haviam escrito que ele desembocava no oceano ao norte. Os corpos de água que os escritores antigos e modernos descreviam simplesmente não pareciam ser os mesmos. "Descobri que há dois mares Cáspios", escreveu Boccaccio. "Um está localizado em meio a terra e não tem qualquer conexão com o mar, enquanto o outro flui do oceano." Em vez de tomar partido na questão, ele decidiu incluir em seu dicionário dois registros separados sobre o Cáspio. "Qual dessas opiniões é a verdadeira?"[22], perguntou. "Deixo a questão para ser examinada por outros mais diligentes do que eu, já que não me atrevo a abandonar minha confiança nos antigos nem posso negar o testemunho ocular dos modernos." Este problema — como ajustar descrições antigas e modernas do mundo — consumiria os geógrafos humanistas ainda por séculos.

Durante a década de 1350, Boccaccio manteve um diário no qual registrava observações para si mesmo e copiava citações clássicas e excertos que achava que lhe poderiam ser úteis em seus estudos e escritos. De modo geral, o diário representa uma coleção idiossincrática do trabalho de escritores clássicos, mas em um importante ponto, bem no meio do diário, num registro que data dos anos de 1350, Boccaccio registrou um fato contemporâneo: a expedição do rei Afonso IV às Canárias. Resumindo em latim o relato da expedição enviada de volta de Sevilha a Florença, Boccaccio produziu uma pequena descrição do episódio que em anos subsequentes ganharia vida própria entre os estudiosos humanistas de Florença, que o conheceram pelo título de *Sobre Canária e outras ilhas recém-descobertas no oceano além da Espanha*.

Boccaccio não apenas resumiu ou traduziu os relatos dos mercadores. Antes, registrou aquelas partes do relato que a ele pareciam deixar claro que as ilhas descritas eram as mesmas ilhas Afortunadas de Plínio. Tanto Boccaccio como Plínio, por exemplo, escrevem sobre uma cadeia de ilhas montanhosas, algumas habitadas, outras não, localizadas próximo à costa noroeste da África. Ambos mencionam a presença de habitações humanas simples e um pequeno templo. Ambos descrevem as ilhas como ricas em figos, palmeiras e pássaros. Ambos dão atenção especial a três ilhas: uma eternamente chuvosa, uma inteiramente coberta por árvores muito altas e uma gigantesca e montanhosa, aparentemente coberta de neve: a ilha conhecida hoje como Tenerife, que se eleva mais de 3.600 metros acima do nível do mar. O uso do nome Canária, por Boccaccio, também é uma interpolação óbvia baseada no uso do nome feito por Plínio; os habitantes da ilha certamente não o teriam usado. Boccaccio e Plínio também descrevem da mesma maneira os habitantes nativos de suas ilhas: pessoas contentes, inteligentes, com um pensamento comunitário, e que viviam em um ambiente de abundância natural, longe das preocupações da civilização.

Boccaccio não foi o primeiro a fazer tais relações. No início de *Sobre Canária*, Boccaccio faz referência a "estas ilhas a que geralmente chamamos 'redescobertas'". Isso sugere que muitos outros estavam pensando na mesma linha. Mercadores e estudiosos, igualmente, tinham redescoberto uma parte do mundo que não era visitada desde a Antiguidade, e sem dúvida outras logo seriam encontradas. Boccaccio resumiu o clima quando descobriu o progresso feito pelos navegadores de Afonso IV ao explorarem as ilhas Canárias. "Quanto mais avançavam"[23], escreveu, "mais eles descobriam".

✦ Claudio Ptolomeu ✦

CAPÍTULO SETE
PTOLOMEU, O SÁBIO

A cartografia mundial [...] permite mostrar as posições e configurações gerais [de lugares] puramente por meio de linhas e legendas.[1]

— Claudio Ptolomeu (c. 130-150)

$\mathcal{P}$ETRARCA QUERIA MAIS DO que reavivar a cultura e o conhecimento de Roma. Queria devolver a cidade a seu lugar como capital mundial da cristandade. O papa Clemente V e seu séquito tinham partido para Avignon em 1309 — e desde então, na opinião de Petrarca, o papado permanecera "cativo" e Roma tinha sido deixada "lamentando por seu noivo"[2]. Por anos Petrarca pressionou os papas estabelecidos em Avignon a retornarem, e em *Sobre a vida solitária*, num capítulo intitulado "Como a fé católica no passado se difundiu por quase o mundo inteiro, mas hoje está reduzida pela negligência dos grandes"[3], ele resumiu seus sentimentos. A cristandade tinha se tornado "a imagem e sombra" do que tinha sido um dia — o "verdadeiro império" criado quando Constantino abraçou o cristianismo no século IV. "O antigo Império Romano", escreveu Petrarca, "só não possuía uma pequena parte do Oriente, enquanto nós, meu Deus, não temos nada senão uma pequena parte do Ocidente". Sob a autoridade de São Jerônimo, que vivera nos séculos IV e V, Petrarca relatou que o alcance geográfico da cristandade tinha chegado a exceder o de Roma. "Jerônimo afirma", observou ele, "que além da França e da Britânia, países de nossa região, a África, a Pérsia, o Oriente, a Índia e todas as terras bárbaras louvavam a Cristo".

Mas isso era história antiga. Agora os mongóis, os muçulmanos e os bizantinos tinham usurpado os territórios orientais de Roma, que precisavam ser reconquistados. E por que limitar as Cruzadas à liberação da Terra Santa? Por que não ter como objetivo a libertação e cristianização de todas as antigas posses de Roma? Aqui estava uma poderosa maneira pela qual os estudos clássicos poderiam servir aos interesses da Igreja. O estudo dos escritos geográficos antigos poderia revelar a extensão do antigo alcance de Roma e mostrar aos missionários e cruzados para onde ir para recuperar esses territórios.

No entanto, a união dos estudos clássicos com a missão cristã apresentava um dilema ético. Os antigos tinham sido pagãos, e muito do que eles tinham a dizer — sobre religião, filosofia, ética, direito e outros temas — simplesmente não estava de acordo com a doutrina cristã. Felizmente, a geografia apresentava poucos desafios como esses. As descrições antigas do mundo geralmente não continham mensagens teológicas ou morais complicadas. Elas podiam ser facilmente introduzidas no corpo de saber cristão, como tinha acontecido à visão de Aristóteles sobre o cosmos.

Em sua tentativa de conciliar os escritos clássicos com a doutrina cristã, muitos dos primeiros humanistas e estudiosos da Igreja buscavam orientação na obra de Cassiodoro, um estadista romano do século VI que no meio de sua carreira tinha se aposentado do serviço público para se tornar monge cristão. Em sua aposentadoria, Cassiodoro tinha acumulado uma grande biblioteca com importantes textos gregos e romanos, obras que ele afirmava poderem enriquecer grandemente o saber cristão se fossem estudadas adequadamente. Cassiodoro relacionou muitos desses textos em uma obra enciclopédica intitulada *Instituições do saber divino e secular*, que no século XIV iria se tornar inestimável aos humanistas em sua caça aos textos clássicos perdidos.

Uma passagem das *Instituições* chamaria imediatamente a atenção de qualquer humanista que tivesse interesse em geografia antiga. "Leiam os escritos geográficos por completo"[4], instruiu Cassiodoro a seu público, "para conhecerem a localização de cada lugar sobre o qual vierem a ler nos livros sagrados. [...] Se estiverem inflamados de interesse por este nobre tema, vocês têm o livro de Ptolomeu, que descreveu cada lugar com tanta clareza que até dá para pensar que ele habitou em todas as regiões. Assim, embora vocês estejam em um lugar (como os monges devem estar), poderão percorrer mentalmente o que outros levantaram em suas viagens com grande esforço".

Era uma descrição curtíssima, mas que dizia muita coisa. Ali estava um testemunho em primeira mão de uma venerável autoridade latina que confirmava o que os comentaristas árabes haviam sugerido. Ptolomeu, ao que parecia, *tinha* realmente escrito um tratado sobre geografia.

*   *   *

NÃO SE SABE QUASE NADA sobre o homem Claudio Ptolomeu, a não ser o que suas obras revelam sobre ele. Pelo que se pode deduzir, ele nasceu por volta do ano 100, desenvolveu sua vida profissional na cidade nortenha egípcia de Alexandria, ou perto dela, e morreu por volta dos 70 anos, tendo escrito importantes tratados não apenas sobre astronomia e geografia, mas também sobre astrologia, música e óptica. Seu nome dá algumas pistas adicionais sobre sua identidade: Claudio é romano e Ptolomeu é grego, o que sugere, com base nas convenções da época relativas aos nomes, que ele era um cidadão de fala grega do Império Romano, nascido na comunidade helênica que floresceu em Alexandria durante o século II.

Eram os dias de glória de Roma. A República Romana tinha inchado e se transformado no Império Romano — que agora envolvia boa parte da Europa, África do Norte e Oriente Médio, e atingiria sua maior extensão territorial durante o período de vida de Ptolomeu. Para além dos limites do Império, os comerciantes, soldados e pesquisadores romanos tinham se espalhado por todas as direções, seguindo para a África, no sul, para as terras inóspitas das tribos germânicas no norte e para as ilhas britânicas no oeste. Seguiam também para o leste. Aproveitando-se dos ventos sazonais das monções, os navios romanos navegavam pelas águas do oceano Índico, levando prata e ouro para a Índia e além, e voltando para casa com carregamentos de pedras preciosas, especiarias, madeira dura, marfim e seda. (O comércio de seda, resmungava Plínio, o Velho, no século I, envolvia muito trabalho e muitas despesas para atender a um propósito excepcionalmente frívolo: "permitir que as donzelas romanas ostentassem roupas transparentes em público"[5].)

Na época de Ptolomeu, o Império Romano parecia a ponto de se expandir para os limites das ilhas lendárias do globo. Tanto Plutarco como Plínio haviam registrado que navegadores do século I tinham chegado às ilhas Afortunadas; Plínio falava de um marinheiro romano que mais ou menos à mesma época fora desviado de seu curso para a Arábia e chegara à lendária ilha de Taprobana; e o general romano Gneu Júlio Agrícola, escrevendo também no século I, afirmava que ao navegar para o norte da Grã-Bretanha ele tinha avistado Ultima Thule. Para muitos romanos patrióticos, o império parecia destinado a abarcar não apenas as três partes do mundo conhecido, mas também as muitas ilhas no oceano além dele — incluindo a própria Antípoda. Em *Eneida*, escrito no século I a.C., Virgílio havia profetizado, celebremente, este curso de eventos. O alcance do império, escreveu, um dia se estenderia para o sul e o leste, para além dos limites do mundo conhecido, para uma terra distante em algum lugar no hemisfério sul — uma terra, escreveu ele, que "jaz além das estrelas, além das rotas do ano e do sol, onde Atlas, o Sustentador do Céu, faz girar sobre o ombro o firmamento, cravado de estrelas resplandecentes"[6].

Tal era o contexto — alcance imperial e ambição geográfica — no qual Ptolomeu escreveu sua *Geografia*. Ele apresentou aos romanos do século II um retrato do mundo que eles conheciam e que pretendiam governar.

* * *

Ao ESCREVER A *Geografia*, Ptolomeu pretendia fazer algo drasticamente diferente do que escritores como Plínio e Pompônio Mela tinham feito anteriormente em suas obras, que descreviam o mundo de forma narrativa e anedótica. Tais narrativas tinham sua utilidade, mas Ptolomeu as considerava pouco mais que um "bate-papo sobre lugares"[7]. Ele partiu para escrever algo mais prático e científico. Baseando-se nas tradições da geografia matemática grega, uma disciplina multissecular não muito estudada ou compreendida no mundo de língua latina de sua época, Ptolomeu escreveu a *Geografia* para ensinar seus leitores a mapear o mundo. Daí o título raramente citado da obra em grego: *Geographike hyphegesis*, ou, *Guia para confeccionar um mapa-múndi*. Nenhum outro tratado dedicado à cartografia sobreviveu desde a Antiguidade.

Ptolomeu começa a *Geografia* anunciando que pretende discutir apenas a cartografia mundial, e não a regional. "O objetivo da cartografia regional"[8], explica ele, "é a impressão de uma parte, como quando alguém faz uma imagem apenas de uma orelha ou um olho; mas [o objetivo] da cartografia mundial é uma visão geral, análoga ao retrato da cabeça inteira". A cartografia regional, explica ele, concentra-se em características geográficas de pequena escala, facilmente observadas por uma única pessoa ("enseadas, cidades, distritos, braços de rios, e daí por diante"[9]), e, portanto, é campo dos artistas. A cartografia mundial, por outro lado, retrata um objeto que nenhuma pessoa pode inspecionar como um todo: a Terra. Mapear o mundo, portanto, torna-se um problema geométrico abstrato, e a única maneira de solucioná-lo, escreve Ptolomeu, é empregando "o método matemático"[10] e dando especial atenção — como Roger Bacon tentaria fazer mais de mil anos depois — à "proporcionalidade das distâncias para todas as coisas"[11].

O primeiro desafio do cartógrafo do mundo era determinar o tamanho da Terra; somente quando isso fosse estabelecido poderia o mundo conhecido ter especificada sua correta proporção em relação ao globo. Aqui Ptolomeu se voltou para os cálculos de seus antecessores gregos, muitos dos quais tinham produzido estimativas razoavelmente precisas da circunferência da Terra. Eles o fizeram organizando a força de um simples princípio geométrico — um princípio que aparentemente já fora usado para medir a Terra no século III a.C. pelo cientista e filósofo Eratóstenes.

Eratóstenes usou o processo de dedução para determinar o tamanho da Terra. Primeiro escolheu uma cidade no Egito onde o solstício do sol não projetava sombra ao meio-dia: Siena (atual Assuã). Em seguida escolheu outra cidade que ele presumia estar 800 quilômetros ao norte de Siena: Alexandria. Ele sabia que se o sol estivesse no ponto diretamente mais alto em Siena, não poderia estar no ponto mais alto em Alexandria; ele teria que atingir a cidade e projetar uma sombra com um ângulo. Ao determinar este ângulo, e depois multiplicá-lo pela distância entre as duas cidades, Eratóstenes percebeu que poderia chegar a uma estimativa da circunferência da Terra. O ângulo revelou-se pouco maior que 7 graus, ou cerca de um cinquenta avos de um círculo completo, o que significava que a circunferência da Terra tinha de ser cinquenta vezes a distância entre Siena e Alexandria: 40 mil quilômetros, o que corresponde quase exatamente à real circunferência da Terra.

Por razões que não explicou, Ptolomeu rejeitou a estimativa de Eratóstenes. Outros matemáticos gregos tinham feito estimativas diferentes, a partir de cálculos distintos, e Ptolomeu adotou uma delas: uma estimativa (hoje sabemos) que tornava o globo cerca de 18% menor do que realmente é.

Satisfeito com a definição do tamanho da Terra, Ptolomeu passou a determinar o tamanho do mundo conhecido, ou, como os gregos o chamavam, o *oikoumene*. Desta vez ele olhou para as estrelas e não para o sol. Como a maioria dos astrônomos gregos, ele entendia que as estrelas estavam todas incrustadas no firmamento: a única esfera fixa na extremidade mais exterior do cosmos esférico que girava diariamente ao redor da Terra. Como qualquer um poderia ver ao observar o céu noturno, esta esfera parecia girar ao redor de um único eixo invisível, ou polo. As estrelas próximas ao polo moviam-se em círculos muito pequenos, enquanto as que estavam distantes dele traçavam grandes arcos através do céu.

Este eixo tornou-se o ponto de partida do sistema grego de mapeamento do firmamento. Eles chamaram seu topo de *polo celestial norte* e a parte inferior de *polo celestial sul* — este último eles não podiam ver porque viviam no hemisfério norte. Com os polos celestes norte e sul como pontos de referência fixos, os gregos então traçaram linhas de

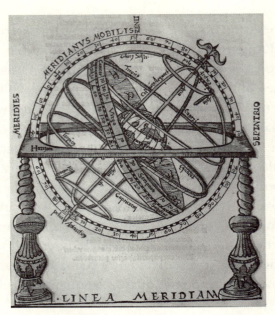

Figura 29: Esfera armilar (1524) mostrando a correspondência das zonas celestes e terrestres. O polo celestial norte está no alto à direita; o polo celestial sul está na parte inferior esquerda. Os cinco círculos paralelos que cercam o polo são o Círculo Ártico, o Trópico de Câncer, o equador, o Trópico de Capricórnio e o Círculo Antártico.

grade pelo firmamento que lhes permitiam marcar as localizações e os movimentos das estrelas. Em vários pontos norte-sul ao longo do polo eles fatiaram a esfera horizontalmente, criando uma série de pequenos círculos próximos aos polos, e, no meio, um único *grande círculo* — isto é, um círculo que dava a volta na circunferência total da esfera e passava por seu centro. Por motivos óbvios, todos esses círculos foram chamados de *paralelos*, e o que passava pelo meio foi chamado de *equador*. Os gregos também fizeram várias fatias verticais atravessando a esfera, começando sempre em um polo, cortando pelo centro da esfera e terminando no outro polo. Isto criou uma série de círculos grandes, iguais em circunferência, que não eram paralelos uns aos outros, mas antes dividiam a esfera em fatias verticais, muito parecidas aos gomos de uma laranja. A estes círculos eles chamaram de *meridianos* — um nome que, como *equador*, aludia ao fato de o círculo passar pelo centro da Terra. Para ensinar esses conceitos e predizer o movimento das esferas celestes, astrônomos antigos e medievais frequentemente projetavam elaborados modelos conhecidos hoje como esferas armilares (Figura 29).

Porque os gregos achavam que o firmamento e a Terra eram esferas que partilhavam um centro, e porque achavam que a Terra ocupava o centro exato do cosmos, eles se deram conta de que o eixo celestial também devia passar bem pelo meio da Terra. Isto significava que a Terra também tinha um polo norte e sul e um equador — e que a rede de paralelos celestes e meridianos poderiam ser firmemente cilhados ao redor da própria Terra. Foi nessa grade de paralelos e meridianos, chamados de linhas de latitude e longitude quando aplicados à Terra, que Ptolomeu baseou o sistema de mapeamento que apresentou na *Geografia*. Cada localização celestial e terrestre, ele reconheceu, podia ser descrita como um ponto único de intersecção entre uma linha de latitude e longitude (Figura 30).

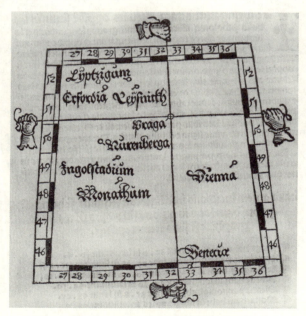

Figura 30: Latitude e longitude explicadas de forma gráfica de fácil entendimento (1524).

Determinar a latitude terrestre era relativamente fácil. Ao se olhar para o céu noturno a partir de um ponto ao longo do equador, os polos celestes se alinhavam com o horizonte, motivo pelo qual a Estrela Polar mergulhou abaixo do horizonte quando Marco Polo atravessou o equador próximo à Java Menor. Assim, o equador representava o ponto zero da latitude. Depois disso, tudo se encaixava. Usando um quadrante ou astrolábio — instrumentos que permitiam aos observadores medir a altura dos objetos celestiais acima do horizonte — podia-se registrar a altura do polo celestial norte no céu acima do horizonte (Figura 31). Então, como Sacrobosco mais tarde ilustraria em sua *Esfera*, tudo o que se precisava fazer para obter sua latitude era medir a distância angular entre esses dois pontos (Figura 32).

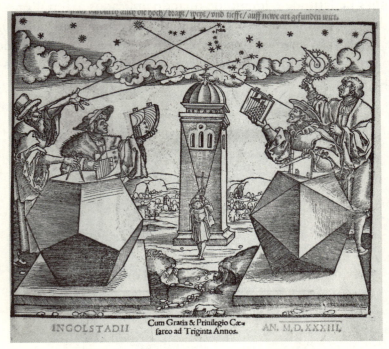

Figura 31: Instrumentos usados para observar o céu e medir as distâncias na terra (1533). O quadrante é o segundo a partir da esquerda.

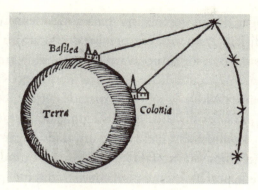

Figura 32: Diagrama mostrando a altura percebida da Estrela Polar em duas latitudes diferentes (1490). O ângulo criado onde as duas linhas de visão se encontram é igual à diferença de grau na latitude entre os dois pontos de observação. Qualquer um que tenha a estimativa da circunferência da Terra pode converter facilmente a diferença de grau em uma distância real.

Certas latitudes tinham uma importância astronômica especial, e os gregos deram-lhe nomes. Estas incluíam o Círculo Ártico, no hemisfério norte (aproximadamente 66 graus norte), acima do qual havia pelo menos um dia do ano em que o sol nunca se punha e outro em que nunca se levantava; e sua contraparte no hemisfério sul, o Círculo Antártico (aproximadamente 67 graus sul). Incluíam também o Trópico de Câncer (aproximadamente 23 graus norte) e o Trópico de Capricórnio (aproximadamente 23 graus sul) — as latitudes mais ao norte e mais ao sul em que o sol podia aparecer diretamente acima da cabeça nos solstícios de verão e inverno. Envolvendo o globo, essas quatro linhas de latitude criavam os cinturões climáticos que apareceriam em tantos mapas medievais do mundo: as duas zonas frígidas ficavam acima do Círculo Ártico e abaixo do Círculo Antártico; as duas zonas temperadas ficavam entre o Círculo Ártico e o Trópico de Câncer e entre o Trópico de Capricórnio e o Círculo Antártico; e a zona tórrida equatorial ficava entre os Trópicos de Câncer e de Capricórnio.

Como Roger Bacon descobriria mais tarde, determinar a longitude era bem mais difícil. Primeiro, era preciso designar arbitrariamente um lugar onde o leste e o oeste começavam — a linha de grau zero da longitude, frequentemente chamada de primeiro meridiano. O primeiro meridiano efetivamente dividia o globo nas metades oriental e ocidental, cada uma das quais podia ser dividida em 180 graus de longitude. Mas tentar determinar exatamente a distância entre um dado lugar na Terra e o primeiro meridiano apresentava grandes desafios. O mundo não estava envolto em uma rede perfeitamente plana de estradas que permitissem uma fácil medição das distâncias leste-oeste. As estradas que existiam serpenteavam por todas as direções atravessando terrenos que podiam incluir montanhas, vales e grandes massas de água. As unidades de medida também variavam drasticamente de um lugar para outro, o que significava que um cartógrafo que tentasse estimar as distâncias rotineiramente tinha de executar uma série de conversões passíveis de induzir a erro, usando números que, para começar, já não eram confiáveis. Para aumentar a dificuldade, os relatos de viagem a terras muito distantes tendiam a se referir às distâncias apenas em termos de dias de viagem e direção aproximada. "Com relação à viagem por terra de Garame aos etíopes"[12], escreveu Ptolomeu em uma passagem típica, descrevendo um cálculo de distância na África feito pelo cartógrafo Marino de Tiro, "ele diz que Septímio Flaco, que fez uma campanha fora da Líbia, chegou aos etíopes após deixar o povo de Garame depois de marchar para o sul por três meses".

A dificuldade de determinar as distâncias percorridas por terra perdia importância se comparada com a determinação das distâncias percorridas por mar. Ali não havia pontos de referência e os ventos e correntes tornavam impossível navegar em linha reta. "Com relação à viagem marítima entre Aromata e Rapta"[13], escreveu Ptolomeu, ainda discutindo a descrição da África feita por Marino, "ele diz que certo Diógenes, um dos que navegaram para a Índia, ao retornar uma segunda vez, ao chegar a Aromata foi levado de volta pelo vento [norte] *Aparktias* e teve Troglodítica à sua direita por 25 dias e [então] chegou aos lagos de onde flui o Nilo".

Em se tratando de longitude, as estrelas não pareciam ajudar muito, fosse no mar *ou* na terra; o polo celeste norte ocupava exatamente o mesmo lugar no céu noturno quando visto da mesma latitude em qualquer lugar do mundo. A diferença mais óbvia no céu, quando visto de dois lugares ao mesmo tempo, era o posicionamento do sol. O sol levava 24 horas para fazer o circuito da Terra. Portanto, quando era meio-dia no primeiro meridiano, eram seis horas da tarde a 90 graus leste, meia-noite exatamente do outro lado do mundo, e seis horas da manhã a 90 graus oeste. Em outras palavras, a longitude podia ser uma medida de tempo. Ptolomeu pensou nisso dessa forma; desenhou linhas de longitude em seu mapa-múndi com intervalos de 15 graus, o espaço entre elas representando a distância percorrida pelo sol em uma hora.

Dada a dificuldade de determinar a longitude com precisão, não é de surpreender que, ao tentar mapear o mundo, Ptolomeu tenha se saído melhor estimando a latitude. Não se pode culpá-lo por isso: ele trabalhava com dados ruins e não tinha jeito de registrar a hora em dois lugares diferentes ao mesmo tempo. O resultado foi que ele superestimou a extensão leste-oeste do mundo conhecido em cerca de 40 graus, e portanto reduziu o tamanho do oceano entre a Índia e a Espanha.

*   *   *

DEPOIS DE ESTABELECER O TAMANHO do globo e lançar sobre ele uma rede de latitude e longitude, o desafio seguinte de Ptolomeu foi definir as fronteiras do mundo conhecido: Europa, Ásia e parte da África. "Absolutamente todos concordam"[14], escreveu ele, "que a dimensão de leste a oeste do *oikoumene* [...] é muito maior do que de norte a sul". Ele fez seu primeiro meridiano atravessar as ilhas Afortunadas, uma decisão bastante razoável, já que as ilhas eram consideradas o limite ocidental do mundo conhecido. Para definir seu limite no leste, estudou as obras de cartógrafos e astrônomos que o tinham precedido, leu os relatos de viajantes antigos e contemporâneos, e finalmente decidiu estender sua Ásia até exatamente a metade do globo, a 180 graus de longitude. (Isso não significava que o continente terminasse ali, mas apenas sua parte conhecida.) Por considerar Thule o limite norte do mundo conhecido, Ptolomeu a colocou logo abaixo do Círculo Ártico, a 63 graus norte; e por achar que nenhum dos gregos ou romanos antigos tinha chegado ao equador, fez de Taprobana o lugar mais ao sul com nome em seu mapa, situando-a a aproximadamente 4 graus norte do equador. No entanto, ele sabia que a África atingia as latitudes sul, e até admitia que as regiões habitáveis talvez existissem ali, por isso mostrou o continente prolongando-se por 16 graus ao sul do equador. Ele não tentou mapear o que ficava abaixo desse ponto, mas afirmou que a África, nessa latitude, unia-se a uma gigantesca terra desconhecida que se estendia bastante para o leste e também se juntava à Ásia. Isto teve uma importante consequência: no mapa-múndi de Ptolomeu o Oceano Índico aparece cercado por terra.

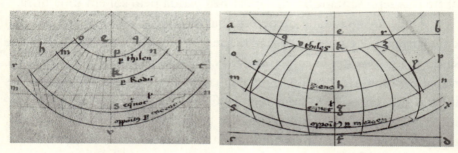

Figuras 33, 34 e 35. Esquerda: A primeira projeção de Ptolomeu (1430). *Direita*: Segunda projeção de Ptolomeu (1430). *Página seguinte*: Terceira projeção de Ptolomeu (1525).

Ptolomeu não se perdeu em nenhuma teorização sobre o que havia abaixo do mundo conhecido. "Nosso propósito aqui"[15], escreveu ele na *Geografia*, "é mapear nosso *oikoumene* tanto quanto possível em proporção com o [*oikoumene*] real". O único modo real de fazer isso — de criar uma correspondência proporcional exata entre pontos na Terra e numa imagem reduzida dela — era produzindo um globo. Mas isto, observou ele, "não permite, convenientemente, [a confecção de um mapa de] tamanho capaz de conter a maioria das coisas que precisam ser inscritas nele, nem permite que a visão se fixe [no mapa] de uma forma a perceber o formato inteiro de uma só vez"[16]. Um mapa plano era uma alternativa mais prática, explicou, mas isto exigia que um cartógrafo inventasse uma projeção: uma fórmula matemática que permitisse que coordenadas tridimensionais de um globo fossem retratadas em apenas duas dimensões, ou, como ele colocou, em um "plano". Uma boa projeção de mapa, continuou, "deveria transmitir uma imagem da superfície esférica"[17] — e na *Geografia* ele apresentou três maneiras diferentes de fazer isso, sendo a primeira a mais fácil de construir, porém a menos realista, e a última sendo a mais difícil de construir, porém a mais realista (Figuras 33, 34 e 35).

Tendo dispensado as definições e explicações técnicas, Ptolomeu passou para o que formaria a massa de sua *Geografia*: dados brutos. Em uma página após outra, ele relacionou os nomes de províncias, cidades, portos, ilhas, rios, lagos, cordilheiras, mares e mais — cerca de 8 mil nomes no total. Nunca se fizera uma lista assim, e só nesse sentido a *Geografia* já era um feito admirável, representando exatamente o tipo de guia abran-

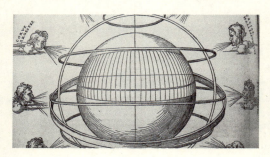

gente mas sucinto da geografia do mundo antigo que Petrarca, Boccaccio e outros humanistas italianos começariam a tentar recriar para si mesmos mais de mil anos depois.

Mas Ptolomeu não apenas relacionou os nomes dos lugares. Ele também forneceu suas coordenadas geográficas — sua latitude e longitude. Assim, construir um mapa mundial de acordo com as especificações de Ptolomeu tornou-se uma espécie de exercício de ligar pontos. Escolhia-se uma projeção, colocava-se uma grade, assinalava-se um conjunto de coordenadas e um retrato matematicamente consistente e escalável do mundo (Figura 36) começava a emergir. Isso não significava que Ptolomeu fizera tudo corretamente, como ele próprio foi o primeiro a admitir.

> Muitas partes de nosso *oikoumene* não chegaram ao nosso conhecimento, porque seu tamanho as tornou inacessíveis, enquanto outras [partes] foram descritas erroneamente por causa do descuido das pessoas que assumiram as pesquisas; e algumas [partes] hoje estão elas próprias diferentes do que eram antes em virtude de características que deixaram de existir ou mudaram. Portanto, aqui [na cartografia mundial] também é necessário seguir, em geral, os últimos relatos que possuímos, permanecendo atentos ao que é ou não plausível tanto na exposição de pesquisas atuais quanto na crítica a pesquisas mais antigas.[18]

Em outras palavras, os cartógrafos sempre teriam trabalho a fazer.

* * *

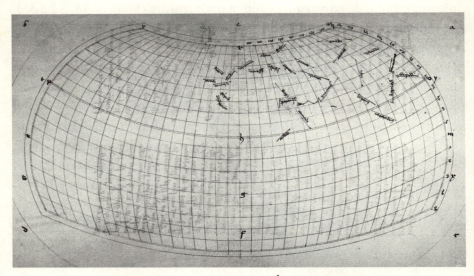

Figura 36: Mapa das cordilheiras da Ásia sobre uma grade de outro modo vazia representando o mundo conhecido, usando a segunda projeção de Ptolomeu. Extraído de um manuscrito do matemático e astrônomo alemão Regiomontano (século XV).

NÃO RESTAM CÓPIAS DA *Geografia* da Antiguidade, portanto é impossível responder a uma das maiores perguntas sobre a obra: ela incluía mapas?

Os estudiosos têm discutido esta questão demorada e energicamente. Por um lado, é difícil imaginar que Ptolomeu se desse ao trabalho de compilar todos esses dados, explicando todos os seus termos e criando suas três projeções diferentes sem também dar o passo final de mostrar a seus leitores como seria seu mapa-múndi. Por outro lado, Ptolomeu descreve tantos lugares em seu texto, alguns deles separados apenas por um duodécimo de grau, que somente um mapa-múndi excessivamente grande conseguiria incluir fielmente todas as informações que ele reuniu — um mapa com pelo menos 90 centímetros de altura por 1,80 metro de largura. Os maiores rolos de papiro usados no tempo de Ptolomeu, no entanto, tinham apenas 60 centímetros de altura, e eram raros; Ptolomeu provavelmente tenha escrito a *Geografia* usando rolos pouco maiores que 30 centímetros de altura. É possível, portanto, que Ptolomeu não tenha incluído um mapa-múndi em sua obra, mas a tenha escrito tendo grandes mapas murais em mente — do tipo que se sabe ter feito parte das grandes exibições imperiais na Roma antiga. Dizem que um desses mapas, de dimensões desconhecidas, adornou a parede de um pórtico em Roma durante o reinado de Augusto, no século I.

Mesmo que Ptolomeu tenha desenhado seus próprios mapas, é quase certo que eles não tenham sobrevivido aos muitos séculos em que a *Geografia* foi copiada e recopiada por copistas sem qualquer treinamento em cartografia, matemática ou mesmo ilustração. Para que os mapas se perdessem na longa transmissão do texto desde a Antiguidade até a Idade Média bastaria que uma única geração de copistas decidisse não reproduzi-los. Gerações subsequentes de copistas teriam, então, copiado apenas a obra conforme a receberam — sem mapas. Este fenômeno não se restringiu a Ptolomeu. Nem um único mapa-múndi original sobreviveu desde a Grécia ou Roma Antigas.

Mas só porque os mapas de Ptolomeu ficaram desaparecidos por séculos (se é que alguma vez existiram), isso não significa que tenham se perdido para sempre. O que distinguia a *Geografia* das descrições narrativas do mundo feitas por Plínio, Mela e outros era o fato de conter aquelas 8 mil coordenadas precisas. Ao reunir as latitudes e longitudes de tantos lugares, e ao explicar como projetá-las matematicamente sobre um plano, Ptolomeu tinha, na realidade, digitalizado uma imagem extraordinariamente completa do mundo antigo. Não importava, na verdade, que ele tivesse ou não desenhado mapas. E nem que as gerações de copistas que copiaram a *Geografia* nos séculos seguintes conseguissem reproduzir seus mapas. Isto porque, pelo menos em tese, qualquer um que tivesse acesso aos dados apresentados na *Geografia* poderia usar essas informações para recriar o mundo conforme Ptolomeu o descrevera.

* * *

Depois que Cassiodoro recomendou a *Geografia* a seus leitores no século VI, a obra desapareceu de vista na Europa. As partes grega e latina do Império Romano estavam se separando de modo constante.

O processo se iniciara mais de um século antes, quando o Império Romano foi oficialmente dividido em suas metades ocidental e oriental. Cada uma delas tinha seu imperador, sua própria capital (Roma,

Constantinopla), sua própria língua comum (latim, grego), seu próprio líder religioso (o papa, o patriarca), e seu próprio tipo de cristianismo. Cada uma tinha começado também a desenvolver uma percepção de si mesma como única herdeira do Império Romano, e de sua própria Igreja como herdeira única da comunidade religiosa original fundada por Cristo. Inevitavelmente, as relações azedaram. Quando Roma caiu nas mãos das tribos germânicas da Europa, no século V, a divisão entre os dois impérios cresceu: Bizâncio (como veio a ficar conhecida a metade oriental do império) floresceu, enquanto Roma definhou. Isso criou boa dose de ressentimento entre os cristãos latinos. Surgiu uma barreira da língua: o número de pessoas que falavam o grego no Ocidente diminuiu rapidamente, bem como o número de pessoas que falavam latim no Oriente. As relações se deterioraram de modo particularmente ruim entre as Igrejas latina e grega, a ponto de em 1054 elas se dividirem oficialmente em Igreja Católica Romana e Igreja Ortodoxa Oriental, como ficaram conhecidas — um acontecimento amargo conhecido atualmente como O Grande Cisma. Seu legado perdura até hoje.

A cisão disparou um período de ativa inimizade política entre as duas metades do mundo cristão. Em 1204, a caminho de Jerusalém, os soldados latinos da quarta Cruzada saquearam Constantinopla, declararam a cidade súdita de Roma e a ocuparam impiedosamente até que os bizantinos conseguiram retomá-la em 1261. Nem é preciso dizer que o episódio não ajudou em nada a melhorar as relações entre Roma e Bizâncio, que continuaram a piorar no século XIV.

Tal era o estado das relações entre o leste e o oeste dentro do mundo cristão quando Petrarca começou a pressionar pelo retorno do papado a Roma. Mas ele não queria de volta apenas a metade ocidental do Império Romano; queria Bizâncio também. "Desejo ver"[19], escreveu ele ao papa em 1352, "aquele infame império, sede do erro, destruído às suas mãos". Nessa questão, a geografia era o destino, escreveu ele; a bota imperial da Itália pairava sobre os territórios dos "indolentes e enganosos greguinhos"[20], pronta a esmagá-los sob seu salto. Por conta de seus preconceitos, Petrarca classificava as realizações literárias e culturais dos antigos gregos atrás das dos antigos romanos, e portanto concentrou-se, como caçador de livros, a redescobrir e ressuscitar textos latinos. Em se tratando de fontes perdidas de informação sobre a geografia antiga, a *Descrição do mundo* de Pompônio Mela era digna de ser procurada, pois tinha sido escrita em latim; a *Geografia* de Ptolomeu, escrita em grego, não era.

A *Geografia* também ficou desaparecida por séculos na Bizâncio de fala grega, e talvez nunca fosse recuperada se um monge bizantino chamado Maximos Planudes não tivesse desenvolvido uma obsessão por encontrá-la nos últimos anos do século XIII. Como Petrarca, Planudes era um estudioso e poeta culto, que se dedicava à recuperação de textos clássicos perdidos. Ao contrário de Petrarca, ele também era um matemático que falava grego. Exatamente quando e como Planudes conseguiu encontrar um exemplar da *Geografia* não está claro, mas encontrou. É possível que ele tenha encontrado apenas o texto da obra, mas, seguindo as instruções de Ptolomeu, conseguiu reconstruir seus mapas — e o que ele viu no mapa-múndi o deixou extasiado (Figura 37). Ali, mapeada conforme as especificações detalhadas de Ptolomeu, estava a extensão total do *oikoumene* como fora conhecido no século II, estendendo-se das ilhas Afortunadas no oeste, à esquerda, até a cidade portuária chinesa de Catigara, no leste, e de Thule, no norte, até a África e o grande continente desconhecido no sul.

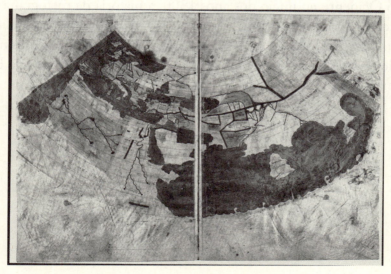

Figura 37: Mapa-múndi de um dos mais antigos exemplares da *Geografia* de Ptolomeu (c. 1300), geralmente atribuído ao estudioso bizantino Maximos Planudes.

Planudes reconheceu imediatamente a importância do que tinha encontrado. Por volta de 1300, ele celebrou sua descoberta num poema intitulado "Versos heroicos do mui sábio monge Maximos Planudes sobre a *Geografia* de Ptolomeu, que estava desaparecida havia muitos anos e então foi descoberta por ele por meio de muitas labutas"[21].

Um poderoso prodígio! Ptolomeu, o sábio
Mostrou o grande orbe da forma circular da Terra
Para que todos vejam...
Esta obra é tal
Como, resgatada do esquecimento após anos
Por aquele cujo coração ama a beleza, foi devolvida,
Com a devida pressa, à luz do dia.[22]

Várias cópias da *Geografia* apareceram em Constantinopla nas décadas após a descoberta de Planudes, todas elas incluindo um único mapa-múndi seguido por 26 mapas regionais — e todos eles remetem ao exemplar original de Planudes[23]. Se uma dessas cópias tivesse chegado ao Ocidente no início dos anos 1300, a história da cartografia e, de fato, da Era dos Descobrimentos europeia teria se desdobrado de modo muito diferente. Mas no início dos anos 1300 os latinos e gregos não se relacionavam bem. A *Geografia* não retornaria ao mundo de fala latina por mais um século.

◆ Itália e Grécia ◆

CAPÍTULO OITO
A PERSPECTIVA FLORENTINA

Esta grande obra [a Geografia de Ptolomeu] coloca o mundo inteiro à vista. Ela alimenta não apenas a arte militar, mas também a filosofia, as Escrituras, a história e a poesia; a doce vida da agricultura, medicina e arte que anima o amor à natureza no seio humano. Em suma, nossas faculdades não têm necessidade maior que nosso conhecimento da Terra.[1]

— Francesco Berlinghieri (1482)

MAIS OU MENOS à mesma época em que Maximos Planudes anunciou a descoberta da *Geografia*, o papa Bonifácio VIII anunciou sua própria descoberta cosmológica. Afirmou ter descoberto a existência de um novo elemento na esfera material — um elemento tão difundido quanto a terra, a água, o ar e o fogo. Ele exerce uma influência tão poderosa sobre os assuntos sublunares, insistiu, que "nos alimenta, veste e governa" e "de fato parece reinar sobre o mundo". Bonifácio fez a descoberta durante a celebração do primeiro Grande Jubileu de Roma, em julho de 1300. Ao cumprimentar os muitos embaixadores provenientes de toda a Europa que vinham lhe pagar tributo, ele não pôde deixar de notar que, independentemente de quem os embaixadores representassem, eles próprios provinham originalmente de Florença. Foi então que lhe ocorreu. Vocês, florentinos, disse ele aos embaixadores, devem ser "o quinto elemento do universo"[2].

No início do século XIV, os florentinos realmente pareciam estar por toda parte. Durante os dois séculos anteriores, Florença tinha se transformado de cidade provinciana, lar de fabricantes de tecidos e pequenos agiotas, em uma das cidades mais ricas e economicamente poderosas do mundo. Pouco a pouco, os mercadores da cidade tinham conquistado o controle do comércio da França e sul da Itália, e agora administravam um comércio internacional movimentado e altamente lucrativo de milho italiano, queijos da Sardenha, azeites toscanos, vinhos franceses, cobre alemão, lã inglesa, zinco córnico, peles persas e sedas chinesas. O volume cada vez maior de dinheiro entrando na cidade significava mais dinheiro para emprestar, e os banqueiros de Florença começaram a fazer empréstimos a nobres europeus, oficiais da Igreja e reis, às vezes com taxas de juros predatoriamente altas. Os banqueiros florentinos exerciam um poder sem precedentes sobre as finanças e o comércio europeus, e os mercadores da cidade, sempre em busca de novos mercados, estabeleceram presenças significativas fora da Itália: na Europa Central, nas ilhas Britânicas, na Península Ibérica, no Norte da África, em Constantinopla e em vários postos avançados no leste mais distante. O resultado, como colocou um cronista contemporâneo da cidade, foi que "os florentinos estenderam suas asas sobre o mundo e têm notícias e informações de todos os cantos"[3].

Por causa de seu império mercantil em rápida expansão, os florentinos tinham bons motivos para estarem interessados em geografia e em explorações. Portanto, não é de surpreender que quando os europeus começaram a descobrir novas ilhas no Atlântico, no século XIV, marinheiros florentinos tomassem parte nas expedições, mercadores florentinos espalhassem as notícias sobre elas e humanistas florentinos ajudassem a compreender o que tinha sido descoberto.

Nessa corrente, o humanismo era o elo mais fraco. Em grande medida, Petrarca *era* o movimento humanista, e após sua morte, em 1374, seu único herdeiro óbvio era Boccaccio — que morreu no ano seguinte. Muito repentinamente o futuro do programa humanista de reavivamento tornou-se incerto. Outros movimentos semelhantes de retorno ao clássico tinham se acendido na Europa em séculos anteriores, garantindo a sobrevivência de muitos dos antigos textos que conseguiram chegar à época de Petrarca, mas cada um deles aos poucos tinha se apagado. Parecia bastante provável que o movimento de Petrarca tivesse sorte semelhante.

Mas não teve. Antes, durante o quarto de século seguinte, um pequeno grupo de florentinos transformaria sua cidade em um centro de estudos clássicos e conhecimento geográfico, e tornaria a idiossincrática visão pessoal de Petrarca em uma importante força na vida europeia. Um personagem, mais que qualquer outro, era o responsável por fazer isso acontecer: um tabelião obcecado pelos clássicos e ex-secretário papal, de nome Coluccio Salutati, a quem os florentinos escolheram, em 1375, para ser o chanceler de sua cidade. Ao manter viva em Florença a chama humanista após as mortes de Petrarca e Boccaccio, Salutati ajudou a detonar a surpreendente explosão de atividade literária, artística e científica que hoje chamamos de Renascimento italiano. E como parte desse esforço, Salutati projetaria um dos acontecimentos essenciais do Renascimento: o retorno da *Geografia* de Ptolomeu ao Ocidente.

$$* \quad * \quad *$$

O CHANCELER DE FLORENÇA era, na verdade, o ministro do exterior da cidade. Portanto, quando Salutati assumiu o cargo, tornou-se sua função representar sua cidade diante do mundo. E ele o fez principalmente escrevendo cartas. Durante seus anos como chanceler, que se estenderam até sua morte, em 1406, Salutati escreveu milhares de cartas. Como correspondente, as exigências sobre seu tempo eram desgastantes. "Pense um pouquinho, amado filho"[4], escreveu ele, cansado, a um jovem amigo em 1390, "o tamanho desta grande cidade, que, ao se espalhar por quase o mundo inteiro, é compelida não apenas a encher as fronteiras da Itália com cartas, mas é também forçada a enviar uma carta após outra a todos os príncipes do mundo, onde quer que a língua e as letras latinas sejam conhecidas, seja por questões públicas ou por assuntos de pessoas individuais".

Salutati tinha mergulhado em estudos clássicos muito tempo antes de ser nomeado chanceler, e, ao começar a enfrentar os desafios de seu novo cargo, ele rapidamente reconheceu que tinha muito em comum com os estadistas e filósofos políticos da antiga República Romana. Como Salutati, eles tinham vivido numa cidade-estado italiana que expandia rapidamente seu poder político e alcance geográfico. Como ele, tinham tido de se comunicar e de manter relações diplomáticas com um mundo complexo e crescente de amigos e inimigos de fala latina. Como ele, tinham vivido e oficialmente representado uma república, e não uma monarquia imperial.

Em seu papel de chanceler, Salutati tirou inspiração dos escritos de Cícero, o grande orador, estadista e campeão da República Romana. Em particular, ele se agarrou a um conceito que Cícero chamava de *humanitas*. Do modo como Cícero a usava, a palavra possuía muitas das conotações que associamos com *humanidade* e *natureza humana*, mas também possuía uma conotação mais ativa e expansiva, como expresso em nossa ideia de *humanidades*: isto é, a busca da verdade, do conhecimento, da justiça e da virtude por meio do estudo das artes liberais. A essência de ser humano, argumentava Cícero, era a capacidade de estudar, aprender e usar este saber para cultivar a virtude. *Humanitas* significava tudo isso ao mesmo tempo; representava a plena expressão do que significava ser humano. Levando a sério a argumentação de Cícero, Salutati colocou a *humanitas* no centro de seus estudos clássicos e filosofia política — um movimento que acabaria por levar aos termos *humanismo* e *humanista*.

Humanitas não era uma qualidade concedida seletivamente pelos antepassados ou pela religião. Todos a possuíam e qualquer um a podia cultivar. Esta era uma filosofia que certamente pegaria em uma república de mercadores que se haviam feito por esforço próprio. Aqueles que se aplicassem com honradez ao aprendizado e à busca da virtude, conforme ensinado pelo estudo da *humanitas*, poderiam trazer à tona o melhor da natureza humana — e eram eles, e não os monarcas hereditários e nobres, os mais adequados à liderança política e administração cultural. A história parecia corroborar suas possibilidades transformadoras: os antigos romanos tinham iniciado sua ascensão à glória depois de rejeitarem o governo de reis e se comprometerem com uma república baseada nos princípios da *humanitas*, no século VI a.C.

Depois de se tornar chanceler, Salutati começou a traçar paralelos entre Florença e Roma. Em particular, defendeu, baseado em um cuidadoso estudo da história de Roma, que Florença tinha sido originalmente uma cidade romana, fundada durante o tempo da república. Se isso fosse verdade, e se os florentinos conseguissem construir uma nova república em sua cidade alicerçada em *humanitas*, então Salutati achava que eles poderiam, com direito, reclamar a herança cultural, política e até imperial da antiga Roma. Um de seus discípulos humanistas, Leonardo Bruni, que sucederia Salutati como chanceler, em 1410, levou esta ideia à sua lógica extrema. "A vocês, homens de Florença"[5], escreveu ele em 1402, em seu *Panegírico à cidade de Florença*, "pertence, por direito hereditário, o domínio sobre o mundo inteiro e a posse de seu legado paterno".

Salutati focou sua atenção em questões mais prosaicas. Como diria, com orgulho, já próximo ao fim de sua vida, ele decidiu fazer de Florença "a sede do estudo da *humanitas*"[6]. Em seu papel de chanceler, ele se misturava rotineiramente com os mais importantes e poderosos cidadãos de Florença, e com o tempo conquistou muitos deles à ideia de que um reavivamento clássico poderia não apenas avançar a causa republicana de sua cidade, mas também expandir seu poder político e sua influência cultural. Em torno de Salutati se formou, aos poucos, um círculo informal, mas muito unido, de estudiosos e patronos — e sob sua orientação, dedicaram-se ao *studia humanitatis*, ou estudo das humanidades clássicas, elevando-a da condição de *hobby* particular à de currículo educacional formal. O humanismo tornou-se um movimento intelectual genuíno, e Salutati tornou-se seu decano.

* * *

NA EUROPA MEDIEVAL, a abordagem pré-humanista comum ao estudo dos clássicos centrava-se no modo como os escritos dos antigos tinham antecipado ou podiam sustentar ideias cristãs. Os primeiros cristãos tinham feito exatamente isso ao se apropriarem do modelo tripartite do mundo, e foi o que os escolásticos fizeram ao se apropriarem da teoria do cosmos de Aristóteles. Mas como muitas das obras pagãs da Antiguidade não se entrosavam com a teologia cristã, as autoridades latinas argumentavam, frequentemente, que elas deviam ser ignoradas ou suprimidas. "Se algo não estiver em consonância ou for discordante[7]", havia declarado Cassiodoro em suas *Instituições*, "consideremo-lo algo a ser evitado". Nessa visão, a história pré-cristã não tinha nenhuma estrutura cronológica real: era um pano de fundo bidimensional do presente, contendo pessoas, lugares, histórias, mitos e ideias que, usados seletivamente, poderiam ajudar a aprimorar a visão mundial cristã. Esta era a perspectiva histórica incorporada nos *mappaemundi* medievais.

Salutati e seus colegas humanistas adotaram uma abordagem diferente. Eles queriam compreender a cultura romana antiga em seus próprios termos, não apenas como ela aparecia através das lentes cristãs medievais, e isso significava tentar reconstituir e estudar a literatura da Antiguidade o mais completamente possível. Manuscritos perdidos tinham de ser encontrados, edições diferentes do mesmo texto tinham de ser comparadas, os erros de copistas e interpoladores tinham de ser corrigidos, e as teorias tinham de ser atualizadas à medida que novas informações surgissem. Era preciso ler os poetas para compreender a história, e os historiadores para compreender os poetas — e tudo tinha de ser situado em contexto cronológico. Salutati fez isso acontecer, construindo a primeira cronologia metódica sobre quem tinha feito e escrito o que na história cristã romana e latina. As características individuais do passado tinham de ser metodicamente mapeadas, uma a uma (como os marinheiros haviam mapeado as características individuais dos contornos das costas), e milhares de coordenadas históricas, reunidas pelos esforços individuais de estudiosos trabalhando em diferentes textos, tinham de ser assinaladas numa única grade relacional (como Ptolomeu assinalara suas coordenadas geográficas). Somente se a história fosse mapeada dessas maneiras poderiam seus contornos ser identificados claramente, sua estrutura tridimensional ser reproduzida, suas lições serem absorvidas.

Ao inaugurar este novo estudo metódico dos clássicos, Salutati formulou muitos dos princípios que governariam o empreendimento humanista no século vindouro. Do modo como ele o praticava, o humanismo era um empreendimento coletivo, um processo de construção do conhecimento no qual os estudiosos faziam suas pesquisas individualmente, mas ampliavam seu saber coletivamente. Era função do humanista não apenas restaurar o saber clássico o mais completamente possível, mas também corrigi-lo e ampliá-lo para a era moderna.

Salutati também foi um humanista pioneiro em outros aspectos. Usou o prestígio e o poder de seu cargo para aumentar os contornos de seu novo movimento. Escreveu a correspondentes de toda a Europa pedindo ajuda na localização de manuscritos clássicos e reuniu, a um grande custo pessoal, o que mais tarde viria a se tornar a maior coleção de manuscritos do mundo de fala latina, cerca de oitocentos no total. Esta coleção, por sua vez, ele disponibilizou gratuitamente a seus amigos, colegas e acólitos, convertendo-a, de fato, numa precursora da biblioteca pública — uma instituição ainda por ser inventada na Europa. Seus esforços para caçar manuscritos clássicos também tiveram um benefício menos tangível: ao cultivar relacionamentos com homens de letras com os mesmos interesses em toda a Europa, Salutati ajudou a criar os rudimentos de uma rede internacional de comunicações que facilitaria em muito a difusão do saber e dos ideais clássicos nos anos por vir. De uma forma ainda mais ativa do que Petrarca, ele demonstrou como o saber clássico podia ser aplicado aos problemas morais e políticos de seu próprio tempo, e muitos dos homens que ele educou e treinou ascenderiam a posições de poder e autoridade tanto em Florença como em Roma. Ele e seus discípulos demonstrariam ao mundo quão valiosos os humanistas poderiam ser como burocratas, correspondentes, diplomatas e estadistas, e já no início do século XV a própria Igreja começara a buscar a ajuda deles na condução de seus assuntos.

Era um admirável conjunto de conquistas. Mas à medida que Salutati e seus colegas humanistas desenvolviam seus estudos, eles começaram a perceber que estavam numa situação significativamente desvantajosa. Tinham bom conhecimento de latim e se viravam relativamente bem com as obras dos romanos, mas estas obras estavam cheias de referências e dívidas para com os escritos dos antigos gregos. E eles entenderam que, para estudar adequadamente os romanos, precisavam estudar os gregos. No entanto, não tinham acesso a quase nenhum manuscrito grego, e mesmo quando tinham, não podiam fazer muita coisa com eles, porque ninguém conhecia o idioma.

Na década de 1390, Salutati decidiu atacar o problema. E buscou ajuda no lugar certo — em Constantinopla.

* * *

Ao FIM DO SÉCULO XIV, os bizantinos estavam lutando pela sobrevivência. Nas décadas precedentes, eles tinham perdido quase todos os seus territórios para os turcos otomanos, uma crescente aliança de povos guerreiros muçulmanos da Ásia Central que, por meio de uma agressiva série de conquistas, estavam rapidamente suplantando os mongóis como força dominante no Oriente Médio. O Império Bizantino consistia agora de pouco mais que a própria Constantinopla — e em 1395, ansiosos para tornar a cidade a capital de seu próprio império, os turcos tinham sitiado a cidade. O movimento deixou os bizantinos em pânico. Para defender sua cidade, eles precisavam de dinheiro e reforços, e sabiam que, na condição fragilizada em que estavam, teriam de pedir ajuda a seus rivais cristãos no Ocidente. Engolindo o orgulho, eles despacharam uma série de emissários à Europa.

Era uma missão fadada ao fracasso. A maioria dos latinos não estava muito preocupada com o destino dos "greguinhos", como Petrarca chamava os bizantinos, e muitos declaradamente se deleitavam na ideia de sua queda. Os emissários bizantinos, portanto, não obtiveram nenhuma oferta concreta de ajuda. Com o tempo, abandonaram seus esforços e voltaram para casa de mãos vazias, mas não antes de um desses enviados, um estudioso e diplomata chamado Manuel Chrysoloras, chamar a atenção de Coluccio Salutati.

Durante sua visita à Europa, Chrysoloras passara algum tempo em Veneza e, enquanto estava lá, tinha ensinado, brevemente, os rudimentos do grego a Roberto Rossi, um dos discípulos florentinos de Salutati. Ao voltar para casa, Rossi elogiara muito Chrysoloras, e isso deu uma ideia a Salutati. Por que não tentar atrair Chrysoloras a Florença como professor de grego? Quem melhor poderia servir de ponte entre as antigas Grécia e Roma do que um homem dedicado a tentar unir Constantinopla e Roma? Então Salutati e seus amigos bolaram um plano. Eles enviariam a Constantinopla um estudante de grego de 35 anos, de nome Jacopo Angeli da Scarperi, para localizar Chrysoloras.

Era um plano perigoso. Os turcos ainda estavam sitiando a cidade. No entanto, Angeli de algum modo conseguiu se esgueirar pelas linhas turcas e localizar Chrysoloras, e durante a maior parte do ano ele permaneceu lá, escrevendo cartas regulares a Salutati que confirmavam a alta opinião que Roberto Rossi tinha de Chrysoloras como professor de grego. Encorajado, o próprio Salutati começou a se corresponder com Chrysoloras sobre a possibilidade de ele ir para Florença lecionar grego

— e Chrysoloras respondeu favoravelmente. Esta era uma oportunidade rara, percebeu Chrysoloras; como emissário político ele não conseguira convencer os latinos a irem ajudar Constantinopla, mas talvez como enviado cultural ele tivesse êxito.

Em suas cartas, Chrysoloras tratou com os humanistas florentinos em seus próprios termos. O estudo do grego era uma tradição romana respeitável, escreveu ele a Salutati em 1396[8]: os antigos romanos tinham estudado a língua grega na escola, e valorizavam o saber e a literatura gregos, e até tinham enviado seus jovens a Atenas para obterem instrução. Podia-se até dizer, argumentou ele, que os melhores escritores romanos deviam boa parte de sua grandiosidade ao conhecimento do grego.

Salutati não precisava de muito para se convencer. A ideia de que ele pudesse presidir o retorno do ensino do saber grego a Florença o deixou extasiado. "Amanhã eu farei 65 anos"[9], escreveu a um correspondente bizantino na época, "mas ainda assim verei um dia as origens de onde se acredita ter vindo todo conhecimento e saber que a Itália possui!" Para conseguir realizar este sonho, Salutati se voltou para Palla Strozzi, um rico e jovem negociante de seu círculo humanista, e assegurou os recursos necessários para trazer Chrysoloras para Florença. Salutati enviou a Chrysoloras uma carta-convite formal e logo um acordo foi firmado. A perspectiva de estudar grego com Chrysoloras lançou Salutati, o grande estadista e homem de letras, num estado de vertigem infantil. "Oh, quanta paciência minha tolice exigirá de você e Manuel!"[10], escreveu ele a Angeli. "Quanto e quantas vezes eu os farei gargalhar!"

Chrysoloras chegou a Florença no início de 1397 e começou a lecionar em fevereiro desse mesmo ano. Trouxe consigo uma coleção de manuscritos gregos para apresentar a seus alunos — incluindo um ao qual Palla Strozzi mais tarde daria especial destaque em seu testamento. "Deixo para meus filhos a *Cosmografia* [*Geografia*] em grego"[11], escreveu Strozzi, "isto é, aquele grande, ilustrado em velino, atado com couro preto. Eles deverão preservá-lo e não vendê-lo nem se desfazer dele de nenhuma forma, pois foi este que o senhor Manuel Chrysoloras, o grego de Constantinopla, trouxe consigo para Florença, quando designado para lecionar grego em 1397. Foi o primeiro nessas regiões, e porque ele o deu a mim, eu cuidei dele. Todos os outros na Itália e alguns de fora derivaram deste."

A *Geografia* de Ptolomeu tinha finalmente retornado à Europa.

*   *   *

A GEOGRAFIA ERA um dos dois únicos textos em grego mencionados por Palla Strozzi em seu testamento. O outro era uma luxuosa edição dos quatro evangelhos trazida a Florença também por Chrysoloras. A justaposição dos dois textos é significativa, porque revela o quanto Strozzi tinha vindo a valorizar a *Geografia* à época de sua morte, em 1462. Ele não era o único. Não muito tempo antes da morte de Strozzi, Tommaso Parentucelli — que mais tarde, como papa Nicolau V, fundaria a Biblioteca Vaticana — dissera a Cosimo de Medici que a *Geografia* era um dos textos que ele imaginara como o alicerce da biblioteca humanista ideal.

Salutati nunca valorizou tanto assim a *Geografia*. Até sua morte, em 1406, ele parece tê-la usado apenas como um catálogo de nomes de lugares antigos. Era uma ferramenta de pesquisa, uma obra a ser consultada — juntamente com a *História natural* de Plínio, a *Descrição do mundo* de Mela, a *Galeria das coisas maravilhosas* de Solino e o *Sobre montanhas* de Boccacio — sempre que questões geográficas surgiam em seus estudos literários e históricos. A única vez em que ele se referiu à obra em sua volumosa correspondência foi em 1405, e aludiu a ela apenas para explicar a um amigo como ele havia descoberto o nome romano antigo de uma moderna cidade italiana.

É fácil explicar a pouca apreciação de Salutati pela *Geografia*. Fustigado por seus deveres oficiais durante seus últimos anos como chanceler, e com a visão falhando, ele na verdade nunca conseguiu aprender o grego. O próprio Chrysoloras permaneceu em Florença apenas até 1400 — tempo suficiente para inspirar uma geração de humanistas a estudar e ensinar a língua, mas não o bastante para tornar Salutati proficiente nela. Mas mesmo que Salutati *tivesse* desenvolvido um nível básico de competência em grego, ele ainda assim teria dificuldade para compreender a *Geografia,* que não apenas presumia uma leitura fluente em grego milenar, mas também exigia uma profunda familiaridade com o vocabulário especializado e os princípios da cartografia matemática grega. Era muita coisa, e o velho homem não tinha tanto tempo ou energia para dedicar a isso.

Os florentinos só começaram a ver a *Geografia* sob uma nova luz depois de ela ter sido traduzida para o latim. Chrysoloras aparentemente iniciou o trabalho, e Jacopo Angeli o completou em algum momento entre 1406 e 1409. Angeli dedicou sua tradução ao papa Alexandre V e deixou claro em seu prefácio que pelo menos ele entendia a *Geografia* — à qual ele dera o novo título de *Cosmografia* por ela reunir as ciências celestiais e terrestres — como algo muito maior que uma ferramenta de pesquisa para os estudiosos. Começou por lembrar ao papa as realizações intelectuais e artísticas dos antigos, e as realizações dos humanistas ao revivê-las. "Não reluz de talento nossa presente era"[12], escreveu ele, "especialmente em nossa cidade de Florença, onde as artes liberais foram despertadas de seu longo sono para a grande glória?" Ele então passou a descrever como os antigos romanos e gregos diferiam em suas abordagens da geografia: como Plínio e outros romanos tinham descrito o mundo anedótica e não sistematicamente, enquanto Ptolomeu e os gregos o tinham mapeado com precisão matemática, concentrando-se com cuidado em questões de proporção relativa, latitude e longitude, e "como nosso globo, que é esférico, pode ser descrito sobre uma superfície bidimensional". Esses detalhes podiam ser prosaicos, sugeriu Angeli, mas o poder que a *Geografia* conferia a seus leitores estava longe disso. Ela lhes permitia ver a verdadeira forma da Terra a partir de uma perspectiva previamente inacessível — a posição tantas vezes ocupada por Cristo no topo dos *mappaemundi*.

Em outras palavras, ela permitia um novo tipo de visão imperial cristã. "Uma espécie de presságio divino de seu império que em breve se realizará", disse Angeli ao papa, "o impulsionou a desejar a obra, para que com ela pudesse aprender claramente quão amplo será o poder que em breve deterá sobre o mundo inteiro".

* * *

UMA VEZ TRADUZIDA para o latim, a *Geografia* rapidamente ganhou vida própria na Itália, especialmente em Florença. As edições mais antigas da obra não continham mapas, o que significava que seu público limitava-se principalmente a estudiosos clássicos, com interesse literário em lugares do mundo antigo. Mas logo começaram a aparecer manuscritos contendo não só a nova tradução de Angeli, mas também cópias dos mapas feitos originalmente por Maximos Planudes e os bizantinos. A demanda de edições fartamente ilustradas aumentou rapidamente entre a elite abastada de Florença, e em pouco tempo nasceu o atlas mundial moderno como hoje o conhecemos: um grande fólio robustamente encadernado, projetado para consulta e exibição, contendo um mapa oficial do mundo, uma série de mapas regionais detalhados, e um ensaio introdutório que quase ninguém lê.

Nunca antes houvera nada como o atlas ptolomaico, e os florentinos deleitaram-se nas possibilidades que ele oferecia de viajar sem sair da cadeira. Mais adiante no século, o poeta italiano Ludovico Ariosto captaria o encanto.

> Que vagueie quem quiser vaguear. Que veja a Inglaterra,
> a Hungria, a França e a Espanha. Eu me contento em viver
> em minha terra natal. Já vi a Toscana, a Lombardia, e a Romanha,
> e a cordilheira que divide a Itália e aquela que a circunscreve,
> e ambos os mares que a banham.
> E isto é o bastante para mim. Sem jamais pagar
> por um estalajadeiro, explorarei o resto da Terra com
> Ptolomeu, quer o mundo esteja em paz ou em guerra.
> Sem jamais fazer juras quando os céus se iluminam de raios,
> irei saltando sobre todos os mares, mais seguro
> a bordo de meus mapas que a bordo de navios.[13]

Até mesmo a ideia de um mapa do mundo instantaneamente reconhecível e facilmente reproduzível — *o* mapa-múndi, uma ideia que hoje achamos a coisa mais natural do mundo — era uma novidade quando o atlas ptolomaico começou a aparecer no Ocidente. Antes disso, nenhuma imagem vinha universalmente à mente à menção de um mapa-múndi. A expressão podia invocar uma das formas drasticamente diferentes de retratar o mundo: um retrato esquemático do cosmos, um simples T-O ou diagrama zonal, um elaborado *mappamundi*, uma carta náutica, ou uma série de híbridos idiossincráticos dentre os acima. O mundo não tinha um formato, um desenho ou orientação com o qual todos concordassem; podia ser emoldurado dentro de um círculo, um quadrado ou retângulo; podia mostrar maravilhas e monstros, ou nada mais senão contornos das costas e nomes. Mas à medida que a *Geografia* se difundiu, a visão do mundo de Ptolomeu foi sendo reproduzida repetidamente, numa forma que hoje reconhecemos de imediato. Pela primeira vez, pessoas de diferentes segmentos da vida — estudiosos, mercadores, estadistas, príncipes, clérigos, leitores leigos — começaram a perceber as vantagens de se olhar para o mundo a partir de uma mesma perspectiva.

*　*　*

A FLORENÇA DO SÉCULO XV era um lugar de perspectivas mutantes. À medida que os florentinos confrontavam as complexidades de seu novo império mercantil, conforme contemplavam os legados da Grécia e Roma antigas, e ajudavam a Igreja a desenvolver suas ambições imperiais, eles adquiriram uma forte necessidade de ver e compreender o mundo o mais completamente possível — como fora no passado, como era no presente e como poderia ser no futuro. Ptolomeu ajudou a lhes mostrar o caminho. Ele ofereceu um competente retrato do mundo conforme os romanos o tinham conhecido no auge de seu império, e ensinou que o mapeamento do mundo era um empreendimento contínuo e colaborativo. Seu mapa-múndi, insistiu ele, deveria ser revisado, corrigido e ampliado a partir de novas informações, e os florentinos — que agora recebiam regularmente do estrangeiro relatórios sobre as descobertas geográficas e que analisavam estes modernos relatórios no contexto do saber geográfico antigo — eram os mais adequados à tarefa.

Ptolomeu talvez também tenha ajudado os florentinos a desenvolver outro tipo de perspectiva: a linear. O uso da perspectiva linear, uma técnica de desenho que permite a um artista reproduzir convincentemente um tema tridimensional numa superfície bidimensional, hoje é coisa corriqueira para nós. Constrói-se uma grade geométrica que converge em um ponto de fuga central e então se assinalam as coordenadas da figura ao longo dessas linhas. As origens da técnica remetem ao estudo de ótica do século XIII, mas normalmente se atribui ao arquiteto Filippo Brunelleschi o crédito de tê-la aperfeiçoado por volta de 1415, em Florença — mais ou menos à mesma época em que a *Geografia* começou a circular na cidade. A afirmação de que a *Geografia* de algum modo precipitou o uso da perspectiva linear entre os artistas florentinos é apenas sugestiva, e já se mostrou impossível substanciá-la, mas a ideia de uma possível conexão entre as duas é intrigante.

Dois retratos de Florença, um produzido em 1350 e outro em 1493, revelam as mudanças nas técnicas artísticas produzidas pelo advento da perspectiva linear na cidade (Figuras 38 e 39). No retrato mais antigo, traços escolhidos da cidade aparecem casualmente amontoados, com pouca preocupação com a proporção; a imagem nada mais é que primeiro plano. No retrato mais recente, no entanto, a cidade é retratada a partir de um único ponto de observação imaginário e é apresentada com um senso de proporção; tem primeiro e segundo planos. Esse tipo de mudança é vagamente análogo ao que ocorreu na cartografia durante o mesmo período: isto é, a mudança do *mappamundi*, que continha aspectos do mundo casualmente amontoados, ao mapa mundial ptolomaico, que retratava o mundo a partir de uma única perspectiva imaginária e exposto com um senso de proporção. Ptolomeu *não* apresentou os princípios formais da perspectiva linear em sua *Geografia*, como alguns estudiosos tentaram argumentar, mas discutiu seu método cartográfico como um sistema de representação visual, e os termos que usou teriam atraído artistas que se debatiam com a questão de como retratar um tema tridimensional em uma superfície bidimensional. Usando sua grade, escreveu Ptolomeu, eles poderiam desenhar um "retrato" — e esse retrato, continuou a explicar, representaria "o mundo conhecido como uma entidade única e contínua", enfocaria "a proporcionalidade das distâncias para todas as coisas", e preservaria "uma aparência da superfície esférica".

Não há dúvida de que a *Geografia* forneceu uma espécie de inspiração a muitas das grandes figuras do Renascimento italiano. Digno de nota entre eles era Leon Battista Alberti. Alternativamente um arquiteto, artista, teórico das artes, cartógrafo, criptógrafo, gramático, humorista, escultor e pesquisador (entre outras coisas), Alberti claramente passou algum tempo estudando a *Geografia*. Em uma obra intitulada *Exaltação da mosca*, por exemplo, ele mencionou o nome de Ptolomeu e descreveu seu "retrato do mundo"[14] dizendo ser organizado por "paralelos que se cruzam, desenhados perpendicularmente uns aos outros". Ele também parece ter tido a *Geografia* em mente ao compor seu altamente influente tratado de 1435, *Sobre a pintura* — a primeira obra a codificar os princípios da perspectiva linear e redigi-los. Os artistas, escreveu Alberti, podiam organizar um retrato de uma sala usando um piso ladrilhado para criar "paralelos", e estes paralelos, por sua vez, poderiam ser usados para assinalar a "latitude" e a "longitude" dos objetos na sala. Em outro trecho do tratado, Alberti usou termos semelhantes para descrever um "véu" que ele tinha projetado para ajudar os artistas a traçarem os esboços do que queriam desenhar.

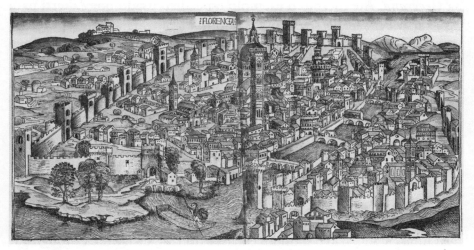

Figuras 38 e 39: *No alto:* Florença antes do advento da perspectiva linear (c. 1352-1358). *Abaixo:* Florença após o advento da perspectiva linear (1492).

Não há nada mais conveniente do que o véu, ao qual chamo, entre amigos, de interseção, e cujo uso fui o primeiro a descobrir. É assim: um véu tecido frouxamente com linha fina, tingido da cor que lhe agradar, dividido por linhas mais grossas em quantos quadrados você quiser e esticado sobre uma moldura. Coloco isto entre o olho e o objeto a ser representado, [...] a posição dos esboços e os limites das superfícies podem ser facilmente estabelecidos com exatidão no painel de pintura; pois assim como você vê a testa em um paralelo, o nariz no seguinte, as bochechas em outro, o queixo no abaixo, e tudo o mais em seu respectivo lugar, assim você pode situar precisamente todos os traços no painel ou parede, que você terá dividido em paralelos apropriados. Por último, este véu oferece o maior auxílio na execução de seu quadro, já que você pode ver qualquer objeto que seja redondo e em relevo representado na superfície plana do véu.[15]

O foco de Alberti no poder organizador do paralelo, sua afirmação de ser capaz de representar um objeto redondo em uma superfície plana e sua ênfase na colocação apropriada de cada parte de um retrato em "seu devido lugar" — tudo isso traz à mente as ideias colocadas na *Geografia*. Até mesmo o exemplo específico usado por Alberti para explicar a função de seu véu faz lembrar a analogia usada por Ptolomeu para apresentar sua técnica de mapeamento: a ideia de que a cartografia mundial não reproduz apenas "uma orelha ou um olho", mas antes recria "uma visão geral, análoga à confecção de um retrato da cabeça inteira".

Alberti chegou a produzir um pequeno tratado sobre mapeamento, a *Descrição da cidade de Roma*, escrito em algum momento entre as décadas de 1430 ou 1440. A obra apresentou um novo sistema fundamentado em coordenadas para o mapeamento de uma cidade e em seguida mostrou como ele podia ser usado para criar um mapa de Roma. A *Descrição* diferia bastante da *Geografia* — Alberti ensinou como mapear uma cidade, não o mundo, e não se utilizou da latitude e longitude —, mas assemelhava-se a ela em diversos aspectos. Como Ptolomeu, Alberti abriu seu tratado com uma introdução técnica: um guia sobre os métodos e ferramentas necessários ao novo tipo de mapeamento que ele tinha em mente. Também como Ptolomeu, ele propôs determinar as localizações de vários pontos de interesse assinalando-os como a interseção de dois conjuntos diferentes de coordenadas: no caso de Alberti, a distância e a direção a partir do Capitólio de Roma, no centro da cidade. Se Alberti de fato desenhou um mapa de Roma para acompanhar a *Descrição*, isso é tema de debate, exatamente como no caso da *Geografia*; se tiver desenhado, ele não sobreviveu. Mas como Alberti anexou à sua introdução tabelas de coordenadas detalhadas, mais uma vez como Ptolomeu, é fácil imaginar o que seu mapa deve ter mostrado: Roma como se vista diretamente do alto.

* * *

ESTA IDEIA — DE QUE O MUNDO podia ser visto do alto, e que a mente humana individual, com a ajuda da matemática, podia conhecer sua medida — seria uma das grandes dádivas de Ptolomeu aos artistas e pensadores do Renascimento italiano. Para alguns florentinos, na verdade, especialmente na segunda metade do século XV, a *Geografia* tornou-se um símbolo de todo o empreendimento humanista. O erudito Francesco Berlinghieri expressou essa visão em uma adaptação em verso da *Geografia*, que ele publicou em 1482. Ptolomeu, escreveu ele, não apenas mostra a seus leitores como mapear o mundo, mas também "nos eleva acima dos limites de uma Terra obscurecida por nuvens"[16] e demonstra "como podemos, com verdadeira disciplina, alçar voo dentro de nós mesmos, sem o auxílio de asas". Em outras palavras, o estudo da geografia, do modo como Ptolomeu o ensinou, era uma metáfora para a *studia humanitas* como um todo; feito com cuidado, ambos podiam expor a ordem das coisas divinamente estabelecida. Tudo — desde a anatomia do menor inseto ao complexo funcionamento de todo o cosmos — podia ser estudado, pesquisado, desenhado e mapeado, e o esforço ajudaria os cristãos modernos a compreenderem, melhor que nunca, o plano de Deus para o mundo. Esta foi a verdadeira dádiva do movimento humanista: ele ensinou aos cristãos que a visão que Deus tem do mundo — sua geografia e sua história — era facilmente acessível a eles. Cícero captou o etos em seu *O sonho de Cipião*, numa declaração que os humanistas cristãos da Florença do século XV levariam a sério. "Compreenda"[17], ouve Cipião enquanto olha a Terra do espaço, "que você é deus".

Leonardo da Vinci, o arquetípico florentino renascentista, certamente se sentia assim. "A deidade que o pintor possui"[18], escreveu ele já próximo ao fim do século XV, "leva a mente do pintor a transmutar-se em uma similitude da mente divina". Da Vinci colocou esta ideia em forma visual em um dos muitos e memoráveis desenhos de seu caderno. A figura mostra um artista, possivelmente o próprio Da Vinci, usando um "perspectógrafo" — um dispositivo presumivelmente não muito diferente daquele proposto por Alberti — para desenhar uma esfera armilar. O simbolismo é óbvio e poderoso: o artista pode ver e reproduzir o mundo e o cosmos conforme Deus os criou.

Como Alberti, Da Vinci conhecia bem a *Geografia*. Ele possuía uma cópia da obra e referia-se a ela repetidamente em seus escritos — especialmente ao explicar o funcionamento da anatomia humana, que, achava ele, fora projetada de acordo com os mesmos princípios da própria Terra. "O homem foi chamado pelos antigos de um mundo menor", escreveu ele em 1509,

> e de fato o uso deste termo aplica-se muito bem, porque, assim como o homem é composto de água, terra e fogo, seu corpo é análogo ao mundo; e como o homem tem dentro de si ossos, o sustentáculo e a estrutura da carne, também o mundo tem as rochas; e como o homem tem dentro de si o lago de sangue, no qual os pulmões se expandem e contraem quando ele respira, também o corpo da Terra tem seus mares oceânicos, que igualmente aumentam e diminuem a cada seis horas com a respiração do mundo; como as veias se originam nesse lago de sangue, formando ramificações por todo o corpo humano, igualmente o mar oceânico enche o corpo da Terra com infinitos veios d'água.[19]

Previsivelmente, quando Da Vinci decidiu embarcar numa descrição sistemática da anatomia humana, ele optou por seguir o modelo apresentado por Ptolomeu na *Geografia* (à qual ele se referia usando o título de Jacopo Angeli, a *Cosmografia*). "Em quinze figuras inteiras"[20], explicou Da Vinci, "vocês terão diante de si o microcosmos no mesmo plano como, antes de mim, Ptolomeu adaptou em sua *Cosmografia*; e portanto eu posteriormente os dividirei em membros, como ele dividiu o mundo inteiro em províncias".

Muitas das ideias de Leonardo a respeito do corpo humano como um microcosmos geográfico reúnem-se em uma de suas imagens mais icônicas: *Homem vitruviano* (Figura 40). O desenho, um cuidadoso estudo do corpo humano e suas proporções, baseia-se em informações contidas em *Sobre a arquitetura*, um amplo tratado produzido no século I a.C. pelo escritor romano Vitrúvio. A obra original não continha ilustrações, ao que parece, mas em certo ponto Vitrúvio descreveu, com detalhes precisos, um conjunto ideal de proporções humanas. A palma da mão, escreveu ele, é igual à largura de quatro dedos; o pé tem a extensão de quatro palmas; e assim por diante. Leonardo parece ter sido o primeiro artista renascentista a reconstruir esta figura ideal baseado nas medidas que aparecem em *Sobre a arquitetura* — e é fácil imaginar que ao fazê-lo ele tinha em mente a *Geografia*. Afinal, reconstruir uma figura proporcionalmente harmoniosa de um homem com base nos dados registrados por Vitrúvio era como o trabalho de reconstruir uma figura proporcionalmente harmoniosa do mundo com base nos dados registrados por Ptolomeu.

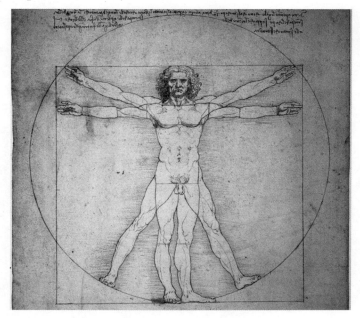

Figura 40: *Homem vitruviano* de Leonardo (c. 1490): um mapa do microcosmo e do macrocosmo. Observe a semelhança esquemática com o mapa de Lambeth Palace (Figura 13) e outros *mappaemundi*.

Leonardo também deve ter desenhado o Homem Vitruviano tendo um *mappamundi* em mente. Considere, por exemplo, as semelhanças visuais entre o Homem Vitruviano de Leonardo e o Cristo que aparece no mapa de Lambeth Palace (Figura 13)[21]. Nos dois casos, um representante da humanidade como um todo está inserido em uma espécie de círculo cósmico, com seus braços e pernas em sua circunferência, e o umbigo no centro. Em outras palavras, o macrocosmo e o microcosmo sobrepõem-se como uma coisa só. Esta foi a nova perspectiva que a *Geografia* de Ptolomeu ajudou os humanistas de Florença a obter — sobre o mundo e sobre si mesmos. Como Cícero colocou em seu *Sonho de Cipião*, "você tem uma capacidade divina de vitalidade, sensação, memória e previsão; um poder divino de reger, governar e dirigir o corpo que é seu servo, da mesma forma que o próprio Deus, que reina sobre nós, dirige o universo inteiro"[22].

Saiba que você é deus.

❖ Terra desconhecida ❖

CAPÍTULO NOVE
TERRAE INCOGNITAE

Nosso oikoumene *é limitado a leste pela terra desconhecida situada junto aos povos orientais da Grande Ásia [...] ao sul, igualmente, pela terra desconhecida que circunda o mar da Índia e cerca a Etiópia [...] a oeste pela terra desconhecida que cerca a baía Etíope da Líbia e pelo oceano Ocidental adjacente; e ao norte pela continuação do oceano [...] e pela terra desconhecida situada junto aos países mais ao norte da Grande Ásia.*[1]

— Claudio Ptolomeu, *Geografia* (c. 130-150)

QUANDO JACOPO ANGELI dedicou sua tradução de *Geografia* ao papa Alexandre V, em 1410, a Igreja não tinha apenas um papa. Tinha três.

O problema se estendia por aproximadamente 30 anos. No fim da década de 1370, o papa Gregório XI tinha levado o papado de volta de Avignon para Roma, mas, após sua morte, em 1378, os oficiais da Igreja haviam discordado sobre quem deveria sucedê-lo, e campos rivais nas duas cidades acabaram elegendo dois papas diferentes, dando início a um breve mas turbulento período na história europeia conhecido como Cisma Papal. Em 1409, na esperança de pôr fim ao cisma, uma congregação de cardeais no Concílio de Pisa elegeu Alexandre V para substituir ambos os papas, mas foi em vão. Nenhum dos pontífices que ocupavam o cargo concordou em abdicar.

Três papas! Era uma situação intolerável, e, para tratar dela, líderes religiosos e políticos da Europa convocaram outro concílio, no outono de 1414, desta vez na cidade de Constança, no sul da Alemanha. O concílio viria a se tornar um dos maiores e mais culturalmente significativos encontros na história da Europa medieval — e ajudaria a espalhar um novo tipo de pensamento geográfico por todo o continente.

As estimativas sobre o tamanho do concílio de Constança variam drasticamente, mas todas as fontes concordam que foi imenso[2]. Acredita-se que entre 40 mil e 150 mil pessoas tenham se dirigido à cidade para o evento, que se arrastou por mais de três anos. Cerca de setecentos altos oficiais da Igreja, de todas as partes da Europa e Bizâncio, participaram do concílio, entre eles um papa, três patriarcas, 29 cardeais e um grande número de arcebispos, bispos e abades importantes. Vieram acompanhados de um vasto séquito de quase 18 mil assistentes pessoais, secretários, copistas, eruditos, conselheiros legais, criados e outros. Só o arcebispo de Mogúncia chegou com um séquito de quinhentas pessoas[3]. Quase todas as cidades e estados feudais da Europa estavam representados no concílio, fosse por seu governador ou por uma delegação de alta patente. Dezoito duques e arquiduques, 83 condes, 71 barões e 1.500 cavaleiros apareceram para o evento, e também eles trouxeram milhares de pessoas consigo. As principais universidades e escolas da Europa enviaram representantes; e poetas, artesãos, trabalhadores e mercadores invadiram a cidade para atender às necessidades do encontro — assim como os banqueiros florentinos. O próprio Cosimo de Médici montou loja em Constança. A cidade teve de acomodar mais do que pessoas, claro. Segundo uma estimativa, cerca de 30 mil cavalos tiveram de ser alimentados[4] e abrigados durante o concílio.

Os humanistas chegaram em bom número. Alguns vieram por razões particulares, como foi o caso de Cosimo de Médici, mas a maioria integrava delegações eclesiásticas ou políticas da Itália, França, Espanha, Inglaterra, Alemanha entre outras. Muitos procuraram por Manuel Chrysoloras, agora uma figura respeitável no Ocidente, que chegou no início do concílio para representar os interesses do imperador bizantino. O prestígio de Chrysoloras aumentara tanto na Europa que alguns participantes do concílio o consideravam um sério candidato ao papado — uma figura unificadora cuja eleição como papa poderia pôr fim não apenas ao Cisma Papal entre os latinos, mas também ao Grande Cisma entre latinos e gregos. (No entanto, ele morreu pouco depois de chegar ao Concílio de Constança.) Vários dos antigos alunos de Chrysoloras, estudiosos clássicos que tinham feito parte do círculo de Coluccio Salutati em Florença, também compareceram — entre eles um humanista florentino de 34 anos chamado Poggio Bracciolini, que viajou de Roma a Constança como um secretário papal.

Correspondente ávido, Poggio escrevia frequentemente a seus amigos e colegas na Itália, e suas cartas — entre elas uma na qual admite "não fazer nada em Constança"[5] — revelaram muita coisa sobre a vida no concílio. Na verdade, poucos dos presentes tinham muito a fazer nas reunião dos altos prelados, que debatiam solenemente o cisma e outros assuntos oficiais da Igreja. Enquanto o concílio se arrastava tortuosamente, Poggio e alguns de seus colegas humanistas, muito mais interessados em recuperar textos antigos do que na reunificação do papado, não puderam deixar de observar os processos com desinteresse e ironia cada vez maiores. "A própria Salvação"[6], observou Poggio a certa altura, "dificilmente conseguiria salvar este encontro".

A ociosidade forçada teve benefícios inesperados. Nunca, desde a Antiguidade, tantas personagens cultas de tantas regiões do mundo tinham se reunido num só lugar. Homens com interesses semelhantes, que nunca tinham se conhecido ou que apenas se correspondiam a distância, comprimiam-se agora lado a lado em salões de reunião, igrejas, tabernas e alojamentos, com muito tempo para matar. Isso levou a uma vigorosa troca de ideias — e de manuscritos.

O concílio rapidamente evoluiu para uma espécie de feira extraoficial internacional do livro. Muitos dos humanistas e estudiosos que tinham ido à cidade haviam levado consigo todo tipo de manuscritos, para trabalho e prazer, e em pouco tempo começaram a partilhá-los. Constança também estava cheia de copistas ociosos, levados à cidade como parte das muitas delegações participantes do concílio, e secretamente eles começaram a copiar manuscritos sob encomenda. O cenário geográfico também estimulou o comércio de manuscritos em Constança. Vários mosteiros, abadias e catedrais importantes salpicavam as regiões próximas da Alemanha, França e Suíça, e entre os humanistas logo se espalhou a notícia de que estas instituições possuíam fartas, mas negligenciadas, coleções de manuscritos antigos. Em 1415, inspirado pelo exemplo de Petrarca, Poggio e vários de seus colegas começaram a explorar a região rural ao redor de Constança em busca de textos clássicos perdidos — e tiveram um êxito espetacular. Suas descobertas atraíram atenção por toda Europa. "Poucas das coisas realizadas em Constança poderiam ser consideradas mais importantes"[7], disse a Poggio um de seus correspondentes. A maioria dos clássicos latinos que chegaram a nossos dias devem sua sobrevivência à caça de manuscritos iniciada por Poggio e outros humanistas durante o concílio; naturalmente, também devem sua sobrevivência às muitas gerações de copistas anônimos e não reconhecidos que mantiveram vivas as obras por tempo o bastante para que fossem redescobertas.

Os manuscritos copiados em Constança logo se espalharam por toda a Europa, dispersados pelos muitos viajantes que saíam e chegavam à cidade durante o concílio. Muitas das mais antigas bibliotecas do continente, mesmo aquelas muito distantes do sul da Alemanha, ainda hoje contêm evidências da agitação de cópias, compras e vendas que aconteceu. Uma anotação encontrada em vários manuscritos em um mosteiro sueco diz: "Este livro foi comprado em Constança à época do Concílio Geral."[8] Uma obra levada para a Universidade de Cracóvia, na Polônia, contém uma anotação semelhante: "Comprada por Paul Vladimir, magistrado, em Constança."[9] Há muitos outros exemplos.

Os textos geográficos tinham proeminência entre as obras que circulavam em Constança. A nova tradução de Jacopo Angeli da *Geografia* de Ptolomeu, terminada menos de uma década antes e ainda praticamente desconhecida fora da Itália, atraiu atenção especial — e não apenas entre os humanistas de nível médio e os secretários papais com excessivo tempo livre. Até mesmo o cardeal francês Guillaume Fillastre, um dos mais ocupados e importantes oficiais da Igreja durante o concílio, tomou conhecimento dela.

Fillastre foi um dos primeiros não italianos a se interessar pela *Geografia* de Ptolomeu, sobre a qual ficou sabendo, aparentemente, não muito tempo depois de Jacopo Angeli traduzir a obra para o latim. Mas foi apenas em Constança que finalmente conseguiu uma cópia, talvez por meio das relações que estabeleceu com Manuel Chrysoloras e com os humanistas florentinos durante o concílio. Seja qual for a origem exata de sua cópia, Fillastre a valorizava. "Este livro, o qual busquei por muitos anos"[10], escreveu orgulhosamente no manuscrito, "obtive de Florença e o mandei copiar aqui, como um presente para a biblioteca da Igreja de Reims. Rogo que cuidem bem dele. Acredito que seja o primeiro na França".

* * *

A CHEGADA DE *GEOGRAFIA* a Constança, muito mais do que sua chegada a Florença, marca o ponto em que muitos europeus começaram a rever suas pré-concepções fundamentais sobre a geografia e sobre a própria função de um mapa mundial. Apesar de todo o seu entusiasmo com Ptolomeu, a maioria dos primeiros humanistas italianos não se deu conta de que o sistema de mapeamento apresentado por ele talvez fosse mais valioso do que seus mapas. Isso parece uma curiosa omissão. Afinal, por cerca de dois séculos, começando com suas incursões à Ásia por terra e continuando com suas viagens oceânicas pelo Atlântico, os europeus vinham expandindo sua consciência geográfica, e no início do século XV já sabiam o bastante sobre o mundo para perceber que Ptolomeu havia interpretado muitas coisas equivocadamente. Mas ao longo do século XV, *Geografia* continuou a aparecer, edição após edição, com mapas reproduzindo fielmente o mundo conforme Ptolomeu o tinha descrito. Muitos críticos modernos, irritados com a aparente falta de interesse dos primeiros humanistas em atualizar os mapas de Ptolomeu de forma a refletir a realidade moderna, passaram a descrever a aceitação do século XV a *Geografia* como um retrocesso na história da cartografia.

Isso é um erro. A maioria dos primeiros humanistas — os que viveram nas primeiras décadas do século XV — tinha os olhos voltados para o passado, não para o presente. Poucos deles se deram conta de que *Geografia* poderia possibilitar uma nova perspectiva do mundo moderno. Isso viria mais tarde, na segunda metade do século. Os primeiros humanistas pensavam em *Geografia* de uma forma muito mais limitada: como uma maneira de reconstruir uma imagem do mundo antigo, não de desenvolver uma nova imagem por si mesmos.

Estudando atentamente sua nova cópia de *Geografia* em Constança, o cardeal Fillastre começou a pensar de modo diferente. Ele era bem versado em todos os tradicionais ensinamentos geográficos cristãos. Estudioso de Isidoro de Sevilha e outras autoridades medievais, ele tinha analisado seus escritos e anotado alguns trechos especificamente geográficos em seu próprio manuscrito particular. Os mapas em si o atraíam muito: nas paredes de sua igreja em Reims havia dois grandes *mappaemundi* feitos por encomenda, um em seus aposentos particulares e outro em sua biblioteca. Esses mapas já não existem, mas, segundo Fillastre, se pareciam muito com um pequeno mapa do mundo que aparecia na página introdutória de outro manuscrito que, ao que parece, foi adquirido em Constança: a *Descrição do mundo*, de Pompônio Mela.

À primeira vista, o pequeno mapa de Fillastre não parece ter nada de especial (Figura 41). É um *mappamundi* com cores fortes, baseado no esquema T-O padrão. Mas em suas margens ele apresenta algo não convencional para sua época: um senso de incerteza. Fillastre escreveu *terra incognita* ("terra desconhecida") em três lugares diferentes nos extremos norte e sul de seu mapa, e essas duas palavras mudaram tudo. Em vez de se limitar a retratar o que era conhecido, como tantos cartógrafos medievais haviam feito antes, Fillastre, inspirado pelo exemplo de Ptolomeu, decidiu incluir o desconhecido. Seu mapa anunciava que o estudo da geografia exigia questionamento, revisão e debate.

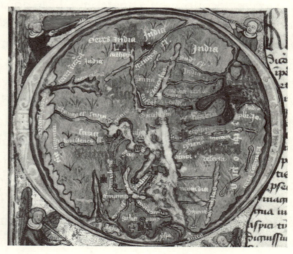

Figura 41: O mapa-múndi do cardeal Fillastre (c. 1418). O leste está na parte superior. Observe as palavras *terra incognita* nos extremos norte e sul do mundo, e a abreviação *Ind. Prb. Jo.* ("Índia de Preste João) na extremidade direita, onde a África Oriental se encontra com o oceano Índico.

194

Durante o Concílio de Constança, Fillastre estudou e comparou suas novas cópias de *Descrição* e de *Geografia*, e enviou um comentário sobre as duas obras para seus colegas em Reims. É um documento revelador. Ao contrário de outros humanistas antigos, Fillastre não abordou Ptolomeu e Mela em busca de ajuda para reconstruir o mundo antigo. Ele tinha preocupações mais práticas — e mais contemporâneas. De que modo o que Ptolomeu e Mela tinham a dizer sobre as regiões do mundo correspondia ao que aparecia nos mapas T-O, nos mapas zonais e nos *mappaemundi*? Será que o mundo consistia de apenas três partes, juntas em um lado do globo e expostas ao mesmo ar? Ou haveria um continente antipodal separado delas, do outro lado da zona tórrida? Como os ensinamentos geográficos tradicionais se conciliavam com os relatórios dos viajantes modernos? E, claro, a grande pergunta: como o mundo — o mundo inteiro — realmente era?

Mela abordou essa questão bem no início de seu livro. "Deixem-me entender qual é o formato do todo, quais são suas maiores partes, qual é a condição de suas partes isoladas uma a uma, e como elas são habitadas; depois, retornaremos às fronteiras e costas de todas as terras, como elas existem para o interior e na costa marítima."[11] Mas antes de se lançar em sua viagem guiada, ele deu um passo atrás e observou a terra como que do alto, assim como Cícero havia feito em *O sonho de Cipião*.

A Terra elevada [...] é cercada de todos os lados pelo oceano. Da mesma forma, a Terra também é dividida de leste a oeste em duas metades, às quais deram o nome de hemisférios, e é diferenciada por cinco zonas horizontais. O calor torna a zona do meio inabitável, e o frio faz o mesmo nas duas mais afastadas. As duas zonas habitáveis restantes têm as mesmas estações anuais, porém em épocas distintas. [...] A primeira zona é desconhecida, por causa do calor da expansão intermediária.[12]

Fillastre não gostou disso. A descrição continha duas ideias que ele considerava fundamentalmente incompatíveis. Uma terra elevada em uma parte do globo e cercada por água parecia corresponder ao modelo T-O do mundo, no qual se baseavam os *mappaemundi*. Mas tanto esse modelo quanto a descrição de Mela implicavam que toda a extensão do mundo conhecido era habitável. Portanto, como poderia Mela seguir adiante, num só fôlego, e dizer que a terra elevada e habitável se espalhava pela zona tórrida inabitável? "Desde o início do livro"[13], escreveu ele, "o próprio [Mela] impõe uma grande dificuldade a seus leitores e àqueles que comparam a divisão em cinco zonas com um mapa esférico. A descrição do autor de todas as partes que se estendem pelas costas do oceano implica que a terra no interior do círculo de oceano é quase inteiramente habitável, enquanto a divisão em zonas diz que somente duas são habitáveis".

Para complicar as coisas, havia a teoria da Terra fora do centro, desenvolvida nos dois séculos anteriores pelos escolásticos para explicar por que a Terra não era completamente submersa no centro da esfera aquosa. No início do século XV a teoria já estava sendo amplamente ensinada nas universidades europeias, e Fillastre a conhecia bem. Apenas alguns anos antes, aliás, seu colega e amigo íntimo, o cardeal Pierre d'Ailly, tinha resumido a teoria em um tratado cosmográfico intitulado *Imago mundi*, ou *A imagem do mundo*. Um dos mais importantes teólogos da França e professor da Universidade de Paris, d'Ailly, juntamente com o cardeal Fillastre, ajudava a administrar o Concílio de Constança. "A água não cerca a Terra inteira"[14], D'Ailly havia escrito em seu tratado, "mas deixa parte dela descoberta para a habitação dos animais. Como uma parte da Terra é menos pesada que outra, ela é, portanto, mais alta e elevada desde o centro do mundo".

D'Ailly incluiu em seu manuscrito um diagrama simples do cosmos que ilustrava muito claramente o conceito (Figura 23). Para qualquer um que observasse o diagrama e aceitasse seu modelo do cosmos, uma coisa era óbvia: a Terra não podia emergir de dois lados diametralmente opostos da esfera aquosa. Isso significava que não poderia existir do outro lado do mundo um continente separado no oceano. A terra no hemisfério sul podia existir — mas se existisse, a lógica dizia que ela teria de fazer parte da mesma massa única de terra que a Europa, África e Ásia. Portanto, todo o mundo continental, mesmo suas regiões antipodais, *tinha* de ser contíguo. Daí a decisão de Fillastre de escrever *terra incognita* nos extremos norte e sul de seu mapa. Ao acrescentar estas duas palavras, Fillastre sugeria, como Ptolomeu, que não só o mundo conhecido podia ser mapeado, mas o mundo inteiro. As regiões desconhecidas do mundo tinham começado a acenar.

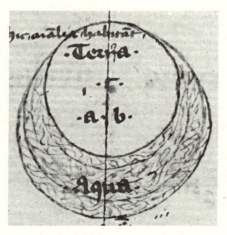

Figura 42: A Terra emergindo de um lado da esfera de água, em *A imagem do mundo*, de Pierre d'Ailly (início do século XV). Um lado da Terra está profundamente submerso em água, impossibilitando que a terra seja exposta do outro lado do globo.

Fillastre chegou a outra conclusão importante. Se o mundo inteiro era, de fato, uma única massa de terra contígua, e se o mundo conhecido ocupava quase toda a zona habitável ao norte da Terra, então as partes desconhecidas do mundo tinham de se estender pelas zonas frígidas e tórridas — e essas regiões até podiam ser habitáveis. Ptolomeu e Mela haviam sugerido isso ao localizar diferentes cidades e povos nas regiões equatoriais da África e Índia, e tanto as autoridades antigas quanto os viajantes modernos tinham relatado a descoberta de terras habitadas no extremo norte. Fillastre não precisava de mais evidências. "Parece necessário afirmar"[15], escreveu D'Ailly, "que nenhuma parte da Terra é inabitável".

* * *

PIERRE D'AILLY, O AUTOR de *A imagem do mundo*, pensava a mesma coisa, e é quase certo que ele e o cardeal Fillastre discutiam a questão durante suas horas livres no Concílio de Constança.

D'Ailly abordava a geografia de uma perspectiva mais tradicional que Fillastre. D'Ailly era um teólogo formado na tradição escolástica, não humanista, e em *A imagem do mundo* destilou o que ele e seus colegas da Universidade de Paris teriam ensinado a seus alunos sobre a natureza do mundo e seu lugar no cosmos: a teoria do cosmos esférico, os princípios da astronomia, os movimentos dos céus, o tamanho da terra e suas várias partes, as zonas climáticas, os debates sobre a Antípoda, a extensão habitável do mundo, e mais. D'Ailly explorou esses temas a partir de uma perspectiva religiosa, muito na linha do que Roger Bacon tinha feito em seu *Opus majus*. "Parece"[16], escreveu ele em suas linhas introdutórias, "que a imagem do mundo, ou pelo menos a descrição do mundo que se pode fazer ao representá-lo como se estivesse num espelho, pode ser usada para elucidar as Escrituras, que tão frequentemente mencionam suas diversas partes, especialmente aquelas do mundo habitável".

D'Ailly, na verdade, baseou-se bastante em Bacon ao escrever *A imagem do mundo,* parafraseando-o com frequência e, por vezes, até copiando-o, palavra por palavra, especialmente em um capítulo intitulado "Sobre o tamanho da Terra habitável". Por várias vezes D'Ailly ecoou ou copiou afirmações que encontrou em *Opus majus*[17]: "A Índia fica perto da Espanha"; "os inícios do Oriente e do Ocidente são próximos"; "do fim do Ocidente ao fim do Oriente, por terra, há uma distância tremenda"; "a água corre de polo a polo entre o fim da Espanha e o começo da Índia". (Esta última afirmação, claro, nos traz à mente o estranho diagrama feito por Bacon do canal de oceano separando a Espanha da Índia [Figura 27].) A extensão leste-oeste do oceano era uma espécie de obsessão para d'Ailly, e suas ideias a respeito o levavam a crer, como o cardeal Fillastre, que a imagem tradicional do mundo devia ser repensada. "É evidente"[18], escreveu ele, "que a terra habitável não é redonda como um círculo".

Em *A imagem do mundo*, D'Ailly incluiu um mapa-múndi incomum (Figura 43). O mapa contém apenas texto — nada além de uma mixórdia de nomes de lugares sobrepostos em um mapa padrão de zonas climáticas, ordenados mais ou menos de acordo com sua localização geográfica. No hemisfério norte, que aparece no topo, os nomes (se observados por um instante) assumem uma configuração T-O típica: Europa, África e Ásia formam o mundo conhecido, e Espanha e Índia aparecem em seu limite ocidental e oriental. Em vez de colocar Jerusalém no centro do mundo, como um teólogo medieval faria, d'Ailly, seguindo Bacon, coloca Aryne — a cidade que os astrônomos árabes usavam para designar o ponto astronômico central do mundo. Estas semelhanças levaram alguns estudiosos modernos a argumentar que o mapa de D'Ailly baseou-se no mapa que Bacon enviou ao papa com seu *Opus majus*.

A parte mais interessante e nova do mapa de D'Ailly é a mostrada no sul. À primeira vista isso não pareceria ser absolutamente nada: o hemisfério sul do mapa está quase inteiramente vazio. Mas há uma pequena legenda, escrita verticalmente, que se esgueira pelo lado sudoeste do mapa, e o que ela tem a dizer é decisivo. A legenda refere-se a partes do mundo "antes da *climata*" — isto é, aquelas partes do mundo que existem ao sul do mundo conhecido. "Rumo ao equador e além dele há muitas habitações"[19], diz o texto. "Como se sabe a partir de histórias oficiais."

Esta legenda aparentemente inócua é tão cheia de significado quanto o uso da *terra incognita* de Fillastre. Sua mensagem é clara: a zona tórrida e boa parte do mundo ao sul são, na verdade, habitáveis, até acessíveis, e D'Ailly reforça discretamente esta ideia ao forçar os olhos de seus leitores a viajarem desde acima do equador, onde a legenda começa, até quase o Círculo Antártico, onde ela termina. Em outras palavras, a legenda dirige a imaginação para o sul, além dos limites do mundo conhecido e rumo a um reino de novas possibilidades geográficas. Este parece ser um inédito cartográfico: não há registro de nenhum mapa anterior que sugira ser possível atravessar o equador e ir hemisfério sul adentro[20].

Nos anos posteriores ao Concílio de Constança, o próprio cardeal Fillastre se depararia com evidências de que viajar por terras desconhecidas na outra direção também era possível. Por volta de 1424, um viajante e religioso dinamarquês conhecido como Claudius Clavus visitou o Vaticano, onde fez amizade com Poggio Bracciolini e outros

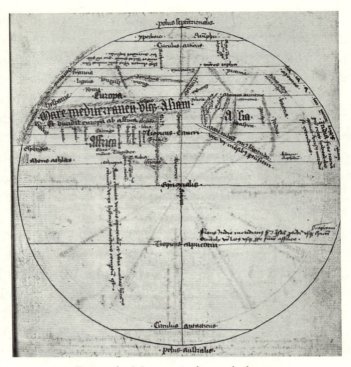

Figura 43: Mapa-múndi zonal, de uma versão manuscrita de *A imagem do mundo*, de Pierre d'Ailly (início do século XV). O norte está na parte superior. A Europa, África e Ásia ocupam a zona habitável norte. A legenda à esquerda, que se estende verticalmente até o hemisfério sul, sugere, contrariamente aos ensinos tradicionais, que é possível atravessar para o hemisfério sul.

humanistas. Claudius tinha viajado extensamente acima do Círculo Ártico, em territórios escandinavos, e afirmava até ter tido acesso a descrições da Groenlândia. Instigado pelos humanistas, ao que parece, Clavus desenhou um mapa dos lugares que tinha visitado e, ao fazê-lo, como Fillastre diria mais tarde, tornou "mais completo"[21] o retrato das regiões nórdicas da Europa feito por Ptolomeu (Figura 44).

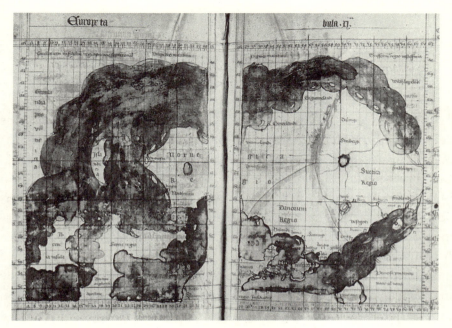

Figura 44: Mapa do norte da Europa, por Claudius Clavus (1424). O lado ocidental da Groenlândia está no alto, à esquerda, junto à margem do mapa. A Islândia é a ilha em forma de meia-lua à direita dela. Abaixo da Islândia estão a Irlanda e a Escócia, e à sua direita estão a Dinamarca e a Península Escandinava.

O mapa de Clavus ocupa um lugar notável na história da cartografia. É o primeiro mapa ptolomaico "moderno" que se conhece; o primeiro mapa detalhado a mostrar territórios bem acima do Círculo Ártico, a 75 graus norte; e é o primeiro mapa a situar a Groenlândia próxima de sua localização correta — ao norte e a oeste da Islândia. Assim, ele às vezes é descrito, otimistamente, como o mais antigo mapa sobrevivente a mostrar evidências da América do Norte.

O cardeal Fillastre, que na década de 1420 vivia em Roma, de algum modo pôs as mãos no mapa de Claudius. A esta altura, ele já tinha adquirido o conjunto de mapas padrão para acompanhar seu *Geografia* (um único mapa do mundo e 26 mapas regionais), e em 1427 ele decidiu incluir o de Claudius junto a eles. A decisão representa ainda outro marco: o manuscrito de Fillastre sobrevive hoje como a primeira edição de *Geografia* a incluir um mapa moderno — o de Clavus — construído de acordo com os princípios ptolomaicos.

Fillastre sabia que o mapa de Clavus era pioneiro. "Ptolomeu"[22], escreveu ele, "provavelmente não tinha conhecimento destas regiões".

* * *

TERRAS DESCONHECIDAS, ROTAS de viagem não mapeadas, novos tipos de mapas-múndi: estes temas dominavam as conversas geográficas dos humanistas e estudiosos nas horas livres do Concílio de Constança. *Geografia* sem dúvida provocou a maior parte das discussões (o próprio D'Ailly parece ter encontrado o texto pela primeira vez durante o concílio), e boa parte dos debates certamente seguiu em direções academicamente abstratas. Mas as conversas estavam longe de ser sempre teóricas. A natureza do próprio concílio, fervilhando de religiosos, diplomatas e mercadores de toda Europa e além, convidava a uma troca prática de informações e ideias. As pessoas partilhavam histórias de viagens, liam cartas sobre novas descobertas no estrangeiro, planejavam negócios, traçavam projetos missionários e talvez — as evidências não são claras — estudavam cartas náuticas que retratavam ilhas recém-descobertas no oceano ocidental. Eles tinham em mente a *terra incognita* — e, portanto, foi com máxima atenção que ouviram o anúncio feito diante da congregação geral no dia 5 de junho de 1416, por certo Egidio Martinez, um dos seis homens enviados ao concílio, bem depois de seu início, pelo rei João de Portugal.

Primeiramente, Martinez se desculpou pela demora da delegação em chegar a Constança. Mas ele tinha uma boa desculpa. Seu rei, disse ele, tinha enviado, recentemente, uma expedição naval ao Mediterrâneo e tivera êxito em conquistar Ceuta — um importante porto na costa norte-africana.

Era uma notícia de tirar o fôlego — em muitos aspectos. Um deles era geográfico: Ceuta estava localizada numa extensão litorânea onde a África projeta-se para o alto e quase toca a Espanha. Outro aspecto era religioso: Ceuta há muito tempo pertencia aos mouros, muçulmanos da África do Norte. E ainda outro era econômico: Ceuta era um próspero entreposto comercial localizado bem na extremidade norte de uma antiga rota transaariana de caravanas — que trazia ouro, marfim e escravos da África subsaariana para a costa. (Na época, mais da metade do suprimento de ouro da Europa vinha por camelo através do deserto do Saara, depois de ser minerado em regiões distantes da África Ocidental desconhecidas dos europeus.)

Mas a vitória também tinha uma profunda dimensão estratégica e simbólica. Ceuta estava localizada no sopé de uma montanha conhecida pelos cristãos como monte Almina, considerada por muitos um dos Pilares de Hércules — as duas lendárias formações rochosas (sendo uma o monte Almina e a outra, talvez, Gibraltar) que desde os tempos antigos representavam a fronteira entre o Mediterrâneo e o Atlântico. Os mouros tinham construído uma elaborada fortaleza no topo do monte Almina, de onde podiam inspecionar o estreito de Gibraltar, defender seu território e controlar as rotas de navegação que entravam e saíam do estreito. Quando os portugueses capturaram Ceuta, capturaram também a fortaleza — e isso, declarou Martinez triunfantemente à congregação geral no concílio, significava que Portugal agora detinha a posse do "porto e da chave de toda a África"[23].

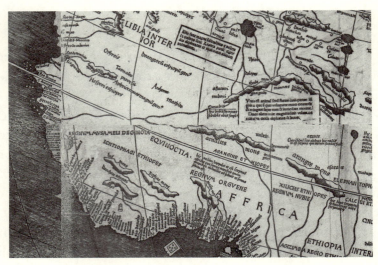

✦ Noroeste da África ✦

CAPÍTULO DEZ

EM REGIÕES AFRICANAS

Descobriu-se que toda aquela costa vai para o sul, com muitos promontórios, pelo que nosso Príncipe a acrescentou à carta de navegação.[1]

— Gomes Eanes de Azurara, *Crônica do descobrimento e conquista da Guiné* (1453)

O<small>S PORTUGUESES TINHAM</small> conquistado Ceuta dando fim ao domínio dos mouros em um único dia de luta. A notícia deve ter surpreendido o público no Concílio de Constança. Contra todas as expectativas, um pequeno reino europeu na distante extremidade ocidental da Península Ibérica — um lugar que a maioria dos europeus considerava pouco mais que uma fonte de bacalhau salgado, sardinhas, cortiça e vinho do porto — de algum modo derrotara decisivamente os mouros em sua própria terra. Com a Terra Santa sob controle muçulmano, com os turcos ameaçando Bizâncio e com a Igreja em profundo cisma, esta, finalmente, era uma excelente notícia para a cristandade. Pela primeira vez em mais de um século, um exército cristão instalara uma base de operações no mundo islâmico. Havia outro motivo de celebração, pelo menos entre os geógrafos teóricos no concílio, que tinham estudado a África nos *mappaemundi*. Os latinos, ao que parecia, poderiam estar finalmente de volta à busca por Preste João.

A procura pelo grande rei-sacerdote chegara a um beco sem saída na Ásia em meados do século anterior. "Nem uma centésima parte do que se disse sobre ele é verdade"[2], escreveu frei Odorico de Pordenone, um franciscano que nas primeiras décadas do século XIV passara anos na Índia e na China, e estivera constantemente atento a sinais de Preste João. Mas isso não significava que a busca terminara. Em sua carta, Preste João havia dito que reinava sobre três Índias, mas no século XIV os europeus só tinham explorado duas delas: a Índia Próxima e a Extrema Índia. Impedidos pela presença muçulmana na África do Norte e no Oriente Próximo, restava-lhes ainda explorar a terceira — a Índia Média, os pouco conhecidos territórios africanos ao sul do Egito e a leste do Nilo. Se Preste João não estava na Ásia, então talvez estivesse na África.

Foi exatamente aí que um missionário dominicano chamado frei Jordano de Severac o colocou em 1324. Em uma obra geográfica conhecida como o *Livro das maravilhas*, frei Jordano, que tinha retornado recentemente de suas extensas viagens pela África e Ásia, identificou os reinos da Etiópia como a "Índia Terceira" e estimou a população cristã da região como três vezes maior que a de toda a cristandade ocidental[3]. E identificou o imperador dos etíopes como ninguém menos que Preste João, um líder "mais poderoso que qualquer homem no mundo, e mais rico em ouro, prata e pedras preciosas... [que] reinava sobre todos os seus vizinhos ao sul e a oeste"[4]. Tais relatos ajudaram a difundir a ideia de um Preste João africano nas décadas que se seguiram. No início do século XIV, a ideia já tinha sido aceita pelas autoridades geográficas cultas da Europa — e é por isso, por exemplo, que a porção oriental da Etiópia no *mappamundi* do cardeal Fillastre (Figura 42) traz a inscrição "*Ind. Prb. Jo.*", a Índia de Preste João.

Um Preste João africano tornou-se figura característica em algumas cartas náuticas também no século XIV — as cartas profusamente ilustradas da assim chamada Escola Catalã, produzidas pelos cartógrafos de Maiorca. O mais antigo mapa de que se tem notícia a localizar Preste João na África é um produto da Escola Catalã: a Carta de

Dulcert, de 1339 (Figura 28), que faz referência, numa legenda, aos "cristãos de Núbia e Etiópia, que estão sob o domínio do cristão negro Preste João"[5]. Outros cartógrafos catalães seguiram o exemplo, incluindo Abraão Cresques, que produziu o primeiro Atlas Catalão (Gravura 6); e, no início do século XV, o Preste João africano já se tornara presença fixa na maioria das cartas náuticas catalãs. A carta desenhada por Mecia de Viladestes, em 1413, por exemplo, mostra Preste João sentado, em toda realeza, numa região ao sul do Egito, logo abaixo do ponto onde os dois braços do Nilo convergem (Figura 45).

Figura 45: A África e o Atlântico como os portugueses os conheceram na véspera da invasão de Ceuta: detalhe da carta de Viladestes (1413). Na parte inferior direita está Preste João. Imediatamente à sua esquerda está o rio de Ouro, fluindo para o oeste através do continente. A pouca distância da praia, do sul para o norte, há ilhas reais e imaginárias: as Canárias, Madeira, os Açores, Brasil e a ilha de São Brandão.

Como aparece nas cartas catalãs, a África contém diversas características instantaneamente reconhecíveis, e todas elas são retratadas na carta de Viladestes, desenhada na véspera da invasão de Ceuta. É quase certo que o rei João de Portugal e seus conselheiros tenham estudado atentamente um mapa semelhante ao de Viladestes ao desenvolverem seu plano de ataque — e ao começarem a imaginar o que mais poderiam encontrar e conquistar na África. O que mais atraiu sua atenção, em especial depois de tomarem Ceuta, foi certamente o que viram em suas cartas ao olharem para o sul da costa mediterrânea, passada a Cordilheira do Atlas e o Saara: uma série de retratos de ricos e poderosos reis africanos. Estes reis reinavam sobre um vasto território cortado de leste a oeste pelo rio de Ouro, de onde, presumidamente, saía o ouro levado para a costa mediterrânea ao norte pelos mercadores do deserto. Representado como um braço do Nilo, ele bifurca ao sul do Egito no mapa e corre através do continente até chegar ao Atlântico, numa região não mapeada da costa noroeste da África, aproximadamente na latitude das ilhas Canárias. Como dizia uma carta catalá, este era "o fim da África e da terra ocidental"[6].

Os empreendimentos militares inevitavelmente produzem resultados inesperados. Assim foi com a captura de Ceuta. Uma vez de posse da cidade, os portugueses tiveram dificuldade para derrotar os mouros em outras regiões do norte da África. E também não conseguiram obter o controle do imensamente lucrativo comércio transaariano de ouro e outras riquezas a partir de sua base em Ceuta. Mas no fim das contas esses fracassos não tiveram importância, porque ao voltarem sua atenção para a África os portugueses deram início a uma nova fase na história europeia dos descobrimentos. Ao reconhecerem que não havia esperança de expulsar os mouros do norte da África, ou de alcançar os grandes reinos subsaarianos por terra, os portugueses começaram a atacar — isto é, explorar — a costa noroeste da África. Voltaram seus olhos particularmente para a misteriosa e desconhecida região não muito ao sul das Canárias, de onde o rio de Ouro fluía para o mar, segundo as cartas catalás. Se os portugueses não podiam alcançar os reis e as riquezas da Índia Média por terra, talvez conseguissem alcançá-los por mar.

* * *

O HOMEM QUE LEVOU O MAIOR crédito por lançar a exploração europeia da África foi o infante D. Henrique de Portugal, o terceiro filho do rei João. Na primeira metade do século XV, Henrique — frequentemente mencionado nos livros de história como D. Henrique, o Navegador

— ajudou a dirigir um programa de descobrimentos que levaria os portugueses para o sul, ao longo da costa da África ocidental, até regiões nunca antes visitadas pelos europeus. A reputação de Henrique deriva, em boa parte, de uma única fonte: uma crônica sobre a primeira exploração africana feita por Portugal, escrita em 1453 pelo historiador da corte Gomes Eanes de Azurara, intitulada *Crônica do descobrimento e conquista da Guiné*. A *Crônica* de Azurara é uma fonte inestimável de informações sobre as primeiras viagens de descobrimento dos portugueses, mas deve ser lida com cautela, pois retrata Henrique e seu papel na exploração portuguesa da África num estilo que só pode ser descrito como hagiográfico.

O que atraiu Henrique à África? Azurara apresentou diversas motivações específicas. Uma delas era a condição nobre de Henrique, que exigia dele, escreveu Azurara, "começar e acabar mui grandes feitos"[7] — precisamente o tipo de disposição cavalheiresca que Miguel de Cervantes mais tarde satirizaria tão gloriosamente em *D. Quixote*. Muitos dos primeiros encontros descritos por Azurara entre os portugueses e os habitantes da costa da África ocidental de fato têm uma qualidade quixotesca — embora para os africanos os encontros tenham sido muito mais trágicos que cômicos. Em vários trechos do relato de Azurara, cavaleiros e escudeiros enérgicos ("gritando 'São Tiago!', 'São Jorge!', 'Portugal!'"[8]) saltam para a praia brandindo suas espadas e lutando contra os infiéis africanos. Dá uma boa história, mas hoje se sabe que os inimigos que eles atacaram eram pequenas comunidades de pescadores e tribos nômades que levavam uma vida difícil ao longo da quente e poeirenta costa saariana da época. Mas não importa. Henrique queria sair do anonimato como um cruzado lutando contra os mouros, e ao mandar seus homens atacarem os africanos da costa saariana, e ao descrever essas batalhas para o resto da Europa como uma sucessão de conquistas triunfantes contra os mouros, ele conseguiu exatamente isso.

A Cruzada não era a única razão do interesse de Henrique na África. Azurara também lhe creditou um genuíno desejo de aprender mais sobre o continente e suas possibilidades comerciais. "Se por acaso houvesse naquelas terras alguma população de cristãos"[9], escreveu Azurara, "ou alguns portos em que fosse possível navegar sem perigo, muitos tipos de mercadorias poderiam ser trazidos a este reino, [...] cujo tráfego levaria grandes proveitos a nossos compatriotas". Henrique também tinha alguns interesses muito específicos. "Porque todo sábio, por natural prudência, é constrangido a querer saber do poder de seu inimigo", continuou Azurara, "[Henrique] empenhou-se para que isto fosse descoberto, para determinadamente conhecer até onde chegava o poder daqueles infiéis". Henrique também procurou "saber se naquelas partes se achariam príncipes cristãos, em quem a caridade e o amor de Cristo fosse tão arraigado que o quisessem ajudar contra aqueles inimigos da fé". Isto, por sua vez, estava associado a um sentimento de missão evangélica — isto é, o "grande desejo [de Henrique] de aumentar a santa fé de nosso Senhor Jesus Cristo e trazer a ela todas as almas que se quisessem salvar".

Depois de prefaciar sua *Chronica* com estas descrições sobre as motivações de Henrique, Azurara abriu a obra em si celebrando uma façanha inédita: o contornar do lendariamente traiçoeiro Cabo do Bojador. O cabo, identificado hoje como Cabo Juby, que fica próximo ao ponto em que o sul do Marrocos se encontra com o extremo norte do Saara ocidental, próximo à latitude das Canárias, é aquele identificado na antiga carta catalã como "o fim da África e da terra ocidental". Bojador é, de fato, um cabo difícil de os marinheiros vencerem. Na região, poderosas correntes oceânicas correm perpendicularmente à costa por cima de recifes rasos, tornando perigosa a navegação perto da costa; e os ventos alísios que sopram do nordeste tornam tediosa a viagem de volta para Portugal, especialmente para as caravelas, como as usadas pelos portugueses, que não podiam avançar contra o vento. O que se dizia era que antes da época de Henrique era impossível passar pelo cabo — uma história que foi espalhada, muito provavelmente, pelos marinheiros do norte da África, para desencorajar os europeus de se aventurarem ao sul, para as águas do Atlântico, conhecidas por alguns como Verde Mar das Trevas. "Ninguém sabe o que há além deste mar"[10], havia escrito, no século XII, o geógrafo muçulmano Muhammad al-Idrisi, de Ceuta. "Ninguém conseguiu descobrir ao certo, por causa dos perigos à navegação causados pela escuridão impenetrável, pelas grandes ondas, pelas tempestades frequentes e os ventos violentos, e pela multidão de monstros marinhos."

Azurara aproveitou ao máximo a lenda do Bojador. "Até aquele tempo [de Henrique] nem por escritura nem por memória de alguns homens, nunca se soube ao certo a qualidade da terra que havia além do dito cabo. Bem que alguns diziam que São Brandão havia passado por ali, outros diziam que para lá foram duas galés e que nunca mais retornaram"[11] — uma referência à expedição dos Vivaldi, em 1291. Até a chegada de Henrique para provar que estavam errados, continuou Azurara, todos concordavam que o cabo simplesmente não podia ser atravessado.

> Isto, é claro, diziam os marinheiros, que depois deste cabo não há gente nem povoação alguma; a terra não é menos arenosa que os desertos da Líbia, onde não há água, nem árvores, nem ervas verdes; e o mar é tão baixo, que a uma légua de terra não tem mais que uma braça de profundidade. As correntes são tamanhas que qualquer caravela que lá passe jamais poderá voltar. E, portanto, nossos antepassados nunca tentaram passá-lo. E por certo seu conhecimento das terras além não era de pequena escuridão, já que não sabiam assentá-lo nas cartas, pelas quais o homem controla todos os mares que podem ser navegados.[12]

Supostamente, tais histórias apenas instigaram o bravo e nobre Henrique a prosseguir. A partir do início da década de 1420, conforme conta Azurara, o príncipe despachou uma série de expedições para o sul, ao longo da costa africana, cada uma delas com a missão expressa de dobrar o famoso cabo. A bordo estavam os mais experientes marinheiros e os mais ferozes guerreiros de Portugal; no entanto, "nenhum se atreveu a passar o Cabo do Bojador"[13], registrou Azurara. Até mesmo um escudeiro pessoal do infante D. Henrique, chamado Gil Eanes, tendo recebido a tarefa de dobrar o cabo em 1433, viu-se "tocado daquele mesmo temor"[14] que havia afligido seus antecessores, e "não chegou mais do que às ilhas Canárias, donde trouxe certos cativos e retornou ao reino".

Henrique não se curvaria. Mandou que Eanes voltasse ao Bojador em 1434, insistindo que ele "se esforçasse para passar aquele cabo" — e desta vez Eanes teve sucesso. Ele e seus homens navegaram ao redor do cabo e desembarcaram em uma praia a alguma distância dele, onde encontraram ervas de aroma doce, mas nenhum sinal de habitação humana. Eles não se demoraram ali. Com a missão cumprida, deram a volta e retornaram para casa para dar a boa notícia.

Felicíssimo, Henrique mais uma vez ordenou que Eanes voltasse a águas africanas, desta vez com instruções para navegar o máximo que conseguisse para lá do Bojador. Eanes dobrou o cabo com sucesso uma segunda vez e navegou cerca de 50 léguas além, rumo ao sul. Mais uma vez ele e seus homens desembarcaram em um trecho de costa desolado e desabitado. Mas dessa vez, segundo Azurara, depararam-se com algo novo: "pegadas de homens e camelos".

* * *

OS NAVEGANTES EUROPEUS na realidade já vinham explorando esta parte da costa africana havia décadas, desde pelo menos 1401. Alguns relatos dessas viagens, deliberadamente negligenciados por Azurara em sua *Chronica*, circularam em Portugal durante o período de vida de Henrique, e provavelmente tenham sido a razão de ele acreditar que o Cabo do Bojador podia ser atravessado.

Um relato com que Henrique provavelmente se deparou foi *As Canárias*. Escrito por dois padres que viviam na ilha de Lanzarotto, em 1402, quando Henrique tinha apenas 8 anos de idade, o livro relata uma tentativa impulsiva de dois franceses, Jean de Béthencourt e Gadifer de La Salle, de assumir o controle das ilhas Canárias. Nessa época, os europeus vinham explorando ao acaso as Canárias e outras ilhas atlânticas por mais de meio século, pelo menos desde a famosa viagem de Lancelotto Malocello. Uma série de diferentes cartas náuticas e mapas do fim do século XIV deixa claro que nessa época os marinheiros e geógrafos sabiam da existência do grupo de ilhas da Madeira, ao norte das Canárias, e dos Açores, um grupo ainda mais distante no Atlântico, a noroeste.

Béthencourt e La Salle queriam ter participação nas mercadorias que essas expedições estavam levando para casa — especialmente os escravos. Eles partiram em maio de 1402, e em poucos meses tinham conseguido tomar precariamente algumas das ilhas Canárias.

Concentraram a maior parte de sua atenção nas ilhas, mas também sonhavam com a conquista de territórios no continente africano, onde havia mais dinheiro a fazer. Sabiam que, apenas um ano antes de sua chegada nas Canárias, 15 marinheiros europeus tinham partido de Lanzarote para o Bojador, e regressado com um carregamento de escravos negros.

Os autores de *As Canárias* referem-se a esta invasão numa passagem à parte, e a própria indiferença da referência é reveladora: é uma descrição casual do que parece ter sido uma excursão rotineira das Canárias ao Bojador e de volta, feita mais de trinta anos antes de Gil Eanes tornar-se, supostamente, o primeiro europeu a visitar o cabo. O absoluto silêncio dos autores sobre o tema dos lendários perigos do cabo também sugere que, no início do século XV, pelo menos alguns europeus já conheciam esta parte da África muito melhor do que Azurara queria que seus leitores acreditassem — e tanto o Atlas Catalão (Gravura 6) quanto a carta Viladestes (Figura 46) confirmam isso. Logo abaixo do Cabo do Bojador, acompanhado da figura de uma embarcação europeia equipada com remos e uma vela, ambos os mapas se referem a uma expedição à região, em 1346, em busca do rio de Ouro.

Segundo *As Canárias*, Béthencourt e La Salle tinham planos de explorar o continente africano por uma considerável distância ao sul, para além do Cabo do Bojador. A seção de *As Canárias* que descreve esses planos faz suspeitamente pensar em um pedido de fundos, tendo em mente um rico príncipe europeu. Chegar à região era fácil, escreveram os dois homens, e também encontrar "pilotos que conhecessem os portos e esses países"[15]. As próprias Canárias estavam perfeitamente localizadas como base de suporte para ataques ao continente africano ocidental, e, ao contrário dos temíveis mouros do norte da África, os habitantes da costa saariana seriam facilmente derrotados pelos exércitos cristãos, porque eles "não têm armaduras nem qualquer conhecimento da arte da guerra". A própria terra era surpreendentemente convidativa: "plana, ampla e vasta; repleta de todas as boas coisas, com excelentes rios e grandes cidades."

Não é difícil imaginar o poderoso efeito que este apelo deve ter causado no jovem infante D. Henrique, que sonhava conquistar a fama. Ali estavam dois autores com uma experiência direta da África,

Em regiões africanas

praticamente implorando para que um príncipe como Henrique patrocinasse uma expedição à região além do Cabo do Bojador, e prometendo que o empreendimento seria fácil, lucrativo e estrategicamente vantajoso. Ninguém havia respondido ainda ao apelo, então quem melhor para aproveitar a ocasião do que o jovem e valente novo governador de Ceuta?

Os autores de *As Canárias* não se limitaram a descrever a costa noroeste da África. Descreveram também as maravilhas e riquezas a serem encontradas no interior africano. Eles próprios não haviam estado lá, admitiram, mas tinham lido a obra de alguém que o tinha: "o livro de um frade mendicante"[16] que viajara "por todos os países, cristãos, pagãos e sarracenos, daquelas partes".

Quatro manuscritos deste livro, do século XV, sobrevivem. Intitulado *O livro do conhecimento de todos os reinos* e escrita por um castelhano anônimo que pode ou não ter sido efetivamente um frade, a obra apareceu pela primeira vez na segunda metade do século XIV, durante os anos em que o infante D. Henrique e os portugueses estavam considerando a exploração da África. O autor apresentou um relato sucinto e minucioso das viagens que afirmou ter feito pelo mundo conhecido. Boa parte do livro é claramente fictícia; em alguns lugares o autor cobre grandes distâncias a velocidades impossíveis, em outras descreve países e povos que hoje se sabe não existirem: Gogue e Magogue no leste, a raça de homens com cabeças de cães, os cinocéfalos, no norte. Mas, assim como as *Viagens* de Mandeville, *O livro do conhecimento* fica na linha divisória entre o fato e a ficção.

Em *O livro do conhecimento*, a África é uma mistura frequentemente incipiente do real com o imaginário, um equivalente verbal do que aparece nas cartas catalãs da época. Partes da descrição da região do Bojador pelo menos têm a aura da verdade. "Viajei ao longo da costa por um longo tempo"[17], escreve ele, "e atravessei todas as praias arenosas desabitadas por homens, e cheguei a uma terra de pessoas negras, em um Cabo ao qual chamam de Buyder, que pertence ao rei da Guiné, próxima ao mar. E ali encontrei mouros e judeus. E saibam que do Cabo Buyder até o rio de Ouro vão 860 milhas". Quando, no entanto, o autor vai para o interior, seu itinerário rapidamente se torna uma mistura de rumores, lendas e estereótipos. Ele visita a cordilheira do Atlas e as comunidades do deserto do Saara. Viaja para leste, subindo o rio de Ouro rumo ao Nilo, parando ao longo do caminho para visitar alguns dos poderosos reis que vivem às suas margens. Depois de muito viajar ele chega à "Núbia e Etiópia"[18], uma região distante do leste da África que ele afirma ocupar "um quarto de toda a face da terra", e ali se encontra em terras cristãs, entre homens "negros como breu [que] se queimam na testa com o sinal da cruz"[19]. Os homens lhe contam histórias dos irmãos Vivaldi perdidos, cuja expedição, dizem, afundou em um rio na região, e que um parente deles, "um genovês a quem chamavam Sorleonis[20]", mais tarde passou procurando-os. (Um dos irmãos Vivaldi de fato tinha um filho chamado Sor Leone.) Os cristãos africanos que ele encontra contam sobre a localização do Paraíso Terrestre, que dizem poder ser encontrado no sul da África, do outro lado do equador, onde as águas do Paraíso descem "de montanhas muito altas que fazem limite com o círculo [esfera] da Lua [...] e fazem tanto barulho que o som pode ser ouvido a dois dias de viagem de distância"[21]. São as lendárias Montanhas da Lua, que os geógrafos desde a Antiguidade até a Idade Média haviam localizado na África e cujas quedas d'água podem derivar de alguma descrição antiga das Cataratas Vitória.

É neste ponto de suas viagens, entre os cristãos negros da África oriental, numa terra irrigada por todos os quatro rios do Paraíso, que o anônimo castelhano localiza o mais poderoso rei cristão do continente — um soberano que, segundo ele, "governa muitas grandes terras e muitas cidades dos cristãos"[22]. A identidade deste rei não seria uma surpresa. Ele é "Preste João, o patriarca da Núbia e Etiópia", escreve o autor.

Alcançar essas partes da África oriental talvez fosse possível para um frade mendicante a pé. Mas e para os navegadores portugueses? O autor de *O livro do conhecimento* não dizia se o rio de Ouro era navegável até tão para o interior. Mas descrevia outra rota que parecia oferecer às embarcações portuguesas uma forma de chegar à África Oriental. Não muito distante ao sul do rio de Ouro, afirmava, um imenso golfo atlântico cortava a África ocidental e se estendia até quase a Etiópia — um golfo identificado em alguns mapas e cartas do século XV como *Sinus Aethiopicus*, ou golfo Etíope. Um desses mapas — um mapa--múndi ao estilo catalão, desenhado por volta de 1450 e conhecido como Catalão-Estense — retrata o golfo quase exatamente como o autor de *O livro do conhecimento* (Figura 46) o descreve, e é justo presumir que tanto o mapa quanto o livro dão uma ideia do que o infante D. Henrique imaginou que seus marinheiros poderiam encontrar se seguissem a costa africana para o sul. Ambos pareciam afirmar que era impossível, ou pelo menos impraticável, que marinheiros europeus alcançassem a África oriental rodeando o continente, já que ele avançava muito pelo hemisfério sul. Mas ambas as obras sugeriam que seria fácil alcançar a África oriental por mar. Tudo o que era preciso fazer, segundo *O livro do conhecimento*, era virar a leste no golfo Etíope e navegar por 15 dias[23].

Figura 46: Mapa-múndi Catalão-Estense (c. 1450).
Na parte inferior esquerda está o suposto golfo Etíope, prometendo acesso fácil aos reinos da Índia Média da África oriental, ao oceano Índico e às ilhas das Especiarias.

* * *

SONHOS DE OURO e Preste João atraíram os portugueses para a costa africana — e também a busca de escravos.

Nos anos imediatamente posteriores à volta ao Cabo do Bojador, em 1433, os navegantes portugueses trouxeram poucas coisas de valor para casa. A descoberta mais promissora ocorreu em 1436, quando, cerca de 120 léguas ao sul do cabo, os navegantes de Henrique chegaram a um braço de mar que presumiram ser a foz do rio de Ouro. Novas investigações provaram que a teoria estava errada — mas também revelaram que o canal era um refúgio para milhares de gordos leões-marinhos banhando-se ao sol. Os animais ofereciam aos marinheiros pelo menos alguma esperança de lucro, escreveu Azurara, na forma de peles e óleos que podiam ser vendidos em casa, por isso os marinheiros procederam a uma "grande matança"[24] e retornaram com sua recompensa. O infante D. Henrique, detentor do monopólio sobre a produção de sabão em Portugal, declarou-se muito satisfeito.

Mas durante anos ele não mandou novas embarcações para a África ocidental. Em vez disso, dedicou seu tempo e energia, no ano seguinte, a um assalto português à cidade de Tânger, no norte da África, um empreendimento que se tornaria um dispendioso fracasso. Foi somente em 1441, quando a campanha de Tânger terminara, que Henrique mais uma vez voltou sua atenção para a costa da África ocidental — e quando o fez, segundo Azurara, retomou seus esforços de modo modesto, despachando uma única caravela, com 21 homens, em busca de mais leões-marinhos. A missão certamente parecia de pouca importância para o infante, que ainda estava curando seu orgulho ferido após o fiasco de Tânger. Mas a viagem representa um marco na história: o momento em que se pode dizer que o comércio escravagista português começou oficialmente na África.

Os marinheiros de Henrique conseguiram dobrar o Cabo do Bojador, localizaram e mataram mais leões-marinhos, e encheram sua caravela com peles e óleo. Mas então seu capitão os reuniu no deque para um discurso. Eles poderiam retornar para casa agora, disse-lhes, sabendo que tinham cumprido o que lhes tinha sido ordenado. Mas não seria uma vergonha chegar de volta a Portugal, continuou, "com tão pequeno serviço"[25]? Por que não honrar o infante D. Henrique e a si mesmos praticando uma façanha mais grandiosa? "Quão oportuno seria", declarou, "se nós, que viemos a esta terra atrás de um carregamento de uma mercadoria tão insignificante, tivéssemos a sorte de levar os primeiros cativos ante a presença do nosso príncipe". Excitados pelo discurso, os marinheiros aprovaram a proposta do capitão e partiram em busca de africanos para capturar.

Mais tarde naquele ano, após o primeiro carregamento de escravos africanos chegar a Portugal (dez deles, provavelmente, berberes), Henrique reconheceu que seus marinheiros tinham aberto a porta para algo grande. O comércio de escravos, claro, não era invenção portuguesa. Era uma prática antiga, considerada normal na maior parte do mundo. Por séculos, os mercadores haviam levado escravos do interior do norte da África para o Mediterrâneo, e no fim do período medieval mercadores genoveses tinham praticamente monopolizado o lado europeu do negócio. (No entanto, eles eram escravagistas oportunistas, que também administravam um lucrativo comércio no sentido contrário, levando para o Oriente Médio e o norte da África cristãos ortodoxos, pagãos da Europa oriental, mongóis e vários prisioneiros de guerra da Europa e Ásia Central.)

Quando os navegantes portugueses começaram a trazer escravos para a Europa, Henrique se deu conta de que podia obter grandes lucros eliminando os intermediários árabes e genoveses, que por tanto tempo haviam dominado o comércio de escravos do norte da África com a Europa. Azurara afirmou que Henrique também tinha um objetivo mais nobre em mente quando começou a supervisionar a captura e escravização de cada vez mais africanos: "a salvação das almas perdidas dos pagãos."[26] Henrique estava fazendo um favor a seus cativos. "Pois embora seus corpos estivessem agora sob alguma sujeição", explicou Azurara, "isso tinha pouca importância em comparação com suas almas, que agora possuiriam a verdadeira liberdade para todo o sempre".

Seguiu-se um alvoroço de incursões portuguesas em busca de escravos na década de 1440. Grandes cargas de "cativos mouros", assim identificados por Azurara, eram aprisionadas cada vez mais ao sul do Bojador; alguns deles eram arrancados diretamente de canoas feitas de tronco quando iam receber ou negociar com os navios portugueses. Em

Portugal, os céticos que antes haviam reclamado das grandes despesas dos empreendimentos africanos de Henrique repentinamente mudaram de atitude ao notarem "as casas dos outros cheias de homens e mulheres escravos"[27]; tomados de inveja, escreveu Azurara, tiveram de "transformar a acusação em exaltação pública". Como líder de um programa de descobrimentos e conquistas com décadas de duração, Henrique finalmente foi reconhecido por seu povo por aquilo que realmente era: um novo Alexandre, o Grande.

Embora Azurara descrevesse a perspectiva deste novo comércio de escravos como um "prazer"[28], ele também demonstrou uma rara compaixão pelos cativos. Ele o fez memoravelmente numa passagem que descrevia o desembarque de um grande carregamento de escravos na cidade portuária de Lagos, na costa sul de Portugal. A passagem — uma das mais antigas descrições do comércio de escravos a levar em conta a perspectiva destes — recria uma cena triste que certamente é tão antiga quanto a própria instituição da escravidão.

O desembarque de escravos aconteceu no dia 8 de agosto de 1444. Os navios portugueses tinham ancorado no porto dois dias antes, e a notícia de seu carregamento tinha se espalhado rapidamente. Bem cedo de manhã, quando os marinheiros se preparavam para desembarcar seus escravos, uma grande multidão de residentes da cidade se reuniu em um campo próximo, muitos deles tendo interrompido o trabalho do dia — "com o simples propósito", escreveu Azurara, de "observar esta novidade". Uma vez em terra, os escravos foram agrupados no campo. Foi uma "visão maravilhosa", relatou Azurara, mas então ele mudou seu ponto de vista.

> Que coração seria tão duro a ponto de não ser trespassado com sentimentos de pena ao ver aquele grupo? Pois alguns mantinham suas cabeças baixas e seus rostos banhados em lágrimas, olhando uns para os outros; outros gemiam muito dolorosamente, olhando para os céus; [...] outros cobriam seus rostos com as palmas de suas mãos, lançando-se, estendidos, ao chão; outros lamentavam na forma de um canto triste. [...] Mas, para aumentar sua dor ainda mais, chegaram os responsáveis por dividir os cativos, e começaram a separar uns dos outros, [...] e então foi necessário separar

filhos dos pais, mulheres dos maridos, irmãos dos irmãos. […] Tão logo eles os colocavam em uma parte, os filhos, vendo seus pais em outra, levantavam-se com grande energia e corriam para eles; as mães agarravam seus outros filhos nos braços e se lançavam no chão com eles.

Entre os observadores estava o infante D. Henrique, que aparentemente arranjou todo o evento para poder anunciar a recém-encontrada lucratividade de seus dispendiosos empreendimentos africanos. Montado num vigoroso cavalo e cercado por um séquito real, Henrique observou os procedimentos com satisfação. "Ele ponderou com grande prazer"[29], escreveu Azurara, "na salvação daquelas almas que antes estavam perdidas". Mas ele também tinha os lucros em mente. No ano imediatamente anterior, em 1443, seu irmão mais velho, Pedro, agora regente de Portugal, tinha lhe concedido os direitos exclusivos de navegação e comércio ao sul do Cabo do Bojador. A partir desse momento, qualquer um que quisesse navegar para aquelas águas teria de primeiro obter a aprovação de Henrique, e ao retornar teria de entregar um quinto de seu carregamento a ele — o assim chamado Quinto Real.

Depois de obter a concessão de Pedro, Henrique reduziu o número de expedições que ele próprio organizava para explorar a costa da África ocidental. Mais uma vez ele passou a projetar e implantar uma série de planos temerários para conquistar o norte da África, algo que o preocuparia pelo resto de sua vida. Mas a exploração da costa não parou. Nobres e mercadores em busca de fama e lucro na África ocidental começaram a pedir permissão a Henrique para lançarem suas próprias expedições particulares, e ele lhes concedia liberalmente as licenças.

As coletas fáceis ao longo da costa saariana tinham agora desaparecido. Os africanos que viviam ao longo da costa saariana sabiam que deviam fugir para o interior ao avistarem as caravelas portuguesas. Assim, os traficantes de escravos e os homens em busca de lucros patrocinados por Henrique tiveram de ir cada vez mais para o sul em busca de vítimas inadvertidas, e o resultado foi inevitável. Em 1444, um escudeiro português chamado Diniz Diaz partiu para o mar e, de acordo com Azurara, "não baixou as velas até ter passado a terra dos mouros e chegado à terra dos negros"[30].

A terra dos negros. Ali estava, finalmente, a região subsaariana tão vividamente exposta nas cartas catalás. A terra era verde e viçosa, uma visão surpreendente após a aridez da costa saariana. Grandes rios se abriam para o mar em vários pontos ao longo da costa, e qualquer um deles poderia ser o rio de Ouro, começaram a imaginar os navegadores. Diaz e seus homens pegaram quatro cativos negros — "os primeiros a serem capturados pelos cristãos"[31] — e então continuaram a navegar para o sul até se depararem com uma visão ainda mais admirável: uma península vulcânica na costa do atual Senegal, à qual chamaram de Cabo Verde.

Embora não soubessem, Diaz e seus homens tinham alcançado o ponto mais ocidental da África, aproximadamente 15 graus acima do equador. O que *sabiam*, e o que deve tê-los excitado ao ver, era que além desse cabo rumo ao sul, a costa começava uma gradual curva para o leste. Qualquer um que conhecesse as cartas catalás da época teria compreendido o significado disso: os portugueses tinham chegado ao golfo Etíope. Azurara resumiu a euforia do momento colocando palavras na boca de um marinheiro que chegou a Cabo Verde no ano seguinte. "Continuemos por todos os meios"[32], disse o marinheiro a seu capitão, depois de terem alcançado o cabo, "até o Paraíso Terrestre".

*   *   *

A notícia de que os portugueses tinham chegado à Guiné, como era frequentemente chamada a terra dos negros, correu rapidamente pela Europa. Como esperado, os italianos foram alguns dos primeiros a se utilizar dessa notícia. Cada vez mais mercadores de Gênova, Veneza e Florença começaram a se estabelecer na Espanha e em Portugal. Aos poucos, foram fazendo viagens cada vez mais distantes ao longo da costa da Guiné em busca de mercadorias para comercializar e logo se deram conta de algo que Henrique, com sua fixação por Cruzada, e seus escudeiros não pensaram: que era mais fácil, seguro e rentoso negociar os escravos com os habitantes locais do que tentarem eles mesmos apanhar os cativos. Para Azurara, a chegada dos mercadores e sua abordagem prática à exploração da África ocidental representavam o fim de uma era. A fase heroica dos descobrimentos portugueses tinha acabado, achava ele, e, portanto, decidiu terminar sua *Chronica* em 1448. "Após este ano"[33], explicou, "os feitos daquelas partes foram, daí para a frente, tratados mais por meio do tráfico e da barganha de mercadores do que pela bravura e trabalho das armas".

Mas não foram apenas os mercadores e marinheiros que notaram os descobrimentos africanos de Portugal. Por décadas, desde a invasão de Ceuta, os portugueses tinham se esforçado — e com sucesso — para convencer a Igreja de que suas viagens de invasão ao longo da costa da África ocidental eram parte de uma campanha de Cruzada organizada contra os mouros. O infante D. Henrique foi muito útil nesse esforço, e de fato ninguém em Portugal tinha melhores credenciais para o serviço. De 1419 até o fim de sua vida, em 1460, ele liderou o ramo português da Ordem de Cristo (uma organização que sucedeu aos Templários), e nessa condição escreveu repetidamente à Igreja em Roma relatando seus valentes esforços para arrancar a África ocidental dos infiéis.

As notícias de Portugal agradavam à Igreja. Durante a primeira metade do século XV, uma sucessão de papas emitiu uma série de decretos oficiais, ou bulas, dando sanção religiosa à conquista portuguesa de todos os territórios africanos que ainda não estavam em mãos cristãs. A mais famosa e influente dessas bulas, cujas palavras os estudiosos já mostraram derivar quase diretamente dos próprios portugueses, apareceu em 13 de março de 1456. Formalmente intitulada *Inter caetera*[34], a bula tem sido frequentemente descrita como "a carta do imperialismo português", e com boas razões. Observando que o infante D. Henrique e o rei de Portugal tinham "conquistado para a religião cristã" muitas "ilhas, terras, portos e locais situados no oceano rumo à costa sul na Guiné", a bula concedeu à Ordem de Cristo de Portugal, com Henrique à frente, jurisdição e poder espiritual sobre as terras que se estendem "do Cabo do Bojador e Não até a Guiné, e correndo por toda a costa sul até as Índias" — uma provável referência aos habitantes da África ocidental, não da Ásia.

O próprio papa não lidava diretamente com a correspondência dos portugueses sobre suas viagens africanas, nem redigia as bulas que as sancionava. Isso era função de seus secretários; e na década de 1440, quando os portugueses chegaram à Guiné, muitos desses secretários eram humanistas italianos. Entre eles estava Poggio Bracciolini, o florentino que tinha ganhado fama como caçador de livros durante o Concílio de Constança. Poggio já redigira[35] pelo menos uma bula relativa à exploração portuguesa no Atlântico, e agora, nos anos 1440, com acesso privilegiado aos relatórios com que o infante D. Henrique alimentava a Igreja, ele e seus colegas acompanhavam com crescente empolgação o avanço dos descobrimentos portugueses para o sul. Eles perceberam que os portugueses estavam abrindo um surpreendente e novo capítulo na história da exploração — e que poderia solucionar de uma vez por todas aquelas questões não resolvidas sobre as terras no hemisfério sul e a vida na zona tórrida.

Ansiosos para aprender tudo o que pudessem, Poggio e seus colegas assediaram seus amigos portugueses na cúria com perguntas sobre os descobrimentos africanos de Henrique. Poggio chegou a escrever ao próprio infante D. Henrique, em 1448, numa carta que capta maravilhosamente o espírito com que ele e outros humanistas tinham começado a interpretar as descobertas africanas de Portugal. Ele comparou as realizações de D. Henrique às de Alexandre, o Grande, e Júlio César, e prosseguiu transformando-o num símbolo do empreendimento humanista — uma heroica figura moderna cujas descobertas primeiramente se basearam nas dos antigos e depois as excederam. "Quando perguntei a meus muitos amigos portugueses sobre suas façanhas"[36], escreveu ele a Henrique, "fui informado de que, movido por certa grandeza de alma e incitado pelo propósito da virtude, o senhor navegou com diversas trirremes ao longo das mais distantes costas do Mar Oceano e foi aonde nenhum dos antigos, seja imperador ou rei, jamais foi, até onde tenhamos ouvido ou lido. Pois dizem que o senhor foi ao extremo sul da África e até chegou à Etiópia".

Os portugueses, por sua vez, reconheciam que os humanistas tinham muito a lhes oferecer em troca: contínuo apoio papal a suas aventuras africanas, uma extensa rede eclesiástica e política dentro da qual divulgar seus esforços e — graças ao crescente conhecimento dos humanistas sobre a geografia clássica — acesso ao que os antigos gregos e romanos haviam ensinado sobre a África.

Foi um relacionamento que nas décadas seguintes só se fortaleceria; e com ele, italianos e portugueses começaram a pensar de forma semelhante. Com a notável exceção de Ptolomeu, quase todas as autoridades latinas e gregas que haviam debatido a África descreviam-na cercada por água. Era o que os *mappaemundi* tradicionais também mostravam. Portanto, quando os relatórios dos marinheiros portugueses começaram aos poucos a chegar informando que a costa africana virava para o leste, logo abaixo de Cabo Verde, as pessoas passaram a pensar: e se os portugueses não estivessem realmente navegando para o golfo Etíope? E se tivessem descoberto uma passagem logo abaixo do próprio continente?

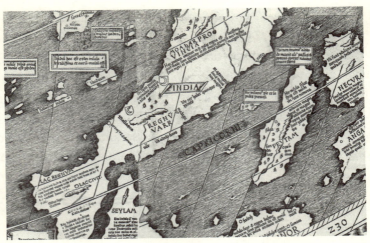

❖ Índia e ilhas das Especiarias ❖

CAPÍTULO ONZE

HOMENS INSTRUÍDOS

Sabemos muito bem que Ptolomeu era desconhecedor de muitas coisas.[1]

— Flavio Biondo (1453)

Em algum momento entre 1415 e 1420 — enquanto a Igreja conduzia seu concílio em Constança e os portugueses firmavam sua presença em Ceuta —, um jovem mercador veneziano chamado Niccolò Conti deixou a Itália para fazer negócios em Damasco. Durante as duas décadas seguintes ele viajaria pelo Oriente Próximo até a Índia e além, antes de finalmente retornar à Itália, cerca de 25 anos depois. O que ele tinha para relatar sobre suas viagens iria instigar os europeus a voltarem a olhar para uma parte do mundo que há décadas estivera fora de seu alcance: o Extremo Oriente. Muitas das histórias que Marco Polo relatara sobre a região eram verdadeiras, informou Niccolò.

Em muitos aspectos, o relato de Niccolò repetia o de Marco. "Hereges, chamados de nestorianos, estão espalhados por toda a Índia"[2], afirmou, "tal como os judeus estão entre nós". Velejando para o leste a partir da Índia, ele chegara a uma imensa ilha conhecida por seus habitantes como Sumatra; ela tinha cerca de 10 mil quilômetros de perímetro, produzia uma abundância de pedras e metais preciosos, especiarias e frutas, e era lar de canibais e idólatras. Ele viajara para leste, além de Sumatra, até outras duas ilhas enormes, Java Maior e Menor, e ali — "para os confins extremos do mundo"[3] — ouvira histórias de ilhas ainda mais para o leste, cujos habitantes de pele escura comercializavam especiarias e papagaios com os javaneses. Este parecia ser o mesmo vasto arquipélago do oceano Índico que Marco Polo descrevera ao navegar por ele — e Niccolò confirmou que ele se estendia abaixo do equador. "Os nativos da Índia"[4], relatou, "guiam suas embarcações principalmente pelas estrelas do hemisfério sul, já que raramente veem as do norte. Não estão acostumados ao uso da bússola, mas medem seus rumos e as distâncias dos lugares pela elevação e depressão do polo".

Na Ásia, Niccolò também viajou por terra, passando por regiões de Burma, Tailândia e Vietná. Não alcançou o Catai, mas contou histórias que tinha ouvido sobre ele. Era a mais distante das três Índias: aquela que "excede as outras em riqueza, humanidade e refinamento, e assemelha-se ao nosso próprio país em estilo de vida e civilização"[5], onde "os homens são extremamente humanos", "os mercadores, muito ricos" e "as casas, palácios e outros ornamentos assemelham-se aos da Itália"[6].

Quando finalmente decidiu retornar para casa, Niccolò voltou para a Índia, dando a volta na extremidade sul da Arábia e entrando pelo mar Vermelho. Agora casado e com quatro filhos a reboque, ele parou brevemente em portos ao longo da costa da Etiópia e depois seguiu para Meca, na Arábia, no outro lado do mar Vermelho. De Meca, Niccolò planejava percorrer o último trecho de sua jornada por terra, mas não foi bem recebido entre os árabes. Desconfiados de suas intenções, eles o forçaram e à sua família a se converterem ao islã, e só depois disso é que foi autorizado a se juntar a uma caravana de mercadores até o Cairo, para de lá retornar à Itália.

Ao chegar em casa, uma das primeiras coisas que Niccolò fez foi buscar redenção do papa Eugênio IV por se ter convertido ao islã. Mas descobriu que o papa não estava em Roma. Tinha viajado para Florença, onde um novo concílio da Igreja acabava de começar. Grandes grupos de delegados internacionais haviam aterrissado na cidade para o evento, assim como acontecera em Constança, e desta vez eles chegavam não apenas de todos os cantos da Europa, mas de todo o mundo cristão. Com o Cisma Papal solucionado, os delegados haviam dado início a um esforço para resolverem as diferenças entre os ramos oriental e ocidental da cristandade. Como o Concílio de Constança, este novo concílio teria uma influência duradoura sobre o pensamento geográfico europeu — em grande parte por causa das histórias que Niccolò Conti contaria ali.

* * *

A DELEGAÇÃO GREGA ao concílio chegou em fevereiro de 1439[7]. Liderada por João VIII Paleólogo, o imperador de Constantinopla, era composta por duzentos bizantinos notáveis e cerca de setecentos homens no total — uma ilustre assembleia de clérigos e eruditos, que imediatamente impressionou e divertiu os florentinos com seus chapéus adornados com joias, seus cabelos despenteados, barbas longas, mantos de seda profusamente bordados e sobrancelhas pintadas. A própria delegação estava ali obrigada. Sua capital estava mais uma vez ameaçada. Os turcos, que no início do século haviam tido que abandonar seu cerco a Constantinopla para lutarem no leste contra Tamerlane, o senhor da guerra mongol, tinham retomado a campanha para tomar a cidade. Os bizantinos reconheciam que sua única esperança de resistir ao avanço turco era tentar forjar uma aliança militar com as forças cristãs da Europa. Isto significava a necessidade de uma reunião com a Igreja latina, por mais detestável que fosse, e, no final da década de 1430, o imperador convencera muitos de seus mais destacados cidadãos a engolirem o orgulho e se juntarem a ele numa nova missão na Itália e no Ocidente.

O papa Eugênio também convidou representantes das igrejas cristãs orientais para participarem do concílio. Conforme escreveu em uma carta, ele esperava "que a Igreja católica espalhada pelo mundo fosse uma, que sentisse e pensasse de forma semelhante, e que houvesse um rebanho sob um só pastor"[8]. A resposta foi impressionante. Delegações de armênios, caldeus, coptas, etíopes, georgianos, gregos, maronitas, nestorianos e russos dirigiram-se a Florença, e durante mais de dois anos, de 1439 a 1442, a cidade ofereceu aos florentinos uma antevisão, em microcosmo, de como seria um novo império cristão global sob soberania romana. Em suas magníficas e novas igrejas e praças públicas renascentistas, em suas pitorescas pontes de pedra medievais, ao longo de suas estreitas ruas pavimentadas, em seus alvoroçados mercados e estalagens, os florentinos pareciam encontrar, por toda parte, uma exótica variedade de povos, culturas e idiomas, como nunca tinham se reunido na Europa desde a Antiguidade romana.

Os bizantinos eram os que mais chamavam atenção, e não apenas por razões religiosas. Sua presença na cidade entusiasmava os humanistas. Se Coluccio Salutati conseguira engendrar um florescimento de estudos gregos na Itália trazendo a Florença apenas um homem, Manuel Chrysoloras, o que poderia acontecer com centenas dos melhores e mais inteligentes homens de Bizâncio na cidade? Duas décadas antes, o Concílio de Constança havia incentivado drasticamente o estudo da língua e literatura latinas, e o Concílio de Florença poderia fazer o mesmo agora pelas gregas. Como as igrejas do Oriente e Ocidente há muito separadas, os dois mundos de erudição clássica há tanto tempo divididos poderiam finalmente se reunir. Os humanistas e clérigos latinos também partilhavam de uma intenção política; eles pretendiam conduzir a união nos *seus* termos. Assim como os novos romanos, eles devolveriam os greguinhos à condição secundária que haviam ocupado no auge do poder de Roma, e retomariam o controle do que era seu por direito: o legado político e cultural da Antiguidade.

Portanto, todos os olhos estavam voltados para o Oriente quando o penitente Niccolò Conti chegou a Florença procurando a redenção por sua conversão ao islã. Conti conseguiu obter uma audiência com o papa, que ficou tão fascinado com o que ele tinha a dizer que pediu a um de seus secretários papais para redigir suas histórias. O homem a quem recorreu foi Poggio Bracciolini.

Poggio agarrou avidamente a tarefa. As atividades oficiais no concílio estavam se tornando tão lentas e enfadonhas para ele quanto tinham sido em Constança. Por meses a fio, os altos representantes das igrejas latina e grega vinham negociando questões arcanas de controvérsia teológica. A principal delas era o pronunciamento da famigerada Cláusula Filioque ("e do Filho") no Credo Niceno. "Cremos no Espírito Santo", diziam os gregos, "gerado do Pai". "Cremos no Espírito Santo", diziam os latinos, "gerado do Pai *e do Filho*". Avançavam e retrocediam. E avançavam e retrocediam.

Enquanto o concílio se arrastava, os humanistas de Florença perceberam que podiam animar o evento para si mesmos convocando simpósios eruditos informais e convidando visitantes à cidade para participar. Em pouco tempo estes simpósios — encontros a que Poggio iria se referir como "as reuniões de homens instruídos"[9] — ganharam vida própria. Escapando de reuniões oficiais durante o dia e encontrando-se novamente em casas particulares à noite, os humanistas e seus convidados reuniam-se para partilhar ideias, debater teorias, comparar notas e trocar manuscritos raros. O que acontecera duas décadas antes em Constança voltava a acontecer agora — e mais uma vez a conversa voltava-se frequentemente para a geografia. De sua parte, Poggio estava encantado com a ideia de que esses simpósios poderiam expandir seu conhecimento do mundo. "Fui tomado pelo desejo de aprender essas coisas que parecem ter sido desconhecidas dos antigos escritores e filósofos, e também de Ptolomeu"[10], escreveu.

*　*　*

QUE TIPO DE DISCUSSÕES geográficas ocorreu durante o concílio? Os detalhes não surgem com facilidade, mas alguns *flashes* momentâneos de iluminação aparecem nos registros históricos e revelam, com qualidade estroboscópica, que homens instruídos de Florença, em tempos e lugares diferentes, esforçavam-se para levantar o máximo possível de informações com a multidão de viajantes e eruditos que de repente chegaram à cidade. Pode-se vislumbrar o físico e matemático Paolo dal Pozzo Toscanelli conversando com um monge etíope sobre a geografia da África. Um respeitável erudito bizantino chamado Jorge Gemisthos Plethon discute as teorias de Ptolomeu e outros geógrafos gregos com os humanistas. Toscanelli e Plethon, juntos, debruçam-se sobre o mapa ptolomaico do norte da Europa feito por Claudio Clavus, o dinamarquês. Membros da delegação ortodoxa de Kiev respondem a perguntas sobre territórios russos e outros do norte. Poggio e seu colega Flavio Biondo interrogam avidamente uma delegação de etíopes sobre o tamanho de seu país, os nomes de suas cidades e vilas, a nascente do Nilo e sobre as estrelas em seu céu noturno. Por intermédio de um fraco intérprete, Poggio conversa com um nestoriano da Ásia Central e o entende dizer que o Grande Khan ainda governa grande parte do Oriente. Embora díspares e fragmentadas, estas imagens mesmo assim revelam os eruditos de Florença envolvidos no que viria se tornar uma das iniciativas definidoras da geografia humanista do século XV: a tentativa de construir um novo retrato do mundo comparando e contrastando relatos geográficos antigos e modernos.

Nada poderia oferecer aos humanistas uma melhor oportunidade de promover esse esforço do que a feliz chegada de Niccolò Conti. Baseado nas histórias contadas por Niccolò a Poggio em privado, e outras relatadas nas reuniões dos eruditos, Poggio produziu um relato escrito das viagens de Niccolò. O registro, que viria a se tornar o Volume IV de uma obra maior de autoria de Poggio, intitulada *Sobre a vicissitude da sorte*, é frequentemente visto como um relato direto do que Niccolò contou a Poggio. Mas, na realidade, é um registro apenas do que Poggio considerou mais digno de nota nas viagens de Niccolò. Por essa razão, revela tanto os interesses dos geógrafos florentinos de meados do século quanto as próprias experiências de Niccolò.

Poggio não deixou qualquer dúvida sobre qual realização de Niccolò ele considerava mais digna de menção. "Até onde nossos registros informam"[11], escreveu, "ele foi mais longe do que qualquer outro viajante anterior, pois atravessou o Ganges e viajou para muito além da ilha da Taprobana, um ponto ao qual nenhum europeu ainda havia chegado, com exceção de um comandante da frota de Alexandre Magno e um cidadão romano da época de Tibério Cláudio César, tendo ambos sido conduzidos para lá por tempestades".

Esse único comentário diz muito. Poggio está tentando entender uma viagem moderna num contexto geográfico antigo. É quase certo que Niccolò não tenha feito a conexão sugerida por Poggio entre Sumatra e Taprobana; ele era um mercador, não um erudito. É muito provável que ele tenha contado tanto quanto conseguia se lembrar de suas viagens e depois os humanistas tomaram as rédeas, tentando perceber aonde Niccolò havia ido folheando suas cópias de Plínio, Mela e Ptolomeu, e estudando o Extremo Oriente conforme aparecia nos *mappaemundi*, nas cartas náuticas e nos mapas de Ptolomeu.

O comentário de Poggio também revela outra coisa importante. Mostra que ele acreditava em um emergente artigo de fé humanista:

que finalmente os europeus modernos estavam preparados para ultrapassar o alcance e o poder que gregos e romanos haviam obtido no auge de seus impérios. Entender a extensão desse futuro império era tão importante para os humanistas — e para a Igreja à qual tantos deles serviam — quanto entender o antigo império. Ao se esforçarem para se adaptar ao dilúvio de novas informações geográficas que surgiam na Europa em meados dos anos 1400, os humanistas começaram a perceber que Ptolomeu lhes dera uma forma de mapear não apenas o mundo do passado, mas também o do presente. Em outras palavras, começava uma nova fase no acolhimento da *Geografia*; os humanistas começaram a sonhar com a ampliação do mundo de Ptolomeu para o leste e para o sul, tal como Claudio Clavus, o dinamarquês, fizera para o norte.

* * *

O ORADOR MAIS CATIVANTE a frequentar as reuniões dos instruídos no Concílio de Florença era o erudito bizantino Jorge Gemisthos Plethon. Para os humanistas que o ouviam, ele era um profeta, "outro Platão"[12]. Um neopagão octogenário, com cabelos prateados e ondulados, Plethon havia viajado para Florença como membro mais velho da delegação grega oficial, mas se interessava mais por filosofia do que por religião. Durante os eventos oficiais, seu estilo era taciturno, mas nos simpósios humanistas ele se animava, especialmente em uma famosa série de preleções que fez sobre Platão, cujas obras, afirmava ele, tinham sido injustamente ofuscadas pelas de Aristóteles no Ocidente. As preleções de Plethon empolgaram tanto a Cosimo de Médici que após o concílio ele patrocinou a criação de uma academia florentina especial dedicada à tradução e ao estudo de Platão.

Além de ser paladino de Platão, Plethon apresentou aos humanistas seu geógrafo grego favorito: o historiador Estrabão, que nas primeiras décadas do século I havia escrito uma obra gigantesca também conhecida como *Geografia* ou *Esboços geográficos*. O livro, ainda não traduzido para latim, era um desconexo resumo narrativo de erudição e saber gregos que Estrabão destinava a "estadistas e comandantes"[13], e Plethon insistia ser muito recomendável.

Estrabão diferia acentuadamente de Ptolomeu em algumas questões geográficas importantes. Muito notavelmente, Ptolomeu dizia que o oceano Índico era circunscrito — cercado em três lados pelo mundo conhecido, e um quarto, ao sul, por uma terra desconhecida. Isto tornava a Taprobana e as outras ilhas do oceano Índico inacessíveis a navegadores que velejassem da Europa; a única maneira de os mercadores europeus as alcançarem, portanto, parecia ser por terra, através dos territórios muçulmanos na Terra Santa e Oriente Próximo. Mas Estrabão discordava. "Homero declara que o mundo desabitado é banhado por todos os lados pelas ondas do oceano"[14], escreveu ele, "e isto é fato". Em outras palavras, o oceano Índico não era circunscrito, e aqueles arquipélagos deslumbrantes descritos por Marco Polo e Niccolò Conti podiam afinal ser acessíveis aos navegadores europeus.

Os europeus tinham boas razões para desejar que fosse esse o caso. Os turcos estavam tomando rapidamente o controle do Oriente Próximo e guardando para si uma parte maior dos lucros do comércio de especiarias. A ideia de navegar diretamente para o Extremo Oriente, portanto, começou a ganhar novo atrativo na Europa, notadamente entre os italianos, que dominavam o lado europeu do comércio. Recém-interessados na região, graças aos relatos de Ptolomeu, Estrabão e Niccolò Conti, mercadores e eruditos da Itália buscaram mais informações sobre a região, e isto inevitavelmente os levou de volta à *Descrição do mundo* de Marco Polo. As histórias de Niccolò, em particular, fizeram com que as de Marco de repente parecessem muito mais críveis. "Eu, Jacomo Barbarigo"[15], escreveu um veneziano numa cópia do Livro de Marco feita na época do Concílio de Florença, "li o presente livro de Marco Polo e descobri que muitas coisas que ele conta são verdadeiras, e isto testemunho por intermédio da revelação do senhor Niccolò Conti, que passou longo tempo nessa parte da Índia, e igualmente por intermédio de muitos mercadores mouros com quem falei".

Por mais de um século depois de Marco Polo escrever seu Livro, os geógrafos que tentavam compreender seu relato não conseguiram formar uma imagem mental uniforme do mundo sobre a qual pudessem tentar projetar os lugares que ele descrevera. Mesmo o retrato do mundo apresentado por Ptolomeu na *Geografia* não era de grande ajuda, porque Marco, e Niccolò Conti depois dele, havia claramente viajado para além dos limites da *oikoumene* de Ptolomeu. Mas quando os humanistas começaram a se concentrar no desenvolvimento de uma visão expandida do Oriente, com o auxílio de relatos tanto antigos quanto modernos, perceberam que Ptolomeu realmente podia ajudá-los. Expansível em todas as direções e concebido segundo os princípios da consistência matemática, seu sistema de mapeamento permitiria, pela primeira vez, aos geógrafos de toda a Europa consultar — e atualizar — este mesmo mapa.

* * *

COMO PODERIAM OS EUROPEUS realmente chegar ao Extremo Oriente por mar? Estrabão dava algumas pistas. "Os etíopes"[16], escreveu ele, "vivem nos confins da terra, às margens do oceano". Em outras palavras, a África era habitável até seus limites ao sul, e nesses limites ela encontrava o oceano — o que significava que deveria ser possível circundá-la. Na verdade, o historiador grego Heródoto afirmava que a façanha já fora realizada. "Quanto à Líbia [África]", escreveu ele no século V a.C.,

> sabemos que é banhada pelo mar por todos os lados, exceto onde está ligada à Ásia. Esta descoberta foi feita por Necos, o rei egípcio, que ao desistir do canal que ele iniciara entre o Nilo e o golfo Arábico, enviou por mar alguns navios tripulados por fenícios, com ordens de navegarem até os Pilares de Hércules e retornarem ao Egito através deles. [...] Os fenícios partiram do Egito pelo mar da Eritreia [mar Vermelho] e assim navegaram pelo oceano ao sul. Quando chegou o outono, eles desembarcaram, onde quer que estivessem, e tendo semeado uma extensão de terra com grãos, aguardaram até que o cereal estivesse pronto para a colheita. Tendo-o colhido, novamente partiram; e assim aconteceu de passarem dois anos inteiros, e não foi senão no terceiro ano que dobraram os Pilares de Hércules e deram por bem-sucedida sua viagem para casa.[17]

Homens instruídos

Os humanistas haviam lido afirmações semelhantes nas obras de suas próprias autoridades latinas. Plínio, o Velho, falou de uma frota de naves que partira da grande e antiga cidade de Cartago, no norte da África, e explorara com sucesso "o circuito da África"[18]. Pompônio Mela referiu-se à África como sendo "confinada a leste pelo Nilo e por todos os outros lados pelo mar", e prosseguiu descrevendo o formato do continente com tanta confiança que pareceu estar se apoiando em relatos diretos. "Na verdade, a [África] é mais comprida do que larga", escreveu ele, "e é mais larga onde toca o Nilo". No sul, acrescentou, ela "se afila delicadamente numa ponta"[19].

Normalmente se diz que os europeus do século XV não tinham ideia do tamanho, formato e circum-navegabilidade da África. Em grande medida, isso é verdade: os portugueses de fato não sabiam o que iriam encontrar conforme navegassem para o sul. Mas pelo menos alguns europeus tinham uma ideia do que poderiam esperar.

Mesmo durante tempos de grande conflito entre cristãos e muçulmanos, os mercadores italianos mantiveram contatos ativos com mercadores árabes e otomanos, e aprenderam muito com eles sobre regiões do mundo que eles próprios não podiam alcançar. No século XV, os comerciantes muçulmanos navegavam regularmente pelo oceano Índico e viajavam para o Extremo Oriente. O entendimento que tinham da geografia da região era de longe superior ao da maioria dos europeus, e é bem possível que durante o tempo que passaram no Oriente alguns viajantes muçulmanos tenham encontrado mapas como o famoso Mapa Kangnido — uma cópia, produzida em meados ou no final do século XV, de um mapa feito na Coreia em 1402, e a mais antiga da tradição cartográfica chinesa ainda existente (Figura 47).

O mundo conforme retratado no Mapa Kangnido, e conforme os mercadores muçulmanos podem tê-lo descrito a colegas no Ocidente, teria sido uma visão bem-acolhida pelos europeus do século XV recém-fixados no Extremo Oriente. No lado oriental do mapa, o sul da China, há um reino formado por ilhas numerosas: exatamente o tipo de região que Marco Polo e Niccolò Conti haviam descrito. Para o ocidente está a Índia, uma península gigantesca estendendo-se profundamente para o sul pelo oceano Índico. O oceano Índico é aberto e em seu lado ocidental está uma África claramente reconhecível — e circum-navegável.

Durante as primeiras décadas de 1400 apareceram alguns mapas na Europa que também sugeriam um conhecimento do verdadeiro formato da África. Um deles é o mapa-múndi de Albertin de Virga, feito em Veneza entre 1411 e 1415 (Figura 48). Desenhado antes mesmo de os portugueses terem tomado Ceuta, e provavelmente incorporando informações obtidas de mercadores muçulmanos ou chineses, o mapa retrata confiantemente o continente abaulando-se para o ocidente ao norte, e depois se afilando sensivelmente numa ponta ao sul.

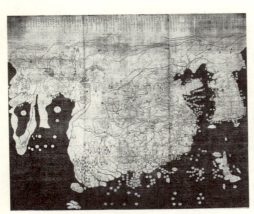 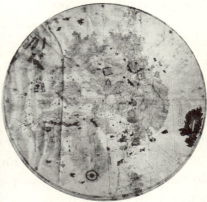

Figuras 47 e 48: *Esquerda*: Uma cópia coreana do século XV de um original chinês de 1402, o mapa revela que o formato do sul da África era conhecido décadas antes de os europeus terem chegado pela primeira vez à ponta do continente, em 1487. A África está na extremidade esquerda; a Índia e a China estão à direita. *Direita*: O mapa-múndi de Albertin de Virga (c. 1411-1415), mostrando que alguns europeus conheciam o verdadeiro formato da África no começo do século XV. A África está na parte inferior à esquerda.

Esses mapas talvez tenham ajudado a inspirar a exploração portuguesa da África — como sugere uma história famosa sobre o infante D. Pedro, o irmão mais velho do infante D. Henrique. Segundo relatos, Pedro era menos cruzado e mais erudito do que Henrique, e dizem que visitou Veneza e Florença na década de 1420, como parte de uma grande viagem pela Europa. Durante sua estadia na Itália, arranjada em parte por Poggio Bracciolini, ele debateu a África e as Índias com alguns dos principais geógrafos humanistas. Segundo

Antonio Galvão, historiador português do século XVI, ao voltar para casa Pedro ganhou dos venezianos uma cópia do Livro de Marco Polo, acompanhada de "um mapa-múndi com a descrição de todas as partes do mundo e da terra"[20]. Este mapa, explicou Galvão, "mostrava toda a navegação para as Índias Orientais, com o Cabo da Boa Esperança, conforme nossos mapas posteriores a descreveram; aparentemente, na Antiguidade havia tanto ou mais descoberto do que hoje". Ao voltar a Portugal, Pedro partilhou o mapa com seu irmão — um ato que, segundo Galvão, "muito ajudou e favoreceu D. Henrique, o terceiro filho do rei, em suas descobertas"[21]. Ao que parece, Pedro talvez tenha tido um papel mais importante no estabelecimento da exploração portuguesa da África do que Azurara[22], o hagiógrafo de infante D. Henrique, preferiu revelar.

*   *   *

OS DELEGADOS PORTUGUESES ao Concílio de Florença não tinham, na realidade, grandes novidades a relatar sobre a África quando chegaram a Florença, em 1439. Gil Eanes havia oficialmente dobrado o Cabo do Bojador apenas cinco anos antes, e os navegadores portugueses ainda tinham que navegar para além das regiões do noroeste da África que há pelo menos um século apareciam nas cartas náuticas catalãs. No que dizia respeito à geografia, os portugueses chegaram ao concílio como estudantes, ávidos para aprender o que os afamados eruditos da cidade pudessem lhes ensinar sobre a África, como havia acontecido com o infante D. Pedro, que era agora o regente do país. Também estavam ansiosos por aprender com os próprios africanos — especialmente os etíopes que haviam viajado a Florença para o evento. Na verdade, muitos na cidade presumiam que eles tinham sido enviados pelo próprio Preste João[23].

Essa suposição deve ter confundido os etíopes. Quem era este rei a quem as pessoas se referiam tão insistentemente? Eles de fato serviam a um rei poderoso e cristão, mas tinham apenas dois nomes para ele: o de batismo, Zare'a Ya'qob, e seu título real[24], Constantino, imperador da Etiópia. Sem se intimidar, os latinos presentes ao concílio continuaram a chamá-lo de Preste João, e o papa Eugênio até enviou um representante à África para tentar encontrá-lo. É bem possível que esse episódio tenha incitado os portugueses a fazer o mesmo; foi somente depois do Concílio de Florença que os portugueses começaram oficialmente a dizer que suas viagens de descoberta na África tinham sido motivadas pelo desejo de localizar Preste João.

Os portugueses de fato chegaram a Florença com algumas novidades geográficas interessantes para relatar. Nas duas décadas desde a tomada de Ceuta, eles haviam expandido seu conhecimento sobre as ilhas do Atlântico para além das ilhas Canárias, e em 1420 haviam começado a colonizar Madeira e Porto Santo, duas ilhas magnificamente florestadas e antes desabitadas, ao norte das Canárias e a oeste do Marrocos. Pouco mais de uma década depois, também tinham reivindicado os Açores — um grupo de pequenas ilhas, também desabitadas, que ficavam quase 2 mil quilômetros a oeste de Portugal. Marinheiros europeus haviam visitado esporadicamente estes grupos de ilhas ao longo do século XIV, como parte de sua viagem de ida e volta das Canárias, mas ao tomarem posse delas formalmente, os portugueses achavam que estavam embarcando em um novo empreendimento. Estavam colonizando um novo mundo de ilhas — e o faziam, como bem sabiam, nas mesmas águas em que os antigos haviam localizado as ilhas Afortunadas e onde são Brandão havia descoberto a Terra Prometida dos Santos. As duas primeiras crianças a nascerem na Madeira receberam nomes bastante adequados: Adão e Eva[25].

Duas outras ilhas lendárias começaram a aparecer regularmente em cartas náuticas durante o final do século XIV e princípio do século XV. A primeira, localizada em algum lugar vagamente a oeste da Irlanda, era conhecida por nomes como Brasil ou Hy-Brasil — nomes que podem derivar do galês *Uí Breasail*, ou "descendentes de Breasal", um antigo clã irlandês. Na época os portugueses estavam expandindo rapidamente seu comércio marítimo com o norte da Europa, e foi nas ilhas Britânicas, aparentemente, que mercadores e marinheiros portugueses primeiro trouxeram histórias sobre a ilha do Brasil. Também tomaram conhecimento de duas ilhas comprovadamente reais a noroeste da Irlanda — Islândia e Groenlândia, ambas, havia muito, colonizadas pelos escandinavos. Se essas duas ilhas eram reais, como podiam atestar muitos dos marinheiros do norte que as haviam visitado em viagens comerciais, por que não seriam Brasil, a ilha de São Brandão, a ilha Cipango de Marco Polo e também outras? Talvez os escandinavos já tivessem encontrado algumas delas. Séculos antes, Leif Eriksson e outros haviam atravessado a neblina para o oeste e sul da Groenlândia, onde tinham descoberto longas extensões de costa cravejadas de pinhais — partes de Lavrador, Terra Nova e da costa nordeste dos Estados Unidos. "Ao sul da Groenlândia está Helluland"[26], registrava um texto islandês do século XV sobre estas descobertas, "e junto a ela, Markland; portanto, não está muito distante de Vinlândia, a Boa, que alguns pensam estar ligada à África". Embora seja improvável que os portugueses tenham tido acesso a este tipo de texto, seus reis, diplomatas, mercadores e pescadores haviam estabelecido contato com povos escandinavos nas décadas em meados de 1400, e é bem possível que tenham ouvido histórias sobre as descobertas escandinavas por intermédio de qualquer um desses canais.

Outra ilha atlântica lendária começou a marcar presença em mapas do início do século XV: Antília, também conhecida pelos portugueses como a ilha das Sete Cidades. Localizada ao sul do Brasil, a ilha aparece pela primeira vez em um mapa de 1424, desenhada numa carta náutica feita pelo veneziano Zuane Pizzigano (Figura 49). Retratada na carta como um imenso retângulo vermelho a oeste dos Açores, é impossível não ser vista. A carta não fornece nenhuma informação sobre a Antília, mas uma fonte posterior, o globo de Martin Behaim, descreve sua história em detalhes.

> No ano de 734, quando toda a Espanha foi conquistada pelos bárbaros da África [os mouros], a ilha acima, Antília, chamada *Septe citade*, foi habitada por um arcebispo do Porto, em Portugal, com seis outros bispos e outros cristãos, homens e mulheres, que haviam fugido dessa parte da Espanha, por barco, junto com seu gado, pertences e mercadorias. [Em] 1414, um navio da Espanha se aproximou dela sem correr perigo.[27]

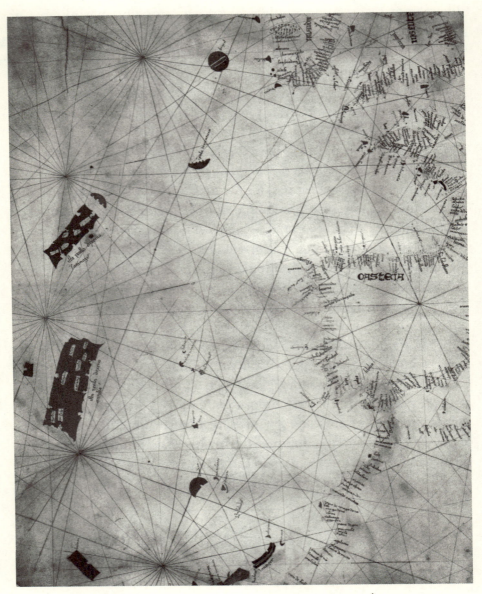

Figura 49: Detalhe da carta náutica de Pizzigano (1424). À esquerda estão as míticas ilhas atlânticas de Antília (abaixo) e Satanezes (acima). Opostas a elas, à direita, estão as costas da África e da Europa. O pequeno círculo imediatamente a oeste da Irlanda é a ilha do Brasil.

A presença da Antília em muitas cartas náuticas do século XV — frequentemente acompanhada, como na carta de Pizzigano, por outra ilha retangular chamada Satanezes, ao norte dela — provocou uma interminável e agitada especulação. Será que estas duas ilhas representavam duas das maiores ilhas do Caribe? Poderiam revelar algum conhecimento das Américas do Norte e do Sul? Serão Java e Sumatra? Destas tênues linhas de especulação foram tecidas vastas teias de teoria, mas não se pode afirmar nada com certeza. No entanto, o que essas cartas náuticas deixam claro é que no início do século XV pelo menos alguns navegadores e cartógrafos acreditavam na existência de duas grandes ilhas ao largo no oceano, a oeste da Europa e ao sul da Groenlândia e Islândia.

As conversas sobre as ilhas atraíam especialmente os eruditos clássicos no Concílio de Florença. Também eles estavam descobrindo ilhas lendárias no Atlântico — em seus livros. Os gregos, particularmente, tinham muito a dizer sobre o assunto. Como Plethon sem dúvida lembrou aos humanistas em suas preleções, Platão escrevera extensamente sobre a Atlântida, a mãe de todas as ilhas atlânticas. "A ilha"[28], afirmava ele, "era maior que a Líbia e a Ásia juntas e era o caminho para outras ilhas através das quais era possível atravessar e chegar ao outro lado do continente, que era cercado pelo verdadeiro oceano" — uma possível referência à Antípoda. A Atlântida e sua lendária civilização, escreveu Platão, tinham afundado no mar num único dia, séculos antes, mas ainda havia muitos outros mundos a explorar. "Creio que a Terra é muito vasta"[29], levou Sócrates a dizer, "e nós, que vivemos [ao redor do Mediterrâneo], habitamos apenas uma pequena extensão próxima ao mar, como formigas ou rãs perto de um pântano, e que há outros habitantes de muitos outros lugares semelhantes".

Outras autoridades seguiram o exemplo. O geógrafo preferido de Plethon, Estrabão, fundiu a Atlântida com a Ogígia — uma ilha distante descrita na *Odisseia* de Homero, onde Calipso manteve Ulisses em exílio durante sete anos. Segundo Estrabão, vários episódios da *Odisseia* haviam ocorrido não no Mediterrâneo, mas no Atlântico[30], em algum lugar para além dos Pilares de Hércules. Somada a teorias gregas bem desenvolvidas sobre a Antípoda, esta ideia levou Estrabão a sugerir que no hemisfério norte talvez existissem "dois mundos desabitados, ou até mais"[31], e que provavelmente estivessem "na proximidade do paralelo de Atenas que atravessa o oceano Atlântico". Escrevendo cerca de um século depois, Plutarco foi ainda mais específico. A Ogígia, afirmou, "está no meio do mar, cinco dias a oeste da Grã-Bretanha"[32]. Para além dela, prosseguiu, ecoando a descrição platônica da Atlântida, vinham outras ilhas, e em seguida "o Grande Continente, pelo qual o grande oceano é circundado".

Os romanos conheciam histórias semelhantes. Todos os humanistas que se prezassem conheciam a famosa passagem da *Eneida*, por exemplo, na qual Virgílio profetizara que o império de Roma finalmente se estenderia para além do oceano até uma vasta terra nova no sul, "para além das estrelas, para além dos caminhos do ano e do sol"[33]. Sêneca vaticinara algo semelhante na peça *Medeia*, uma nova versão do mito grego de Jasão e os Argonautas. "Daqui a alguns séculos", escreveu ele,

> chegará o momento em que o oceano abrirá as barreiras do mundo: abrir-se-á uma terra imensa. Tétis [uma deusa grega do mar] descobrirá um novo mundo e Tule não será mais o ponto mais longínquo da Terra.[34]

* * *

Os LATINOS E OS GREGOS assinaram um decreto de união em Florença, em 1439, em grande parte nos termos de Roma, e os sinos das igrejas logo repicaram em celebração pela Europa Ocidental afora. Mas em Bizâncio o ânimo era sombrio, até hostil. Sentindo-se traídos por seu próprio imperador e reagindo a uma torrente de descontentamento popular, a maioria dos líderes religiosos e civis de Constantinopla simplesmente se recusou a reconhecer a validade do decreto. Nenhuma grande aliança militar entre os latinos e os gregos se materializaria para repelir o avanço otomano, e em breve, em 1453, aconteceu o inevitável: Constantinopla caiu. Mesmo então, alguns opositores à união com Roma permaneceram desafiadores. "Melhor o turbante dos turcos"[35], insistiu um proeminente bizantino, "que a mitra do papa". Até hoje as igrejas católica romana e grega ortodoxa permanecem separadas.

O Concílio de Florença *efetivamente* ajudou a criar unidade em uma importante área — a teoria geográfica. Liderados pelas investigações sistemáticas dos humanistas, europeus de todos os âmbitos da vida começaram a considerar seriamente a ideia de que o mundo inteiro, e não apenas o mundo conhecido, talvez pudesse ser compreendido e explorado. Por que não? Virgílio, afinal, havia predito que o Império Romano acabaria por abarcar o globo inteiro, e os viajantes modernos, incitados pelos novos Alexandres e Césares da Europa, já estavam se aventurando para além dos limites do mundo conhecido. Thule ao norte, as ilhas Afortunadas a oeste, o Cabo do Bojador ao sul, Taprobana ao leste: nenhum deles era mais insuperável. O oceano estava soltando suas correntes e novos mundos tornavam-se visíveis.

Uma nova concepção global da terra emergiu no Concílio de Florença, instigada, na verdade, por uma importante virada na perspectiva geográfica. Se a zona tórrida era realmente habitável e o equador, ultrapassável, como tantas autoridades antigas e viajantes modernos pareciam sugerir, então, em princípio, todo o hemisfério sul estava acessível aos europeus. Ali estava uma solução para o crescente problema de como chegar às Índias a partir do Ocidente. Ao invés de tentarem ir para o Oriente *atravessando* por terra o mundo conhecido, por que não navegar *abaixo* dele pelo sul? O oceano não precisava ser uma barreira separando as diferentes regiões do mundo. Ele podia se tornar um gigantesco canal global unindo todas elas.

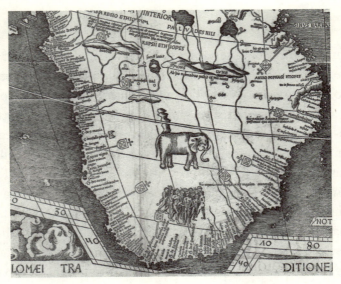

✦ Sul da África ✦

CAPÍTULO DOZE

O CABO DAS TORMENTAS

Que ninguém duvide do traçado simples do mundo, e que toda parte pode ser alcançada em navios, como aqui se pode ver.[1]

— O globo de Martin Behaim (1492)

Nos anos posteriores ao Concílio de Florença, os portugueses recorreram frequentemente à ajuda de seus novos amigos italianos para compreenderem seus descobrimentos africanos. Um desses amigos era Poggio Bracciolini, que se tornou chanceler de Florença na década de 1450, e que durante essa década não apenas se correspondeu diretamente com o infante D. Henrique, mas também parece ter considerado a oferta para escrever sua biografia oficial[2]. Os portugueses também recorreram à assessoria de outro erudito de Florença: Paolo Toscanelli, o médico e matemático que durante o concílio discutiu a geografia da África com monges etíopes e a geografia do norte da Europa com Jorge Gemisthos Plethon. Os embaixadores portugueses em Florença procuraram Toscanelli em 1459 para discutir questões geográficas, e para o encontro ele levou emprestado "um grande *mappamundi* com legendas e completo em tudo"³ — segundo o amigo que fez o empréstimo.

Infelizmente, esse mapa se perdeu. Mas poucos anos antes os portugueses haviam pedido a um monge veneziano, Fra Mauro, que lhes produzisse um imponente *mappamundi* (Figura 50) mostrando uma representação do mundo tão completa quanto a erudição italiana pudesse oferecer — e esse mapa, entregue aos portugueses em torno de 1459, ainda existe. É provável que os mapas de Mauro e Toscanelli, embora diferentes em suas particularidades, tenham demonstrado a mesma concepção básica do mundo, uma que deixa clara a dimensão que a África e o Extremo Oriente começavam a ganhar na mente dos geógrafos italianos e exploradores portugueses.

Figura 50: O mapa-múndi de Fra Mauro (c. 1459). O Sul está no topo, ao estilo islâmico, concentrando a atenção no sul da África, no oceano Índico e no Extremo Oriente.

O mapa de Fra Mauro é um híbrido magnífico, mas desvirtuado: um gigantesco mapa-múndi circular, com quase 1,80 metro de diâmetro, às vezes descrito como o último grande *mappamundi* medieval. Mas ele é muito mais que isso. Orientado com o sul no topo, ao estilo islâmico, o mapa reproduz a visão tradicional medieval cristã do mundo, mas sobrepõe-lhe uma riqueza de informações retiradas de outras fontes: cartas náuticas portuguesas e italianas, os escritos de Ptolomeu e Estrabão, relatos de comerciantes e mercadores árabes, as histórias de Marco Polo e Niccolò Conti, e mais. É deslumbrante, e sua orientação para o sul dá primazia às mesmas partes do mundo que na época começavam a deixar italianos e portugueses obcecados: o sul da África, o oceano Índico e as ilhas das Especiarias. Ao lado esquerdo do mapa aparece o Extremo Oriente tal como Marco Polo o descreveu: uma terra de civilização, prodígios e extensão geográfica incomparáveis, governada pelo Grande Khan. Na parte superior esquerda, no mar do Catai e no oceano Índico, uma fascinante e exótica ilha acena para o mundo. E no topo à direita, cercada por mar, está uma África que, mais uma vez, na expressão de Pompônio Mela, se afunila suavemente numa ponta. Mauro não deixou nenhuma dúvida sobre a viabilidade de se navegar ao redor da África. "Algumas autoridades dizem que o oceano Índico é fechado como um lago"[4], declarou ele, "mas Solino diz que o oceano Índico é navegável da parte sul ao sudoeste, e eu afirmo que alguns navios saíram e voltaram por essa rota. Plínio também confirma isto [bem como] os que fizeram esta viagem, homens de grande prudência, segundo aquelas autoridades". Quem seriam exatamente esses homens de grande prudência, ele não disse.

Os italianos tinham mais do que interesse acadêmico nesta rota. Mercadores de Veneza, Gênova e Florença há muito controlavam o lado europeu do comércio de especiarias, mas a rápida ascensão dos turcos no Oriente Próximo representava uma ameaça crescente para o negócio de costume. Quando Constantinopla finalmente caiu, em 1453, muitos mercadores italianos perceberam que teriam de procurar uma nova maneira de obter especiarias e outras mercadorias do Extremo Oriente — e perceberam que os portugueses, ao navegarem pela costa da África abaixo, talvez estivessem mostrando o caminho. Por isso começaram a se mudar para a Península Ibérica, atraídos pela promessa de lucrativas viagens oceânicas a novas regiões africanas e além.

O infante D. Henrique morreu em 1460, e com sua morte o avanço português ao longo da costa africana parou por quase uma década. Foi retomado a sério em 1469, quando concedeu-se a Fernão Gomes, um destacado mercador de Lisboa, um monopólio comercial de cinco anos em troca da promessa de explorar pelo menos 100 léguas (cerca de 300 milhas) de costa nova por ano — um índice de exploração bem mais ambicioso do que os portugueses haviam tentado anteriormente. Durante os anos seguintes, os marinheiros de Gomes navegariam para leste por quase 1.500 milhas ao longo da parte inferior do bojo da África ocidental, até cerca de 5 graus ao norte do equador, e descobririam novas e extensas regiões habitadas — as Costas dos Escravos e do Ouro — que trariam grandes lucros a Portugal. No início da década de 1470, haviam navegado tanto para leste que eles — e os geógrafos europeus que acompanhavam seu progresso — começaram a imaginar que de fato haviam alcançado o lado inferior da África, como aparecia nos mapas de Fra Mauro e outros. Quanto mais para leste os homens de Gomes navegavam, mais plausível a ideia parecia. Em 1474, decidindo que o rumo dos descobrimentos africanos tinha se tornado importante demais para ser deixado nas mãos de um mercador individual, o rei D. Afonso V de Portugal concedeu o controle do comércio e exploração da região ao infante D. João, seu filho e herdeiro, de 19 anos.

João abraçou seu novo cargo com zelo, e desde o começo parece ter decidido desbravar uma rota que contornasse a África e seguisse até as Índias. Ele tinha boas razões para pensar que seus navegadores podiam fazer melhores progressos do que seus antecessores. Os portugueses haviam começado recentemente a usar um novo tipo de navio conhecido como caravela: um navio leve, manobrável, com dois ou três mastros, baseado no modelo de embarcação de pesca árabe conhecido como *qarib*, capaz de se deslocar rapidamente em mar aberto e também velejar contra o vento e navegar pelas peculiaridades das águas costeiras rasas. Mas no momento exato em que João assumiu o controle do comércio e exploração da África e começou a fazer planos grandiosos para navegar até as Índias, dois dos marinheiros de Fernão

Gomes retornaram a Portugal com notícias desanimadoras. Depois de viajarem ao longo da parte inferior do bojo da África ocidental por aproximadamente 1.500 milhas, relataram eles, tinham chegado a um ponto (no atual Camarões) onde a costa da África mais uma vez virava acentuadamente para o sul — e se alongava nessa direção até onde a vista alcançava.

*   *   *

O REI D. AFONSO e o infante D. João evidentemente receberam esta descoberta com consternação. Mas a notícia inspirou um de seus conselheiros, um cônego lisboeta chamado Fernão Martins, a se lembrar de uma conversa que tivera alguns anos antes com seu amigo Paolo Toscanelli. A melhor maneira de navegar para o Extremo Oriente, Toscanelli propusera a Martins, talvez não fosse pelo leste, mas pelo oeste.

Teoricamente, a ideia fazia sentido. Por que tentar atingir as Índias navegando para sul, entrando na zona tórrida, atravessando o equador, e circundando um continente de extensão desconhecida quando cresciam as evidências de que o oceano ocidental talvez fosse navegável? Afinal, os portugueses já tinham estabelecido presença nos Açores, cerca de mil milhas a oeste da Europa, e segundo os antigos, os *mappaemundi* e as cartas náuticas, havia muitas outras ilhas por ali para serem descobertas: Antília, Atlântida, Brasil, a ilha de São Brandão, Ogígia, Satanezes e outras. A geometria linear também fazia a ideia parecer razoável. Se o mundo conhecido se estendia por 180 graus de oeste a leste, como Ptolomeu havia ensinado; se o Catai se projetava muito além disso para o leste, como Marco Polo havia afirmado; e se, de fato, a ilha de Cipangu ficava 1.500 milhas adentro no mar do Catai — então Sêneca, Roger Bacon e Pierre d'Ailly talvez estivessem certos ao asseverar que uma distância relativamente curta separava a Espanha da Índia.

Durante as décadas de 1460 e 1470 os portugueses tinham poucas razões para refletir sobre tais ideias. Eles estavam fazendo viagens espantosamente longas e lucrativas para o leste ao longo das Costas dos Escravos e do Ouro, e as Índias não pareciam remotas. Mas quando chegou a notícia de que a costa ocidental da África havia novamente virado para o sul, de repente a ideia de circum-navegar a África tornou--se mais desanimadora — e por isso Fernão Martins decidiu mencionar a sugestão de Toscanelli ao rei D. Afonso.

O rei ficou intrigado. Instruiu Martins a escrever a Toscanelli, agora um imponente idoso beirando os 80 anos, pedindo um resumo escrito de sua teoria juntamente com um mapa. Martins atendeu devidamente às suas ordens e, no verão de 1474, Toscanelli lhe enviou aquela que viria a ser uma das mais famosas cartas de todos os tempos. A carta e o mapa originais já não existem, mas há três versões antigas, muito semelhantes, incluindo a versão que está a seguir, transcrita no início do século XVI pelo historiador espanhol Bartolomeu de Las Casas.

> Paolo, médico, a Fernão, saudações.
> Fiquei encantado ao saber da intimidade e amizade de que o senhor desfruta com seu ilustríssimo e nobre soberano. Embora eu muitas vezes tenha falado da curta distância que há daqui até as Índias, onde crescem as especiarias, e da rota marítima que é mais curta do que a que vocês seguem pela Guiné, o senhor me diz que Sua Majestade agora deseja que eu lhe forneça alguma declaração nesse sentido, ou algum tipo de demonstração que torne essa rota mais fácil de ser compreendida e seguida. Sei que estou em posição de fornecer tal prova na forma de uma esfera representando a Terra, mas creio que posso fazê-lo mais clara e convincentemente fornecendo uma carta náutica do tipo utilizado pelos marinheiros. Portanto, submeto a Sua Majestade esta carta, projetada por mim e desenhada por minhas próprias mãos, na qual está disposta toda a parte ocidental do mundo, da costa da Irlanda para o sul, até o extremo da Guiné, junto com todas as ilhas que estão no caminho e, diretamente oposta a elas, a costa leste das Índias com todas as ilhas e lugares ao longo do caminho, juntamente com conselhos sobre onde e quanto um viajante deve seguir a partir da linha do equador, e uma indicação das distâncias que se deve percorrer para alcançar tais lugares, os quais são extremamente férteis e fartos de todos os tipos de especiarias, joias e pedras preciosas. Não se espante pelo fato de eu caracterizar a região onde crescem

as especiarias como "o Ocidente", embora seja comumente conhecida como "o Oriente", pois qualquer homem que navegue para oeste sempre encontrará estas terras a oeste, tal como aquele que avançar pelo continente para o leste as encontrará no oriente. As linhas retas que estão desenhadas longitudinalmente nesta carta náutica mostram as distâncias de leste a oeste, enquanto as que cruzam a carta mostram as distâncias de norte a sul. Também representei nesta carta muitos lugares da Índia onde se pode encontrar refúgio em caso de tempestades ou ventos contrários e qualquer outra eventualidade imprevista, e para que também estejam plenamente informados sobre a totalidade da região, como procuram estar.

Os senhores devem saber que as únicas pessoas que vivem e fazem comércio ao longo de todas estas ilhas são mercadores, e que há tantos navios, marinheiros e mercadores na região como em qualquer outra parte do mundo, em especial num lugar particularmente nobre, conhecido como Zaiton, onde todos os anos cem navios enormes carregam e descarregam especiarias de outros tipos. A terra por aqui é densamente habitada com uma multidão de províncias, reinos e cidades sem número, todos sob o governo de um soberano conhecido como o Grande Khan, um nome que em nosso idioma significa o Rei dos Reis, que reside a maior parte do tempo na província do Catai. Seus antepassados desejaram muito manter contato e negócios com os cristãos, e há cerca de duzentos anos enviou uma embaixada ao Santo Padre pedindo que lhes enviasse um grande número de sábios e eruditos que pudessem instruí-los em nossa fé, mas os enviados foram forçados a retornar para casa em virtude das dificuldades encontradas pelo caminho. Na época do papa Eugênio IV veio um embaixador que falou da grande amizade que eles tinham pelos cristãos, e tive com ele muitas conversas, nas quais me contou muitas coisas: sobre o grande tamanho de seus palácios reais, a admirável largura e extensão de seus rios, o vasto número de cidades nas margens destes rios, e de como em um único rio havia duzentas dessas cidades, com largas pontes de grande comprimento inteiramente em mármore e adornadas com colunas de mármore. Aquele é o mais nobre dos países conhecidos pelo homem, porque ali se podem encontrar não apenas muitas coisas de grande valor, mas também ouro, prata e pedras preciosas, bem como todo tipo de especiarias em grande quantidade, muitas das quais nunca foram trazidas às nossas costas. O governo desta magnífica província e a condução de suas guerras estão nas mãos de homens sábios e eruditos: filósofos e astrólogos e outros de grande capacidade.

Escrita nesta cidade de Florença aos vinte e cinco de junho, no ano de mil quatrocentos e setenta e quatro[5].

A linguagem que se segue na cópia da carta de Las Casas parece ter sido plagiada do próprio mapa de Toscanelli e instigou eruditos e amadores a tentarem reconstruir esse mapa (Figura 51).

A partir da cidade de Lisboa, seguindo em linha reta para o oeste, há vinte e seis espaços marcados no mapa, cada um representando 250 milhas, antes de se chegar à grandiosa e muito nobre cidade de Kinsai, a qual tem cem milhas de circunferência, o equivalente a 25 léguas, e possui dez pontes de mármore. O nome da cidade, traduzido para o nosso idioma, é Cidade do Céu, e relatam-se coisas maravilhosas sobre seus grandiosos edifícios, magníficos monumentos e vasta riqueza. Eles [esses 26 espaços] ocupam cerca de um terço da esfera [ou seja, da circunferência do globo]. Esta cidade fica na província de Mangi, perto da cidade de Catai, onde o rei passa a maior parte de seu tempo. E entre a ilha de Antília, conhecida por vocês como ilha das Sete Cidades, e a muito nobre ilha de Cipangu, há dez espaços — isto é, 2.500 milhas, ou 225 léguas. Esta ilha é extremamente rica em ouro, pérolas e pedras preciosas, e saibam que os templos e palácios reais são revestidos de ouro sólido. No entanto, porque a rota é desconhecida, todas estas coisas estão ocultas a nós, muito embora se possa viajar até lá sem perigo ou dificuldade.

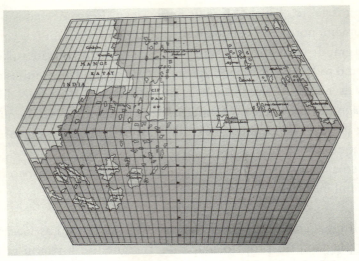

Figura 51: Uma reprodução do século XIX do mapa perdido de Paolo Toscanelli, mostrando o oceano que separa a Europa e a África (à direita) de Cipangu, Catai e das Índias.

Ninguém sabe com que seriedade o rei D. Afonso considerou a proposta de Toscanelli. Mas passado um ano ele tinha assuntos mais urgentes para atender, porque Portugal entrou em guerra com a Espanha. Em violação aberta à bula papal de 1456, que havia concedido a Portugal jurisdição sobre todos os territórios "desde os Cabos do Bojador e Não até o extremo da Guiné", a Espanha começara a enviar seus próprios navios mercantes em missões à África, algo que os portugueses decidiram que precisavam impedir.

As lutas durariam cinco anos, até 1479, quando os dois países assinaram um acordo de paz, conhecido como o Tratado de Alcáçovas, que permitia a ambos os lados afirmar vitória. Para Portugal, isto significou uma nova declaração de autoridade sobre os territórios atlânticos e africanos. Em troca de concessões à Espanha na Península Ibérica, Portugal obteve o controle dos Açores, das ilhas de Cabo Verde, das ilhas da Madeira e

> todo o comércio, terras e escambo na Guiné, com suas minas de ouro, em quaisquer outras ilhas, costas ou terras, descobertas ou por descobrir, achadas ou por achar [...] ou em todas as ilhas até hoje descobertas e a serem descobertas, ou em todas as outras ilhas

que virão a ser encontradas e/ou adquiridas por conquista desde as ilhas Canárias até a Guiné [...] excetuando apenas as ilhas Canárias [listadas pelo nome] e todas as outras ilhas Canárias, adquiridas ou a serem adquiridas, as quais permanecem no reino de Castela.[6]

Consideradas todas as coisas, este foi um excelente negócio para Portugal — especialmente porque o tratado também afirmava seu direito exclusivo de autorizar o comércio e exploração ao longo da costa da Guiné. Os portugueses agora estavam livres, como a bula *Inter caetera* de 1456 havia colocado, para continuarem suas explorações "para além daquela costa ao sul [da Guiné] seguindo até as Índias".[7]

* * *

O REI D. AFONSO MORREU em 1481 e foi sucedido pelo infante D. João. Um dos primeiros atos de João como rei foi determinar a construção de uma fortaleza na costa da Guiné, no lado inferior do bojo do oeste africano, para ali proteger os interesses portugueses. Seus navegadores escolheram um lugar na costa da atual Gana, voltado para o sul, e em 1482 o forte São Jorge da Mina estava de pé. A fortaleza e a cidade que cresceu à sua volta logo se tornariam conhecidas como Elmina, ou "a Mina", e serviriam de quartel-general de Portugal para o comércio e exploração africanos por décadas depois.

Assim que a fortaleza em Elmina ficou pronta, João decidiu retomar a exploração da costa africana ao sul. Convocando um experiente capitão de mar português chamado Diogo Cão, deu-lhe instruções para navegar o mais longe que pudesse abaixo do equador.

Cão saiu de Lisboa em 1482. Levou consigo uma série de colunas de pedra esculpidas, encimadas por uma cruz, conhecidas como *padrões*, as quais ele planejava erigir ao longo de faixas de costa recém-descobertas, como forma de marcar seu progresso e reivindicar os territórios para Portugal. Outros navegantes portugueses continuariam com a prática, e em pouco tempo os cartógrafos começaram a desenhar padrões em seus mapas: registros icônicos dos descobrimentos portugueses.

Cão navegou para o sul até a atual Angola e ali, por razões desconhecidas, achou que ele e seus homens estavam finalmente prestes a dobrar a ponta da África. Uma carta náutica sobrevivente dá uma ideia do que ele achava que tinha descoberto (Figura 52). Copiada em Veneza, em 1489, a partir de um original perdido feito durante a viagem de Cão, ela assinala o ponto mais extremo ao sul alcançado por Cão em sua viagem com um padrão, e depois mostra a costa virando para leste, formando um cabo ao sul que Cão acreditou ser a ponta do continente.

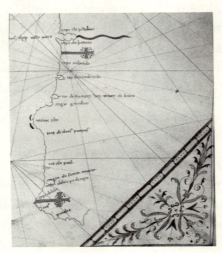

Figura 52: Um pormenor da carta náutica "Ginea Portogalexe" (c. 1489), mostrando o ponto na costa da atual Angola no qual Diogo Cão acreditou ter descoberto a rota para dobrar a extremidade sul da África.

Não existe tal cabo ao longo da costa de Angola. Mas ninguém em Portugal sabia disso, e quando Cão voltou para casa, em 1484, e relatou a notícia de sua descoberta, foi aclamado como herói. O rei D. João concedeu-lhe uma pensão real e fez dele um nobre, e Portugal logo levou a público suas notícias. "No ano passado"[8], anunciou um embaixador português em Roma, em 1485, "tendo completado a maior parte do circuito da África, nossos homens quase chegaram ao Prassum Promontorium".

Qualquer um que estivesse familiarizado com a *Geografia* de Ptolomeu teria entendido o significado desse comentário. O Prassum

Promontorium — claramente visível em uma edição popular da *Geografia* impressa em Roma em 1478 — era um cabo proeminente que Ptolomeu havia localizado na parte mais inferior de sua África, no lado oriental (Figuras 53 e 54). Se os portugueses tinham quase alcançado o cabo, em outras palavras, tinham quase chegado ao oceano Índico.

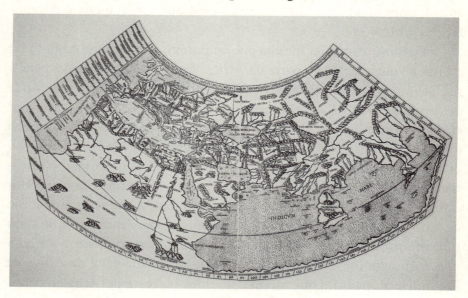

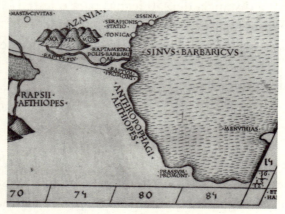

Figuras 53 e 54 No alto: mapa-múndi da edição romana da *Geografia* de Ptolomeu (1478). A África está à esquerda. O Prassum Promontorium está na parte inferior de sua costa oriental, onde toca na extremidade do mapa.
Abaixo: o Prassum Promontorium, nos limites sul do mundo conhecido de Ptolomeu. Pormenor do mapa do sul da África na *Geografia* editada em Roma.

Cão partiu novamente em 1485, mas seu prometido cabo não se materializou. Ele investigou para o sul, centenas de milhas além do limite sul de sua viagem anterior, mas sem sucesso: a árida e pouco convidativa costa desértica da Namíbia estendia-se indefinidamente para o sul. Ele colocou seu último padrão cerca de 22 graus ao sul, num lugar hoje conhecido como Cabo Cruz, e então desapareceu da história.

Mais ou menos na mesma época, porém, chegaram boas notícias a Lisboa vindas de outra parte da África. Enquanto Cão viajava para o sul, os portugueses haviam enviado batedores para o interior da África ocidental a partir de sua base em Elmina. Explorando a atual Nigéria, eles foram informados de que a aproximadamente 250 léguas para o interior do continente vivia um grande soberano — "o mais poderoso de todos os reis nestas regiões"[9], escreveria, no século seguinte, o historiador João de Barros. Os portugueses foram informados de que todos os reis da África ocidental professavam fidelidade a este rei, assim como os reis da Europa professavam fidelidade ao papa. Tudo isso tinha um tom muito familiar — "motivo pelo qual"[10], escreveu Barros, "o rei e seus cosmógrafos, levando em consideração o mapa geral da África de Ptolomeu, os padrões que foram colocados na costa por seus descobridores e também a distância de 250 léguas para o leste [...] concluíram que devia ser Preste João".

Preste João! Será? Para descobrir, João enviou duas expedições — "navios por mar e homens por terra"[11], segundo João de Barros, "para chegar à raiz desta questão".

* * *

O HOMEM ESCOLHIDO POR JOÃO para a busca por terra foi Pero da Covilhã, um escudeiro que falava árabe, que há muito estava a serviço da família real portuguesa e que se passaria por muçulmano. Durante a maior parte da década seguinte, Covilhã viajaria para o sul e o leste em busca de Preste João e das Índias — primeiro para Alexandria e Cairo, depois atravessando o mar Vermelho até Aden, e depois cruzando o oceano Índico para as costas ocidentais das Índias. Explorou a costa com cuidado, aprendendo o máximo possível com mercadores hindus e muçulmanos sobre o comércio de especiarias, a geografia, os costumes locais, as correntes e os sistemas climáticos do oceano Índico. Ficou particularmente impressionado com a cidade portuária de Calecute (atual Kozhikkod), na costa sudoeste da Índia. A cidade, relataria ele numa carta ao rei D. João, era um movimentado entreposto no comércio de especiarias, rico em "canela e pimenta [e] cravo-da-índia que vieram de mais longe"[12]. Se os portugueses conseguissem contornar a África e avançar pelo oceano Índico, sugeriu ele, era para *lá* que deveriam se dirigir.

Covilhã então navegou de volta para a África oriental, onde recolheu algumas informações muito promissoras: mercadores na costa do mar Vermelho contaram-lhe que no sul a África de fato chegava ao fim. Se os portugueses continuassem a seguir a costa ocidental até o sul, acabariam por alcançar a ponta do continente, e logo do outro lado encontrariam uma gigantesca ilha à qual os árabes chamavam de ilha da Lua — Madagáscar. A partir daí, relatou Covilhã com empolgação, os navios do rei "facilmente [...] alcançariam a costa de Calecute, já que era mar aberto o caminho todo"[13].

Por anos Covilhã continuou a explorar o interior da Etiópia e finalmente conseguiu localizar um rei cristão de menor importância, chamado Eskender. Mas nunca encontrou Preste João — e com o fracasso de sua missão, a longa busca por Preste João na África chegou ao fim. Mas o sonho de encontrá-lo *em algum lugar* continuou. "Preste João"[14], escreveu o impressor português Valentim Fernandes, em 1502, numa introdução a uma nova edição do Livro de Marco Polo, "está em algum lugar no Catai".

*　*　*

PARA COMANDAR SUA busca por Preste João e as Índias, o rei D. João voltou-se para Bartolomeu Dias, um respeitado capitão de mar português. Tendo recebido ordens para viajar o mais longe que pudesse pela costa africana abaixo, Dias partiu de Lisboa em agosto de 1487.

Dias teve melhor sorte no mar do que Covilhã em terra. Ele e sua tripulação localizaram com sucesso o último padrão de Diogo Cão, na costa da Namíbia, e continuaram navegando para o sul. As correntes setentrionais e a predominância de ventos que sopravam em direção à terra tornaram seu avanço lento e difícil. Quando caiu uma borrasca, em 4 de dezembro de 1487, Dias ordenou que os navios saíssem para mar aberto para enfrentarem a tempestade. Correndo atrás dos vendavais, com as velas a meio-mastro, os navios velejaram para o sul durante 13 dias sem avistar terra. Quando finalmente os céus clarearam, Dias ordenou que estabelecessem o curso para leste, partindo do princípio de que finalmente retornariam à costa. Mas suas caravelas navegaram por vários dias sem conseguirem achar terra. Seguindo uma intuição, ele ordenou que rumassem para o norte. Não muito depois, ele e seus homens finalmente avistaram a costa — e descobriram que ela agora seguia para o leste, e não para o sul.

Dias e seus homens fizeram um breve desembarque, juntaram água e suprimentos, tiveram uma pequena luta com pastores que os atacaram com pedras, e depois seguiram seu caminho. Após vários dias de navegação para leste, a costa iniciou uma longa e gradual curva para o norte — sugerindo que Dias havia dobrado a ponta do continente, e "dando grande esperança"[15], como diria um historiador português em 1508, "de descoberta da Índia".

Neste ponto, a tripulação de Dias — com poucas provisões, sofrendo de escorbuto, e esforçando-se para progredir contra as correntes costeiras — decidiu que já fora longe o bastante. Dias os convenceu a prosseguirem por mais alguns dias, o suficiente para confirmarem que a costa continuava correndo para o nordeste, mas em março de 1488 ele finalmente virou seus navios e começou a longa viagem de volta para casa. Desta vez ficou mais próximo à costa, e ele e sua tripulação viram agora o que haviam perdido na passagem exterior: um alto e majestoso cabo projetando-se para o Atlântico bem ao extremo da costa ocidental da África. Dias erigiu um padrão no lugar e chamou-o de Cabo das Tormentas, como um tributo ao rigoroso clima que havia levado suas embarcações a circundarem-no. Mais tarde o rei D. João substituiria o nome por algo mais edificante: Cabo da Boa Esperança.

Quando Dias chegou em casa, em dezembro de 1488, não teve a mesma recepção de herói que Diogo Cão obtivera depois de sua primeira viagem. Na verdade, o rei D. João concedeu a Dias apenas uma modesta pensão por seus esforços, e não há qualquer registro de celebração pública após o regresso de sua expedição — uma reação curiosamente indiferente, pareceria, a um dos maiores feitos de exploração da história. Mas a explicação é simples: ninguém sabia ao certo se Dias realmente descobrira algo de significativo. Pelo menos um orador em Portugal acreditava que, apesar do descobrimento de Dias, os portugueses ainda tinham que atingir seu objetivo. "Cada dia"[16], declarou ele em março de 1489, bem depois do regresso de Dias, "lutamos para atingir os cabos Prassum e Raptum [um cabo que Ptolomeu coloca no norte de Prassum] e daí para as proximidades do oceano Índico".

Os portugueses só reconheceriam o significado da viagem de Dias uma década mais tarde, depois de finalmente conseguirem navegar para a Índia e regressar. É a partir desse ponto que a história da viagem de Dias começa a ser relatada como ainda hoje é contada: uma viagem épica na qual Dias e seus homens enfrentaram a famosa tempestade e finalmente descobriram — como João de Barros colocaria — "esse grandioso e notável cabo, escondido por tantas centenas de anos [...], o qual, ao ser visto, não apenas se revela a si mas abre todo um novo mundo de países"[17]. A incerteza não tem lugar nesta versão heroica da narrativa; Dias surge aqui como um profeta ousado e visionário. "Dias fora escolhido como Josué"[18], escreveu Valentim Fernandes em sua introdução a Marco Polo, "para entrar naquele Novo Mundo, ao qual podemos efetivamente chamar de Terra Prometida".

Isto é fácil de dizer em retrospectiva. Mas as novidades que Dias trouxe de volta para o rei D. João devem, na verdade, ter sido bastante desanimadoras. Ele navegara mais de mil milhas para além do último padrão de Diogo Cão e, no entanto, ainda não conseguia dizer com certeza que alcançara o oceano Índico. E mesmo que tivesse efetivamente desbravado a rota oceânica ao redor da África, ele havia revelado que sua costa era bem mais alongada do que se esperava. Segundo João de Barros, as histórias sobre a ferocidade da tempestade que desviara Dias para bem longe ao sul deram margem, entre os marinheiros portugueses, a "um novo mito de perigos [no Cabo da Boa Esperança] como antes tinha havido em relação ao Cabo do Bojador"[19].

Em suma, as notícias que Dias levou de volta a Portugal eram de que a circum-navegação da África rumo às Índias seria mais longa, mais cheia de perigos e menos praticável do que se esperava. Não admira, portanto, que ninguém o festejasse como herói.

* * *

O QUE DIAS realmente levou para casa foi um mapa. Como todos os bons navegantes portugueses, ele tinha anotado cuidadosamente seu progresso em uma carta náutica, e em seu retorno a levou para terra e a mostrou ao rei. Essa carta hoje está desaparecida, mas naturalmente foram feitas cópias, que começaram a circular — e uma delas parece ter chegado às mãos de um cartógrafo alemão chamado Henricus Martellus.

Para nossa frustração, pouco se sabe sobre Martellus. Tudo o que se pode dizer sobre ele é que trabalhou na Itália durante as décadas de 1480 e 1490, em parceria com um cartógrafo florentino muito conhecido, chamado Francesco Rosselli; que fez uma série de mapas por conta própria; e que foi um dos primeiríssimos cartógrafos na Europa a alongar a África de Ptolomeu para o sul para abarcar os descobrimentos de Dias.

O mapa mais famoso de Martellus, que data de 1489 ou 1490, apresenta uma admirável e nova visão do mundo conhecido (Gravura 9) — que por muitos anos se instalaria poderosamente na imaginação dos exploradores e geógrafos europeus. Martellus desenhou seu mapa segundo os princípios ptolomaicos, mas atualizou e expandiu, sempre que possível, o mapa-múndi original de Ptolomeu, incluindo as descobertas modernas. Em nenhum outro lugar isto fica tão óbvio quanto no caso da África. O continente é retratado ao estilo das cartas náuticas, com nomes de lugares bem espaçados ao longo de suas costas norte e sul e até a curvatura do Cabo da Boa Esperança, no ponto de onde Dias e sua tripulação haviam regressado. A fim de chamar a atenção para o que Dias descobrira — e para assinalar que, ao mostrar um oceano Índico aberto ele estava rompendo com uma antiga tradição ptolomaica —, Martellus engendrou um conceito visual memorável: ele enterrou a ponta sul da África bem no fundo da moldura de seu mapa.

Martellus também introduziu algo novo no lado oriental do oceano Índico. Apoiando-se em Marco Polo, exatamente como Fra Mauro e outros haviam feito antes dele, Martellus estendeu o mundo conhecido até a costa do Catai, e ali acrescentou uma longa península imaginária, com orientação norte-sul, que se curva gradualmente para oeste conforme avança pelo oceano Índico abaixo. Esta península, possivelmente uma inovação de Martellus, é às vezes conhecida como a Cauda do Dragão, e logo se tornaria uma característica regular em muitos mapas-múndi.

De relance, a Cauda do Dragão se parece muito com a América do Sul, e seu súbito aparecimento no final da década de 1480 — numa época em que se sabe que os portugueses já patrocinavam várias viagens de descobrimento para oeste dos Açores — instigou alguns estudiosos a argumentar que era exatamente isso. Mas o que a Cauda do Dragão de fato representa é, quase com certeza, nada mais do que um vestígio da gigantesca região que se estendia entre a Ásia e a África abaixo do oceano Índico no mapa-múndi de Ptolomeu.

Martellus produziu outro mapa-múndi mais ou menos na mesma época — um mapa mural pintado, de aproximadamente 1,20 x 1,80 metro, hoje de propriedade da Universidade de Yale (Figura 55). Em muitos aspectos, o mapa de Yale corresponde a seu primo menor, mas há algumas diferenças importantes. O mapa de Yale, por exemplo, mostra a costa sul da África estendendo-se para o leste bem além do Cabo da Boa Esperança, sugerindo que para circundar o continente rumo ao oceano Índico seria preciso navegar uma intimidante extensão. Na orla oriental do mapa de Yale, Martellus também estende sua imagem do mundo para além do final da Ásia e avançando para o mar do Catai, o qual se parece muito com a descrição de Marco Polo: um oceano salpicado de ilhas dominado ao norte por Cipangu e ao sul pelas duas Javas. Mais que qualquer outra, era *esta* a visão do Extremo Oriente que os marinheiros europeus levariam na imaginação quando começaram a atravessar o Atlântico, poucos anos depois.

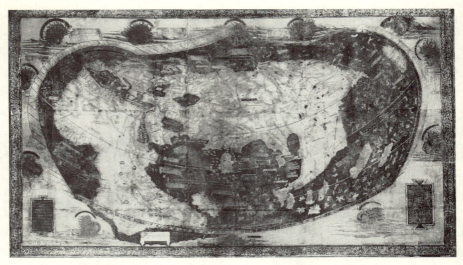

Figura 55. O mapa mural de Henricus Martellus (c. 1491-1492). Associando ideias geográficas da *Geografia* de Ptolomeu, de cartas náuticas portuguesas e do Livro de Marco Polo, o mapa mostra a rota recentemente descoberta ao redor da ponta sul da África e um labirinto de ilhas no Extremo Oriente, dominadas na orla do mapa pela gigantesca ilha de Cipangu.

Martellus, afinal, errou em muitas de suas distâncias: ele retratou a África estendendo-se cerca de 45 graus para o sul, em vez de 35 — um erro que é bem possível que tenha captado do próprio Dias. Este erro fazia com que a viagem pelo sul ao redor da África parecesse mil milhas mais longa do que é na realidade. Martellus também exagerou drasticamente a largura da Europa e da Ásia, estimando que tinham 230 graus, em vez de 130, um erro que acrescentava umas 7 mil milhas à distância entre a costa ocidental de Portugal e a costa oriental do Catai. As incorreções derivavam de Ptolomeu, que reconhecidamente superestimara a largura da Eurásia, mas Martellus as compôs estendendo seu Extremo Oriente uns 50 graus para além do ponto em que a Ásia de Ptolomeu acabava, a 180 graus; e em seu mapa de Yale alargou seu mundo outros 40 graus para leste, de maneira a incluir Cipangu. Em outras palavras, ele havia mapeado 270 graus, ou três quartos do globo, deixando apenas 130 graus de oceano não mapeado entre a Europa e o Catai, e somente 90 graus entre a Europa e o Japão. Por coincidência, estas distâncias correspondem quase exatamente àquelas expressas por Toscanelli.

O mundo estava se compondo aos poucos e por partes. Toscanelli tinha mapeado o inexplorado oceano ocidental; Martellus, a totalidade do mundo conhecido, incluindo partes da África e da Ásia desconhecidas de Ptolomeu; e em 1492 um cartógrafo chamado Martin Behaim fez o inevitável: construiu um globo que unia essas duas visões parciais do mundo em uma só.

*   *   *

BEHAIM É UM personagem escorregadio. Nascido em Nuremberg em 1459, parece ter começado sua vida profissional como um medíocre e dissoluto homem de negócios. Mas no início da década de 1480 ele se mudou para Portugal, casou e se deslocou mil milhas para dentro do oceano ocidental, para a ilha portuguesa de Faial, nos Açores — o lugar perfeito de onde contemplar as noções geográficas de Martellus e Toscanelli.

Como comerciante vivendo em Portugal e nos Açores, Behaim teve muitas oportunidades de se juntar às viagens portuguesas à Guiné, e em seu globo ele faz uma afirmação muito improvável de que capitaneou um dos navios que faziam parte da primeira viagem de Diogo Cão. Ele de fato parece ter conseguido chegar ao círculo íntimo do rei D. João em Portugal, mas por um tempo, na década de 1480, serviu como conselheiro da corte em questões relativas à navegação pelas estrelas e geografia. Durante esse período talvez tenha deparado com os famosos mapa e carta de Toscanelli — e estes, por sua vez, talvez lhe tenham dado a ideia de fazer seu globo.

O globo de Behaim não é a obra de um perito geógrafo (Figura 56). É uma confusão; está cheio de erros, falhas de percepção e coisas absolutamente inventadas. Mas também resume nitidamente uma quantidade de ideias e tradições geográficas que tinham começado a convergir para a imaginação popular na Europa no início da década de 1490. O mundo de Behaim é o mundo como muitos europeus o conheciam às vésperas do descobrimento do Novo Mundo.

Behaim enfiou tudo o que podia em seu globo e explicou suas principais fontes em uma legenda.

Que se saiba que nesta Maçã [globo] aqui presente está traçado o mundo inteiro, de acordo com seu comprimento e largura, em conformidade com a arte da geometria — isto é, a parte descrita por Ptolomeu [...] e o restante do que o cavaleiro Marco Polo de Veneza fez com que fosse anotado em 1250 [sic]. O ilustre doutor e cavaleiro John Mandeville igualmente deixou um livro em 1322 [sic] que trouxe à luz do dia os países do Oriente, desconhecidos de Ptolomeu, de onde recebemos especiarias, pérolas e pedras preciosas, mas o Sereno Rei D. João de Portugal fez com que se visitasse em suas embarcações aquela parte do sul ainda desconhecida de Ptolomeu [...]. Rumo ao ocidente, o Mar Oceano tem sido igualmente navegado mais do que o descrito por Ptolomeu, para além das colunas de Hércules, até os [...] Açores[20].

Figura 56. O globo de Martin Behaim apresentando o Extremo Oriente conforme os geógrafos europeus o imaginavam em 1492. O Catai e Mangi (China) estão à esquerda; Cipangu (Japão) está na parte inferior à direita, cercado pelas ilhas das Índias.

Behaim também se utilizou de muitas outras fontes, incluindo os mapas de Martellus, ou pelo menos mapas muito semelhantes a eles. A ponta da África inclinada para leste, a Cauda do Dragão e as ilhas do mar do Catai: todas elas aparecem no globo de Behaim, bem como nos mapas de Martellus. A versão de Behaim do espaço oceânico entre Cipangu e a Europa corresponde, em termos de tamanho e conteúdo, à descrição de Toscanelli; a Antília, por exemplo, fica exatamente onde Toscanelli sugeriu que podia ser encontrada.

Mais do que em qualquer mapa antes dele, o globo de Behaim fazia com que a navegação para o oeste até as Índias parecesse possível — e aparentemente ele decidiu que era o homem certo para essa tarefa. A evidência disto vem na forma de uma longa e notável carta enviada por Hieronymus Müntzer, destacado médico de Nuremberg, ao rei D. João, em 1493.

> Ao Sereníssimo e Invencível D. João, Rei de Portugal, dos Algarves e da Mauritânia Marítima, primeiro descobridor das ilhas Canárias, Madeira e Açores — Hieronymus Müntzer, um doutor de medicina alemão, mui humildemente se recomenda. Porque antes herdastes do sereníssimo infante D. Henrique, vosso tio, a glória de não poupar esforços nem despesas em alargar as fronteiras do mundo, e por vossa diligência subjugastes ao vosso domínio os mares da Etiópia e Guiné e as nações marítimas até o Trópico de Capricórnio, junto com seus produtos, tais como o ouro, os grãos do paraíso [uma picante especiaria africana], pimenta, escravos e outras coisas, ganhastes renome e fama imortal por esta exibição de dons, e, além disso, grande lucro para vós [...] Pelo que Maximiliano, o mais invencível rei dos romanos, que é português pelo lado materno, desejou convidar Vossa Alteza a buscar a mui rica costa do Catai no Oriente [...].
>
> Não vos perturbeis por [aqueles] a quem falta experiência e que disseram que somente um quarto da terra não está coberto pelo mar [...]. Já que em questões pertinentes à habitabilidade da Terra deve ser depositada mais confiança na experiência e nos relatos confiáveis do que em imaginações fantásticas. Porque vós sabeis que muitos astrônomos oficiais negaram que houvesse qualquer

terra habitável abaixo dos trópicos e das regiões equatoriais. Por vossa própria experiência descobristes que este raciocínio é vão e falso [...]. Ó, que glória conquistareis se tornardes o habitável Oriente conhecido do vosso Ocidente! Igualmente, que lucros vos dará seu comércio, porque fareis dessas ilhas do Oriente tributárias, e seus reis, maravilhados, tranquilamente se submeterão à vossa soberania [...] Se empreenderdes esta missão sereis exaltado como um deus, ou um segundo Hércules; e, se desejardes, levareis convosco nesta missão como companheiro a Martin Behaim, delegado pelo nosso rei Maximiliano especialmente para este propósito [...].

Adeus! De Nuremberg, uma cidade na Alta Alemanha, 14 de julho de 1493.[21]

Como um ex-conselheiro da corte em Lisboa, Behaim tinha boas razões para esperar que o rei D. João fosse considerar seriamente seu plano e talvez o procurasse. Mas a carta chegou um pouquinho tarde demais.

Alguns meses antes, no dia 4 de março de 1493, uma caravela danificada buscando refúgio de mares rigorosos havia apontado para o estuário do rio Tejo, em Portugal. A embarcação, na qual balançava uma esfarrapada bandeira espanhola, acabara por ancorar umas quatro milhas ao sul do porto de Lisboa, não longe de onde um navio de guerra português estava ancorado. No comando do navio de guerra estava nem mais nem menos que Bartolomeu Dias, que, preocupado com a chegada inesperada de uma embarcação espanhola em águas portuguesas, subiu a bordo da caravela com um pequeno grupo de homens armados e exigiu uma explicação. Logo tiveram uma. Um alto marinheiro genovês, de 42 anos, com olhos azuis, de compleição loura e rosada e conduta altiva[22], anunciou-se como o capitão do navio. Seu nome era Cristóvão Colombo, disse ele — e acabava de retornar do ocidente, por onde havia navegado até as Índias.

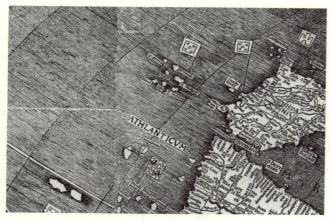

✦ Portugal, Espanha, norte da África e o Atlântico ✦

CAPÍTULO TREZE

COLOMBO

Assim como uma coisa leva à outra e inicia uma sequência de pensamento, enquanto esteve em Portugal [meu pai] começou a especular que, tal como os portugueses haviam navegado tão longe ao sul, deveria ser possível navegar essa distância para oeste e encontrar terra nessa direção.[1]

— Fernando Colombo (c. 1538)

Os PORTUGUESES CONHECIAM Colombo muito bem. Ele tinha vivido em Portugal no final da década de 1470 e início da de 1480, e próximo ao fim de seu período lá, em 1483 ou 1484, ele até se encontrara com o rei D. João em pessoa, a fim de requisitar patrocínio oficial português para uma viagem de descobrimentos pelo Atlântico. João tinha escutado com interesse a exposição de Colombo sobre como pretendia navegar até Cipangu, Catai e as Índias, mas no final descartou o apoio ao empreendimento. Diogo Cão acabara de retornar a Portugal de sua primeira viagem africana trazendo a notícia de que havia encontrado uma passagem marítima para as Índias ao redor da África, e João não viu razões para começar a procurar outra pelo oeste. Ele rejeitara Colombo também por outra razão. Segundo João de Barros, achou-o "tagarela e orgulhoso ao apresentar suas façanhas, e fantasioso e imaginativo com sua ilha de Cipangu"[2].

Chegada a primavera de 1493, João tinha boas razões para se arrepender dessa avaliação. Diogo Cão desaparecera em sua segunda viagem de descobrimentos, em 1485, sem jamais ter achado o Prassum Promontorium. Bartolomeu Dias alcançara o Cabo da Boa Esperança quatro anos mais tarde, mas sua viagem tinha deixado claro que a rota de circum-navegação da África rumo ao oceano Índico seria bem mais longa e perigosa do que se esperava — se é que tal rota sequer existia. E agora este novato Colombo, que em breve seria celebrado em toda a Europa como Cristophorus Columbus, a forma latina de seu nome, navegara até as Índias pelo oeste — e as reclamara para a Espanha.

* * *

Nascido em Gênova em 1451, Colombo aparecera pela primeira vez em Lisboa em 1476, quando era um jovem marinheiro com um currículo pouco notável no comércio de lá. Por grande parte da década seguinte, até partir para a Espanha, em 1485, estabeleceu-se na cidade, vivendo e trabalhando no meio de sua crescente comunidade de expatriados genoveses, venezianos e florentinos, e durante esse período acumulou experiências como navegador das quais tinha todo o direito de se vangloriar. Antes mesmo de chegar a Portugal ele já passara anos cruzando o Mediterrâneo; tinha navegado para Túnis e Marselha no início da década de 1470, a serviço do rei Renato de Anjou, e pelo menos uma vez tinha viajado até a ilha grega de Quios, na época uma colônia comercial controlada pelos genoveses. Também combatera numa batalha naval e sobrevivera a um naufrágio — que, segundo a lenda, foi como primeiro chegou a Portugal. Conta a história que, em maio de 1476, ele se juntou a um comboio de navios genoveses numa missão comercial de Quios para Portugal, Inglaterra e Flandres. Em 13 de agosto, não muito depois de terem passado diante de Ceuta e através do estreito de Gibraltar, o comboio foi atacado por navios de guerra franceses e portugueses, não longe da costa de Portugal. Seguiu-se uma escaramuça que durou um dia, e vários dos navios genoveses naufragaram, incluindo o de Colombo. Ferido e jogado à deriva, Colombo agarrou-se a um remo que flutuava e nadou umas seis milhas, próximo a Lagos — o porto português onde, várias décadas antes, o infante D. Henrique havia orgulhosamente supervisionado a descarga de alguns dos primeiros escravos da África ocidental.

Sem um centavo e precisando de trabalho, Colombo foi para Lisboa, e ali a comunidade genovesa da cidade o acolheu. Ele não podia ter chegado em melhor momento. Contrariamente a Gênova, cujas fortunas estavam em declínio, Lisboa era uma cidade em ascensão. Seu porto fervilhava com mercadores, marinheiros e embarcações que vinham e partiam de todos os destinos imagináveis: os principais portos do Mediterrâneo e do Atlântico Norte; as ilhas recém-colonizadas do Atlântico africano; e a costa sempre em expansão da Guiné. Falava-se de ouro, especiarias e escravos — novas e exóticas fontes de riqueza que certamente excitavam a imaginação de um jovem marinheiro ansioso por fazer fama e fortuna. Até o cenário era inspirador. A Europa continental chegava ao fim apenas algumas milhas a oeste do porto de Lisboa, e para além ficava o oceano aberto.

Colombo decidiu ficar e em breve estava navegando outra vez. Mas agora ele enxergava horizontes atlânticos, não mediterrânicos. Por sua conta, navegou para a Islândia, no norte, em 1477 e visitou a Irlanda por volta da mesma época. Em 1478, navegou para a Madeira, ao sul, como agente comercial de um mercador de açúcar genovês, e alguns anos mais tarde casou numa família portuguesa que possuía terras em Porto Santo, a ilha irmã da Madeira. Ele e a esposa viveram em Porto Santo por um tempo, onde parece ter prosperado como mercador, e no início da década de 1480, provavelmente a partir de sua base ali, navegou para a Guiné em embarcações portuguesas, e até fez uma parada na novíssima fortaleza e colônia comercial portuguesa de Elmina. "Naveguei por todas as partes do mundo hoje conhecidas dos homens"[3], diria ele mais tarde aos soberanos espanhóis, e sem dúvida fez uma declaração semelhante ao rei D. João quando propôs navegar para o oeste, atravessando o Atlântico.

A afirmação tinha mérito. Colombo de fato navegara ao longo de todas as costas retratadas nas cartas náuticas de sua época, e visitara regiões da Terra declaradas zonas proibidas por geógrafos eruditos: a zona frígida ao norte e a zona tórrida ao sul. Durante suas muitas viagens para cima e para baixo ao longo das margens atlânticas ele aprendera os truques de seu ofício com alguns dos melhores marinheiros e navegadores no ramo; tinha desenvolvido um entendimento diversificado das correntes e dos ventos do Atlântico; e, significativamente, registrara histórias sobre as ilhas que ainda aguardavam por serem descobertas a oeste.

Quando Colombo chegou a Portugal pela primeira vez, a busca por novas ilhas atlânticas estava se intensificando. Por mais de um século, marinheiros que partiam da Península Ibérica vinham descobrindo, percorrendo, colonizando e explorando um número cada vez maior de ilhas: as Canárias, Madeira e Porto Santo, as ilhas de Cabo Verde, os Açores. De sua posição estratégica mil milhas a oeste da Europa, os colonos portugueses nos Açores há décadas vinham relatando sinais de terras mar adentro e diziam que pedaços de cana e madeira flutuantes eram regularmente lançados às praias em suas costas, diferentemente de tudo o que se encontrasse na Europa. As histórias instigavam almas aventureiras, que, ávidas por descobrirem novas ilhas para si, começaram a se aventurar para além dos Açores, a oeste. Alguns pediram apoio oficial à corte portuguesa. Ainda hoje existem documentos que registram esses pedidos, e eles mencionam os nomes das ilhas a serem descobertas, entre elas Antília, a ilha das Sete Cidades e a ilha de São Brandão.

É de supor que Colombo soubesse dessas expedições — e de outras que estavam sendo lançadas mais ao norte pelos ingleses. Um grupo de mercadores e pescadores estabelecido em Bristol, no sul da Inglaterra, era especialmente ativo. Esses "homens de Bristol", como hoje são conhecidos, há muito faziam visitas comerciais regulares às colônias da Islândia e Groenlândia, e é bem possível que Colombo tenha feito sua viagem à Islândia na companhia deles. (Ele faz menção explícita a homens de Bristol quando descreve sua viagem.) Além de navegarem para a Islândia e a Groenlândia, os homens de Bristol esquadrinhavam as águas frias e tempestuosas do Atlântico Norte em busca de bacalhau, e em algumas viagens não registradas durante o século XV avistaram *algo* a oeste da Groenlândia. O que quer que fosse este lugar, real ou imaginário, e qualquer que fosse a época em que o viram, na década de 1470 eles haviam desenvolvido uma firme crença na sua existência. Se

Colombo navegou com algum deles, para a Islândia ou em qualquer de suas outras viagens, certamente terá ouvido falar disso.

Os homens de Bristol fizeram mais do que simplesmente falar sobre este novo lugar no ocidente. Tão convencidos estavam de sua existência — e talvez dos grandes cardumes de bacalhau que nadavam em suas proximidades —, que em 15 de julho de 1480 embarcaram num navio no porto de Bristol e foram em busca dele. O capitão da embarcação era John Lloyd, identificado em uma crônica da época como "o marinheiro [mais] instruído de toda a Inglaterra" — e sua missão era encontrar nada menos que "a ilha de Brasylle"[4], um nome claramente emprestado do Brasil da lenda irlandesa. Lloyd e seus marinheiros procuraram a ilha por nove meses sem sucesso antes de serem forçados pelo mau tempo a retornar à Irlanda, mas rapidamente voltaram ao mar. Em 6 de julho de 1481, segundo registros da alfândega de Bristol, "Thomas Croft de Bristol, escudeiro, cliente do dito senhor o rei [...] carregou, embarcou e colocou quarenta alqueires de sal [...] e não com a intenção de comercializá-lo, mas de examinar e descobrir certa ilha chamada ilha de Brasil"[5]. Nada mais se sabe dessa expedição ou de seu destino, embora a quantidade de sal carregada sugira que o objetivo principal fosse achar peixe.

Durante seus anos itinerantes, nas décadas de 1470 e 1480, enquanto navegava nas águas atlânticas ao largo das costas da Europa e África, Colombo ouviu histórias sobre as terras e ilhas que ficavam no Atlântico para o ocidente, e em algum momento — ninguém sabe exatamente quando — achou que valia a pena estudá-las. "Consequentemente"[6], seu filho Fernando lembraria mais tarde, "ele anotou todas as indicações que ouvira de pessoas e marinheiros, para o caso de lhe serem úteis. [E ele] foi capaz de fazer tão bom uso destas coisas que começou a acreditar, sem sombra de dúvida, que havia muitas terras a ocidente das ilhas Canárias e das ilhas de Cabo Verde, e que era possível navegar até elas e descobri-las".

* * *

INICIALMENTE COLOMBO IMAGINOU encontrar apenas algumas novas ilhas no Atlântico — uma descoberta que poderia lhe dar a honra de se tornar um moderno Lanzarotto Malocello, o navegador genovês que redescobrira as ilhas Canárias mais de um século antes. Mas logo começou a pensar em termos mais grandiosos. Talvez tenha se inspirado na história dos irmãos Vivaldi, também de Gênova, que em 1291 haviam navegado para além dos Pilares de Hércules em busca da Índia, para nunca mais voltarem; a história deles, cheia de relatos obscuros de vislumbres dos irmãos na África, ainda circulava no século XV. A crescente obsessão dos portugueses em encontrar uma rota marítima para as Índias também influenciou seu pensamento. Mas uma coisa em particular parece tê-lo ajudado a aprofundar a ideia de navegar para oeste até Cipangu e Catai: a carta que Paolo Toscanelli havia escrito a Fernão Martins, em 1474.

A história sobre Colombo e a carta de Toscanelli são matéria de épica controvérsia entre estudiosos. Do modo como a história normalmente é contada, Colombo teve acesso à carta algum tempo antes de apresentar sua proposta ao rei D. João, no final dos anos 1470 ou início dos 1480. Entusiasmado com o que leu e pelo fato de a carta ter vindo de um culto estudioso italiano com laços estreitos com os portugueses, ele próprio escreveu uma carta a Toscanelli na qual expunha suas ideias de uma viagem às Índias pelo ocidente e pedia sua opinião sobre tal empreendimento.

Nesta época, Toscanelli era um idoso cansado, com apenas mais um ou dois anos de vida pela frente. Ele não tinha nem tempo nem energia para se envolver numa longa correspondência com um genovês desconhecido e sem cultura vivendo a centenas de milhas de distância. E assim, pelo menos segundo Bartolomeu de Las Casas e Fernando Colombo, relatores da história, ele simplesmente mandou para Colombo cópias da carta e do mapa que antes havia enviado a Martins. "Notando seu magnífico e grandioso desejo de viajar para a terra onde crescem as especiarias", escreveu ele,

> envio, em resposta à sua carta, uma cópia da carta que escrevi há algum tempo, antes da guerra com Castela, a um amigo meu, um cavalheiro da casa real de sua Sereníssima Alteza o Rei de Portugal, em resposta a uma carta que ele me escreveu em nome de Sua Majestade acerca de todo este assunto, e anexo uma carta náutica idêntica à que enviei a ele, a qual deverá fornecer respostas à sua pergunta.[7]

Algum tempo depois, Toscanelli teria respondido a uma segunda carta de Colombo, reiterando brevemente seu endosso aos planos do ávido e jovem navegador. "A dita viagem não somente é possível"[8], escreveu ele, "mas é segura e certa e trará honra, proveito inestimável e o mais amplo renome entre todos os cristãos".

A autenticidade desta correspondência é fortemente contestada, e muitos estudiosos chegaram à conclusão de que foi forjada — pelo próprio Colombo, talvez, ou por um de seus primeiros biógrafos, de maneira a sugerir que ele era não apenas um talentoso marinheiro genovês, mas um homem de letras orientado por uma das mais cultas autoridades de sua época. O debate não dá sinais de terminar. Mas não há dúvida de que Colombo viu a carta original de Toscanelli para Martins, porque existe uma cópia feita por seu próprio punho.

A leitura da carta deu a Colombo uma injeção de confiança. Uma coisa era um marinheiro se aproximar do rei D. João com planos de descobrir uma ou duas novas ilhas atlânticas; o rei considerava tais propostas rotineiramente. Mas Colombo queria sugerir ao rei D. João que todo o programa de descobrimentos de Portugal — o resultado de décadas de investimento, exploração e estudo — estava mal orientado. Não importava quão talentoso e viajado fosse, Colombo sabia que como um simples navegador ele jamais conseguiria convencer o rei a mudar de rumo. Mas ali estava uma autoridade geográfica de confiança que havia proposto exatamente isso. O encontro com a carta de Toscanelli parece finalmente ter encorajado Colombo a apresentar seu caso ao rei.

Não sobrevive nenhum relato direto da conversa. Relatos indiretos sugerem que Colombo se vangloriou de seus talentos como navegador; propôs navegar para oeste em busca de Cipangu e Catai; pediu mais de um navio para levar adiante sua missão; e prometeu voltar com ouro. Provavelmente Colombo tenha apresentado a carta de Toscanelli como base para sua proposta, além de histórias que ele reunira ao longo dos anos sobre as ilhas. Sem dúvida também se apoiou numa série de mapas para defender sua causa: cartas náuticas mostrando a costa da África e as ilhas do Atlântico; *mappaemundi* apresentando a Ásia como os cosmógrafos medievais há muito a retratavam; uma cópia do mapa-múndi da edição romana da *Geografia*, impressa em 1478, exibindo o mundo conhecido de Ptolomeu estendendo-se por metade do globo;

uma cópia de um mapa do mundo ao estilo de Martellus, que estendia a Ásia de Ptolomeu para muito além da extremidade do Oriente ptolomaico, incluindo o Extremo Oriente de Marco Polo; uma cópia da carta náutica de Toscanelli; e talvez até um globo ao estilo de Behaim, expondo a extensão de oceano previamente não mapeada que Colombo propunha-se atravessar.

Evidentemente, Colombo tanto importunou D. João que o rei não conseguiu dizer não — pelo menos nessa hora. Em vez disso, ele entregou o assunto a seus conselheiros para revisão, ordenando, segundo João de Barros, "que [Colombo] deliberasse com D. Diogo Ortiz, bispo de Ceuta, Mestre Rodrigo e Mestre José, a quem o rei entregara esses assuntos de cosmografia e descobrimentos"[9]. Passaram-se meses, durante os quais Colombo usou de todos os seus poderes de persuasão para tentar convencer os conselheiros do rei a endossar seu plano, mas sem sucesso. "Todos consideraram vãs as palavras de Cristóvão Colombo"[10], escreveu Barros, "baseadas apenas em imaginação, ou em coisas como a ilha de Cipangu de Marco Polo". A opinião deles confirmou a de João — e assim, em 1485, o rei oficialmente rejeitou Colombo e enviou Diogo Cão de volta ao sul da África.

* * *

Um dos mitos que mais perduraram sobre Colombo é o de que os cosmógrafos que revisaram seu plano em Portugal — e, mais tarde, na Espanha — o rejeitaram porque se recusavam aceitar a ideia de que o mundo fosse esférico. Mas o rei D. João e seus conselheiros na verdade tinham um entendimento da geografia muito mais sofisticado que o de Colombo e rejeitaram sua proposta por razões perfeitamente legítimas. Considere Cipangu. O único europeu que já havia descrito a ilha com algum detalhamento fora Marco Polo. Lançar uma dispendiosa nova viagem de descobrimento para águas não mapeadas em busca de uma ilha que podia ou não existir, com nada mais em que se basear senão o testemunho de um mercador veneziano discutivelmente sincero que havia vivido uns duzentos anos antes parecia, na melhor das hipóteses, uma proposta questionável. Assim como estimar a circunferência do mundo com base nas vagas distâncias registradas por Polo em seu Livro.

Gravura 1 — Uma perspectiva cristã medieval do mundo: o Mapa de Psalter (1265). O Oriente está no alto. Cristo, segurando um globo T-O, vê todo o espaço e tempo. Logo abaixo dele, sob o sol nascente, estão Adão e Eva no Paraíso Terrestre, localizado na parte mais remota do Oriente, onde começam a geografia e a história. No centro do mapa está Jersusalém; na extremidade direita, sob a África, estão as raças monstruosas; e na parte inferior está a extremidade ocidental do mundo, onde o sol se põe e onde a geografia e a história chegam ao final.

Gravura 2 — Cristo crucificado em um mapa T-O, unindo simbolicamente um mundo dividido em três partes: Ásia, Europa e África (século XIII).

Gravura 3 — São Brandão e companheiros (1460). Um monge que viveu no século VI, que, segundo dizem, navegou da Irlanda para o oeste com seus companheiros num barco minúsculo e descobriu a Terra Prometida dos Santos, uma ilha paradisíaca de extensão aparentemente ilimitada.

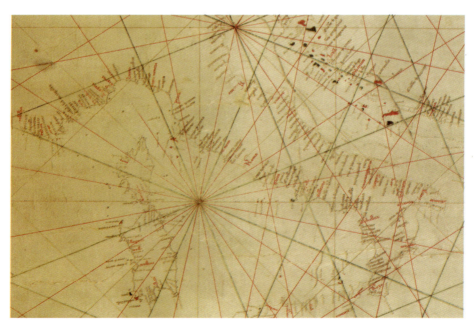

Gravuras 4 e 5 — A Itália antes e depois do advento da carta náutica. *No alto*: Itália num mapa-múndi de Matthew Paris (c. 1255) — girado em 90 graus no sentido horário para posicionar o norte no topo. *Abaixo*: A Itália numa carta náutica anônima do século XIV.

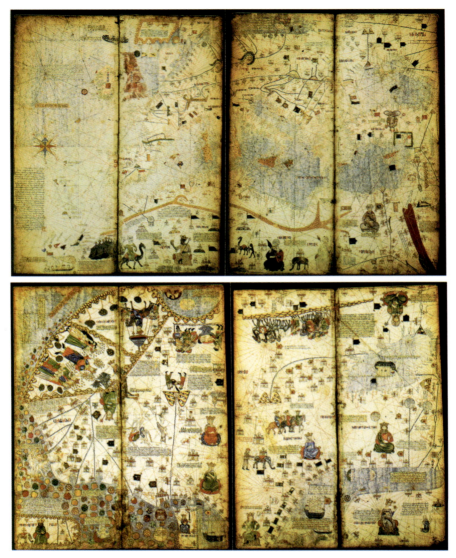

Gravura 6 — A mais famosa carta náutica da escola catalã: o Atlas Catalão de oito painéis (1375). *No alto*: os painéis ocidentais da carta náutica, mostrando a Europa, o Mediterrâneo e o norte da África, terra de grandes reis e minas de ouro. *Abaixo*: os painéis orientais, mostrando o Extremo Oriente, uma região de maravilhas descritas para europeus, pela primeira vez, por Marco Polo, menos de um século antes. As ilhas na extremidade direita, ricas em especiarias, ouro e pedras preciosas — as Índias —, iriam se tornar uma obsessão europeia no século XV.

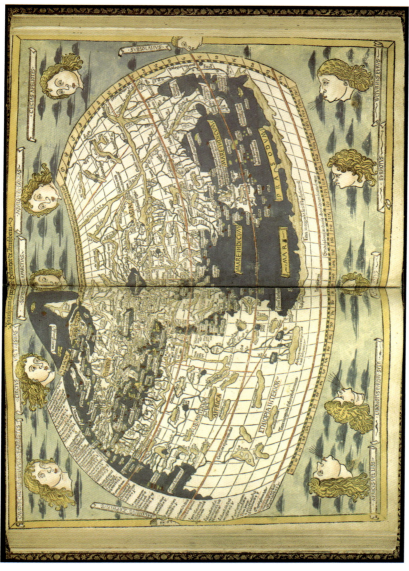

Gravura 7 — O mundo do século II de Claudio Ptolomeu, da edição em Ulm da *Geografia* de Ptolomeu (1482). Perdida por séculos mas redescoberta na Europa no início da década de 1400, a *Geografia* explicou como desenhar mapas usando latitude e longitude, e continha os nomes e coordenadas de cerca de 8 mil lugares. A obra impulsionou amplamente o entendimento dos estudiosos clássicos da antiga geografia e ajudou a inspirar a Era Europeia dos Descobrimentos.

Gravura 8 — O mundo tripartido, por Simon Marmion (1460). O mundo conhecido emerge de um lado da esfera de água, tornando teoricamente impossível a existência no lado de trás dessa esfera. A Ásia está no topo; a Europa (*esquerda*) e a África (*direita*) estão embaixo.

Gravura 9 — O mundo de Henricus Martellus (circa 1489-1490). Baseado no mapa-múndi de Ptolomeu, mas expandido para incluir recentes descobrimentos portugueses na África e o Extremo Oriente de Marco Polo, o mapa mostra o mundo conhecido às vésperas da primeira viagem de Colombo.

Gravura 10 — Um detalhe de um dos mais antigos mapas existentes a mostrar uma parte do Novo Mundo: a carta náutica de Cantino (1502). A ilha arborizada no topo é provavelmente Labrador ou Terra Nova; a costa na margem esquerda do topo é a América do Norte; as grandes ilhas no meio são Cuba e Hispaniola; e abaixo delas, surgindo imensa, está a América do Sul, conhecida na época como a Terra de Vera Cruz ou Terra dos Papagaios. As costas da Europa e da África ocidental estão na extremidade direita.

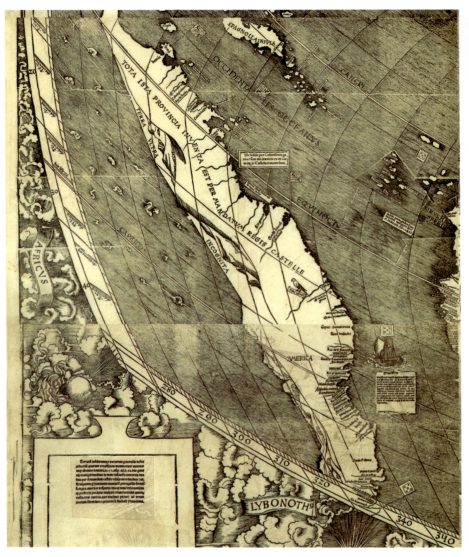

Gravura 11 — A quarta parte do mundo: a América do Sul no mapa de Waldseemüller de 1507, o primeiro mapa a identificar uma parte do Novo Mundo como América — um nome cunhado pelos criadores do mapa. A visão no mapa deste novo e gigantesco continente ao sul, rodeado de água e tão afastado da Europa, África e Ásia, pode ter inspirado Nicolau Copérnico a repensar a natureza do cosmos.

"Quando o viajante sai de Kan-chau"[11], dizia uma passagem típica, "ele viaja em sentido leste durante cinco dias por uma região assombrada por espíritos, os quais ele muitas vezes ouve falar de noite, até que chega a um reino chamado Erguiul. Este está subordinado ao Grande Khan e faz parte da grande província de Tangut, que abarca muitos reinos". O que um cartógrafo escrupuloso podia fazer com *isso*?

Os portugueses tinham informações mais confiáveis à sua disposição. Nas décadas de 1470 e 1480 eles haviam desenvolvido uma nova e rigorosa estimativa do tamanho de um grau geográfico, baseados nos fartos novos dados sobre latitudes que estavam trazendo da África, e sua estimativa levava-os a crer — corretamente, como se veio a verificar — que a circunferência da Terra era bem maior do que Colombo pensava.

Medir as distâncias entre o leste e o oeste sempre fora um problema para os geógrafos. As estimativas aproximadas feitas por Marco Polo e outros viajantes eram de pouca utilidade prática. A única forma confiável de determinar as distâncias leste-oeste era medindo-se a longitude, mas isso era tão difícil que apenas astrólogos eruditos tentavam — e eles focavam seu olhar em céus europeus, não asiáticos. O resultado era que todas as estimativas de distâncias leste-oeste no século XV não eram confiáveis, especialmente no que dizia respeito a lugares distantes. Os conselheiros do rei D. João sabiam bem disso, e quando Colombo os procurou com uma proposta que dependia inteiramente dessas estimativas, naturalmente consideraram-na suspeita. Eles preferiam pensar a distância em termos de latitude, não de longitude.

A latitude sempre tinha sido bem mais fácil de determinar do que a longitude, porque correspondia à altura da Estrela Polar acima do horizonte. Isto significava que até simples viajantes do início da Idade Média tinham uma forma aproximada de avaliar quão longe estavam de casa. "No rio Jordão"[12], escreveu um padre islandês depois de visitar a Terra Santa, em 1150, "se um homem se deitar no chão, erguer o joelho, colocar o punho sobre ele, e depois erguer seu polegar apoiado no punho, ele vê a Estrela Polar exatamente nessa altura, sem tirar nem pôr". Porque a maioria dos europeus medievais passava seu tempo numa fina faixa de latitudes nortenhas, onde os destinos e as rotas de viagem eram bem conhecidos, eles tinham pouca necessidade de medir a latitude com maior precisão do que isso. Mesmo na avançada década de 1450, o mercador e explorador italiano Alvise Cadamosto, numa viagem à África ocidental a serviço do infante D. Henrique, registrou sua latitude apenas nos termos mais básicos. Ancorado na foz do rio Gâmbia, ele notou que a Estrela Polar aparecia "muito baixo sobre o mar [...] cerca de um terço de uma lança acima do horizonte"[13].

Quando os portugueses começaram a avançar mais para o sul, eles se deram conta de que, se pudessem inventar uma maneira mais exata de determinar a latitude, poderiam passar mais tempo navegando em mar aberto, sem avistar terra. A navegação costeira era lenta e entediante para os portugueses na África: para evitar ficarem encalhados eles tinham que avançar cuidadosamente durante o dia, baixando e içando metodicamente uma linha de prumo para medir a profundidade das águas que estavam cruzando, e tinham que estar sempre atentos a um lugar seguro onde ancorar de noite. O ritual diário variava pouco. "De madrugada partíamos"[14], escreveu Cadamosto, "sempre com um homem no topo dos mastros e dois nas proas da caravela para vigiarem rebentações que revelassem a presença de baixios".

A navegação em mar aberto possibilitava progressos mais rápidos. Se os portugueses conseguissem determinar rigorosamente a latitude de um dado lugar — a foz de um rio, um cabo eminente ou a localização de um padrão plantado por um explorador anterior —, não precisariam perder muito tempo navegando perto da costa para não perdê-lo de vista. Antes, poderiam avançar para o mar, estabelecer um rumo para o sul e navegar dias a fio, até que a altura da Estrela Polar lhes indicasse que tinham atingido aproximadamente a latitude certa. Nesse ponto poderiam virar para o leste e seguir direto para a terra, mantendo a Estrela Polar numa altura constante, numa prática conhecida como "correr pela latitude".

Para medirem a latitude, os portugueses buscaram a ajuda de seus astrônomos. Desde pelo menos o século XIII, os astrônomos na Europa vinham utilizando o quadrante, um aparelho simples e compacto, para medir a altura da Estrela Polar (Figura 38). Em algum momento em meados do século XV, os portugueses reconheceram que o quadrante podia ajudá-los no mar, e por isso começaram a levar astrônomos consigo em suas viagens africanas e eles aos poucos reuniram dados sobre as latitudes de pontos destacados ao longo da costa africana. O método estava longe de ser perfeito. Era impossível obter uma posição rigorosa da Estrela Polar no mar, e mesmo em terra os erros eram a norma, especialmente porque as observações eram feitas por marinheiros incultos, e não por astrônomos instruídos. Mas o uso de um quadrante era mais eficaz do que navegar somente com uma bússola e uma carta náutica, como se verifica claramente na primeira referência conhecida ao uso de um quadrante no mar. "Quando fui a estas regiões eu tinha um quadrante"[15], lembrou um escudeiro português chamado Diogo Gomes, ao descrever ao fazedor de globos Martin Behaim uma viagem que fizera à Guiné, em torno de 1460. "Achei-o melhor do que a carta náutica", prosseguiu. "É verdade que o curso de navegação pode ser visto na carta náutica, mas assim que se comete um erro não se consegue mais recuperar a posição correta."

Mas o quadrante só era útil para navegar no hemisfério norte. Quando os portugueses cruzaram o equador, notaram que a Estrela Polar mergulhava por trás do horizonte — e que não havia uma estrela análoga nos céus do sul; não havia uma estrela isolada ao redor da qual todas as outras girassem. Perceberam que precisariam determinar a latitude a partir de outro ponto, e seus astrônomos sugeriram o Sol.

A ideia não era nova. Desde pelo menos os tempos de Ptolomeu, mais notavelmente no mundo islâmico, os astrônomos tinham estudado os céus usando um instrumento complexo conhecido como astrolábio (Figura 57). O astrolábio era essencialmente uma espécie de computador: uma versão portátil e bidimensional de uma esfera armilar (Figura 29), que possibilitava aos astrônomos observar, imitar e prever os movimentos da Lua, do Sol, dos planetas e das estrelas. Utilizado para fazer uma observação rigorosa de um corpo celeste num determinado dia e lugar, o astrolábio podia então ser manipulado para recriar um retrato dos céus em qualquer tempo e lugar, o que, por sua vez, permitia aos astrônomos saber as horas, prever eclipses, avaliar distâncias relativas e mais. Muitas das funções do astrolábio estavam bem além do alcance da maioria dos eruditos, quanto mais dos marinheiros comuns. Mas durante a segunda metade do século XV, os portugueses perceberam que seus navegadores poderiam usá-lo com um propósito relativamente simples: determinar sua latitude no hemisfério sul. Não havia mais necessidade de observar a Estrela Polar. Em vez disso, eles podiam medir a distância do Sol do meio-dia a partir do equador celeste (o círculo imaginário no espaço que se projetava para fora do equador da Terra) e podiam usar essa informação — juntamente com tabelas especiais compiladas ao longo dos séculos por astrônomos antigos e modernos — para determinar sua latitude. Na época em que Colombo chegou a Portugal, eles haviam criado o que é conhecido como o astrolábio náutico (Figura 57) e o estavam utilizando, com resultados decididamente imperfeitos, para ajudá-los a navegar nas águas africanas abaixo do equador.

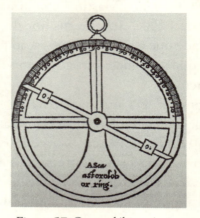

Figura 57. O astrolábio náutico (1574). Uma versão simplificada do astrolábio, o instrumento permitia que o vento passasse por seu centro e tinha uma base extremamente pesada para mantê-lo estabilizado no mar.

Com astrônomos, quadrantes e astrolábios à sua disposição, e agora também navegando em caravelas, que não só podiam seguir o vento mas também avançar contra ele, os portugueses começaram a aventurar-se mais confiantemente em mar aberto. Para garantir o sucesso de seus navegadores, no início da década de 1480, o rei D. João reuniu uma equipe de conselheiros cosmógrafos e entregou-lhes a tarefa de refinarem a arte da navegação pelas estrelas em águas africanas. Os três homens a quem João pediu para reverem a proposta de Colombo faziam parte dessa equipe — bem como Martin Behaim, conforme sugerem alguns indícios. É possível, portanto, que Behaim tenha obtido sua ideia do globo e da viagem de descobrimentos pelo Ocidente diretamente do próprio Colombo.

Trabalhando com uma inédita gama de observações latitudinais, que se estendiam desde o norte da Europa até o sul da África, os conselheiros de João logo descobriram uma estimativa nova e mais rigorosa do tamanho de um grau de latitude. Por séculos, muitos astrônomos e geógrafos haviam assumido que um grau correspondia a 56 milhas e 2/3 — e foi esse o número que Colombo usou ao fazer sua proposta a João. Mas já nessa época os portugueses, valendo-se da riqueza de suas novas observações astronômicas, haviam retificado esta estimativa para cima. Um grau, diziam seus peritos, correspondia a 66 milhas e 2/3 (um número muito mais próximo ao comprimento atual, cerca de 69 milhas). João e seus conselheiros tinham uma sólida razão teórica para recusar a proposta de Colombo.

A rejeição deixou Colombo atormentado. Amargurado e mais convencido que nunca da correção de suas ideias, ele decidiu deixar Portugal de vez. Tentaria a sorte na Espanha.

* * *

A SAGA DOS anos de Colombo na Espanha foi relatada inúmeras vezes: sua chegada sem um centavo ao porto sul de Palos, não longe de Sevilha, no verão de 1485; sua primeira noite passada no campo, num mosteiro franciscano próximo chamado La Rábida, que alojava viajantes gratuitamente; o encontro, nessa mesma noite, com o diretor do mosteiro, frei Antonio de Marchena, que se tornaria seu mentor espiritual por toda a vida; o acolhimento imediato de suas ideias por frei Antonio, um culto astrólogo e cosmógrafo; os cinco meses que Colombo permaneceu em La Rábida, discutindo seus planos detalhadamente com frei Antonio, que em seguida usou suas ligações em Sevilha para permitir-lhe acesso à corte espanhola; o modo como quase ninguém na corte levou Colombo e suas ideias a sério, porque, segundo um contemporâneo, "era estrangeiro, malvestido e sem outro apoio senão o de um frade"[16]; o modo como Colombo, mesmo assim, conseguiu apresentar sua proposta pessoalmente a Isabel e Fernando, os soberanos espanhóis, em 20 de janeiro de 1486; como os soberanos, na época combatendo os mouros de Granada, o recomendaram à sua própria comissão de conselheiros; os seis anos seguintes, em que Colombo seguiu obstinadamente a corte pela Espanha afora, enfrentando períodos de extrema pobreza e provação, enquanto tentava obter apoio para seu plano; e a contínua rejeição dos soberanos, mas não sem insinuar, a cada vez, que tentasse novamente mais tarde.

Seis anos é muito tempo de espera, especialmente para um marinheiro com a ânsia de voltar ao mar. Poucos pormenores sobrevivem sobre como Colombo se ocupou durante esses anos, mas uma coisa é certa: ele começou a ler.

Quando chegou à Espanha, segundo seu contemporâneo Andrés Bernáldez, que o conheceu em Sevilha, Colombo era "um homem de grande inteligência, embora com pouca cultura literária"[17]. Esta falta de educação formal afligia Colombo. Ele sabia que parte da razão por que não tinha conquistado o apoio à sua proposta em Portugal era por não ter sido capaz de discutir com os cosmógrafos do rei D. João. Quando chamado a responder às suas cultas objeções, ele provavelmente não tenha podido fazer mais do que se referir repetidamente à carta de Toscanelli. Agora, na Espanha, mais uma vez ante a perspectiva de discutir com cosmógrafos cultos em sua própria arena intelectual, ele resolveu se preparar melhor e embarcou num programa forçado de estudos autodidatas.

É provável que frei Antonio o tenha incitado a começar. A biblioteca em La Rábida continha cerca de 10 mil volumes, e frei Antonio conhecia bem seu conteúdo. Durante os cinco meses em que Colombo permaneceu com ele no mosteiro, frei Antonio teve amplas oportunidades para apresentar Colombo aos princípios da cosmografia acadêmica — e para guiá-lo especificamente a textos que pudessem ajudá-lo a sustentar e desenvolver suas ideias.

Ninguém sabe exatamente o que Colombo leu em La Rábida. Até o conteúdo da biblioteca é um mistério; não existe nenhum catálogo da coleção, que há muito se dispersou. No entanto, é possível dar um palpite, com base na experiência, sobre o que Colombo teria encontrado numa farta biblioteca franciscana espanhola do século XV. A Bíblia, claro, e montanhas de outras obras que, de uma maneira ou outra, discutissem o Oriente; os comentários dos Pais da Igreja; as histórias e a literatura da Roma antiga; as grandes enciclopédias clássicas e medievais; o *Speculum historiale* [Espelho histórico] de Vicente de Beauvais, contendo relatos condensados das primeiras missões franciscanas e dominicanas à Ásia; o *Livro do conhecimento de todas as coisas*, ele próprio, possivelmente, obra de um franciscano espanhol; os popularíssimos *Viagem de São Brandão, o abade* e *As viagens de Mandeville*; as obras de Ptolomeu e Estrabão, ambas as quais impressas repetidamente durante as décadas de 1470 e 1480; e talvez uma cópia do Livro de Marco Polo — certamente a descoberta mais emocionante de todas para um homem que passara anos se debruçando sobre a carta de Toscanelli. Não é nada improvável que o Livro tivesse encontrado lugar numa biblioteca franciscana de tamanho considerável. A sinopse em latim do Livro, feita por frei Pipino, ainda circulava amplamente no século XV, uma obra produzida especificamente para que "os corações de alguns membros das ordens religiosas possam se mobilizar para lutarem pela difusão da fé cristã e, com a ajuda divina, levarem o nome de nosso Senhor Jesus Cristo, esquecido entre multidões tão vastas, àquelas nações cegas entre as quais a colheita é de fato muito grande e os trabalhadores, tão poucos"[18].

Depois de deixar La Rábida, Colombo começou a reunir uma pequena biblioteca para si. Esta era uma drástica mudança na tradição. Os livros nunca tinham sido destinados às massas; eram objetos raros e preciosos, laboriosamente copiados à mão em folhas caras de papel pergaminho e depois guardados como tesouros por monges, eruditos e aristocratas. Mas Colombo chegou à Península Ibérica juntamente com os primeiros livros impressos, e isso mudou tudo.

* * *

JOHANNES GUTENBERG PRODUZIU sua primeira Bíblia em Mogúncia, Alemanha, em 1454 ou 1455, e a notícia sobre o potencial da imprensa logo se espalhou para além da Alemanha. Leon Battista Alberti, por exemplo, escreveu, encantado, sobre "o inventor alemão que, ao fazer certas impressões de letras, tornou possível, recentemente, que três homens produzissem mais de duzentas cópias de um dado texto original em cem dias"[19]. No início da década de 1460, as impressoras começaram a se espalhar pelas cidades mais importantes da Europa, embora nem todos entendessem o que eram. Em 1465, o secretário da Biblioteca do Vaticano ainda sentia necessidade de descrever as vantagens da nova invenção ao papa Paulo II. "Qualquer estudioso pobre pode adquirir para si uma biblioteca por uma pequena soma"[20], explicou ele. "Aqueles volumes que antes mal podiam ser comprados por cem coroas, hoje podem ser adquiridos por menos de vinte, muito bem impressos e sem os abundantes erros encontrados nos manuscritos, pois tamanha é a arte de nossos impressores e fazedores de letras que nenhuma descoberta antiga ou moderna se compara a esta."

Colombo pertenceu à primeira geração de leigos a se beneficiarem da difusão da imprensa, e ele aproveitou ao máximo a oportunidade que isto lhe oferecia. Depois de chegar à Espanha ele adquiriu uma quantidade de livros recém-impressos, quase todos sobre geografia, e pelo resto de sua vida ele os manteve à mão como companheiros fiéis. Ele não somente lia seus livros, mas mantinha diálogos com eles, rabiscando anotações para si nas margens, sublinhando afirmações com as quais concordava e objetando, irritadamente, a outras. Vários de seus livros ainda existem, e juntos eles fornecem informações inestimáveis sobre como Colombo tentou defender sua causa na Espanha — e, mais tarde, depois de finalmente fazer a travessia do oceano, de como se esforçou para dar sentido ao que encontrara do outro lado.

Um dos livros preferidos de Colombo, publicado em 1477, era a *Historia rerum ubique gestarum*, ou *História de assuntos conduzidos em toda parte* — um dos mais antigos guias de geografia. Escrito no rescaldo do Concílio de Florença pelo humanista italiano Aeneas Sylvius Piccolomini, que reinaria como papa Pio II de 1458 a 1464, a obra fazia um levantamento das ideias tradicionais medievais sobre o mundo e as atualizava com referências a Ptolomeu, Estrabão e até Niccolò Conti. Seu propósito fundamentalmente humanista, escreveu Piccolomini, era "casar a geografia moderna com a antiga"[21]. O livro consiste de duas partes, uma dedicada à Ásia e outra, à Europa. Colombo, naturalmente, leu a primeira com grande avidez, registrando um total de 861 anotações diferentes nas margens.

Essas notas mostram Colombo valendo-se de suas próprias experiências como navegador para questionar ideias tradicionais. Quando

Piccolomini observa que muitas autoridades acreditam que certas partes do mundo são inabitáveis, Colombo escreve: "Os portugueses têm provado o oposto no sul e, no norte, [provam-no] os ingleses e suecos que navegam nessas regiões."[22] Isso ele sustenta repetidamente ao longo do livro, fazendo referência às suas próprias viagens à Irlanda, à Islândia e, especialmente, à fortaleza de Elmina, na Guiné. Quando Piccolomini observa que Ptolomeu declarara que o oceano Índico era fechado, Colombo faz mais uma objeção. "Júlio [Solino]"[23], escreve ele, "ensina que todo o mar, desde a Índia até a Espanha, e circum-navegando a ponta da África, é aberto". Colombo interessa-se ativamente pelas viagens de Niccolò Conti ("Observe a viagem deste Niccolò"[24]), e em geral é cativado pela descrição de Piccolomini do Extremo Oriente: ele cita ou destaca numerosas referências ao Catai, ao Grande Khan e a muitos dos tradicionais prodígios e monstros da Ásia. O Catai existe no extremo oriental da Índia, diz ele para si mesmo, e a Espanha está a leste dele, do outro lado do oceano. Isto dá início a uma de suas mais memoráveis notas: uma descrição de dois cadáveres com aspecto asiático que tinham ido parar à costa durante sua visita à Irlanda — possivelmente lapões da Escandinávia, com rosto achatado, ou mesmo inuítes da Groenlândia. "Homens de Catai vieram para o leste"[25], escreve ele. "Vimos muitos sinais disto, especialmente em Galway, na Irlanda: um homem e sua mulher, de aparência estranha e maravilhosa, foram tirados de duas canoas escavadas."

O Livro de Marco Polo era outro dos favoritos de Colombo. Ele possuía uma cópia abreviada, traduzida do latim por frei Pipino, publicada em 1485 ou 1486, e suas notas às margens destacam precisamente os elementos do Livro para os quais Toscanelli chamara a atenção em sua carta. "O Grande Khan enviou emissários ao papa", escreve Colombo em certo ponto. "Perfume", ele escreve em outro. "Pérolas, pedras preciosas, tecidos dourados, marfim." Em outro trecho ele faz referência a "minas de ouro" e a "pimenta, nozes, noz-moscada, cravo-da-índia e outras especiarias em abundância". O Grande Khan, Catai, Mangi, Cipangu: Colombo lê sobre eles como um homem obcecado. Sente-se atraído particularmente pela cidade portuária de Kinsai. "A maior cidade do mundo"[26], diz ele para si mesmo. "Quinsay está a 25 milhas do mar", escreve ele em outra nota — isto é, o mar do Catai, aquele em que Polo, claro, tinha se desviado de seu curso para se ligar ao mar da Inglaterra e ao Egeu.

Este tipo de conversa é como música para os ouvidos de Colombo. Ele consome avidamente o que Polo tinha a dizer sobre o mar do Catai e seus milhares de ilhas. Nas margens, ele escreve, mais de uma vez, as palavras "Mar Oceano", duas palavras simples que revelam muito sobre suas aspirações. E quando Polo descreve uma gigantesca frota de navios pertencentes ao Grande Khan, que navegavam pelas águas da região, ele comenta a passagem, sonhadoramente, com a seguinte nota para si mesmo: "Quinze mil navios no Mar Oceano.[27]"

Colombo possuía um livro que consultava e estimava ainda mais do que a *História* de Piccolomini e o *Livro* de Polo: *A imagem do mundo*, de Pierre d'Ailly. Cópias manuscritas do texto, escrito por volta de 1410, vinham circulando desde o tempo do Concílio de Constança, mas Colombo, como de costume, possuía uma cópia da primeira edição impressa da obra, publicada em algum momento entre 1480 e 1483.

Colombo passou horas incontáveis folheando *A imagem do mundo*. O livro fornecia-lhe uma introdução acessível a todos os elementos comuns da teoria geográfica medieval: o cosmos esférico, as cinco zonas climáticas, o mundo tripartido conhecido, várias teorias sobre a proporção de água na Terra, o debate sobre a Antípoda, a geografia sagrada do Oriente e muito mais. O livro era exatamente o que Colombo precisava: ele levantava, resumia e citava escritos de muitas autoridades antigas e medievais, poupando Colombo da necessidade de procurar os originais. Ele podia carregar o livro consigo, estudá-lo e fazer anotações nele (898 no total) onde quer que fosse, e quando alguém desafiasse suas ideias, podia localizar várias passagens no livro que pareciam corroborar suas ideias.

Paradoxalmente, muitos dos primeiros livros impressos deram aos textos e ideias medievais um novo fôlego justamente quando essas ideias estavam se tornando obsoletas. A maioria das obras geográficas impressas antes de 1500 perpetuava uma visão teórica do mundo que tanto os exploradores quanto os eruditos humanistas estavam rapidamente desconstruindo. O mesmo se aplicava à cartografia: os primeiros mapas impressos a aparecerem, na década de 1470, eram diagramas e cartas náuticas medievais, *mappaemundi* cristãos simples e atlas ptolomaicos.

Mas isso é fácil de se explicar. Tal como acontece hoje, os editores do final do século XV estavam atendendo à demanda. Eles se apressavam a imprimir tudo o que tivessem à mão e que considerassem vendável.

Em nenhum outro lugar este paradoxo fica mais evidente do que no exemplar de Colombo de *A imagem do mundo*. Recém-saído das máquinas de impressão nos anos 1480, ele espalhou uma concepção do mundo que remontava não somente a 1410, mas ainda a muito antes. Muitas partes da obra equivaliam a pouco mais do que uma destilação das obras de autoridades mais antigas, particularmente Roger Bacon. D'Ailly não fez uma única referência às viagens dos europeus modernos, e só de leve reconheceu a *Geografia* de Ptolomeu, mas ignorando completamente seu potencial revolucionário. No entanto, *A imagem do mundo* preservou sua autoridade durante as décadas finais do século XV. Isto serve como um lembrete útil de que mesmo depois de a Era dos Descobrimentos estar bem avançada, a maioria dos europeus mantinha uma ideia sobre o mundo praticamente igual à anterior. Isto certamente se aplicava a Colombo. Ele não pretendia expandir a imagem do mundo. Queria apenas preencher algumas de suas lacunas.

As notas feitas por Colombo em *A imagem do mundo* revelam que ele foi um estudante ávido, mas por vezes argumentador. Ele destaca as definições de alguns conceitos introdutórios: *esfera, cosmografia, geografia, eclipse*. Cita repetidamente referências sobre a condição esférica da Terra. Quando D'Ailly declara, em seu suplemento sobre Ptolomeu, que "a extensão da terra para o leste é muito maior do que Ptolomeu admite [e que] a terra habitável do lado do Oriente é mais do que metade do circuito do globo"[28], Colombo sublinha gravemente seus comentários e acrescenta: "O mar não pode cobrir 3/4 da Terra." Quando D'Ailly relaciona diversas estimativas do tamanho de um grau e sugere que o número 56 milhas e 2/3 *talvez* fosse o melhor, Colombo agarra-se ao comentário e investe-o de uma certeza ausente no original. "Note-se"[29], escreve ele, "que qualquer grau no equador corresponde exatamente a 56 milhas e 2/3".

Assim como fez em *História dos assuntos conduzidos em toda parte*, em *A imagem do mundo* Colombo discorda das tradicionais teorias zonais sobre a Terra. A zona tórrida, escreve ele enfaticamente, "não é inabitável"[30], porque hoje os portugueses vão para lá. "É até muito populosa." Ele retorna a esta ideia repetidamente, citando muitas vezes seu conhecimento direto. Em uma nota particularmente longa sobre este assunto, ele registra que estava presente na corte em Lisboa quando Bartolomeu Dias entregou seu relatório sobre o Cabo da Boa Esperança ao rei D. João. "Ele descreveu e retratou a viagem légua por légua em uma carta náutica"[31], escreve Colombo, "de maneira a expô-la diante de sua Alteza o Rei. Eu participei de tudo isto".

Esta é uma nota especialmente reveladora. Nela Colombo também relata que Dias utilizou um astrolábio para determinar que a latitude do Cabo era de 45 graus (o mesmo número errôneo usado por Henricus Martellus em seus mapas). Depois, apoiando-se nesse número, ele declara que Dias navegou cerca de 3.100 léguas para o sul de Portugal — uma distância realmente muito longa, e muito conveniente para Colombo. Tanto D'Ailly como Marco Polo já haviam dito que o mundo conhecido envolvia grande parte do globo, e agora Dias mostrava que também se estendia muito mais para o sul do que anteriormente se pensava. As notas de Colombo ganham vida nesta parte de *A imagem do mundo*. A maior parte do mundo *tem* de ser de terra, conclui ele — e o pouco oceano que sobra deve ser "completamente navegável"[32].

*　*　*

TENDO LIVROS IMPRESSOS e autoridades eruditas como aliados, Colombo agora se sentia capaz de discutir com os conselheiros de Isabel e Fernando em seus próprios termos. E ao defender sua causa diante deles, organizou suas fontes tão seletiva e imaginativamente que deve ter apresentado a menor estimativa do tamanho da Terra já feita. A verdadeira distância diretamente das Canárias até o Japão é de cerca de 10.600 milhas; Colombo afirmava serem 2.400. A verdadeira distância das Canárias à China é de cerca de 11.700 milhas; Colombo afirmou serem 3.500[33]. Assim como seus colegas portugueses, os cosmógrafos espanhóis que reviam a proposta de Colombo tinham uma ideia razoavelmente boa da circunferência da Terra e sabiam que estes números não podiam estar corretos.

Eles tinham outra razão importante para discordar de Colombo: o modelo escolástico do cosmos, no qual a Terra emergia apenas de um dos lados da esfera aquosa. "A Terra está pousada na água como uma bola leve"[34], escreveu uma autoridade espanhola em 1484, resumindo a teoria, "ou como uma maçã numa bacia cheia de água, da qual apenas o topo aparece acima da superfície da água". Sacrobosco tinha retratado a Terra desta maneira em sua *Esfera*, que ainda era amplamente ensinada (Figura 26); Pierre d'Ailly fizera o mesmo, em *A imagem do mundo* (Figura 43); e muitos outros mapas em circulação reforçavam a ideia, incluindo alguns que mais tarde viriam a pertencer ao filho de Colombo, Fernando (Gravura 8). Para os cosmógrafos que avaliavam a proposta de Colombo, este modelo da Terra ensinava uma lição óbvia. Tentar navegar metade do globo ou mais em mar aberto seria pura loucura. "A única maneira de explorar"[35], disseram a Colombo, segundo Las Casas, "era navegar próximo à costa, tal como os portugueses vinham fazendo na Guiné". Era uma ideia difícil de abandonar.

Colombo tinha outro obstáculo a enfrentar. Na Espanha, tal como em Portugal, o momento não era adequado. Durante os anos 1480, a esperança de finalmente expulsar os mouros de Granada vinha aumentando, e Isabel e Fernando estavam dedicando a maior parte de seu tempo, energia e recursos financeiros a esse esforço. Concentrados que estavam nos sonhos de completar a Reconquista, eles tinham poucas razões para decidir dar muita atenção a um navegador estrangeiro propondo navegar para oeste em busca das Índias. Por isso, os soberanos o rejeitaram. Colombo os procurou repetidamente para defender sua causa, mas todas as vezes eles o rejeitavam — delicadamente, ao que parece, assinalando que talvez quando a luta contra os mouros chegasse ao fim eles pudessem reconsiderar. Mas em janeiro de 1492, quando Colombo os procurou depois de os mouros terem finalmente sido derrotados na Batalha de Granada, os soberanos decidiram rejeitá-lo definitivamente. Desta vez, segundo Las Casas, eles não lhe deram "qualquer perspectiva de que pudessem, no futuro, reconsiderar sua decisão"[36].

Neste ponto, a história ganha uma qualidade hollywoodiana. Dispensado mas irredutível, diz-se que Colombo deixou a corte espanhola, montado numa mula, e partiu rumo a Córdoba, já arquitetando planos para levar sua proposta ao rei da França. Mas a umas 10 milhas de Granada um mensageiro da corte enviado a galope atrás dele o alcançou. Trazia notícias surpreendentes: Luis de Santángel, tesoureiro da corte e velho amigo de Colombo tinha, afinal, convencido Isabel e Fernando a apoiarem sua aventura às Índias.

Três meses depois, Colombo tinha isso por escrito. "Por nossa ordem"[37], declararam os soberanos em 30 de abril de 1492, Colombo deveria partir em uma missão "para descobrir e adquirir determinadas ilhas e continente no Mar Oceano". O empreendimento seria perigoso, continuavam os soberanos, mas as recompensas seriam grandes. Se Colombo encontrasse as ditas ilhas e continente, ele se tornaria legalmente seu governador — e conquistaria o direito de ser chamado de Almirante do Mar Oceano.

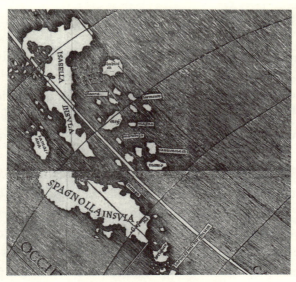

✦ Cuba, Hispaniola e o Caribe ✦

CAPÍTULO QUATORZE
O ALMIRANTE

Ele viu tantas ilhas que nem conseguiu contá-las [...] e ele diz que acha que estas ilhas são aquelas inumeráveis que se encontram nos mapas-múndi no fim do Extremo Oriente.[1]

— Bartolomeu de Las Casas, resumindo a entrada de 14 de novembro de 1492 no agora perdido *Diário da primeira viagem de Colombo*

Em maio, Colombo viajou para a cidade portuária de Palos, não longe do mosteiro de frei Antonio em La Rábida, e ali passou um agitado verão preparando-se para sua viagem: alugando navios, contratando tripulações, juntando provisões, estudando livros e mapas. No final de julho ele tinha três naus completamente equipadas — a *Niña*, a *Pinta* e a *Santa María* — e uma tripulação de cerca de noventa marinheiros sob seu comando. Na sexta feira, 3 de agosto de 1492, cerca de meia hora antes do nascer do sol, ele e a tripulação apanharam a maré baixa a partir do porto de Palos e partiram para as ilhas Canárias.

Colombo navegou primeiro para as Canárias por diversas razões. Uma era de ordem legal: de acordo com o recém-assinado Tratado de Alcáçovas, as Canárias eram as únicas ilhas no oceano ocidental às quais a Espanha detinha direitos; todo o restante pertencia a Portugal. Mas Colombo também tinha razões mais práticas. Muitos mapas de seu tempo — a carta náutica de Toscanelli, os mapas-múndi de Martellus, o globo de Behaim — sugeriam que Antília, Cipangu e Kinsai estavam aproximadamente na mesma latitude que as Canárias. Colombo sabia que a maneira mais segura de encontrar esses lugares seria navegando para as Canárias e depois percorrendo a latitude para oeste.

Colombo passou a maior parte do mês nas Canárias fazendo preparativos finais para sua travessia oceânica, e durante este período manteve um diário. Embora o original tenha se perdido, Bartolomeu de las Casas e Fernando Colombo o citariam e resumiriam em suas próprias biografias de Colombo. Ao fazerem isso, eles preservaram a fonte de quase tudo o que hoje se conhece sobre a primeira viagem de Colombo pelo Atlântico.

Colombo começou seu diário com um preâmbulo cuidadosamente engendrado, dirigido a Isabel e Fernando. Colocando-se de forma destacada e autoelogiosa no final de uma longa linha de exploradores, missionários e cruzados medievais europeus, e usando uma linguagem emprestada diretamente da carta de Toscanelli, Colombo lembrou aos soberanos a oportunidade desperdiçada, há cerca de dois séculos, quando o papa não enviou ao Extremo Oriente os mestres cristãos que o Grande Khan lhe pedira para mandar. Agora, finalmente, em sua sabedoria, os soberanos consideravam adequado retificar isso. "Suas Altezas"[2], escreveu Colombo, "como cristãos católicos e príncipes devotados à sagrada fé cristã e seus propagadores, e inimigos da seita de Maomé e de todas as idolatrias e heresias, resolveram enviar a mim, Cristóvão Colombo, para as ditas regiões da Índia, para ver os ditos príncipes, povos e terras e [para observar] a disposição de todos eles, e a maneira como poderá ser empreendida sua conversão à Santa Fé, e ordenaram que eu não vá para o Oriente por terra (o caminho habitual), mas pela rota do Ocidente, pela qual ninguém até esta data sabe ao certo que alguém tenha ido". Colombo prosseguiu um pouco mais, descrevendo a viagem que tinha acabado de fazer de Palos às Canárias, e depois, ao considerar partir para o desconhecido, a oeste, concluiu fazendo uma promessa solene aos soberanos — e a si mesmo.

> Pretendo fazer uma nova carta náutica, na qual colocarei o mar inteiro e as terras do Mar Oceano em suas devidas posições e registrarei tudo como em um retrato real, pela latitude ao norte do equador e longitude a oeste; e acima de tudo é muito importante que eu esqueça o sono e me dedique muito à navegação, pois é necessário, e esta será uma grande tarefa.[3]

*   *   *

Muitas das pessoas que conheceram Colombo deixaram registros sobre ele como um cartógrafo ativo e capaz. Las Casas escreveu que Colombo se sustentou durante o tempo que passou na Espanha "fazendo ou desenhando cartas náuticas"[4]. Andrés Bernáldez relembrou que Colombo era "muito hábil na arte da cosmografia e no mapeamento do mundo"[5]. Vários dos marinheiros que se juntaram a Colombo em suas viagens de travessia do Atlântico repetiram essa avaliação. "O Almirante"[6], testemunharia um deles após a morte de Colombo, "fez um globo e cartas náuticas [...] de tal maneira que aqueles que o acompanharam aprenderam muitas coisas".

Quando Colombo deixou as Canárias de vez, em 9 de setembro, levou consigo um de seus próprios mapas, mostrando o oceano que se propunha cruzar e as terras que se propunha descobrir. A primeira referência ao mapa aparece em seu diário no dia 25 de setembro, quando — segundo o resumo deste registro feito por Las Casas — Colombo e Martin Alonso Pinzón, um de seus capitães, começaram a discutir sua localização remetendo uma carta náutica para a frente e para trás por meio de uma corda que haviam esticado temporariamente entre a *Santa María* e a *Pinta*. Era uma carta, escreveu Las Casas, "na qual, aparentemente, o Almirante havia retratado certas ilhas"[7] — com certeza uma referência à Antília e sua ilha irmã, Satanezes, e provavelmente também a ilha de São Brandão. Os dois homens achavam que deviam estar na proximidade das ilhas retratadas no mapa, mas que as correntes oceânicas de nordeste teriam afastado delas seus navios. Em 3 de outubro as ilhas ainda não haviam aparecido. Calculando ter "deixado para trás as ilhas representadas nesta carta náutica"[8], Colombo resolveu não perder mais tempo procurando-as — observando, como colocou Las Casas, que "sua meta era chegar às Índias".

Neste ponto Colombo e sua tripulação já não avistavam terra havia 24 dias. No primeiro dia em mar aberto, consciente de que sua tripulação tinha dúvidas de que efetivamente chegariam às Índias, Colombo decidiu manter dois diários de bordo da viagem, um para seu uso particular e outro no qual subestimaria deliberadamente o progresso da expedição a cada dia — "de maneira que, se a viagem fosse longa"[9], escreveu Las Casas, parafraseando a anotação no diário de Colombo no dia 9 de setembro, "as pessoas não ficassem assustadas e desanimadas".

Os primeiros dias da viagem correram sem incidentes, e em menos de uma semana a tripulação começou a agarrar-se esperançosamente a qualquer sugestão de que estavam se aproximando de terra. Excertos do resumo de Las Casas dão uma ideia de como os dias corriam para Colombo e seus homens conforme navegavam por águas não mapeadas[10].

SEXTA-FEIRA, 14 DE SETEMBRO: Nesse dia e noite ele navegou rumo ao O, e cumpriu 20 léguas. Avaliou um pouco menos. Ali, os da caravela *Niña* afirmaram ter visto uma andorinha-do-mar e um rabo-de-palha, e estas aves nunca se afastam mais de 25 léguas da terra.

DOMINGO, 16 DE SETEMBRO: Nesse dia e noite ele navegou rumo ao O. [...] Ali começaram a ver muitos feixes de algas muito verdes, [...] pelo que todos acharam que estavam próximos a alguma ilha, mas não do continente, segundo o Almirante, que diz: "Porque sei que o continente está mais adiante."

SEXTA-FEIRA, 21 DE SETEMBRO: O dia foi em grande parte calmo, com algum vento mais tarde. [...] De madrugada viram tantas algas que o mar parecia uma massa sólida delas; vinham do O. [...] Viram uma baleia, sinal de que estavam próximos à terra, já que elas sempre ficam perto.

DOMINGO, 23 DE SETEMBRO: O mar ficou nivelado e calmo [e] as pessoas murmuravam, dizendo que como não havia mar forte nunca o vento sopraria com força suficiente para retornarem à Espanha. Mas depois o mar compôs-se consideravelmente, e sem vento, o que os deixou espantados, comentando sobre o que o Almirante disse aqui: "Assim me foi muito útil o mar alto, [um sinal] tal como nunca aparecera senão no tempo dos judeus, quando saíram do Egito [e murmuraram] contra Moisés, que os libertou de seu cativeiro."

DOMINGO, 7 DE OUTUBRO: Seguiu seu rumo para O. [...] Uma grande multidão de pássaros passou indo de N para SO. Pensou-se, portanto, que ou estavam seguindo para dormirem em terra ou fugindo do inverno que supostamente devia estar chegando às terras de onde vinham. [...] Por estas razões o Almirante decidiu abandonar seu curso para O e virou a proa para OSO.

QUARTA-FEIRA, 10 DE OUTUBRO: Navegou para OSO. [...] Aqui as pessoas não conseguiam suportar mais e se queixavam da longa viagem; mas o Almirante encorajou-os o melhor que pôde. [...] Acrescentou que era inútil se lamentar, ele viera [para ir] às Índias e, portanto, tinha que prosseguir até que as encontrasse.

Felizmente, no dia seguinte, exatamente quando o motim começava a se formar, mais uma vez começaram a surgir sinais de terra: aves costeiras, alguns pedaços de algas marinhas, um pau esculpido à mão, uma prancha, um pedaço de cana, um ramo ainda com flores. Os vigias de todos os três navios começaram avidamente a investigar o horizonte, e finalmente, duas horas depois da meia-noite de 12 de outubro, um homem da tripulação do *Niña* gritou que acabava de avistar terra.

Não sabendo que espécie de perigos esperar na costa, Colombo ordenou que os navios permanecessem a pouca distância da praia até o amanhecer. É difícil imaginar uma pausa mais significativa na história dos descobrimentos. Quando finalmente surgiu a aurora, os marinheiros tiveram seu primeiro vislumbre do que haviam encontrado: uma pequena ilha, plana e verde, que parecia estar a cerca de 6 milhas.

A Quarta Parte do Mundo

Colombo ordenou aos navios que se aproximassem da ilha, e conforme avançavam ela ficou perceptível, revelando espessas florestas, praias com areia de coral branca, árvores altas, inúmeros córregos e bandos de papagaios. Em busca de uma praia na qual pudessem desembarcar, as três embarcações estavam ladeando cautelosamente um anel de recifes de coral quando outra coisa surgiu. "Então[11]", escreveu Las Casas, "viram gentes nuas".

E assim chegou o momento irrevogável do primeiro contato: um encontro de culturas e micróbios que ao longo dos anos tem sido examinado de todos os ângulos e de todos os pontos de vista possíveis. Colombo remou num bote até a praia, desfraldou um estandarte real e formalmente tomou posse da ilha para os soberanos espanhóis na presença de vários de seus oficiais — um pouco de pompa europeia que deve ter desconcertado os ilhéus que haviam se juntado na praia para observar com assombro as criaturas estranhamente vestidas, mal-cheirosas e tomadas pelo escorbuto que acabavam de chegar à sua costa. Seguindo um costume estabelecido décadas antes pelos portugueses na África, Colombo e seus homens começaram, então, a distribuir bugigangas — contas de vidro, minúsculos sinos redondos de falcoaria, pequenos gorros vermelhos — que tinham levado consigo exatamente para este tipo de encontro.

Os presentes quebraram o gelo. Pelo menos da maneira como Colombo descreveu, o encontro a partir desse ponto foi eufórico de ambos os lados — um dia de risos, curiosidades, conversas em mímica e muitas ofertas de presentes. Mas mesmo durante essas primeiras horas Colombo já acalentava ideias que não eram de bom augúrio para seus novos anfitriões. "Eles devem ser bons servidores", escreveu nesse dia em seu diário. "E acredito que logo se fariam cristãos, pois me pareceu que não teriam nenhuma seita. Eu, se Nosso Senhor permitir, levarei daqui ao tempo de minha partida seis a Vossa Alteza para que aprendam a falar."[12]

* * *

Nessa primeira noite, a milhares de milhas de casa, uma pergunta certamente preocupava Colombo mais que todas as outras. Onde *estaria* ele exatamente?

Chegara a águas asiáticas, no começo do Oriente — isso ele sabia. Esta nova ilha, à qual chamou de San Salvador, apesar de seus habitantes a chamarem de Guanahaní, estava situada precisamente onde cartógrafos como Toscanelli, Martellus e Behaim haviam sugerido que se localizava o grande arquipélago do Extremo Oriente. Os ilhéus de Guanahaní haviam confirmado esta impressão, sugerindo a Colombo a existência de inúmeras ilhas próximas — algo que Colombo confirmaria por si mesmo nos dias que se seguiriam. "Vi [...] tantas ilhas"[13], escreveu ele apenas dois dias depois, "que realmente não soube aonde ir primeiro, e aqueles homens que capturei me acenaram de que eram tantas que nem podiam ser contadas".

Tudo aquilo que Colombo aprendera sobre o Extremo Oriente na Espanha e em Portugal tinha-o levado a esperar navegar por um labirinto de ilhas antes de chegar ao continente asiático. Portanto, ele agora chegava à única conclusão que podia: tinha chegado ao mar de Catai e a seus milhares de ilhas, e estava em algum lugar na proximidade de Cipangu.

Colombo viajara tão longe para encontrar ouro, e em seu segundo dia em Guanahaní, ele começou a procurá-lo ativamente, sem perda de tempo. De imediato notou minúsculas peças ornamentais em ouro dependuradas dos narizes de alguns dos ilhéus. Sem se intimidar com a barreira da língua, pressionou-os a lhe informarem de onde vinha esse ouro, o que, segundo ele, lhe indicaram abertamente "por meio de sinais"[14]. O ouro vinha de uma ilha ao sul de Guanahaní. "Havia lá um rei"[15], Colombo entendeu-os dizer, "que tinha grandes embarcações dele e possuía muito".

Cipangu! Tinha que ser. O tempo de indolência em Guanahaní tinha acabado. "Para não perder tempo"[16], escreveu Colombo no final do registro desse dia em seu diário, "pretendo partir e ver se consigo encontrar a ilha de Cipangu".

* * *

DURANTE A SEMANA seguinte Colombo serpenteou para o sul através do que hoje conhecemos como as Bahamas, parando brevemente em várias ilhas para reivindicá-las e explorá-las, mas permanecendo sempre atento a ouro. "Não faço outra coisa"[17], escreveria ele em 19 de outubro, "senão prosseguir e tentar encontrá-lo".

Os sinais iniciais eram promissores. Em 16 de outubro informaram-lhe — ou assim pensou — que chegara à proximidade de "uma mina de ouro"[18]. No dia seguinte, em uma ilha à qual chamou Fernandina, em honra do rei D. Fernando, ele notou a presença do que pareciam ser casas construídas "ao estilo de tendas mouras"[19] — um sinal seguro de que alcançara o Extremo Oriente. (O globo de Martin Behaim mostra muitas dessas tendas em Cipangu e no leste da Ásia.) Colombo ficou animado. Em 22 de outubro, domingo, ancorado próximo a uma ilha à qual chamou de Isabela, em honra da rainha espanhola, resumiu seus planos para os dias seguintes. Primeiro ele ia ver se conseguia encontrar ouro em Isabela. Depois, escreveu,

> [...] partirei para outra ilha muito maior, que acredito ser Cipangu, segundo a descrição destes índios que trago comigo, e à qual chamam Colba [Cuba] e para além desta há outra ilha, à qual chamam Bofio [Haiti], que também dizem ser muito grande; e as outras que estão pelo caminho, veremos conforme lá passarmos, e no caso de encontrar um acúmulo de ouro ou especiarias, decidirei o que terei de fazer. Mas de qualquer maneira estou determinado a ir ao continente e à cidade de Kinsai, e apresentar as cartas de Suas Altezas ao Grande Khan, implorar-lhe uma resposta, e retornar com ela para casa.[20]

Dois dias depois, em 24 de outubro, Colombo partiu para encontrar estas duas grandes ilhas, que são, de fato, as duas maiores do Caribe, ficando logo ao sul das Bahamas. "Hoje à meia-noite"[21], escreveu Colombo, "levantei âncora da ilha Isabela para ir para a ilha de Cuba, que soube por aquelas pessoas ser grandiosa, e com muita atividade, e dessa maneira tendo ouro, especiarias, grandes navios e mercadores. [...] Acredito que seja a ilha de Cipangu, da qual se contam coisas maravilhosas; e segundo os globos que vi e os traçados no mapa-múndi, ela fica nesta região".

Quatro dias depois, quando Colombo e seus homens chegaram à costa norte de Cuba, não encontraram os gigantescos juncos chineses carregados de ouro e especiarias, nem os movimentados portos repletos de mercadores, nem palácios de ouro. Em vez disso, encontraram apenas uma costa esparsamente habitada que se erguia acentuadamente do mar ao longo de milhas. Finalmente ela se aplainava e conduzia à foz de um rio amplo e navegável, pelo qual eles seguiram terra adentro, descobrindo que estava ladeado de mangues, palmeiras, ervas altas e "passarinhos que cantam muito docemente". Mas os únicos indícios de habitação humana que encontraram ao longo do rio foram duas cabanas com telhado de palha vazias, algumas redes e anzóis de pesca e, memoravelmente, "um cão que não latia"[22].

Colombo continuou esperançoso, pelo menos em seu diário. Descrevendo este novo rio, ele escreveu que "nunca tinha visto uma coisa tão formosa". Não muito depois, conseguiu, mais uma vez, encontrar habitantes locais que o levaram a crer — certamente com simples acenos de "sim" a quaisquer perguntas que ele estava lhes colocando, num idioma que eles não conseguiam entender — que para o oeste havia "minas de ouro e pérolas"[23]. E lá partiu ele novamente em sua busca, seguindo a costa oeste milha após milha, mas sem nunca encontrar o que estava procurando. Finalmente ele se deu conta de que tinha um problema: a costa pela qual estava navegando era muito mais longa do que seus mapas lhe diziam que Cipangu deveria ser.

No grande mapa de Martellus (Figura 56) e no globo de Behaim (Figura 57), em que ambos retratavam uma visão do Extremo Oriente que Colombo claramente tinha em mente ao explorar suas Índias, Cipangu é muito mais alta que larga. Portanto, Colombo esperava que a costa norte de Cuba fizesse uma curva acentuada para o sul relativamente rápido após ele ter começado a navegar ao longo dela. Mas isso não aconteceu. Cuba é muito mais larga que alta. Sua costa norte estende-se por uma distância de mais de 700 milhas, e pela maior parte dessa distância, conforme se desloca para oeste, ela sobe gradualmente para o norte ao invés de virar acentuadamente para o sul.

Colombo começou a reavaliar Cuba. Em mapas como os de Martellus e Behaim, a oeste de Cipangu, uma porção da Ásia que se estende para o leste avança pelo mar do Catai. Inevitavelmente, Colombo começou a se perguntar se este lugar que ele estava explorando não seria afinal uma ilha, mas sim esta porção oriental do continente asiático.

Martin Pinzón, o capitão da *Pinta*, começara a ter pensamentos seme-lhantes. Em 30 de outubro, tendo conduzido suas próprias entrevistas com os habitantes locais, ele reportou a Colombo "que esta Cuba era uma cidade, e que essa terra [cuja costa estavam percorrendo] era um continente muito grande que se inclinava bem para o N"[24]. Esta incli-nação correspondia bem aos contornos do continente asiático conforme representados em mapas como o de Martellus e Behaim, e dois dias depois Colombo estava convencido. "É certo"[25], escreveu ele, "que este é o continente e que estou diante de Zaitun e Kinsai".

Cipangu teria de esperar, decidiu. Era hora de encontrar o Grande Khan.

Colombo há muito sonhava e fazia planos para esta fase de sua viagem. Ele trouxera consigo da Espanha várias cópias de uma carta ge-nérica de apresentação da parte dos soberanos espanhóis, contendo um espaço em branco, que ele poderia preencher com o nome do Grande Khan, Preste João ou qualquer outro soberano asiático poderoso que pudesse encontrar. "Ao Sereníssimo Príncipe _____," começava a carta, e depois de uma profusão de saudações ia ao ponto.

> A partir das afirmações de alguns de Nossos súditos e outros que vieram até Nós de Teus Reinos e Domínios, soubemos com alegria de Tua estima e elevada consideração por Nós e Nossa nação, e de Teu grande anseio de receber informações de nossa parte. Motivo pelo qual decidimos enviar-te Nosso Nobre Capitão, Christopho-rus Colon, portador destas, por meio de quem poderás saber de Nossa boa saúde e prosperidade, e outros assuntos que lhe ordena-mos a relatar-te de Nossa parte. Por isso, oramos para que dês boa fé a seus relatos, assim como farias conosco, o que Nos será muito grato; e de Nossa parte declaramo-nos dispostos e ansiosos por Te sermos úteis.
>
> De Nossa Cidade de Granada, 30 de abril de 1492.

Colombo também levara consigo um intérprete. Era Luís de Tor-res, um judeu converso que sabia "hebraico, aramaico e também algum árabe"[26] — idiomas que muitos europeus, familiarizados com os relatos de Marco Polo e dos primeiros missionários na Ásia, presumiam que seriam prontamente entendidos numa corte cosmopolita do Extremo Oriente. Colombo entregou a Torres uma das cartas de apresentação, comunicou-lhe o que ele "tinha a dizer da parte dos Soberanos de Castela", e depois o enviou para terra em busca do Grande Khan.

Torres e alguns companheiros caminharam em terra por dois dias. Finalmente, chegaram a uma povoação com umas cinquenta casas. Os aldeões receberam calorosamente seus estranhos hóspedes ("apalpando-os para se certificarem de que eram de carne e osso [...] e pedindo-lhes para ficarem"), mas Torres e seus companheiros logo perceberam que não tinham encontrado o que procuravam. Assim que puderam, saíram do povoado e voltaram pelo mesmo caminho até a costa, onde Torres, abatido, relatou a Colombo que durante os quatro dias de sua ausência não tinha visto "nada que se assemelhasse a uma cidade"[27].

Durante a ausência de Torres, Colombo tinha se mantido ocupado. Trabalhando com as estimativas de distância que registrara cada dia em seu diário durante a travessia oceânica, chegou à conclusão de que havia navegado 1.142 léguas desde as Canárias, ou bem mais de 3 mil milhas — uma distância que lhe confirmava que Cuba estava de fato suficientemente a oeste para fazer parte do continente asiático. Também mantivera mais conversas com os habitantes locais, que o levaram a crer que era no Haiti, e não em Cuba, que ele encontraria ouro — em "quantidades infinitas". Eles também lhe haviam dito que para além do Haiti encontraria "homens de um só olho e outros com cabeças de cão que comiam homens"[28]. Estes detalhes, juntamente com uma série de outros que Colombo registraria em seu diário, repetiam tão de perto as passagens sobre as Índias[29] encontradas em *As viagens de Mandeville* que parece seguro concluir que Colombo tinha o livro consigo e o consultava rotineiramente em busca de indícios sobre onde ele poderia estar. (Mais tarde, Fernando, filho de Colombo, e o espanhol Andrés Bernáldez, fariam questão de anotar que Colombo tinha estudado *As viagens*[30].)

Por isso Colombo parou de viajar para oeste e deixou pendente a questão da identidade de Cuba. Nem ele nem mais ninguém da expedição tinham na verdade visto o bastante para poderem declarar com certeza se Cuba era uma ilha ou uma parte da Ásia — mas se *fosse* parte da Ásia, Colombo sabia que tinha boas razões para não seguir para noroeste. Muitos de seus livros e mapas afirmavam que se ele viajasse para o norte desde as proximidades do Catai, ele encontraria feras selvagens, raças monstruosas, ermos gelados, tártaros saqueadores e talvez mesmo o reino de Gogue e Magogue. Por outro lado, se avançasse para o sul, deslocando-se gradualmente para o equador, como Marco Polo fizera, ele entraria numa das regiões mais ricas, civilizadas e temperadas do mundo inteiro[31].

Avaliando suas opções, Colombo fez a escolha óbvia. Desistiu de Cuba, virou seus navios e começou a navegar para sudeste, rumo ao Haiti.

*   *   *

A ILHA FICOU VISÍVEL a 6 de dezembro. Luxuriante e montanhosa, era um regalo para os olhos. "Vendo a grandiosidade e beleza desta ilha e sua semelhança com a terra da Espanha, embora muito superior"[32], Colombo chamou-a de La Ysla Española — ou Hispaniola, como em breve o nome seria traduzido para o latim. Por mais de duas semanas, ele e seus homens avançaram para leste ao longo da costa norte da ilha, entregando mais bugigangas, entrevistando mais ilhéus ("a cada dia entendemos melhor estes índios, e eles a nós"[33]), e confirmando que a ilha de fato produzia ouro, que muitos deles usavam como joias e trocavam com os homens de Colombo por quase nada. Um presente que Colombo recebeu em 22 de dezembro da parte de um chefe local — "um cinto que, em vez de uma bolsa, levava uma máscara com duas grandes orelhas de ouro martelado, bem como a língua e o nariz"[34] — deu-lhe a forte sensação de que estava finalmente se aproximando da fonte do ouro. Dois dias depois, na véspera do Natal, alguns prestativos habitantes locais subiram a bordo da *Santa María* e começaram a nomear lugares específicos de Hispaniola onde se podia encontrar ouro, e um dos lugares que mencionaram, escreveu Colombo em seu diário, com evidente prazer, era "Cipangu, a que chamaram de Cybao"[35].

Do modo como Colombo entendeu, Cybao era uma região interiorana em Hispaniola que não ficava muito distante ao leste. Para chegar lá o mais rapidamente possível, Colombo ordenou que as naus viajassem de noite, na véspera de Natal. As condições eram perfeitas:

águas calmas, ar perfumado, céus limpos. Às onze horas da noite, tendo estabelecido o curso da *Santa María* para a noite e sentindo-se "protegido de baixios e rochedos"[36], Colombo finalmente entregou o comando da nau a sua tripulação e desceu para algumas horas de um sono muito necessário. A noite estava agradável e lânguida e embalava os marinheiros no convés para uma letargia sonolenta. Assim que souberam que Colombo adormecera, entregaram o leme a um grumete, disseram-lhe para navegar em frente e estenderam-se sob as estrelas para também roubarem algumas horas de sono para si — e não muito depois, nas primeiras horas da manhã de Natal, a *Santa María* raspou num recife de coral e encalhou. Ondas suaves foram balançando a popa do navio e começaram a golpear o leme contra o recife. Colombo e todos os outros pularam no deque, desesperados para desalojarem a nau, mas em breve suas laterais se abriram e a causa era perdida.

Pelo resto do dia, Colombo e seus homens trabalharam para salvar tudo o que pudessem da *Santa María*. Receberam grande ajuda de um rei local chamado Guacanagarí, que à primeira luz da manhã mobilizou seu povo em grandes canoas e os enviou para a *Santa María* para desembarcarem os europeus e seus bens em lugar seguro — um gesto que causou grande impressão em Las Casas. "Observem a humanidade dos índios para com os tiranos que os exterminaram"[37], escreveu ele ao resumir o relato de Colombo sobre o naufrágio.

Durante os dias que se seguiram, Colombo passou muito tempo com Guacanagarí, que o consolou com relatos de imensos depósitos de ouro na região — tanto ouro que Colombo logo começou a considerar seu naufrágio um golpe de sorte ordenado por Deus. Se o encalhamento da *Santa María* não o tivesse colocado em contato com Guacanagarí, ele teria navegado bem ao lado do que estava procurando. Mas o naufrágio o tinha obrigado a salvar o que pudesse de sua nau, e ele e seus homens agora começaram a criar uma colônia improvisada que prometia trazer grandes recompensas. "Tantas coisas boas vieram ter às nossas mãos", escreveu Colombo em 26 de dezembro,

> que na verdade não foi nenhum desastre, mas uma grande sorte; pois é certo que se eu não tivesse encalhado, teria continuado mar adentro sem ancorar neste lugar [...] nem nesta viagem teria eu

deixado pessoas aqui, e mesmo que tivesse desejado deixá-las, não lhes teria dado bom equipamento, ou tantas armas e provisões, ou materiais para um forte [...] Agora dei ordens para se erigir uma torre e um forte [utilizando a madeira da *Santa María*]. [...] Não que eu acredite ser isso necessário para estas pessoas, já que tomo como certo que com estas pessoas que tenho eu conquistaria toda esta ilha, que acredito ser maior do que Portugal e tenha o dobro de habitantes, mas eles estão nus e desarmados e são muito medrosos[38].

Colombo tinha a intenção de criar algo como o que tinha visto ao navegar para Elmina com os portugueses: um entreposto colonial fortificado que servisse como ponto de acesso a territórios produtores de ouro e base para futuro comércio e exploração. A fortaleza em Elmina até fora construída com madeira salva de navios portugueses encalhados.

Um dia mais tarde, em seu diário, Colombo expôs seu plano. Primeiro, supervisionaria a construção da fortaleza, à qual decidiu chamar de La Navidad em honra do naufrágio no Natal. Depois deixaria um contingente de marinheiros ali com provisões suficientes para um ano e se apressaria de volta para Espanha com notícias de seus descobrimentos. Isto lhe permitiria preparar uma segunda expedição muito maior que retornaria a Hispaniola logo que possível — um verdadeiro empreendimento colonial que lhe possibilitaria realizar um de seus sonhos mais grandiosos. Las Casas gravou os pormenores em seu resumo do que Colombo escreveu nesse dia.

> Ele diz que espera em Deus que em seu retorno, que pretende fazer de Castela, fosse encontrado um barril de ouro, obtido por escambo por aqueles que ele havia deixado para trás, e que eles tivessem achado a mina de ouro e as especiarias, e em tamanha quantidade que no espaço de três anos os Soberanos se preparariam para irem conquistar o Santo Sepulcro, "já que", diz ele, "declarei a Suas Altezas que todo o ganho deste meu empreendimento deveria ser gasto na conquista de Jerusalém"[39].

Colombo agiu depressa. Em 2 de janeiro, com a construção de seu novo forte já bem avançada, e tendo escolhido 39 de seus homens para ficarem para trás, ele ordenou que içassem as velas da *Niña* e iniciou a longa viagem de volta à Espanha.

* * *

NA VIAGEM DE VOLTA para casa Colombo redigiu uma carta para os soberanos espanhóis. Nela ele anunciava um "grande triunfo": ele chegara às Índias. "E ali", continuava, "encontrei muitas ilhas repletas de inúmeras pessoas, e tomei posse delas todas para Vossas Altezas"[40]. Depois, resumiu os principais acontecimentos de sua viagem: a chegada a Guanahaní, o batismo de várias ilhas em honra dos soberanos, a infrutífera tentativa de encontrar o Grande Khan em Cuba, o indesejável rumo para o norte pela costa cubana, a descoberta de Hispaniola. Colombo descreveu Hispaniola em detalhes arrebatadores: suas grandes riquezas, sua beleza natural, sua população submissa. "Nesta Española"[41], escreveu ele, evitando inteiramente o naufrágio da *Santa María*, "no mais conveniente dos lugares e no melhor distrito para as minas de ouro, e para todo o comércio, tanto com este continente [Europa] como com aquele pertencente ao Grande Khan, onde haverá grande comércio e lucro, tomei posse de uma grande cidade, à qual dei o nome de La Villa de Navidad, e nela construí um forte e defesas". Sua viagem tinha sido necessariamente apressada, disse aos soberanos, mas se eles concordassem em enviá-lo de volta, desta vez com mais navios e homens, em breve seria capaz de trazer-lhes grandes quantidades de ouro, canela, resina, aloés, ruibarbo e "mil outras coisas de valor"[42] — incluindo tantos escravos pagãos quantos quisessem encomendar. Também se comprometeu, mais uma vez, a dedicar a si e sua recém-descoberta riqueza à recuperação de Jerusalém — ou assim parece, baseando-nos em uma versão recentemente descoberta de sua carta. "Daqui a sete anos"[43], lê-se na carta, "serei capaz de pagar a Vossas Altezas 5 mil cavaleiros e 50 mil soldados de infantaria para a guerra e conquista de Jerusalém, propósito pelo qual este empreendimento foi combinado".

Depois de chegar a Portugal na *Niña* danificada pelas tempestades, em 4 de março, Colombo tomou providências imediatas para que sua carta fosse enviada aos soberanos. Ele planejava regressar à Espanha logo que possível, claro, para entregar pessoalmente as notícias de seus descobrimentos. Mas primeiro ele tinha de se explicar ao rei D. João.

O rei não ficara satisfeito ao saber que um navegador a serviço da Espanha reivindicara direitos sobre as Índias — as *suas* Índias. "Ele achava"[44], registraria o cronista da corte portuguesa, Rui de Pina, "que esta descoberta tinha sido feita dentro dos mares e fronteiras de seu Senhorio da Guiné, o que era proibido". Além disso, segundo Pina, João "entendia que pelo tratado que ele tinha com os soberanos [o Tratado de Alcáçovas de 1479] a aquisição lhe pertencia". Para lidar com este problema inesperado, os conselheiros do rei tramaram um plano drástico. Colombo deveria ser discretamente assassinado, disseram ao rei, porque "o prosseguimento deste empreendimento pelos Soberanos de Castela cessaria com a morte do Descobridor".

João não aceitou. Talvez porque conhecesse Colombo pessoalmente. Talvez porque soubesse que a carta de Colombo já estava a caminho dos soberanos. Ou talvez porque tivesse sido informado de que Martin Pinzón e a *Pinta* — que tinha se separado de Colombo e da *Niña* durante a travessia oceânica — já tinham chegado à Espanha. Evidentemente, ele decidiu que teria de solucionar este problema por meio de canais mais convencionais e diplomáticos. E, portanto, recebeu Colombo graciosamente, escutou com atenção tudo o que ele tinha a dizer, ajudou-o a fazer reparos na *Niña* e depois lhe concedeu passagem livre para Espanha.

A carta de Colombo chegou aos soberanos muito antes dele próprio, em algum momento entre meados e fim de março. Eles a leram encantados e imediatamente ordenaram que fosse impressa e distribuída, para confirmarem seu descobrimento e a posse das novas ilhas. Também escreveram uma breve carta de resposta a Colombo, que, nesse momento, desfilava triunfantemente pela Espanha a caminho da corte, exibindo seus índios cativos, seus papagaios e seu ouro às multidões de pessoas que vinham vê-lo ao passar por suas cidades. "Lemos suas cartas", disseram os soberanos a Colombo, "e foi com prazer que tomamos conhecimento do que você escreve". Cientes da necessidade de estabelecer com mais firmeza o direito a suas descobertas, recomendaram-lhe que fosse a seu encontro o mais rapidamente possível. "Como você pode ver"[45], escreveram, "o verão começou, e você não deve demorar a retornar".

Colombo não precisava ser lembrado. Ele chegou à corte na terceira semana de abril, e em setembro, com total apoio dos soberanos, tinha aparelhado 17 naus e arregimentado uma tripulação de mais de duzentos homens — marinheiros, oficiais, navegadores, cartógrafos, cozinheiros, médicos, artesãos, trabalhadores, tecelões, burocratas, velhos amigos de confiança e outros, incluindo vários monges cuja função seria construir a primeira igreja em Hispaniola e começar a conversão dos habitantes locais. Desta vez, Colombo levaria tudo o que era necessário para conseguir fundar uma nova grande colônia: rebanhos de ovelhas, vacas, cabras, porcos e galinhas, e muito vinho, azeite, vinagre, carne salgada, farinha, sementes e outras provisões que durassem pelo menos um ano.

Era o mais ambicioso empreendimento colonial que europeus medievais já haviam tentado.

* * *

A NOTÍCIA DA DESCOBERTA de Colombo espalhou-se rapidamente nessa primavera e verão. O que mais chamou a atenção foram as ilhas que Colombo havia mencionado em sua carta, não suas hesitantes menções ao Catai e ao Grande Khan. Como de costume, os italianos que viviam na Península Ibérica ajudaram a espalhar as notícias enviando cartas para casa. Em 9 de abril, um mercador, que se identificava como Hanibal Ianuarius, escreveu de Barcelona para Milão para relatar que "certo Colombo"[46] navegara para oeste durante 34 dias e que, "sendo o mundo redondo", descobrira muitas ilhas das Índias — incluindo "duas de grandes dimensões, uma maior que a Inglaterra e a Escócia, e outra maior do que toda a Espanha". A primeira edição impressa da carta de Colombo em latim, publicada antes do final de abril, transmitia esta mesma ideia em seu título, que se referia às "ilhas recém-descobertas no oceano Índico"[47].

Mas nem todos acreditavam que Colombo alcançara as Índias. Alguns observadores achavam que ele não tinha encontrado mais do que as novas ilhas Canárias. "O rei da Espanha descobriu, novamente, muitas ilhas este ano"[48], escreveu Allegretto Allegretti, cronista de Siena, em seu registro do dia 25 de abril, "ou seja, nas Canárias". Igualmente, em

15 de junho, o poeta Giuliano Dati publicou uma adaptação em versos da carta de Colombo em italiano — concebida para ser recitada em voz alta como notícia nas praças italianas — e intitulou-a *A história do descobrimento de novas ilhas nas Canárias indianas*[49]. Dati, sem dúvida cético quanto às grandiosas afirmações de Colombo, deixou de fora qualquer menção a Cipangu ou ao continente asiático.

O humanista italiano Pedro Mártir d'Anghiera também tinha suas dúvidas. Mártir trabalhava na corte espanhola e estava presente quando Colombo chegou trazendo a notícia de sua descoberta. Ao longo dos meses e anos que se seguiram, Mártir manteria os amigos e colegas informados sobre as descobertas que estavam sendo feitas no oceano ocidental. "Certo Colonus"[50], escreveu ele a um amigo em outubro de 1493, "navegou para a Antípoda ocidental, até mesmo à costa das Índias, como ele acredita. Ele descobriu muitas ilhas que se pensa serem aquelas mencionadas pelos cosmógrafos, para além do oceano oriental e adjacentes à Índia. Não rejeito inteiramente, embora o tamanho do globo pareça sugerir outra coisa".

Editores em diversas cidades europeias logo publicaram a carta de Colombo, e ela se tornou uma espécie de best-seller dos primórdios, adornada, em algumas edições, com xilogravuras que ilustravam toscamente o momento do primeiro contato (Figura 58). Mas apesar do considerável renome de que Colombo agora usufruía, ao fazer os preparativos para sua segunda viagem ele não era aclamado em nenhum lugar como o descobridor de um continente previamente desconhecido, ou como um homem que induzira uma revolução no pensamento geográfico. Ele descobrira algumas novas ilhas no oceano ocidental e estava fazendo grandes afirmações sobre elas. Só isso.

* * *

Os SOBERANOS AGIRAM rapidamente para que as ilhas de Colombo fossem reconhecidas internacionalmente como suas. Para isso, escreveram, em 15 de abril, ao papa Alexandre VI — um espanhol de nascença e homem que lhes devia favores — e solicitaram que ele declarasse sua posse das ilhas. O papa aquiesceu devidamente, numa bula datada de 3 de maio. O rei D. João e os portugueses logo objetaram ao documento,

Figura 58: Primeiro contato: ilustração da página de rosto de uma das primeiras edições de *Sobre as ilhas recém-descobertas no oceano Índico,* de Cristóvão Colombo (1494).

e seguiu-se uma semana de tensas negociações entre espanhóis e portugueses. O resultado foi uma segunda bula, conhecida como *Inter caetera II*, que famosamente propunha a divisão do Atlântico entre Espanha e Portugal "traçando e estipulando uma linha desde o Polo Ártico, isto é, o norte, até o Polo Antártico"[51]. Todas as terras não cristãs descobertas a oeste da linha pertenceriam à Espanha; todas aquelas ao leste pertenceriam a Portugal. A bula até decretava exatamente onde essa linha deveria cair — "cem léguas para oeste e sul de qualquer das ilhas comumente conhecidas como dos Açores e de Cabo Verde"[52].

O papa não inventou essa linha sem razão. Os soberanos espanhóis a tinham dado. "Este mar pertence-nos a oeste de uma linha atravessando as ilhas dos Açores e Cabo Verde"[53], tinham declarado em 28 de maio, "e estendendo-se de norte a sul, de polo a polo". Mas a ideia também não teve origem nos soberanos. Ela veio de Colombo — ou assim sugere uma carta que os soberanos lhe enviaram em 5 de setembro, na qual se referiam à "linha que você disse que devia aparecer na Bula do Papa"[54].

Colombo acreditava que a marca das 100 léguas era fundamentalmente importante. Ela representava o ponto em sua travessia oceânica na qual ele sentia que tinha observado uma mudança drástica das condições europeias para as asiáticas: o ponto em que o clima ficou mais moderado, a variação magnética de sua bússola se desviou, começaram a aparecer as grandes extensões de algas marinhas no mar dos Sargaços, e mais. "Quando naveguei da Espanha para as Índias"[55], escreveria ele mais tarde aos soberanos, "ao passar as 100 léguas a oeste dos Açores, deparei imediatamente com uma considerável mudança no céu e nas estrelas, na temperatura do ar e das águas do mar; e tive extremo cuidado na verificação disto". Las Casas forneceu sua própria interpretação sobre este fenômeno, notando que os piolhos que nasciam nas embarcações desapareciam como mágica logo depois de cruzada a linha rumo a oeste, retornando "em grandes e incômodas quantidades"[56] imediatamente depois de cruzada essa linha em direção contrária — "como se estivessem nos esperando".

O rei D. João não gostou desta bula tanto quanto não gostou da primeira. Algo, ninguém sabe exatamente o que, o levava a acreditar que terras valiosas permaneciam por se descobrir do outro lado do oceano, no hemisfério sul, a sudeste de Cuba e Hispaniola, e ele achava que deveriam ser descobertas exclusivamente por ele. Sua exigência aos soberanos, portanto, era que eles "lhe concedessem mais 300 léguas para oeste, além das cem que lhe haviam concedido antes"[57].

E assim prosseguiram as negociações. Os soberanos rapidamente reconheceram que para a sua resolução seria necessário um bom mapa — exatamente o tipo de mapa que Colombo lhes tinha prometido no início de sua primeira viagem. Colombo ainda tinha que produzir algum tipo de mapa para eles, provavelmente porque ainda tinha que perceber como fazer a realidade do que ele descobrira coincidir com a geografia do Extremo Oriente como ele a imaginara. Mas os soberanos lembraram sua promessa. "Se a carta náutica que você decidiu produzir estiver pronta"[58], escreveram em sua carta de 5 de setembro, "muito nos agradaria recebê-la sem demora. Também ficaríamos satisfeitos se você partisse já, de maneira que, pela graça de Deus, a carta náutica possa ser completada com a maior presteza possível, já que, como você sabe, ela é vital para o êxito das negociações".

* * *

COLOMBO E SUA grandiosa frota colonial partiram da Espanha para as Canárias no início de outubro, e no dia 13 deste mês iniciaram a travessia oceânica. Desta vez Colombo estabeleceu um rumo um pouco para o sul de Hispaniola. Seus cativos lhe haviam descrito uma longa cadeia de ilhas que serpenteavam formando um arco a sudoeste a partir de Hispaniola; num determinado ponto eles até usaram feijões para montar para ele um tosco mapa das ilhas[59], e Colombo esperava encurtar sua viagem alcançando-as primeiro. A partir dessas ilhas (hoje conhecidas como as Antilhas, um nome relacionado à Antília), Colombo planejou saltar de ilha em ilha por todo o caminho rumo ao norte até Hispaniola.

O diário escrito por Colombo durante esta segunda viagem não sobreviveu, mas os detalhes da viagem foram reconstituídos a partir dos relatos de alguns de seus companheiros de bordo. Em 3 de novembro, após uma travessia aparentemente tranquila, a frota alcançou a ilha hoje conhecida como Dominica — nome dado por Colombo. Pelas três semanas seguintes a frota navegou gradualmente para o norte e oeste, parando brevemente na Martinica, Guadalupe, Antígua, Névis, Saint Kitts, Saint Croix, Porto Rico e outras ilhas, conforme avançava para Hispaniola. A visão da frota deve ter desconcertado os habitantes locais: dezessete embarcações gigantescas com velas imensas e um grande número de bandeiras coloridas, transportando centenas e centenas de pessoas e animais de aspecto estranho, e ocasionalmente fazendo troar seus canhões.

Em 27 de novembro a frota finalmente chegou a La Navidad, apenas para descobrir que o forte lá construído fora completamente incendiado. Não havia nenhum barril gigante de ouro aguardando Colombo, e nenhum dos homens que ele deixara em Hispaniola apareceu para saudá-lo. Finalmente, ele conseguiu reunir os indícios do que acontecera: deixados por conta própria, os homens haviam feito uma série de incursões cada vez mais violentas em povoações vizinhas, carregando à força qualquer comida, mulheres e ouro que conseguissem encontrar. Os aldeões tinham decidido revidar, e em breve os homens de Colombo, grandemente excedidos em número e já com a saúde frágil, tinham sido todos mortos.

Colombo decidiu reconstruir seu assentamento em outro lugar da ilha. Em 2 de janeiro, escolheu um lugar a leste de La Navidad, mais próximo das presumíveis minas de ouro de Cibao. Ali ele ordenou a seus homens que começassem a construção de uma pequena cidade, a ser chamada de Isabela, e enviou um grupo à procura de Cibao e seu ouro. E com a construção de Isabela e a busca por ouro em plena marcha, ele finalmente se sentou para desenhar um mapa para os reis. O mapa que ele desenhou desapareceu, mas a carta que enviou aos soberanos em janeiro de 1494 descrevia-o com detalhes.

> Vossas Altezas verão a terra da Espanha e África e, em frente a elas, todas as ilhas encontradas e descobertas nesta viagem e na outra [a primeira]; as linhas dispostas ao comprido mostram a distância de leste a oeste, as outras que correm verticais mostram a distância de norte a sul. Os espaços entre cada linha representam um grau, que é composto de 56 milhas e 2/3, que correspondem a 14 e 1/6 de nossas léguas marítimas; e assim podem contar de oeste a leste, tal como de norte a sul, o dito número de léguas. [...] E de maneira que possam ver a distância da rota da Espanha até o começo, ou fim, das Índias, e ver a distância entre terras específicas, encontrarão na dita carta náutica uma linha vermelha que corre de norte a sul e passa por cima da ilha de Isabela [...] para além de cuja linha estão as terras descobertas na outra [primeira] viagem; e deste lado da linha estão as outras [desta viagem]; e tenho esperança em Nosso Senhor que a cada ano teremos que alargar o mapa, porque continuaremos a descobrir [novas terras][60].

Notavelmente ausente desta descrição, claro, está qualquer menção a Cipangu e às terras do Grande Khan, mas isso não é de admirar: Colombo ainda não percebera exatamente onde elas ficavam.

Nessa primavera os grupos de busca de Colombo chegaram a Cibao, uma região interior na parte oriental do Haiti, e ali eles de fato encontraram pequenos depósitos aluviais de ouro. Mas ainda nada correspondia ao que tinham lido e ouvido sobre Cipangu. Colombo começou a achar que o Haiti talvez fosse outra coisa. Mas o quê? A única maneira de responder a esta pergunta, percebeu Colombo, era começar a montar um retrato maior da região. E assim, em 24 de abril, ele partiu novamente para Cuba — "para descobrir o continente das Índias"[61].

Desta vez Colombo decidiu seguir a costa sul de Cuba. Ele e seus homens navegaram para oeste por centenas de milhas, novamente sem encontrar um limite da terra, e a viagem confirmou para Colombo o que ele já começara a acreditar: que Cuba era, efetivamente, uma parte do continente asiático. De fato, ele navegou tão longe ao longo da costa que, segundo Andrés Bernáldez, com quem esteve depois de retornar da segunda viagem, achou ter "alcançado um ponto muito próximo à Aurea Chersonese".

Qualquer um que tivesse estudado geografia no século XV teria entendido a que Colombo estava se referindo. Significando "Península Dourada", a Aurea Chersonese era o nome que fora usado por Plínio, Ptolomeu e inúmeras autoridades medievais para descrever as regiões produtoras de ouro da Península da Malásia. Ela ficava no lado oriental do oceano Índico e Ptolomeu a tinha localizado claramente em seu mapa-múndi. Colombo possuía uma cópia da edição da *Geografia* impressa em Roma, e, enquanto a analisava, um pensamento emocionante deve ter-lhe ocorrido. Se de fato conseguisse alcançar a Aurea Chersonese, no final do leste de Ptolomeu, então, como escreveu Andrés Bernáldez, "seria capaz de retornar à Espanha pelo leste, chegando ao Ganges e daí ao Golfo Arábico [Persa]"[62]. Em outras palavras, ele daria a volta ao mundo.

Colombo explorou Cuba e as ilhas próximas durante semanas, nesse processo descobrindo a Jamaica, mas finalmente percebeu que teria de regressar a Hispaniola. Suas provisões estavam acabando, o ânimo da tripulação estava baixo, e ele tinha uma nova colônia para governar. Por isso, em junho, num ponto a provavelmente apenas 50 milhas do extremo ocidental de Cuba, ele fez com que toda a tripulação jurasse solenemente em depoimentos escritos que Cuba não era uma ilha, e deu meia-volta em sua nau.

Colombo insistiria, até o dia de sua morte, que Cuba não era uma ilha. Mas ao retornar a Hispaniola naquele verão, ele teve de admitir para si mesmo que ainda precisava encontrar uma prova de que tinha chegado às terras descritas por Marco Polo. Talvez ele precisasse pensar diferentemente sobre a geografia do Extremo Oriente, concluiu. Talvez devesse analisar novamente os *mappaemundi* — e concentrar-se na geografia sagrada da Bíblia.

• Venezuela, o Golfo de Pária, Trinidad •

CAPÍTULO QUINZE

O PORTADOR DE CRISTO

Agradou a nosso Redentor enviar seus obedientes apóstolos através de várias partes da Terra para ensinar a verdade de nossa santa fé. [...] A Divina Providência enviou o grande Tomás do Ocidente ao Oriente para pregar na Índia nossa fé católica, e vós, meu senhor, fostes enviado na direção oposta. [...] Assim será cumprida a suprema profecia de que o mundo inteiro será submetido a um pastor e uma lei. [...] A grande missão que empreendestes vos classifica como um apóstolo e embaixador de Deus.[1]

— Jaime Ferrer de Blanes
a Cristóvão Colombo (5 de agosto de 1495)

No século X a.C. o rei Davi capturou Jerusalém, unificou os judeus e fez da cidade sua capital. Ele também sonhava em edificar um grande templo na cidade para abrigar a Arca da Aliança, mas morreu antes de iniciar a obra. No entanto, seu filho Salomão prosseguiu com a construção do templo, e quando finalmente chegou o momento de dar os retoques finais, ele usou ouro — muito ouro. "Por dentro Salomão revestiu a casa de ouro puro"[2], registra o Velho Testamento, "e fez passar cadeias de ouro por dentro do Santo dos Santos, que também cobrira de ouro. Assim cobriu de ouro toda a casa, inteiramente, e também todo o altar que estava diante do Santo dos Santos".

Parte desse ouro veio da rainha de Sabá, que viajara "dos confins da terra"[3] para prestar tributo a Salomão. Mas a maioria dele veio de uma distante terra oriental conhecida na Bíblia como Ofir. Era uma região que muitos escritores subsequentes, na Antiguidade e na Idade Média, viriam a associar com a Aurea Chersonese, ou Península da Malásia.

O Velho Testamento registra que os marinheiros fenícios navegavam regularmente da Terra Santa para Ofir a serviço de Davi e Salomão, e que frequentemente juntava-se a eles uma grande frota de navios de Társis, um reino oriental que a tradição cristã medieval identificaria como o lar de um dos três reis magos. A viagem da Terra Santa a Ofir e de volta levava aos navegadores três anos, mas era um tempo bem gasto: quando retornavam, traziam grandes recompensas em "ouro e prata, marfim, bugios e pavões"[4].

Colombo conhecia bem esta história. Ele gostava tanto dela que copiou um longo relato na parte de trás de sua edição da *História dos assuntos conduzidos em toda parte*, junto à sua cópia da carta de Toscanelli. Na versão que Colombo anotou para si, Salomão convoca "muitos navegadores e outros especialistas em ciências marítimas"[5] e ordena-lhes que façam algo que o próprio Colombo sentia que fora convocado a fazer pelos soberanos espanhóis: ou seja, "navegar [...] para o lugar então chamado Ofir, que hoje se chama País do Ouro [a Aurea Chersonese], que fica na Índia, para ali recolher ouro". Colombo até ajustou esta história a seus cálculos sobre o tamanho do oceano Ocidental. "O reino de Társis"[6], escreveu ele em sua cópia de *A imagem do mundo*, "está no extremo do Oriente, no limite do Catai. Era a este país, no lugar chamado Ofir, que Salomão e Josafá [um rei posterior] enviavam navios, que voltavam repletos de ouro, prata e marfim. [...] Note-se que o rei de Társis veio ao Senhor em Jerusalém e levou um ano e treze dias em viagem, como afirma o abençoado Jerônimo". Se ele levava mais de um ano para navegar do mar Vermelho até Ofir pelo leste através do oceano Índico, raciocinou Colombo, então a distância envolvida tinha que ser imensa. E isto o levou a uma conclusão lógica: navegar para Ofir pelo *oeste* a partir da Espanha, que ficava a mais de 2 mil milhas a oeste da Terra Santa, não podia levar tanto tempo assim. A distância envolvida tinha de ser pequena, tal como seus outros cálculos já lhe haviam dito.

A história de Ofir entusiasmava Colombo. Ao enviar bravos marinheiros para trazerem ouro do Extremo Oriente, Salomão transformara Jerusalém na mais santa e gloriosa de todas as cidades da Bíblia; agora Colombo estava embarcando em uma missão semelhante e pretendia fazer o mesmo. É impossível determinar exatamente quando Colombo começou a pensar nestes termos, mas suas ideias não apareceram do nada. No final do século XV, surgira uma tradição apocalíptica na Espanha identificando o rei Fernando como um novo rei Davi que uniria os verdadeiros crentes do mundo, reconquistaria Jerusalém e finalmente reconstruiria o templo de Salomão, desta vez para Cristo. Fernando até concordava com a ideia: depois que ele e Isabel derrotaram os mouros, ele assumiu o presunçoso título de Rei de Jerusalém.

Portanto, quando Colombo começou a navegar através do Atlântico, estava guiado por dois tipos distintos mas sobrepostos de geografia. Um tinha uma concepção do mundo empiricamente fundamentada, conforme explanado em suas cartas náuticas e mapas ao estilo ptolomaico. O outro tinha uma concepção espiritualmente fundamentada, conforme explanado na Bíblia: a ideia de que as "estradas físicas representam estradas espirituais"[7], como Roger Bacon colocara. Como estudante de Pierre d'Ailly, ele próprio tendo se baseado amplamente em Bacon, Colombo acreditava que suas viagens para o Oriente o levariam de volta à geografia bíblica — razão pela qual, aparentemente, na época de sua segunda viagem ele começou a cogitar que Hispaniola, Cipangu e Ofir talvez fossem uma única e mesma ilha.

Um sinal inicial desta virada no pensamento de Colombo surge em sua cópia da *História Natural* de Plínio. Colombo consultava a obra regularmente conforme tentava identificar as plantas, animais e minerais que estava encontrando nas Índias. "Âmbar"[8], escreveu ele num ponto junto ao tratamento de Plínio sobre o assunto, "é certamente encontrado na Índia no subsolo, e eu consegui encontrá-lo de vários montes em Feyti [Haiti], Ofir ou Cipangu, ao qual chamei posteriormente de Hispaniola". Colombo também defendia a ideia de que Hispaniola talvez fosse a Sabá bíblica. Um de seus companheiros na segunda viagem, um nobre genovês chamado Michel de Cuneo, relembrou em uma carta a um amigo que quando a frota estava se aproximando de Hispaniola Colombo fez esta associação explicitamente num discurso a seus homens.

> Antes de acostarmos à grande ilha ele proferiu as seguintes palavras: "Cavalheiros, desejo levá-los a um lugar de onde partiu um dos três reis magos que foram adorar Cristo, um lugar cujo nome é Sabá." Assim que chegamos ao lugar e perguntamos seu nome, ele nos respondeu que se chamava Sobo. Então o Senhor Almirante disse que era a mesma palavra, mas que eles não conseguiam pronunciá-la corretamente.[9]

Outro companheiro de Colombo na mesma viagem também recordou que ele associara Hispaniola a Sabá. "O Almirante"[10], escreveu ele a um amigo na Itália, "mandou [dois nobres] com uma companhia de soldados levemente armados para o interior da terra dos sabeus, para chegarem até o rei de Sabá. Acredita-se que estes sejam os sabeus de quem se obtém o incenso e que são mencionados por nossas histórias e crônicas estrangeiras".

Ofir, Sabá, Társis, Cipangu: Colombo acreditava que Hispaniola talvez fosse um desses lugares, ou talvez todos ao mesmo tempo, uma única terra que ao longo das eras fora conhecida por uma sucessão de nomes diferentes. Mesmo vários anos depois, após ter dedicado muito estudo a esta questão, Colombo ainda não conseguia chegar a uma resposta. Ao contrário, tinha identificado até mais possibilidades bíblicas. "A ilha é Társis"[11], escreveu ele numa carta ao papa Alexandre VI, em 1502, "é Quitim, Ofir e Ofaz, e Cipangu, e nós a chamamos de Hispaniola".

*   *   *

Como havia acontecido em sua primeira viagem, Colombo acabou por ter pouco tempo para ponderar sobre questões geográficas abstratas durante a segunda viagem. Quando retornou de Hispaniola, no outono de 1494, após ter desistido de explorar a costa sul de Cuba, ele encontrou sua nova colônia de Isabela em estado de tumulto e na iminência do colapso. Seus homens estavam doentes e moribundos, os habitantes locais estavam novamente em rebelião aberta, e a fome tinha se instalado. Na própria Isabela, facções rivais de colonos haviam se formado na ausência de Colombo, aumentando o nível de agitação, infelicidade e incerteza. No entanto, quase todo mundo em Isabela concordava com uma coisa: a culpa era de Colombo.

Na Espanha, as notícias eram melhores. Os soberanos e o rei D. João tinham finalmente assinado um acordo nesse verão, conhecido como o Tratado de Tordesilhas, que decretava o traçado de uma linha de demarcação que efetivamente dividiria o oceano Ocidental entre eles, por meio de "uma fronteira ou linha reta"[12] que devia ser "determinada e traçada de norte a sul, de polo a polo, no dito Mar Oceano, desde o Polo Ártico ao Antártico [...] em uma distância de 370 léguas a oeste das ilhas de Cabo Verde". Todas as novas terras a leste dessa linha pertenceriam a Portugal; todas as novas terras para oeste seriam da Espanha; e finalmente, depois de meses de contenda diplomática, os direitos da Espanha sobre Hispaniola eram incontestáveis.

Mas, no momento exato em que tudo parecia caminhar segundo a vontade dos soberanos, a notícia de que nem tudo ia bem na ilha começou a chegar à Espanha. Os soberanos logo despacharam uma comissão real a Hispaniola para investigar. No fim do ano eles tinham em mãos um relatório que confirmava seus piores receios.

O relatório, corroborado pelas histórias de colonos desiludidos que tinham começado a regressar de Hispaniola para a Espanha, ameaçava arruinar a reputação de Colombo e acabar com o interesse dos soberanos em financiar a colônia em Hispaniola. No começo de 1496, Colombo havia reconhecido a gravidade da situação, e em junho estava de volta à Espanha, na esperança de apresentar sua defesa.

Mas agora a aura de triunfo tinha desaparecido. Não havia nenhuma ostentação de recompensas e prisioneiros, nenhuma procissão através da Espanha rural. Antes, Colombo apressou-se solenemente a se apresentar a Fernando e Isabel, usando apenas a túnica e as sandálias de um franciscano, e suplicou-lhes que lhe dessem o tempo e o dinheiro para colocar a situação sob controle — e para encontrar o ouro que ele *sabia* que estava lá. A tática deu resultado. Os soberanos escutaram Colombo, concederam-lhe o benefício da dúvida, e finalmente concordaram em enviá-lo numa terceira viagem oficial — mas desta vez não expressaram nenhuma urgência em particular. Na hora de organizar a terceira viagem, ele estava essencialmente por conta própria.

A tarefa acabou por tomar dois anos a Colombo. Quando finalmente estava pronto para partir, em maio de 1498, tinha apenas seis navios a seu comando. "Ninguém quer viver nesses países"[13], havia escrito o nobre genovês Michel de Cuneo sobre Hispaniola e outras ilhas, e as notícias claramente tinham se espalhado. A tripulação que Colombo conseguiu arregimentar consistia majoritariamente de prisioneiros recrutas.

*   *   *

ENQUANTO COLOMBO SE ENFRAQUECIA na Espanha, o negócio dos descobrimentos prosseguia em ritmo acelerado. No início da década de 1490, ao que parece, os homens de Bristol tinham finalmente realocado sua ilha do Brasil, na forma de uma alongada e esparsamente povoada costa de vastas florestas, talvez em alguma parte da atual Terra Nova ou Labrador. Mas não delinearam nenhuma teoria geográfica elaborada sobre sua descoberta. Para eles, o que importava era que tinham descoberto uma nova e rica fonte de peixe e madeira. No entanto, eles comentaram sobre sua descoberta — e na Espanha, para onde navegavam regularmente em missões comerciais, esta conversa logo chamou a atenção de um mercador veneziano chamado Giovanni Caboto, mais comumente conhecido hoje como João Caboto.

Caboto aparece pela primeira vez no registro histórico em torno de 1490, nos arquivos de Valência, onde é identificado como *Johan caboto monecalunya venesia*. Este João Caboto, segundo os arquivos, encontrou-se duas vezes com o rei D. Fernando na primeira metade de 1492, para apresentar uma proposta para a modificação do porto de Valência. Isto o coloca no círculo dos soberanos no início de 1492 — o que torna possível, embora não provável, que ali tenha encontrado Colombo. A ideia não é implausível: afinal, ambos eram marinheiros italianos e ambos estavam negociando com os soberanos sobre empreendimentos marítimos mais ou menos no mesmo período.

Caboto parece ter estado na Espanha ainda na primavera de 1493, durante o período em que Colombo, tendo retornado de sua espetacularmente bem-sucedida primeira viagem, desfilava lentamente pela Espanha com seu ouro, seus nativos e seus papagaios. É possível que Caboto tenha visto Colombo passar, ou ouvido falar de sua proeza. Mas Caboto era um homem culto e viajado — já tinha estado em Meca numa missão de comércio de especiarias e conhecia bem seu Marco Polo — e parece ter decidido, muito rapidamente, que Colombo era um garganta. Colombo não voltara com nenhuma especiaria valiosa e não encontrara nenhum dos lugares ou povos descritos por Polo; tudo o que ele fizera tinha sido descobrir algumas ilhas a caminho da Ásia. Os homens de Bristol, por outro lado, tinham feito uma descoberta realmente importante, ele parece ter decidido, embora quase não se comentasse a respeito. Se a longa costa que eles haviam descoberto em latitudes muito mais altas era um continente, como parecia ser, então só podia ser uma porção isolada da costa norte asiática. Isto deu uma ideia a Caboto. Enquanto Colombo e seus colonos estavam esbanjando os recursos da Espanha em Hispaniola, Caboto navegaria para este continente recém-descoberto pelo oeste a partir da Inglaterra, seguiria por ele rumo ao sul, e finalmente chegaria às terras do Grande Khan.

A referência seguinte a Caboto no registro histórico aparece no início de 1496, em uma carta enviada pelos soberanos espanhóis a seu embaixador na Inglaterra. Aparentemente, o embaixador tinha informado aos soberanos que Caboto chegara à Inglaterra, e em sua carta os soberanos deixam claro que o conhecem — um bom sinal de que ele era de fato o mesmo Caboto que se encontrara com Fernando no início da década. "Com respeito ao que vós dizeis da chegada de um como Colombo"[14], escreveram eles, "com o propósito de induzir o rei da Inglaterra a entrar em outro empreendimento como aquele das Índias, sem prejuízo para a Espanha ou para Portugal, se ele [o rei inglês] o ajudar [...] as Índias se desvencilharão do homem". Caboto, ao que parece, havia importunado os soberanos com pedidos de apoio a seu empreendimento pelo oeste para as Índias, mas os soberanos — já queimados com um italiano que fizera grandes promessas de navegar para oeste em busca do Grande Khan — não quiseram nada com ele.

Caboto teve mais sorte com o rei Henrique VII da Inglaterra. Em 5 de março de 1496, Henrique concedeu a Caboto o direito oficial de fazer descobertas para a Inglaterra no "mar oriental, ocidental e norte"[15] — e dentro de meses Caboto estava navegando para oeste. O mau tempo e a falta de comida forçaram-no a retornar, mas em maio de 1497 ele se pôs novamente a caminho, em um navio chamado *Matthew* — e desta vez chegou a um ponto ao longo da costa da Terra Nova ou Labrador e explorou uma faixa de costa com florestas densas, que correspondia à que os homens de Bristol haviam descrito. Em agosto, Caboto estava de volta à Inglaterra fazendo declarações grandiosas de sua chegada ao continente asiático, exatamente como Colombo fizera antes dele. Somente alguns dias após o regresso de Caboto, um veneziano que vivia na Inglaterra registrou as notícias numa carta para casa. "Aquele nosso veneziano", escreveu ele,

> que partiu de Bristol em um pequeno navio para descobrir novas ilhas, retornou dizendo que descobriu um continente a 700 léguas, que é o país do Grande Khan, e que ele correu sua costa por trezentas léguas, desembarcou e não viu ninguém. [...] Seu nome é Zuan Talbot [João Caboto] e é chamado de Grande Almirante, e grandes honras lhe são prestadas; veste-se de seda e estes ingleses correm como loucos atrás dele.[16]

Quase nada se sabe da viagem de Caboto. Nenhuma de suas cartas ou diários (se é que escreveu algum) sobreviveu. Ao contrário de Colombo, ele não tinha nenhum admirador que pensasse em registrar os pormenores de sua vida e feitos para a posteridade. Mas de fato existe um mapa que parece ilustrar o que Caboto achou ter encontrado. Desenhado segundo princípios ptolomaicos no início da década de 1500 por um explorador holandês chamado Johannes Ruysch, que alguns estudiosos creem ter acompanhado Caboto em sua primeira viagem, o mapa mostra um continente que se projeta para leste diretamente para o oeste da Europa, e que pareceria ser a região visitada por Caboto: contíguas a esse continente, porém mais para sudeste, ele mostra as terras do Grande Khan. Hispaniola, Cuba e outras ilhas descobertas por Colombo também aparecem no fundo, à esquerda, com a condição de

Cuba (ilha ou continente?) convenientemente ocultada pelo pergaminho com legenda (Figura 59).

Figura 59: Os descobrimentos de João Caboto ao norte. Detalhe do mapa-múndi de Johannes Ruysch (1508). As ilhas Britânicas estão à direita. Projetando-se para elas do lado esquerdo está uma península que consiste da Groenlândia (no alto) e, abaixo dela, da Terra Nova. No alto à esquerda, ligado à península, está o reino de Gogue e Magogue, e, junto do canto superior esquerdo, a cidade chinesa de Quinsai. As ilhas de Colombo estão no canto inferior esquerdo.

O rei Henrique parece ter ficado muito satisfeito; como os soberanos, em 1493, ele se apressou a enviar seu "um como Colombo" de volta à Ásia numa segunda viagem, para solidificar o direito inglês sobre as terras que ele havia descoberto. Outro italiano que vivia na Inglaterra nessa época registrou os planos do rei numa carta enviada ao duque de Milão, em 18 de dezembro de 1497.

Sua Majestade aqui conquistou uma parte da Ásia sem sequer um golpe de espada. Há neste reino um homem do povo, de nome Senhor Zoane Cabot, de aprazível sagacidade e um navegante extremamente capacitado. Tendo observado que os Soberanos, primeiro de Portugal e depois da Espanha, tinham ocupado terras desconhecidas, decidiu fazer uma aquisição similar para Sua Majestade. [...] Este Senhor Zoane tem a descrição do mundo em um mapa, e também numa esfera sólida, a qual ele fez, e mostra onde ele esteve. [...] Dizem que em breve Sua Majestade irá equipar alguns navios [...] que irão àquele país para estabelecerem uma colônia. Por meio disto eles esperam fazer de Londres um mercado de especiarias mais importante que a Alexandria.[17]

Caboto partiu em sua segunda viagem em maio de 1498, tão logo o clima ficou novamente adequado para se navegar em águas do norte. Cheio de grandes esperanças, ele navegou para oeste a partir da Inglaterra com cinco navios sob seu comando — e nunca mais se ouviu falar dele. Alguns historiadores acreditam que ele tenha perecido durante a travessia, mas outros argumentam que ele alcançou a América do Norte e pôs-se a caminho do sul, talvez até o Caribe. A evidência disto é insuficiente, mas sugestiva: uma carta de autorização entregue pelos soberanos espanhóis em 1501 a Alonso de Hojeda, um capitão que já navegara com Colombo. Hojeda, escreveram eles, estava autorizado a fazer uma viagem de sua iniciativa — "rumo à região onde se soube que os ingleses estavam fazendo descobertas [...] de maneira que possa pôr fim à exploração dos ingleses nessa direção"[18]. Mais tarde, o soberano até concedeu a Hojeda seis léguas de terra em Hispaniola "pela contenção dos ingleses"[19] — um comentário que levou alguns estudantes do período a sugerir que Caboto e seus homens foram capturados ou assassinados pelos espanhóis não longe de Hispaniola.

Se de fato isto chegou a acontecer, tal notícia nunca chegou à Inglaterra. Tudo o que se soube foi que Caboto desaparecera. Em 1512, um cronista inglês chamado Polydore Vergil resumiu o que supôs ter sido o feito de Caboto — e seu destino. "Crê-se"[20], escreveu Vergil, "que ele não encontrou terras novas senão no próprio fundo do oceano".

* * *

O próprio Colombo soube da primeira viagem de Caboto em algum momento no inverno de 1497-1498. A notícia chegou numa carta de John Day, um mercador inglês que trabalhava na Espanha. A carta, de fato, está endereçada somente ao "Senhor Grande Almirante", mas como somente dois homens nessa época poderiam ter reivindicado esse título e apenas um deles, Colombo, tinha um interesse especial nos descobrimentos atlânticos e na geografia do Oriente, o correspondente de Day é geralmente tido como Colombo.

Day iniciou sua carta acusando o recebimento de uma carta de Colombo. Os dois claramente já haviam discutido assuntos de geografia. Day escreveu que não tinha conseguido encontrar para o almirante uma cópia da *Inventio fortunata*, uma obra atualmente desaparecida que se pensa ter descrito a viagem de um franciscano inglês em águas árticas; mas ele tinha outra coisa que o almirante pedira: uma nova edição completa do Livro de Marco Polo. (A edição latina que Colombo já possuía era uma versão condensada.) Mas não era só isso; Day escreveu que conseguira fazer, conforme pedido, "uma cópia da terra que foi descoberta" — isto é, um mapa dos descobrimentos de Caboto. "Na dita cópia", escreveu Day, referindo-se a uma cópia do mapa que ele havia incluído em sua carta, "vossa Senhoria descobrirá o que deseja saber, já que nela estão nomeados os cabos do continente e das ilhas, e assim vereis onde a terra foi primeiro avistada". Day forneceu um relato da viagem e depois encerrou sua carta com uma das poucas referências conhecidas à descoberta que os homens de Bristol haviam feito antes da de Caboto, em 1497. "Considera-se certo", escreveu ele, "que o cabo da dita terra foi encontrado e descoberto no passado pelos homens de Bristol que encontraram 'Brasil', como vossa Senhoria bem sabe".

Colombo não acreditou na afirmação de Caboto de que tinha encontrado as terras do Grande Khan. "O Catai não está tão ao norte quanto o mapa mostra"[21], anotou em um ponto de sua cópia de *A imagem do mundo* — um comentário que pode representar sua reação indignada às notícias do descobrimento de Caboto ou ao que ele viu no mapa de John Day. Mas Caboto descobrira um continente — e bem grande, por acaso. Isto apenas reforçou a convicção de Colombo de que também ele alcançara o continente da Ásia. E porque Marco Polo e outros antigos viajantes europeus à Ásia tinham relatado encontrar ouro e especiarias em terras equatoriais, e não no norte, Colombo preferiu ignorar a descoberta de Caboto. Em vez disso, decidiu que em sua terceira viagem ele navegaria ainda mais para o sul do que antes.

Uma nova sensação de urgência política compelia Colombo. No verão anterior, os portugueses tinham feito uma nova tentativa de chegar às Índias circum-navegando a África — a primeira desde que Bartolomeu Dias dobrara o Cabo da Boa Esperança. Em 8 de julho de 1497, quatro naus sob o comando de Vasco da Gama haviam se posto a caminho de Calecute, o porto indiano alcançado por Pero da Covilhã com sucesso quase uma década antes. Gama levava consigo cartas de apresentação endereçadas ao soberano de Calecute e a Preste João, e sua missão era simples: ele devia "fazer descobrimentos e ir em busca de especiarias"[22].

Quando, em 30 de maio de 1498, Colombo começou sua terceira viagem, o destino da expedição de Gama ainda era desconhecido na Europa. Mas Colombo sabia que agora começara uma corrida para as Índias. Como nas duas viagens anteriores, ele navegou primeiro para as Canárias, mas depois velejou ainda mais para o sul, para as ilhas de Cabo Verde, a partir das quais, em 4 de julho, começou sua terceira travessia atlântica. Seu diário de viagem também se perdeu, mas um resumo dele sobrevive na obra de Bartolomeu de Las Casas.

Colombo ordenou que três de suas naus navegassem diretamente para Hispaniola, mas ele e os outros três navios estabeleceram curso para sudoeste, rumo às latitudes equatoriais onde alquimistas medievais acreditavam que ouro, pedras preciosas, especiarias e drogas medicinais "cresciam" em grandes quantidades. No entanto, não era somente a perspectiva de encontrar riquezas que o atraía nesta direção. Segundo Las Casas, Colombo adotou esse rumo em sua terceira viagem porque pretendia "testar a teoria do rei D. João de Portugal"[23] — sobre a qual nada mais se sabe — "de que há uma grande massa de terra ao sul".

A viagem demorou 27 dias e levou Colombo a conhecer as calmarias equatoriais do meio do Atlântico. "Na sexta-feira, 13 de julho, o vento parou"[24], escreveu Las Casas, resumindo o diário de Colombo, e "ele entrou num calor tão grande, tão ardente e abrasador que receou que as naus se incendiassem e as pessoas perecessem. Tão repentinamente o vento cessou e o calor excessivo e incomum chegou que ninguém se atreveu a ir ao porão para cuidar dos barris de vinho e água, que explodiram, arrebentando as argolas das pipas; o trigo queimou como fogo: o bacon e a carne salgada assaram e apodreceram". As naus ficaram na calmaria durante uma semana, tempo durante o qual Colombo "sofreu um ataque de gota e insônia"[25], mas por fim apanharam uma brisa aceitável e prosseguiram seu caminho — e a 31 de julho, a cerca de dez graus ao norte do equador, um vigia gritou do cesto da gávea da nau de Colombo que avistara terra. Acabou por ser mais uma grande ilha habitada. Colombo imediatamente a chamou de Trinidad, em honra à Santa Trindade.

Colombo e seus homens exploraram a costa sul de Trinidad no início de agosto, e enquanto o faziam avistaram o que lhes pareceu ser outra ilha a oeste. Quando navegaram para lá para explorá-la, o que descobriram agradou imensamente a Colombo. "Nenhuma terra no mundo pode ser mais verde, formosa e mais populosa"[26], escreveu. "O clima também é excelente, já que desde que cheguei a esta ilha tem estado suficientemente fresco todas as manhãs, digamos, para usar um casaco com forro, embora esteja tão perto do equador". A este lugar os habitantes chamavam de Pária; Colombo chamou-o Gracia.

Os habitantes de Pária também agradaram a Colombo. Tinham bons modos, pele clara, corpos esbeltos e cabelos longos e macios, ele observou, "cortados ao estilo de Castela"[27]. Eles faziam tecidos com cores fortes e usavam peças de roupa, e alguns até envolviam as cabeças com o que o sempre esperançoso Colombo supôs ser "um xale mouro". Eles cultivavam a terra, que era rica em árvores aromáticas e frutas exóticas, e tinham macacos e papagaios como bichos de estimação. E o melhor de tudo, usavam joias de ouro e pérolas.

Nos dias que se seguiram, Colombo e seus homens exploraram a costa de Pária, em busca da fonte deste ouro e destas pérolas, e conforme progrediam aos poucos se deram conta de que estavam velejando num vasto golfo que parecia ser circundado por várias ilhas grandes. Além disso, o mar circunscrito por este golfo era "todo doce", quase como um lago. Ali perto devia haver a foz de um grande rio — e uma das naus de Colombo rapidamente a encontrou. Retornando de uma pequena missão de reconhecimento independente, os marinheiros do navio relataram que haviam encontrado "um vasto golfo e quatro grandes aberturas, que pareciam ser pequenos golfos, e no fim de cada um deles, um rio"[28].

Quatro grandes rios numa única ilha, todos enchendo um enorme golfo com água doce? Não fazia sentido. "Nem o Ganges, nem o Eufrates, nem o Nilo carregavam tanta água doce"[29], registrou Colombo em seu diário. "Muito quis o Almirante achar a chave do mistério"[30], acrescentou Las Casas.

Em 13 de agosto ele já formulara uma resposta. As várias "ilhas" que bordejavam o golfo eram, na verdade, partes de uma única costa. Baseando-se na quantidade de água doce despejada no golfo, a terra atrás daquela costa tinha de ser muito grande — tão grande, na verdade, que de modo algum poderia ser uma ilha. "Passei a acreditar"[31], escreveu Colombo, "que este é um continente imenso até hoje desconhecido".

Foi um palpite profético. Colombo e seus homens haviam chegado à costa da América do Sul: especificamente, o delta do grandioso rio Orinoco, que verte da atual Venezuela para um golfo ainda hoje conhecido como Golfo de Pária. Mas quatro dias depois, a 17 de agosto, Colombo mudou de opinião. Ele não tinha encontrado um novo continente, decidiu. Tinha encontrado o mais antigo de todos.

Ele chegara aos limites do Paraíso Terrestre.

* * *

Colombo lera extensamente sobre o Paraíso Terrestre até a época em que fez sua terceira viagem. Junto com Ofir e Társis, ele formava uma parte central de seu mapa espiritual do Oriente. Muito do que ele conhecia sobre esse lugar vinha de Pierre d'Ailly. "O Paraíso Terrestre é um lugar aprazível", havia escrito D'Ailly em *A imagem do mundo*, numa passagem que Colombo marcou entusiasticamente:

> localizado em certas regiões do Oriente separadas de nosso mundo habitado por terra e mar. Está tão elevado que toca a esfera da lua, e as [...] águas que descem desta montanha tão alta formam um vasto lago; diz-se que estas águas que caem são tão ruidosas que deixam os habitantes da região surdos. [...] Deste lago [...] fluem os quatro rios do Paraíso: o Fison, ou seja, o Ganges; o Geon, que não é outro senão o Nilo; o Tigre e o Eufrates.[32]

Todas as grandes autoridades cristãs, entre elas Santo Agostinho, Beda, o Venerável, Isidoro de Sevilha e Tomás de Aquino, tinham deixado para trás descrições similares, e no século XIV o beneditino inglês Ranulf Higden destilara suas conclusões em seu *Polychronicon*, ou *Crônica universal* — uma obra popular impressa pela primeira vez em 1482, exatamente quando Colombo começava a mergulhar em seus estudos. Mas Higden, escrevendo depois de os europeus terem começado a explorar a Ásia, também descreveu o Paraíso Terrestre com um novo tipo de especificidade geográfica. "Os estudiosos concluem"[33], escreveu ele, "que o Paraíso Terrestre está localizado no Oriente mais remoto, e compõe uma parte relativamente grande da massa terrestre, não sendo menor do que a Índia ou o Egito, já que o lugar havia sido destinado à totalidade da raça humana, se o homem não tivesse pecado".

Na época de Colombo, era esta a perspectiva reinante. O Paraíso Terrestre era um lugar real no mundo e, portanto, podia ser localizado com precisão por viajantes e geógrafos. Havia o memorável relato de Sir John Mandeville, claro, que Colombo conhecia bem. Mas no século XV até geógrafos matemáticos estavam entrando em cena. Uma tabela oficial de coordenadas geográficas[34], por exemplo, colocava o Paraíso Terrestre no topo de sua lista de lugares do mundo e atribuía-lhe a latitude de 0 grau (o centro da Terra) e uma longitude de 180º (o mais distante possível, geometricamente, de onde o Ocidente "começava").

Colombo é frequentemente ridicularizado por ter achado que no Golfo de Pária havia alcançado os limites do Paraíso Terrestre. Mas com as informações geográficas que possuía, sua conclusão tinha certa lógica. Ele chegara a um continente gigantesco bem no extremo do Oriente, junto ao equador, e ali encontrara um clima agradável, brisas suaves, árvores que produziam frutas e fragrâncias maravilhosas, uma terra imensa e um vasto lago de água fresca alimentado por quatro grandes rios. Ele também havia descoberto algo mais: uma misteriosa alteração nas leituras de sua bússola na marca das 100 léguas. Era a alteração normal na variação magnética que ocorre quando se atravessa o Atlântico, causada pelo fato de os polos norte físico e magnético do mundo não coincidirem. (O ponto geométrico em torno do qual a Terra gira não é exatamente o mesmo para onde a bússola aponta.) Mas Colombo não sabia disso. No seu entender, esta alteração tinha um significado poderoso, que ele explicou numa carta desconexa que escreveu aos soberanos em 18 de outubro de 1498.

> Sempre li que o mundo, tanto a terra quanto a água, eram esféricos, como demonstram e provam a autoridade e as pesquisas de Ptolomeu e todos os outros que escreveram sobre este assunto, assim como os eclipses da lua e outros experimentos feitos de leste a oeste, e a elevação da Estrela Polar do norte ao sul. Mas, como disse, eu vi esta discrepância [variação magnética]. Portanto, sou forçado a chegar à seguinte perspectiva do mundo: descobri que ele não tem o tipo de esfericidade descrito pelas autoridades, mas tem o formato de uma pera, que é inteiramente redonda, com exceção do talo, que é bastante proeminente ou, isto é, como se tivesse uma bola muito redonda de um lado e sobre um de seus lados fosse colocado algo como a teta de uma mulher, essa parte com o talo mais próximo ao céu, ficando na linha equinocial neste Mar Oceano, nos confins do Oriente. Por confins do Oriente quero dizer o ponto onde sua terra e ilhas terminam. Para confirmar tudo isto, cito todos os argumentos escritos acima sobre a linha que cruza do norte ao sul 100 léguas a oeste dos Açores. Porque ao cruzarem-na no sentido oeste, os navios vão subindo gradualmente rumo ao céu e depois desfrutam de um clima mais temperado.[35]

Esta passagem expôs Colombo ao ridículo ainda mais do que sua afirmação de ter chegado à proximidade do Paraíso Terrestre. Mais uma vez, porém, ao tirar esta conclusão ele não estava realmente se afastando muito das ideias cosmográficas que já circulavam. Em *A divina comédia*, por exemplo, Dante situou o Paraíso Terrestre no topo do que chamou de monte do Purgatório — este colocado no equador, no início do Oriente, exatamente a meio globo de distância de Jerusalém. Em outras palavras, o mundo de Dante tinha a forma de uma pera, exatamente como o de Colombo. Algumas cópias de *A divina comédia* que circularam durante a vida de Colombo até continham ilustrações que davam forma visual a esta ideia (Figura 60).

Teria Colombo esta ilustração em mente ao propor seu mundo em formato de pera? É no mínimo possível, já que ele lia vorazmente obras cosmográficas, vendia livros impressos importados da Itália, e tinha acesso às grandes livrarias franciscanas. O que é muito claro, pelo menos, é que na época de sua terceira viagem Colombo entendia o Paraíso Terrestre como um lugar real de grande poder simbólico, localizado no ponto zero do espaço e do tempo. O Paraíso Terrestre era onde a história e a geografia haviam começado, e era aonde ambas chegariam no fim — como havia escrito o influente teólogo e cartógrafo de *mappamundi* Hugh de Saint Victor, no final do século XII.

> A ordem do espaço e a ordem do tempo parecem estar em correspondência quase completa. Portanto, a disposição da divina providência parece ter sido de que o que foi realizado no início dos tempos também seria realizado no Oriente — no começo, por assim dizer, do mundo como espaço — e depois, à medida que o tempo avança rumo ao fim, o centro dos acontecimentos teria se deslocado para o Ocidente, de maneira que possamos reconhecer por isto que o mundo se aproxima de seu fim no tempo, uma vez que o curso dos acontecimentos já chegou ao extremo do mundo no espaço.[37]

Ao atravessar o oceano, ligando o Oriente e o Ocidente e localizando os limites do Paraíso Terrestre, Colombo estava ajudando a concretizar o fim do mundo.

Figura 60: O mundo em forma de pera, cuja ilustração Colombo pode ter visto. De *A divina comédia*, de Dante (1506). Jerusalém e o Inferno estão no topo; Europa e África, à esquerda; Ásia, à direita; e na parte inferior está o monte do Purgatório, em cujo cume Dante localizou o Paraíso Terrestre. Observe o Novo Mundo emergindo à esquerda e à direita do monte Purgatório.

* * *

EM MEADOS DE AGOSTO, exatamente quando começava a suspeitar que descobrira algo grande no Golfo de Pária, Colombo percebeu que teria de interromper suas explorações. Ele e seus homens haviam ficado no mar por mais de dez semanas, suas provisões estavam acabando e suas naus eram grandes demais para explorar com eficácia as águas costeiras. O próprio Colombo estava muito doente e sabia que tinha assuntos urgentes para resolver em Hispaniola. Por isso, em 17 de agosto ordenou que os navios deixassem o Golfo de Pária e começassem a navegar para o norte.

Ele chegou a Hispaniola no final do mês, apenas para descobrir que as coisas tinham passado de mal a pior. Os colonos estavam doentes e amotinados, os habitantes locais estavam cada vez mais hostis, e o ouro permanecia esquivo. Todo o empreendimento colonial na ilha estava rapidamente se tornando um fiasco. Colombo ficaria na ilha pelos dois anos seguintes, tentando reafirmar sua autoridade e restaurar a ordem pela luta e cerco aos fugitivos, executando amotinados e escravizando mais ilhéus. Mas os problemas agora eram simplesmente grandes demais para serem controlados. Em 1500 os soberanos mais uma vez haviam perdido a confiança nele e até tinham começado a se perguntar se ele realmente tinha chegado às Índias. Um acontecimento em particular empurrara seus pensamentos nessa direção: em 1499, Vasco da Gama retornara a Portugal com a incrível notícia de que tinha circum-navegado a África, cruzado o oceano Índico e chegado a Calecute.

A notícia do regresso de Gama correu rápido e havia poucas dúvidas de que o feito de Gama tinha ultrapassado de longe o de Colombo. "Realizou-se um empreendimento", escreveu um cronista italiano na época, "que suscita a admiração do mundo inteiro. As especiarias que deviam, ou costumavam, ir para o Cairo pelo mar Vermelho agora são transportadas para Lisboa, e com isto o sultão [dos turcos] perdeu cerca de quinhentos ou seiscentos ducados por ano, e os venezianos também".

Até como navegador, Vasco da Gama tinha sobrepujado Colombo. Ele cruzara umas 6 mil milhas de mar aberto, navegando, a certo ponto, por três meses sem ver terra — um amplo desvio pelo oceano ocidental adentro concebido para evitar a costa africana e encontrar os ventos do oeste que haviam empurrado Dias ao redor do Cabo da Boa Esperança. A viagem tinha sido muito mais longa e difícil que a de Colombo, e, no final, Gama encontrara precisamente as riquezas que esperava achar. Tinha retornado a Portugal com ouro, pedras preciosas e especiarias, enquanto Colombo regressara à Espanha com nada mais que algumas bugigangas, uns poucos cativos nus e a cabeça cheia de sonhos.

No verão de 1500, cada vez com menos confiança em Colombo, os soberanos pediram a um de seus conselheiros, Francisco de Bobadilla, que navegasse até Hispaniola para investigar a situação. Quando lá chegou, no fim de agosto, Bobadilla foi recebido com o macabro espetáculo de sete colonos espanhóis enforcados e mortos no patíbulo, executados não muito antes por ordem de Colombo. A visão não inspirava confiança, e nas semanas que se seguiram Bobadilla testemunhou em primeira mão a violência, insurreição e o desgoverno que reinavam em Hispaniola. Chegado outubro, ele já tinha visto o bastante. Embora os soberanos tivessem nomeado Colombo governador vitalício das Índias, Bobadilla assumiu a chefia do quartel, prendeu-o e enviou-o para a Espanha em correntes.

* * *

DE VOLTA À ESPANHA, humilhado, atormentado e transbordando de autocomiseração bem justificada, Colombo lançou uma campanha para reconquistar os direitos e privilégios que os soberanos lhe haviam concedido como governador das Índias. Ele prosseguiu metodicamente, reunindo em um único volume todos os acordos que fizera com os soberanos desde 1492. Este volume, conhecido hoje como o *Livro dos privilégios*, tornou-se a peça central de um processo judicial que ele empreendeu para sua reabilitação, mas o caso não deu em nada durante sua vida. A resolução só chegou em 1563, quase sessenta anos após sua morte, quando seus herdeiros finalmente conseguiram um acordo com o governo espanhol.

Ao mesmo tempo em que compilava um processo judicial para sua reabilitação, Colombo também compilava um teológico. Ele achava que tivera um papel de destaque no drama cósmico que os cronistas e cartógrafos europeus vinham descrevendo há séculos e queria que os soberanos reconhecessem esse fato. Ao conduzir a grandiosa procissão da história humana até o outro lado do oceano e de volta ao lugar onde tempo e espaço tinham começado, ele possibilitara tanto a Roma como a Cristo estender seu domínio aos confins da Terra, e isto fazia dele nada menos que um apóstolo de Deus. Repetindo a imagem que Colombo tinha de si mesmo, Las Casas escreveria mais tarde: "A verdade é que ele foi o primeiro a abrir os portões do Mar Oceano, de maneira a levar nosso Salvador Jesus Cristo nos ombros por cima das águas até esses reinos e terras remotos até hoje desconhecidos"[38]. Por esse motivo, continuou Las Casas, Colombo tinha o nome de Cristóvão — *Christo-ferens*, ou seja, "o Portador de Cristo".

Depois desta terceira viagem, Colombo fez do nome *Christo-ferens* parte oficial de sua assinatura. Ele também começou a compilar o que hoje se conhece como *O livro das profecias* — uma coleção aleatória e desorganizada de citações extraídas da Bíblia e de obras de autoridades antigas e medievais, todas projetadas para dar sustentação ao caso teológico em seu favor como figura cujos feitos haviam sido profetizados, cuja travessia do oceano levara a humanidade para mais perto da salvação, e cujo descobrimento do mais remoto Oriente levara a história a seu fim. As frases de abertura da obra descrevem sucintamente seu conteúdo. "Aqui começa o livro, ou manual"[39], dizem elas, "de fontes, afirmações, opiniões e profecias sobre o tema da recuperação da Cidade Santa de Deus e do Monte Sião, e sobre o descobrimento e evangelização das ilhas das Índias, e de todos os outros povos e nações. Para Fernando e Isabel, nossos soberanos hispânicos".

As referências a Salomão, Ofir e Társis são fartas no *Livro das profecias* — mais uma evidência de que Colombo entendia que estava reencenando essa antiga história. "Certamente as terras do mar me aguardarão"[40], dizia uma passagem típica, tomada do Livro de Isaías, "virão primeiro os navios de Társis para trazerem teus filhos de longe, e com eles a sua prata e o seu ouro, para a santificação do nome do Senhor, teu Deus, e do Santo de Israel". Colombo também citou imensas fontes não bíblicas para defender sua ideia. Num ponto, em particular, ele citou uma carta que os soberanos tinham recebido em 1492 de uma delegação de embaixadores genoveses. Os soberanos tinham acabado de derrotar os mouros, e os embaixadores agora os incitavam a prosseguirem para Jerusalém, insistindo ser destino sagrado dos soberanos lançar uma nova cruzada. "Joaquim, o abade do sul da Itália"[41], escreveu Colombo, citando a carta, "profetizou que aquele que vai recuperar as fortunas de Sião virá da Espanha".

Colombo repetiria esta profecia em outro trecho de seus escritos e claramente a levava a sério. Ele fez o mesmo com a famosa passagem de *Medeia* em que Sêneca (que por acaso também é da Espanha) profetizava que "Tétis descobrirá um novo mundo, e Tule não será mais o ponto mais longínquo da terra". Colombo citou várias vezes esta passagem em seus escritos, mas ele sempre citava uma versão ligeiramente diferente do texto. Uma edição adulterada estava circulando amplamente na Europa durante o século XV, e nesta edição, graças a um erro de cópia casual, Tétis, uma deusa grega do mar, tornou-se Tífis, o marinheiro que na mitologia grega havia conduzido Jasão e os Argonautas em busca do Velo de Ouro. A transformação ajustava-se perfeitamente a Colombo. Sêneca agora parecia estar predizendo que uma figura quase igual a Colombo — um navegador experimentado que embarcara em uma difícil viagem marítima em busca de ouro para um grande rei — seria aquele que soltaria as correntes das coisas e revelaria novos mundos. Sempre que citava esta passagem, Colombo também substituía o plural de Sêneca "mundos" pelo singular "mundo" — um truque de prestidigitador que sugere que Colombo, em suas fases messiânicas, não estava longe de satisfazer os sonhos apocalípticos dos soberanos.

Os profetas bíblicos, os gregos, os romanos, as autoridades cristãs eruditas da Idade Média — todos, ao que parecia, haviam profetizado o papel especial que Colombo estava agora desempenhando na história. E a própria história estava agora chegando rapidamente ao fim. Num rascunho de carta aos soberanos que ele incluiu em seu *Livro das profecias*, Colombo descreve exatamente quando seria o fim.

Desde a criação do mundo, ou desde Adão, até o advento de nosso Senhor Jesus Cristo, passaram-se cinco mil, trezentos e quarenta e três anos e trezentos e dezoito dias, segundo cálculos do rei Afonso, que se considera ser o mais exato. Seguindo Pierre d'Ailly, no décimo título de sua *Explicação da concordância da astronomia com os registros bíblicos e históricos*, se acrescentarmos a estes anos mais mil quinhentos e um anos de espera, isto perfaz um total de seis mil oitocentos e quarenta e cinco anos de espera para a conclusão da era. Segundo este cálculo, faltam apenas cento e quinze anos para a conclusão dos sete mil anos que seriam o fim do mundo.[42]

Em outras palavras, meus mui nobres soberanos, já é tempo de vocês mandarem seu Portador de Cristo de volta às Índias.

A Quarta Parte do Mundo

*   *   *

Colombo acabaria por alcançar seus objetivos — mas não antes de notícias de outros descobrimentos terem chegado à Europa. Dizia-se que os ingleses continuavam a explorar a massa de terra ao norte que João Caboto alcançara em 1497, e que eles poderiam até estar invadindo territórios espanhóis ao sul. Ainda mais perturbador, os portugueses, agora sob o reinado de D. Manuel I, estavam fazendo novos e importantes descobrimentos.

Manuel não perdera tempo e seguiu na esteira do sucesso da viagem de Vasco da Gama à Índia. No início de 1500 ele tinha uma frota de 13 naus pronta para uma nova viagem e designara Pedro Álvares Cabral como seu comandante. Cabral partiu no início de março. Seguindo a rota desbravada por Gama, ele fez uma grande curva para oeste pelo Atlântico a caminho do sul, e no fim de abril, bem abaixo do equador, deparou com algo inteiramente inesperado: outra longa extensão de costa habitada que corria do norte ao sul até onde a vista podia alcançar. Cabral tinha pouco tempo para ficar e tentar entender o que tinha descoberto. Mas reconheceu que seu descobrimento era importante. Pelo visto, o rei D. João estivera certo; realmente havia uma terra imensa do outro lado do Atlântico, a sudoeste. Não só isso, Cabral e seus homens puderam determinar que esta terra se estendia tanto para dentro do Atlântico pelo leste, em direção à África, que por direito, segundo o Tratado de Tordesilhas, ela lhes pertencia. Por isso Cabral reivindicou sua posse para Portugal, chamou-a de Terra de Vera Cruz, e enviou um de seus navios de volta para dar a notícia.

O nome dado por Cabral não durou muito. Alguns europeus começaram a usar o nome de Terra dos Papagaios, por razões óbvias, e outros — depois de saberem da existência de grandes quantidades de pau-brasil em suas costas — começaram a usar o nome que esta terra tem até hoje: Brasil.

Os portugueses também estavam se aventurando em águas do norte mais ou menos na mesma época. A mais famosa dessas expedições foi a de Miguel e Gaspar Corte-Real, dois irmãos que possuíam terras nos Açores e tinham ligações com os homens de Bristol. Em 1501 os irmãos navegaram para o norte a partir de Lisboa, apenas para encontrarem sua passagem finalmente bloqueada, nas proximidades da Groenlândia, por "imensas massas móveis de neve sólida"[43] — icebergs. Então viraram para oeste e logo se viram seguindo uma longa faixa de costa, mais uma vez, provavelmente, parte de Labrador, Terra Nova, ou mesmo Nova Escócia. Quando retornaram a Lisboa nesse outono e contaram histórias do que haviam descoberto, os rumores começaram a voar. "Os homens da caravela acreditam que a terra acima mencionada é um continente", escreveu um italiano que vivia em Lisboa, em 18 de outubro, somente nove dias depois do regresso dos irmãos. E continuou: "Eles também acreditam que ela se une às Antilhas, descobertas pelos reis da Espanha, e à Terra dos Papagaios, recém-descoberta pelas naus deste rei que iam para Calecute."[44]

Esta ideia de ligação também começou a aparecer em mapas na virada do século. A mais antiga carta náutica do Novo Mundo ainda existente — desenhada por volta de 1500 por Juan de La Cosa, um piloto espanhol que tinha acompanhado Colombo em sua segunda e terceira viagens — ilustra a ideia muito claramente. Apesar de seu relativo mau estado de conservação, a carta náutica dá uma reveladora perspectiva de como os primeiros visitantes da América do Norte e do Sul, particularmente Colombo entre eles, começavam a montar um retrato daquilo que ficava no lado mais remoto do Atlântico.

O principal ponto de interesse da carta náutica (além de sua nova representação mais rigorosa da África, baseada na recente viagem de Gama) aparece no oeste. Ao norte está um continente representando as várias terras descobertas pelos homens de Bristol, João Caboto e os Corte-Real; no meio há um golfo contendo as ilhas descobertas por Colombo; e no sul está outro continente, desta vez representando as terras descobertas por Colombo e Cabral. La Cosa retratou todas estas áreas ligadas — mas no meio, diretamente a oeste de Cuba e do Haiti, ele cobriu a costa com uma imagem de São Cristóvão carregando o Menino Jesus pelas águas (Figura 61). Ele fez isto por duas razões. A primeira foi para associar Colombo e sua travessia atlântica a uma antiga lenda católica romana na qual um pagão chamado Réprobo havia carregado o Menino Jesus na travessia de um rio perigoso e fora recompensado por seu feito, sendo batizado de Cristóvão, ou Portador de Cristo. A segunda razão foi mais prática: permitia a La Cosa deixar em aberto a possibilidade da existência de um estreito que passava pela área tampada por São Cristóvão — um estreito que abria uma passagem ocidental para o oceano Índico, a Aurea Chersonese, e além. Colombo acreditava firmemente na existência desse estreito e prometeu aos soberanos que se conseguisse encontrá-lo ele abriria uma rota para a Índia e Calecute muito mais curta que a rota oriental ao redor da África que agora era usada pelos portugueses. Foi essa promessa, e não suas divagações messiânicas, que finalmente parece ter convencido os soberanos a enviarem Colombo de volta em uma quarta travessia atlântica.

Figura 61: O portador de Cristo: São Cristóvão carregando o Menino Jesus pelas águas, simbolizando o feito heroico de Colombo ao atravessar o Atlântico. Pormenor reconstruído a partir da parte mais ocidental da carta náutica de La Cosa.

Colombo partiu em maio de 1502, levando uma carta a ser apresentada aos portugueses caso conseguisse chegar à Índia e os encontrasse lá. Em termos de aventura, esta viagem acabaria por ser a mais notável de todas: Colombo sobreviveu a um violento furacão no mar; descobriu e explorou uma ampla faixa da costa da América Central, desde a atual Honduras até o Panamá; encontrou ouro e sinais de civilização avançada na região, e achou que tinha alcançado a Aurea Chersonese; suportou um longo e desmoralizador ano isolado na Jamaica; e sobreviveu a uma angustiante viagem de 56 dias de volta à Espanha, em novembro de 1504, durante a qual seu mastro se quebrou em quatro pedaços.

Mas ele nunca conseguiu encontrar seu estreito e, de volta à Espanha, teve de enfrentar o fato de que sua boa estrela se apagara de vez. Sua saúde estava frágil, a rainha D. Isabel morrera, o rei D. Fernando pouco se importava com ele, e seu processo judicial não estava chegando a lugar nenhum. Na Europa, era lembrado apenas vagamente, se é que o era, como um navegador genovês que, como Lanzarotto Malocello antes dele, havia descoberto algumas novas ilhas atlânticas. Menos de dois anos depois estava morto — e a Europa estava em ebulição com a notícia de que outro italiano tinha feito uma descoberta dramática do outro lado do oceano.

Seu nome era Américo Vespúcio.

✦ Américo Vespúcio ✦

CAPÍTULO DEZESSEIS
AMÉRICO

Creio que Vossa Magnificência terá escutado as notícias trazidas pela frota [de Vasco da Gama]: não chamo a tal viagem descobrimento, mas meramente uma ida a terras descobertas, já que, como podeis ver no mapa, eles [...] navegam ao longo de toda a parte sul da África, que é avançar por uma rota discutida por todas as autoridades em cosmografia.[1]

— Américo Vespúcio
a Lorenzo di Pierfrancesco de Médici (julho de 1500)

No início de 1503, impressores de Veneza, Paris e Antuérpia publicaram quase simultaneamente cópias de um pequeno panfleto em latim ostentando o título de *Mundus novus*, ou *Novo Mundo*. O panfleto descrevia uma viagem de descobrimentos feita não muito antes pelo mercador florentino Américo Vespúcio, e sua recepção foi eletrizante. No espaço de dois anos, novas edições da obra tinham sido impressas em Augsburgo, Basileia, Colônia, Munique, Nuremberg, Roma, Estrasburgo e outras cidades europeias. Só na Alemanha apareceram 12 edições diferentes, um absoluto contraste com a recepção da carta de Colombo, em 1493, que fora impressa no país uma única vez.

Mundus novus ganhou a forma de uma carta de Vespúcio a seu patrono em Florença, e seu parágrafo de abertura fazia uma afirmação sensacional.

Américo Vespúcio para Lorenzo di Pierfrancesco de Médici, com muitas saudações.
No passado vos escrevi em detalhes bastante extensos sobre meu retorno daquelas novas regiões que procurávamos e descobrimos com a frota, sob o encargo e ordens de Sua Sereníssima Alteza o Rei de Portugal, e que pode ser chamado de um novo mundo, já que nossos antepassados não tinham nenhum conhecimento delas, e são um assunto inteiramente novo para os que ouvem falar delas. De fato, isto ultrapassa a opinião de nossas antigas autoridades, já que a maioria delas afirma não haver nenhum continente ao sul do equador, mas apenas aquele mar a que chamam de Atlântico; além disso, se alguma delas afirmou que ali havia um continente, deram muitos argumentos para negar que fosse terra habitável. Mas esta minha última viagem demonstrou que essa opinião é falsa e contradiz toda a verdade, já que descobri um continente nessas regiões ao sul habitado por povos e animais mais numerosos do que em nossa Europa, ou Ásia ou África, e além disso deparei com um clima mais temperado e agradável do que qualquer outra região conhecida, como descobrirá pelo que segue, onde escreveremos brevemente apenas os principais pontos do assunto, e aquelas coisas mais dignas de nota e registro, que vi ou ouvi neste novo mundo, como ficará evidente abaixo.[2]

O tom e a substância da carta eram, na verdade, sensacionais do princípio ao fim. A travessia oceânica inicial fora repleta de perigos. "Tivemos quarenta e quatro dias seguidos de chuva, trovões e relâmpagos", escreveu Vespúcio, "com tanta escuridão que nunca vimos a luz do sol durante o dia, nem céu limpo de noite. Ficamos tão tomados pelo medo que quase abandonamos a esperança de sobrevivência". Foi somente graças aos esforços do próprio Vespúcio que a expedição conseguiu alcançar seu destino.

Se meus companheiros não tivessem se apoiado em mim e meu conhecimento de cosmografia, não teria havido piloto ou capitão na viagem que soubesse onde estávamos num raio de quinhentas léguas. De fato, nós vagávamos na incerteza, apenas com os instrumentos a nos mostrarem as altitudes exatas dos corpos celestes, sendo esses instrumentos o quadrante e o astrolábio, como todo mundo sabe. Depois disto, todos me tiveram em grande consideração. Porque verdadeiramente lhes mostrei que, sem qualquer conhecimento das cartas marítimas, ainda assim eu era mais capacitado na ciência da navegação do que todos os pilotos do mundo.

A expedição não havia apenas visitado brevemente este novo mundo. Também seguira sua costa para o sul por milhares de milhas. "Parte desse novo continente", continuava a carta, "fica na zona tórrida além do equador. [...] Nós navegamos ao longo da costa até passarmos o Trópico de Capricórnio e descobrirmos o Polo Antártico, 50 graus acima do horizonte, e ficamos a 17,5 graus do próprio Círculo Antártico". Esta era a mais espantosa revelação da carta: a notícia de que uma vasta terra desconhecida ficava não só para oeste mas também muito longe ao *sul*.

E havia as pessoas. "Todos, de ambos os sexos, estão nus", escreveu Vespúcio, "sem cobrirem nenhuma parte do corpo, e assim como saíram do ventre de suas mães permanecem até o dia de sua morte". Esta nudez levava a espantosos costumes sexuais. "Suas mulheres, sendo muito sensuais, fazem com que os membros de seus maridos inchem a tamanha grossura que ficam feios e deformados; isto eles conseguem com certo dispositivo que possuem, e com mordidas de certos animais venenosos." Ele tinha outros detalhes ainda mais chocantes para relatar. "A carne humana é alimento comum entre eles", anotou Vespúcio, acrescentando: "Eu próprio encontrei e conversei com um homem de quem se dizia ter comido mais de trezentos corpos humanos; e eu também [...] vi carne humana pendurada nas vigas das casas, da mesma maneira que nós penduramos bacon e carne de porco". Apesar de tais horrores, os habitantes deste novo mundo pareciam viver num encantador estado de inocência edênica. "Eles não têm nenhuma [...] propriedade privada", escreveu Vespúcio, "mas possuem tudo em comum: vivem juntos sem um rei e sem autoridades, cada homem como senhor de si mesmo. Eles tomam quantas mulheres desejam e o filho pode copular com a mãe, o irmão com a irmã e homens com mulheres sempre que têm oportunidade de se encontrar". As doenças eram raras e facilmente curadas com raízes e ervas medicinais que cresciam livremente; as pessoas viviam até os 150 anos. A própria terra tinha qualidades claramente idílicas: seu clima era temperado; suas águas, abundantes; suas árvores, fragrantes; seus frutos, deliciosos; e seus animais, coloridos e selvagens. "Se em algum lugar do mundo existe um Paraíso Terrestre", concluía Vespúcio, falando mais literal do que literariamente, "acho que não está distante daquelas regiões".

No final de sua carta Vespúcio admitia que havia muito mais a dizer. Ele já escrevera um relato mais completo desta viagem, afirmava, mas naquele momento estava nas mãos do rei de Portugal. Também fizera duas visitas prévias a este novo mundo a serviço da Espanha, lembrou a Lorenzo, e nessas três viagens tinha mantido um diário — "de maneira que", escreveu ele, "sempre que me for concedido tempo livre, eu possa juntar todas estas maravilhas uma por uma e escrever um livro, seja de geografia ou cosmografia, para que minha memória fique para a posteridade". Ele planejava partir em breve numa quarta viagem, acrescentou, "para procurar novas regiões ao sul".

Perigosas viagens oceânicas, tempestades no mar, um herói iluminado e valente, descobrimentos revolucionários, nudez, brutalidade, sexo, incesto, canibalismo, um novo mundo paradisíaco — a carta de Vespúcio tinha de tudo. Os leitores imploravam cópias e os impressores produziam-nas aos montes. Em 1506 havia 23 edições diferentes no prelo. A carta era um *best-seller*. Mas é quase certo que também fosse uma fraude.

* * *

AQUI COMEÇA O QUE os historiadores descrevem desesperadamente como "o problema Vespúcio": a muito inquietante possibilidade de que Vespúcio não tenha escrito as cartas publicadas em seu nome.

Vespúcio realmente fez viagens de descobrimento, e de fato enviou cartas para casa descrevendo-as. Até aí está claro. Hoje existem três cartas inegavelmente escritas pelo próprio Vespúcio, datando de

1500, 1501 e 1502. Conhecidas pelos estudiosos como as "cartas familiares", elas contam histórias que se sobrepõem, de muitas maneiras, àquelas contadas nas cartas impressas, mas também divergem delas em aspectos altamente problemáticos. As cartas familiares descrevem não quatro, mas apenas duas viagens: a primeira pela Espanha e a segunda por Portugal. Elas dão as notícias num estilo muito menos sensacional, autoenaltecedor e lascivo. E não anunciam a descoberta de um novo mundo, mas apenas de uma parte previamente desconhecida da Ásia.

Desde que a exploração europeia do Atlântico deslanchou para valer, em meados do século XIV, os mercadores italianos que viviam na Península Ibérica enviavam cartas para casa descrevendo novos descobrimentos, e suas cartas haviam sido copiadas, adaptadas e repassadas tanto em círculos comerciais quanto literários. Foi o que aconteceu quando mercadores florentinos em Sevilha enviaram suas cartas para casa descrevendo a expedição às ilhas Canárias, em 1341. Seu relato rapidamente caiu nas mãos de Boccaccio, que registrou sua própria interpretação humanista do fato em seu diário, e sua versão logo ganhou vida própria com o título de *Sobre Canária e outras ilhas* — uma obra curta que ajudou os europeus a pensar a geografia de maneiras drasticamente novas. A mesma coisa parece ter acontecido com as cartas de Vespúcio. Ele enviou as cartas para casa sabendo que elas seriam repassadas, lidas e discutidas por muitos dos mercadores e humanistas de Florença — e de fato foram. A razão por que suas três cartas familiares existem, junto com uma fragmentária quarta carta de data incerta, é o fato de vários florentinos que entraram em contato com elas as terem copiado em seus cadernos. Inevitavelmente, os impressores logo se apoderaram das cartas e perceberam uma oportunidade: eles podiam acrescentar algum tempero às cartas de Vespúcio, publicá-las de forma rápida e barata e fazerem um lucro considerável. Há quinhentos anos os editores já sabiam que sexo e terror vendem.

Como as cartas publicadas de Vespúcio estão baseadas no que ele realmente escreveu, não são falsificações completas. Elas contêm detalhes valiosos sobre suas viagens de descobrimentos, e em alguns casos fornecem informações importantes e aparentemente confiáveis, em primeira mão, que não se consegue encontrar em nenhum outro lugar. Mas porque foram tão obviamente adulteradas, têm de ser tratadas com grande cuidado. Portanto, a primeira via de acesso para alguém que tente compreender Vespúcio e suas viagens de descobrimento tem de ser suas cartas familiares, e não as publicadas.

* * *

VESPÚCIO NASCEU EM Florença no início da década de 1450, e desde cedo habitou dois mundos diferentes, mas sobrepostos.

Um era o prosaico e especializado mundo do comércio. Em sua juventude Vespúcio foi encaminhado para uma carreira nos negócios por seu pai, um notário que pertencia a um ramo sem notoriedade de uma família bem relacionada. A maioria dos aprendizes de mercador em Florença tinha pouco tempo ou necessidade das ciências humanas. Eles iam para a escola acima de tudo para estudar a única disciplina que lhes permitiria fazer cálculos rápidos de lucros e perdas: a matemática. Os mestres ensinavam-lhes soluções práticas para os problemas que provavelmente encontrariam em suas vidas de trabalho — problemas como este a seguir, retirado de um livro didático da escola secundária da época. Em causa estava a questão nada glamorosa de como determinar o volume de barris individuais, que no século XV não vinham em tamanhos padronizados.

> Há um barril, em que cada uma de suas extremidades tem 2 bracci de diâmetro; o diâmetro da boca do barril é de 2 bracci e ¼, e a meio caminho entre a boca e o fundo há 2 bracci e 2/9. O barril tem o comprimento de 2 bracci. Qual é seu volume cúbico?
> Este é como um par de cones incompletos. Eleve ao quadrado o diâmetro nas extremidades: 2 x 2 = 4. Depois eleve ao quadrado o diâmetro mediano: 2 2/9 x 2 2/9 = 4 76/81 [*sic*]. Some-os: 8 76/81. Multiplique 2 x 2 2/9 = 4 4/9. Some isto a 8 76/81 = 132 31/81. Divida por 3 = 4 112/243. [...] Agora eleve ao quadrado 2 ¼ = 2 ¼ x 2 ¼ = 5 1/16. Some isto ao quadrado do diâmetro mediano: 5 5/16 + 4 76/81 = 10 1/129. Multiplique 2 2/9 x 2 ¼ = 5. Adicione isto à soma anterior: 15 1/129. Divida por 3 : 5 1/3888. Adicione ao primeiro resultado: 4 112/243 + 5 1/3888 = 9 1792/3888. Multiplique isto por 11 e depois

divida por 14: o resultado final é 7 23600/54432. Esta é a medida cúbica do barril[3].

Este era um dos mundos de Vespúcio. Mas ele também habitava o mundo mais rarefeito da elite intelectual e artística de Florença.

Quando Vespúcio nasceu, Florença estava no auge de seu florescimento cultural e intelectual. Cosimo de Médici governava informalmente a cidade; Poggio Bracciolini era seu chanceler; Leon Battista Alberti estava projetando alguns de seus mais notáveis monumentos públicos; Paolo Toscanelli estava em seu apogeu. Mas uma nova geração de florentinos notáveis estava emergindo, todos mais ou menos contemporâneos de Vespúcio. Entre eles estava Lorenzo, o Magnífico, um neto de Cosimo que em breve governaria ele próprio a cidade; Nicolau Maquiavel, que viria a se tornar o chanceler de Florença em 1498 e empregaria o irmão mais velho de Vespúcio; Sandro Botticelli, que morava ao lado de Vespúcio e faria retratos de membros de sua família; e Leonardo da Vinci, que conhecia a família de Vespúcio e de quem se diz ter feito um esboço, hoje perdido, do próprio Vespúcio.

Por intermédio do irmão de seu pai, Giorgio Antonio, um dos eruditos mais respeitados da cidade, Vespúcio teve acesso privilegiado a este mundo de pensadores, artistas e ideias. Giorgio Antonio era um membro do convento dominicano de São Marcos — um centro de estudos humanistas em Florença que recebia muitos de seus patrocínios da parte de Cosimo de Médici — e ali lecionava aos filhos das famílias florentinas de elite. Quando Américo ficou suficientemente crescido para iniciar estudos sérios, Giorgio Antonio o recebeu. Ensinou-lhe latim, fez com que lesse as obras de filósofos antigos e poetas modernos e, desnecessário dizer, apresentou-o ao estudo humanista da geografia.

A geografia era uma obsessão florentina durante os anos em que Américo estudou com seu tio. O Concílio de Florença ainda era uma memória recente, o culto a Ptolomeu estava vivo e forte, edições de Estrabão e Marco Polo proliferavam, e Poggio e Toscanelli estavam rastreando o progresso dos portugueses na África. Os humanistas estavam trabalhando mais do que nunca para conciliar as descrições antigas e modernas do mundo, e tinham mais material do que nunca com que trabalhar. A ideia de o globo ser um lugar completamente navegável, habitável e conhecido estava se formando.

Apesar dos esforços de seu tio, Américo parece ter sido, na melhor das possibilidades, um aluno medíocre. Tanto ele como Giorgio Antonio sabiam que ele estava destinado a uma carreira nos negócios e nunca se tornaria um erudito. Em virtude das demais exigências sobre o seu tempo e do que ele conhecia das capacidades do sobrinho, é provável que Giorgio Antonio nem tenha dedicado muito tempo ou energia à formação de Américo. Mas parece que, como bom humanista, ele de fato fez um esforço especial para convencê-lo de que havia muito mais na profissão de mercador do que o simples comprar e vender. Este parece ter sido seu propósito quando fez Américo traduzir para o latim a seguinte passagem, que sobrevive no caderno do jovem Américo.

> Ao irem e virem de muitas terras distantes, onde pela conversa e comércio se pode aprender muitas coisas, não foram poucos os mercadores que se tornaram sábios e instruídos, algo que não se pode explicar em poucas palavras. Ao se deslocarem e fazerem perguntas sobre o mundo, cujos limites ainda não determinamos inteiramente, eles podem fornecer conselhos valiosos, pela palavra e argumentação, aos que deles se aproximam em busca de conselho ou esclarecimento de alguma dúvida concernente aos assuntos dos negócios e costumes.[4]

* * *

Vespúcio iniciou sua vida profissional na década de 1480, quando foi trabalhar para Lorenzo di Pierfrancesco de Médici. Não se deve confundir este Lorenzo com Lorenzo, o Magnífico. Lorenzo di Pierfrancesco — o Lorenzo de Américo — era um dos primos mais novos de Lorenzo, o Magnífico, e os dois pertenciam a ramos rivais da família Médici.

Vespúcio manteria um relacionamento de trabalho com Lorenzo por quase duas décadas. Ele começou lidando com assuntos domésticos menores — armazenando suprimentos domésticos, encomendando barris de vinho, comprando uma ou outra pedra preciosa —, mas aos poucos começou a trabalhar como uma espécie de agente autônomo de negócios. Fazia viagens a outras cidades da Itália para Lorenzo, procurando fazer lucro com o que pudesse: peixe, pombos, cerejas, sal, mostarda, sementes de amora, cortinas de cama, tapetes, prataria. Ele evidentemente se saiu muito bem, porque em 1489 Lorenzo o enviou para a Espanha.

A viagem viria a ser um ponto de virada na vida de Vespúcio. Lorenzo pediu a Américo para verificar a possibilidade de uma parceria comercial com certo Giannotto Berardi, um mercador florentino e traficante de escravos que há muito vivia na Espanha. "Informe-se sobre seu caráter"[5], escreveu Lorenzo a Vespúcio na véspera de sua partida, "e se ele é um bom homem em cujas mãos nossa firma estaria segura". Não existe nenhum outro registro desta viagem, mas os dois homens devem ter se dado bem; ao fim de 1492, Vespúcio deixara Florença de vez, se estabelecido em Sevilha e se juntado à firma de Berardi como um sócio minoritário.

O momento que ele escolheu não poderia ter sido melhor. Os espanhóis tinham acabado de derrotar os mouros, e os soberanos agora estavam ocupados expulsando cruelmente os judeus da Espanha — uma jogada que subitamente abrira novas oportunidades de negócios para os mercadores italianos do lugar. E o próprio Berardi acabara de fazer um investimento arriscado num novo empreendimento potencialmente lucrativo: a primeira viagem de Colombo.

No começo o investimento pareceu ter valido a pena. Após a volta triunfal de Colombo em 1493, Vespúcio e Berardi ajudaram-no a equipar sua segunda viagem, efetuando a compra de grandes quantidades de bolachas de bordo a granel, vinho, queijo, azeite e vinagre — um negócio que sem dúvida exigiu a medição de muitos barris. Mas Colombo, claro, nunca trouxe para casa as riquezas que insistia em prometer, e o apoio dado a ele arruinou Berardi, que morreu em 1495. Em seu testamento, Berardi fez questão de relacionar as dívidas que Colombo tinha para com ele e entregou a tarefa de recuperá-las a seus executores, um dos quais ele indicou como "Américo Vespúcio, meu agente"[6].

Isto colocou Vespúcio e Colombo numa esfera de ação próxima. Talvez eles já se conhecessem, ou talvez o testamento de Berardi os tenha juntado pela primeira vez. Seja como for, apesar das circunstâncias embaraçosas, eles parecem ter se tornado amigos. Em vez de forçar Colombo a pagar suas dívidas, Vespúcio se deixou enfeitiçar por ele e começou a sonhar em navegar ele mesmo para o oeste.

Ele finalmente teve sua chance em 1499. Nesta época os soberanos estavam seriamente desiludidos com Colombo e tinham decidido acabar com seu monopólio sobre as viagens ocidentais de descobrimentos. As licenças oficiais para novas viagens, decretaram, agora estariam disponíveis a outros navegadores. Um dos primeiros homens a se candidatar foi Alonso de Hojeda, o capitão espanhol que havia navegado com Colombo em sua segunda viagem, e a quem os soberanos mais tarde recomendariam por interromper os descobrimentos dos ingleses nas Índias.

Hojeda apresentou aos soberanos um plano atraente. Ele sabia que Colombo descobrira muito recentemente o Golfo de Pária, e havia relatado a existência de ouro e pérolas ali. Não só isso, Colombo tinha enviado aos soberanos uma carta náutica de seus descobrimentos. Hojeda propôs equipar uma pequena frota de navios de exploração; navegar de volta ao Golfo de Pária usando o mapa de Colombo; e trazer de volta um tesouro em ouro e pérolas — tudo isso enquanto o próprio Colombo continuava a definhar num inferno administrativo em Hispaniola.

Os soberanos gostaram da ideia. Hojeda recebeu a primeiríssima licença que os soberanos concederam depois de acabarem com o monopólio de Colombo de exploração das Índias, e em maio de 1499 ele partiu com quatro embarcações sob seu comando. Como ele mais tarde testemunharia, acompanharam-no na viagem Juan de La Cosa, o piloto e cartógrafo que também viajara com Colombo, e certo "Morigo Vespucci"[7].

∗   ∗   ∗

POUCO MAIS DE UM ano depois, Vespúcio estava de volta a Sevilha. Em 18 de julho ele enviou uma carta para Lorenzo di Pierfrancesco de Médici, em Florença, descrevendo suas viagens — a primeira de suas cartas familiares. "A presente carta"[8], começou ele, "é para vos dar a notícia de que regressei há cerca de um mês das regiões indianas. [...] Creio que Vossa Magnificência ficará satisfeito em saber de tudo o que ocorreu na viagem, e das coisas mais maravilhosas com que me deparei nela".

Vespúcio começou por descrever a partida de sua viagem. "Parti com duas caravelas a 18 de maio de 1499"[9], escreveu, "para sair e fazer descobrimentos nas regiões ocidentais através do Mar Oceano; e determinei meu curso ao longo da costa africana, navegando pelo caminho das ilhas Afortunadas, hoje chamadas de ilhas Canárias. E depois, quando garanti todos os mantimentos necessários, [...] partimos de uma ilha conhecida como Gomera, e virando as proas para o sudoeste, navegamos durante vinte e quatro dias".

Eu parti, *eu* determinei meu curso, *eu* garanti os mantimentos: já desde o início da carta Vespúcio fez de tudo para dar a entender que tivera um papel importante na viagem. Mas não está nada claro de que tenha sido assim. Seu nome ainda não foi encontrado em nenhum documento oficial relativo à expedição, e muitos estudiosos argumentam que ele a acompanhou como nada mais que um turista aventureiro ou observador comercial, ávido por verificar a veracidade de todas aquelas histórias sobre ouro e pérolas. Em sua carta, Vespúcio nunca menciona o nome de Hojeda ou de nenhum de seus colegas da tripulação, o que deixa os céticos ainda mais desconfiados; ele não somente aumentou sua importância, acham eles, como também eliminou da história, desavergonhadamente, seus companheiros exploradores.

Talvez. Mas há outras maneiras de explicar as escolhas de Vespúcio. Ele talvez tenha decidido não mencionar seus colegas marinheiros simplesmente por saber que seus nomes não tinham nenhum interesse para Lorenzo e outros florentinos. Ou talvez tenha realmente se reinventado como uma espécie de perito cosmográfico após a morte de Berardi. Esta última possibilidade é certamente o que Vespúcio queria que seus leitores acreditassem.

Vespúcio e seus colegas navegadores avistaram terra no vigésimo quarto dia da viagem, contou ele a Lorenzo, num ponto vários graus abaixo do equador. Diante deles estava o que parecia ser um continente que corria de noroeste a sudeste. Agora estavam confrontados com uma decisão importante. Deveriam virar à direita e avançar para o Golfo de Pária, ou virar à esquerda e ver que novas descobertas poderiam fazer?

Aparentemente, sua resposta foi: as duas coisas. Comprometido por contrato a encontrar ouro e pérolas o mais rápido possível, Hojeda tomou dois navios e rumou para o norte, enquanto Vespúcio — motivado por preocupações mais elevadas, se é que se pode acreditar nele — assumiu o comando dos outros dois navios e começou a velejar para o sul. "Era minha intenção"[10], disse ele a Lorenzo, "ver se conseguia dobrar o cabo ao qual Ptolomeu chama de Cabo de Catigara, que fica próximo ao Sinus Magnus. Porque em minha opinião ele não estava longe dali, a julgar pelos graus de latitude e longitude".

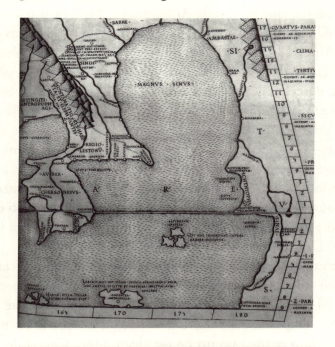

Figuras 62 e 63. No alto: O sudeste da Ásia como Vespúcio imaginava encontrá-lo. Da edição romana da *Geografia* de Ptolomeu de 1478 (para o mapa completo, veja a Figura 53). Catigara está na parte inferior à direita; o Sinus Magnus é o golfo amplo no topo ao centro; e a Aurea Chersonese é a península à esquerda. *Abaixo*: Catigara, nos limites sudeste da Ásia de Ptolomeu.

Qualquer um que conhecesse a *Geografia* saberia do que Vespúcio estava falando (Figuras 62 e 63). Catigara era um lendário centro comercial oriental que datava da Antiguidade. Ptolomeu o situara quase na extremidade do seu Oriente — a 8½ graus sul e 177 graus oeste, não longe da Aurea Chersonese. Mas ao fazer este comentário Vespúcio não podia ter em mente a imagem ptolomaica tradicional da Ásia, porque Ptolomeu descrevera o oceano Índico como fechado. Isto tornava Catigara e o Sinus Magnus inacessíveis aos navegantes da Europa. Como Vespúcio achava que *podia* alcançá-los, ele claramente tinha outra coisa na cabeça — algo muito parecido com o mundo conforme Henricus Martellus e outros haviam começado a mapear no final dos anos 1480. Martellus localizou Catigara, o Sinus Magnus e a Aurea Chersonese exatamente onde Ptolomeu os colocara, mas seu oceano Índico era aberto, confinado a oeste por uma África circum-navegável — e a imaginária Cauda do Dragão (Gravura 9).

O comentário de Vespúcio agora deveria fazer mais sentido. Baseando seu julgamento numa estimativa da distância que ele percorrera em 24 dias, e numa perspectiva do Extremo Oriente conforme Martellus o mapeara, ele chegou à conclusão de que tinha navegado o bastante para o oeste a ponto de ter alcançado a Cauda do Dragão, e o bastante para o sul para ter quase chegado à sua ponta. Catigara e o Sinus Magnus tinham de estar próximos.

Vespúcio partiu para encontrá-los. Durante dias ele seguiu a costa regularmente para sudeste, notando uma sucessão de paisagens dignas de nota: uma profusão de vegetação desconhecida; extensas terras pantanosas costeiras e fozes de rios incrivelmente largos; florestas densas e perfumadas repletas de aves coloridas e répteis assustadores; um céu noturno diferente de tudo o que se via na Europa; e sinais óbvios de habitação humana. Após um tempo não especificado, ele e seus companheiros navegadores exploraram a foz de um rio especialmente largo (uma incursão que fez deles os primeiros europeus a visitarem o Amazonas), e não muito depois depararam com uma impetuosa corrente a pouca distância da costa que os impediu de prosseguir mais para o sul. "Considerando o pouco progresso que estávamos fazendo e o grande perigo de nossa situação"[11], escreveu Vespúcio, "decidimos virar as proas para noroeste e navegar rumo ao norte".

De fato existe uma poderosa corrente oceânica como a que Vespúcio descreveu junto à costa do Brasil da atualidade: a corrente das Guianas, que flui não longe de um promontório conhecido como Cabo de São Roque. O cabo está localizado a cerca de 5 ou 6 graus ao sul do equador, e é bem possível que tenha sido o ponto mais ao sul alcançado por Vespúcio em sua viagem. Mas também é possível que algo mais do que apenas uma poderosa corrente tenha feito Vespúcio dar a volta. O Cabo de São Roque fica no limite mais oriental da América do Sul, numa faixa de costa ainda mais próxima à África do que aquela que Cabral em breve descobriria ainda mais ao sul. Mesmo um cálculo aproximado da localização teria dito a Vespúcio e seus colegas espanhóis que ao seguirem a costa para o sudoeste eles tinham cruzado a linha de demarcação na proximidade do cabo — e haviam entrado em uma região que pertencia a Portugal.

*   *   *

VESPÚCIO E SEUS homens retomaram o rumo para o norte. Cruzaram o equador e pararam brevemente em Trinidad, onde desembarcaram e descobriram uma raça de canibais — embora o relato familiar de Vespúcio sobre eles tenha sido bem menos sensacional do que aquele que surgiu na carta *Mundus novus*. "Quase a maioria desta raça, senão toda, vive de carne humana"[12], escreveu ele, "e deste fato Vossa Magnificência pode estar certa. Eles não se comem uns aos outros, mas navegam em determinadas embarcações, chamadas *canoas*, e vão a ilhas ou terras vizinhas em busca de presas de raças inimigas ou distintas deles. [...] Este é um povo de disposição bastante afável e boa estatura; andam completamente nus".

Vespúcio prosseguiu viagem. Primeiro explorou o Golfo de Pária, onde ele e seus homens foram calorosamente acolhidos pelos habitantes locais, que os alimentaram, assediaram-nos com bebidas exóticas e lhes deram presentes em ouro e pérolas. Eles então voltaram para o mar aberto, descobrindo que logo acima do Golfo de Pária a costa fazia uma curva para oeste. Tinham chegado ao topo da América do Sul.

Este era um território densamente povoado. "Ao navegarmos ao longo da costa"[13], escreveu Vespúcio, "a cada dia descobrimos um número infinito de pessoas". Em uma ilha ele notou a presença de "casas construídas com grande perícia sobre o mar, como em Veneza"[14] — origem do nome Venezuela, que deriva do italiano, significando "Pequena Veneza". O que o impressionou particularmente foi que nenhum dos povos que encontrou parecia usar roupa. "Todos eles andam nus como quando nasceram, sem a menor vergonha"[15], disse ele a Lorenzo incredulamente, mas então, mais uma vez, mostrou um comedimento que não se verifica na carta *Mundus novus*. "Porém, relatar plenamente a pouca vergonha que eles têm", escreveu ele, "significaria entrar em assuntos impróprios; melhor silenciar a respeito". Muitos dos povos que os europeus encontraram os acolheram bem, mas outros, notou Vespúcio, "não quiseram nossa amizade"[16]. Isto levou a uma série de conflitos desiguais nos quais, como Vespúcio colocou secamente, "nós os aniquilamos, matamos muitos e pilhamos suas casas"[17].

A esta altura Vespúcio e seus colegas marinheiros já estavam há meses no mar, e o tempo estava cobrando seu preço: as provisões estavam ficando escassas; os navios estavam danificados e mal vedados; e a tripulação, vivendo com um racionamento de apenas seis onças de bolachas de bordo por dia, estava perturbada e inquieta. Vespúcio decidiu que era tempo de abandonar suas explorações e seguir para o norte, por mar aberto, até a colônia em Hispaniola.

Mas não sem antes tentar determinar exatamente a distância que ele navegara para oeste. Por meio de navegação estimada, ele chegou a uma ideia aproximada; caso contrário, ele e seus homens não teriam sabido que Hispaniola ficava ao norte de onde estavam. Mas Vespúcio queria algo mais preciso. Ele queria conhecer sua longitude exata, e se sua carta para Lorenzo for fiável, ele inventou uma forma de determinar isso.

Sua ideia foi a seguinte: se ele conseguisse presenciar algum acontecimento celestial incomum — uma conjunção planetária ou lunar, por exemplo —, poderia registrar a hora exata da ocorrência. Consultando as tabelas astronômicas razoavelmente confiáveis que levava consigo, ele poderia determinar quantas horas antes o evento teria supostamente ocorrido na Europa. Essa diferença, por sua vez, poderia ser facilmente convertida numa distância medida em graus, já que os céus giravam quinze graus ao redor da Terra a cada hora.

Vespúcio teve oportunidade de testar sua teoria no dia 23 de agosto de 1499. Nessa noite, contou ele a Lorenzo,

> houve uma conjunção da Lua com Marte, que, de acordo com [uma de suas tabelas], devia ocorrer à meia-noite, ou meia hora antes. Eu descobri que quando a Lua se ergueu no nosso horizonte, uma hora e meia depois de o sol se pôr, o planeta havia passado para leste, o que significa dizer que a Lua estava a cerca de um grau e alguns minutos a leste de Marte, e à meia-noite estava 5,5 graus para o leste, mais ou menos. Assim, estabelecendo a proporção "Se 24 horas são iguais a 360 graus, quantos graus são 5½ horas?", chego a uma resposta: é de 82½ graus; e tal era minha longitude a partir do meridiano de Cádiz [na Espanha]. Já que, atribuindo 16⅔ léguas a cada grau, calculo que estávamos a 1.366⅔ léguas, ou 5.466⅔ milhas a oeste de Cádiz[18].

Pelo modo como Vespúcio falou, medir o tamanho da Terra era pouco diferente de medir o tamanho de um barril. Mas os estudiosos estão profundamente divididos quanto a esta passagem. Alguns argumentam que ela revela que Vespúcio foi o primeiro navegador a empregar o que se conhece hoje como o método lunar de determinação da longitude; outros argumentam que a passagem inteira nada mais é do que publicidade exagerada, concebida para fazer Vespúcio parecer culto e importante. Seja qual for a verdade, a estimativa em si estava longe de ser perfeita. Vespúcio tinha, na verdade, viajado apenas cerca de 60 graus para oeste da Espanha.

Vespúcio deu somente uns poucos detalhes sobre o restante de sua viagem. Ele e seus homens chegaram a Hispaniola em sete dias. Ficaram lá durante dois meses, reparando e reabastecendo os navios. Fizeram uma breve incursão para o norte até o arquipélago descoberto por Colombo em suas duas primeiras viagens, onde capturaram 232 escravos. E então retornaram à Espanha.

No final de sua carta, Vespúcio fez o que presumivelmente vinha fazendo em sua correspondência com Lorenzo durante anos: uma prestação de contas a seu patrono. "Estivemos treze meses nesta viagem"[19], escreveu, "encontrando grandes perigos e descobrindo terras asiáticas intermináveis". Ele tinha navegado 6½ graus para o sul do equador e 84 graus para oeste de Cádiz; tinha visto um número vertiginoso de estranhas novas plantas, animais, povos e lugares; e levado para casa uma pequena amostra de ouro, pérolas e pedras preciosas, bem como centenas de escravos. Muito significativamente, afirmou ter alcançado a Cauda do Dragão — "terra continental"[20], chamou-a, "que estimo ser limitada pela parte oriental da Ásia [de Ptolomeu]". E já estava fazendo planos para uma viagem de retorno, durante a qual pretendia encontrar uma rota ao redor desta terra, e viajar para além de Catigara e da Aurea Chersonese até a Taprobana. Como Colombo, Vespúcio sonhava fazer o circuito inteiro da Terra, e bem no final de sua carta prometia fornecer a Lorenzo a evidência cartográfica de como isso poderia ser feito.

> Decidi, Magnificente Lorenzo, que, tal como vos dei um relato por carta do que me aconteceu, enviar-vos-ei duas representações do mundo, feitas e ordenadas por meu próprio punho e conhecimento: uma carta náutica será uma exposição plana e o outro mapa do mundo terá forma esférica. [...] Acredito que serão do vosso agrado, especialmente o globo; já que, não há muito, eu fiz um para Suas Altezas os Soberanos, e eles muito o prezam. [...] Não falta em vossa cidade os que sabem como o mundo é retratado, e alguns podem desejar retificar algo do que fiz; no entanto, que o que desejar me retificar aguarde minha chegada, para que eu possa me defender.[21]

* * *

VESPÚCIO DE FATO fez uma segunda viagem pouco tempo depois. Mas desta vez navegou com os portugueses.

A segunda carta familiar de Vespúcio, datada de 4 de junho de 1501, informou Lorenzo da troca. No momento em que escreveu, Vespúcio estava em Cabo Verde, na costa ocidental da África, preparando-se para partir para pontos a oeste. "Vós deveis ter sido informado, Lorenzo"[22], escreveu ele, "por minha carta ou pela de nossos companheiros florentinos em Lisboa, que enquanto eu estava em Sevilha fui convocado pelo rei de Portugal, e que ele me pediu que me preparasse para entrar a seu serviço nesta viagem".

Vespúcio não explicou por que decidira navegar por Portugal. Mas não é difícil imaginar por que os portugueses procuraram Vespúcio. Afinal, ele regressara à Espanha no verão anterior afirmando ter descoberto uma nova terra asiática que ficava pelo menos parcialmente em águas portuguesas. Estas notícias teriam rapidamente chegado a seus amigos e colegas florentinos em Lisboa, alguns dos quais estavam intimamente envolvidos no financiamento e aparelhamento das viagens portuguesas de descobrimentos. Notícias semelhantes tinham chegado a Lisboa por meio de outros canais: mais ou menos na mesma época em que Vespúcio regressara de sua viagem, o navio enviado de volta para casa por Cabral retornara para relatar seu descobrimento da Terra de Vera Cruz. O rei D. Manuel I ficara profundamente satisfeito com esta descoberta — como também tinha ficado uma das figuras mais ricas e poderosas de Lisboa, o mercador e traficante de escravos florentino Bartolomeo Marchioni, um dos patrocinadores da viagem de Cabral. Marchioni escreveu para casa em 1501 e deu um destaque especial ao descobrimento para seu público florentino. "O Rei Português", declarou ele, "descobriu um novo mundo"[23].

Ávido por saber mais sobre o que exatamente Cabral descobrira, o rei D. Manuel decidiu despachar uma missão de reconhecimento do outro lado do Atlântico, e foi durante o planejamento desta missão que Vespúcio se envolveu. Não está claro como isto aconteceu. Talvez Manuel tivesse ouvido falar de Vespúcio e decidido contatá-lo na Espanha. Mas as coisas também podem ter acontecido ao contrário: Vespúcio pode ter ouvido falar da expedição por meio de seus amigos florentinos em Lisboa, percebendo que isso lhe permitiria seguir a Cauda do Dragão por águas portuguesas e, portanto, convenceu Manuel a convidá-lo para seguir junto.

Como quer que tenha acontecido, em junho de 1501 Vespúcio estava em Cabo Verde. Por sorte, enquanto ele estava ali, deparou com duas naus da frota de Cabral, que estavam a caminho de casa depois de terem alcançado a Índia com sucesso, e este encontro casual incitou Vespúcio a escrever sua segunda carta familiar para Lorenzo. Os navios de Cabral, escreveu ele, chegaram a Calecute, exploraram outras partes da Índia, aprenderam muito sobre o Extremo Oriente, e regressaram com grandes estoques de especiarias e pedras preciosas — "quantidades infinitas de canela"[24], relatou Vespúcio a Lorenzo, "gengibre fresco e seco, muita pimenta e cravo-da-índia, noz-moscada, flor da noz-moscada, almíscar, estoraque, benjoim, beldroega, resina de lentisco, incenso, mirra, sândalo vermelho e branco, aloés, cânfora, âmbar gris, muito látex, índigo, cádmio, ópio, cássia, [...] diamantes, rubis e pérolas".

Tantas riquezas! Na véspera de sua partida de Cabo Verde, Vespúcio começou a sonhar em levar para casa um tesouro similar e em encontrar uma rota ocidental para a Índia que fosse mais curta do que a longa e árdua rota oriental usada pelos portugueses. Depois de descrever os muitos lugares que os homens de Cabral haviam visto, ele escreveu: "Nesta minha viagem espero revisitar e cruzar muitas das regiões acima mencionadas, e descobrir muito mais."[25]

Mas ele estava se precipitando. Ainda tinha o Atlântico para atravessar e a Cauda do Dragão para circum-navegar. O sucesso não era de maneira nenhuma garantido. "Esta viagem que agora empreendo é um perigo para a segurança de nossa existência mortal"[26], disse ele a Lorenzo antes de se despedir. "No entanto, faço-a com um espírito determinado a servir a Deus e ao mundo."

* * *

VESPÚCIO FICARIA ausente por cerca de um ano. Ele escreveu novamente a Lorenzo não muito depois de ter retornado a Lisboa, no início do verão de 1502, e recomeçou exatamente do ponto onde havia parado. "Quando escrevi a Vossa Magnificência pela última vez"[27], começou ele, "foi da costa da Guiné, de um lugar chamado Cabo Verde, pela qual vos informei sobre o início de minha viagem; e pela presente carta sereis informado resumidamente de sua metade e final". Ele então se lançou numa descrição da viagem que a carta *Mundus novus* também iria descrever.

Nesta carta — a terceira carta familiar — Vespúcio não fez qualquer declaração de que tinha ficado no comando. Ele relatou a Lorenzo, sem rodeios, que navegara com os portugueses por 46 dias para sudoeste até alcançar o que chamou de "uma nova terra". Não um novo mundo, como diria a carta *Mundus novus*, mas somente uma nova parte da interminável terra asiática que ele já visitara. Porém, tinha algumas novidades impressionantes para relatar. "Passamos por aquela terra por cerca de oitocentas léguas"[28], contou a Lorenzo, "sempre num curso ¼ para sudoeste, e a encontramos repleta de habitantes. [...] Viajamos para tão longe nesses mares que entramos na zona tórrida e passamos o equador e o Trópico de Capricórnio, de maneira que o Polo Sul ficou cinquenta graus acima do meu horizonte. [...] Concluindo, estive na região da Antípoda, em uma viagem que cobriu um quarto do mundo".

Uma gigantesca terra nova que se estendia por pelo menos 50 graus ao sul do equador no outro lado do mundo? Os descobrimentos de Colombo e Vasco da Gama empalideciam por comparação. Eles haviam descrito a chegada a partes do mundo que os europeus conheciam há séculos, enquanto Vespúcio agora descrevia uma parte do mundo que não aparecia no mapa de *ninguém*. Nem mesmo a Cauda do Dragão deveria se estender tanto para o sul quanto Vespúcio afirmava ter navegado. Os céticos tinham todas as razões para duvidar da afirmação, mas Vespúcio não foi o único membro da viagem a fazê-la. "As caravelas que foram enviadas no ano passado para fazer descobrimentos na Terra dos Papagaios e Santa Cruz regressaram em 22 de julho"[29], escreveu o embaixador de Veneza em Portugal numa carta que enviou para casa nesse verão. "O capitão afirma ter descoberto mais de 2.500 milhas de costa nova sem ter chegado ao seu fim."

Vespúcio terminou sua carta com um pedido de desculpas. Por ter viajado "em nome dos descobrimentos [...] e não em busca de lucro", disse ele a Lorenzo, ainda não conseguia fornecer uma avaliação adequada do potencial comercial desta nova terra. Mas os sinais iniciais eram promissores. Ele vira pau-brasil crescendo em grandes quantidades e imensas pedras, especiarias e ervas medicinais que presumia serem de valor. Mas, ao contrário de Colombo, não fez nenhuma promessa de riquezas fáceis ao dobrar da esquina. "Os homens"[30], escreveu ele, aludindo a seus companheiros navegantes, "contam muitos milagres sobre ouro e outros metais e drogas, mas sou [incrédulo] como São Tomé: o tempo o dirá".

A carta era curta. Vespúcio explicou a Lorenzo que a tinha escrito apenas para dar um rápido resumo do que havia descoberto em sua viagem. Mas também fez um comentário tentador sobre um relato muito mais completo que ele já teria escrito — a fonte, presumivelmente, de um comentário semelhante que apareceria na carta *Mundus novus*. "O mais notável de todas as coisas que contemplei nesta viagem"[31], escreveu ele, "reuni numa pequena obra, para que [...] possa obter alguma fama depois de minha morte". Ele esperava enviar a Lorenzo uma cópia da obra, à qual ele se referia como sua *Viagem*, mas o rei de Portugal a tinha tomado dele. "Quando ele a devolver a mim", prometeu, "enviá-la-ei".

*   *   *

NESSE OUTONO, EVIDENTEMENTE sentindo-se maltratado pelo rei D. Manuel, Vespúcio retornou a Sevilha. "Américo Vespúcio chegará em poucos dias"[32], escreveu em 3 de outubro de 1502 um mercador florentino que vivia em Sevilha. "Ele enfrentou grandes dificuldades e seu lucro foi pequeno. Merece um destino melhor. As terras que ele descobriu foram arrendadas pelo rei de Portugal a um grupo de cristãos novos, que se comprometeram a enviar seis navios todos os anos e explorar mais 300 léguas a cada ano." (O papel destes "cristãos novos" — ou seja, judeus recentemente convertidos que haviam fugido da Espanha para Portugal — é um aspecto da colonização inicial das Américas que merece mais atenção.)

Vespúcio então desaparece dos registros documentais por mais de dois anos. Quando finalmente ressurge está novamente em Sevilha — na companhia de Colombo. A evidência disto chega na forma de uma carta que Colombo envia a seu filho Diego em 5 de fevereiro de 1505. Recém-chegado de sua quarta viagem, Colombo tinha se lançado mais uma vez em sua campanha de reconquistar os direitos dos quais achava que os soberanos o haviam destituído ilegalmente. Ele acabara de passar um tempo com Vespúcio, que estava a caminho da corte espanhola e prometera ali interceder em favor de Colombo. "Meu querido filho", começou Colombo,

> Diego Mendez saiu daqui na segunda-feira, dia 3 deste mês. Depois de sua partida, conversei com Américo Vespúcio, o portador desta carta, que vai para a Corte para tratar de assuntos relacionados à navegação. Ele sempre demonstrou o desejo de me agradar e

é um homem muito respeitável. A sorte foi-lhe adversa, tal como a muitos outros. Seus esforços não lhe foram tão lucrativos quanto esperava. Ele parte daqui com o desejo de me ser útil, se estiver ao seu alcance. Não posso assinalar aqui de que forma ele poderia ser-me útil, porque não sei o que pode ser necessário na Corte; mas ele vai com a determinação de fazer tudo o que puder por mim.[33]

Colombo morreu pouco mais de um ano depois. Vespúcio parece não ter sido capaz de fazer nada por ele em sua visita à corte — se é que levou adiante sua promessa de ajudá-lo. Mas o próprio Vespúcio parece ter se beneficiado desta visita; não muito depois ele se tornou um cidadão naturalizado de Castela e começou a trabalhar para a nova Casa de Contratación, ou Casa de Comércio — a agência governamental fundada somente dois anos antes pela rainha Isabel para supervisionar o comércio com as novas posses ultramarinas da Espanha.

Uma das mais importantes funções da Casa de Comércio era avaliar questões geográficas e de navegação. Quais eram as rotas mais seguras e rápidas na travessia do oceano Ocidental? Que territórios recém-descobertos tinham mais potencial comercial? Como as pequenas informações geográficas que estavam sendo trazidas para a Espanha por diferentes expedições se encaixavam umas nas outras? Quem já tinha estado onde, e quando? Qual era a extensão total dos territórios descobertos até o momento, não só pelos espanhóis mas também pelos portugueses e ingleses? Onde exatamente deveria ser traçada a linha de demarcação? Em que direção deveriam ser enviadas novas viagens de descobrimento? Foram certamente estes assuntos que atraíram Vespúcio à corte espanhola.

Juan de La Cosa, o piloto e cartógrafo que navegara tanto com Vespúcio como com Colombo, na verdade já se inscrevera para trabalhar para a Casa de Comércio — como espião. De acordo com um registro no livro contábil da Casa, La Cosa havia viajado para Portugal no verão de 1503 "para descobrir ou se informar secretamente das viagens feitas pelos portugueses às Índias"[34]. Era uma missão perigosa. O castigo para alguém que divulgasse os segredos geográficos portugueses era severo, como comentou um veneziano em 1501, quando escreveu para casa sobre a viagem de Cabral à Terra de Vera Cruz e à Índia. "É impossível obter o mapa da viagem"[35], queixou-se ele, "porque o rei decretou pena de morte para quem o revelasse".

Apesar dos perigos, La Cosa parece ter tido êxito. Mais tarde nesse verão, a Casa de Comércio pagou-lhe generosamente pelo que tinha conseguido trazer de volta para a Espanha — "duas cartas náuticas"[36], segundo o livro contábil da Casa, "que ele ofereceu à Sua Majestade a Rainha".

Os espanhóis supostamente achavam que Vespúcio podia fornecer-lhes ainda mais informações. Ele era um mercador estabelecido que vivera em Sevilha durante anos e conhecia bem o negócio dos descobrimentos ocidentais. A serviço da Espanha, ele trabalhara com Colombo, viajara com Hojeda e visitara pessoalmente a maior parte dos novos territórios espanhóis. Também navegara com os portugueses e, na verdade, era um dos próprios exploradores que haviam trazido para casa a nova informação que os portugueses agora se esforçavam tanto para manter em segredo. Ele tinha visto e mapeado as novas regiões por cujas informações La Cosa havia arriscado a vida, incluindo aquela nova parte da Ásia que se estendia por milhares de milhas pelo hemisfério sul. Não somente isso, segundo sua descrição, esta costa rumava sempre para sudoeste, e isto levantava uma intrigante possibilidade — enquanto estava navegando para os portugueses ele talvez tivesse cruzado novamente a linha de demarcação para regiões pertencentes à Espanha. Também era claro que Vespúcio sabia alguma coisa de cosmografia: ele estudara com seu tio, um dos mais respeitados humanistas de Florença; sabia como Ptolomeu tinha mapeado o mundo e como os geógrafos modernos haviam atualizado seu mapa; ele mesmo sabia fazer mapas e globos, e na verdade já tinha enviado alguns de seus desenhos aos soberanos; tinha experiência no uso do astrolábio e do quadrante; e até afirmava conhecer a longitude das terras que tinha explorado.

Vespúcio, portanto, tinha muito a oferecer à Espanha em 1505, fosse ele ou não tudo aquilo que dizia ser em suas cartas. Poucas pessoas tinham uma ideia tão boa sobre a totalidade do que estava emergindo do outro lado do oceano Ocidental. Aparentemente, uma estranha nova parte da Ásia fora descoberta, e agora o desafio — não somente para espanhóis e portugueses, mas para todos os interessados em geografia — era descobrir como colocá-la no mapa.

TERCEIRA PARTE
O MUNDO TODO

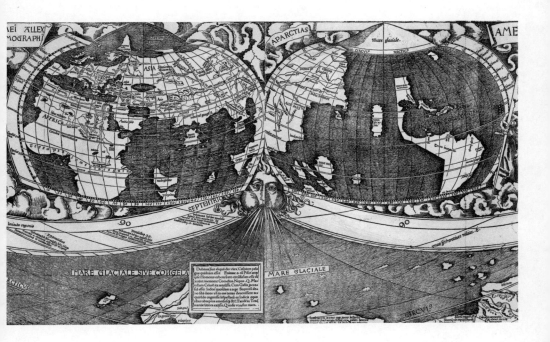

✦ Alemanha e o Sacro Império Romano ✦

CAPÍTULO DEZESSETE

GYMNASIUM

[Quanto] ao mundo desconhecido recém-descoberto pelo Rei de Portugal [...] poderá ver-se uma representação mais detalhada e exata desta costa em Ptolomeu (o qual, com a ajuda de Deus, publicaremos em breve às nossas custas), revisado e grandemente aumentado por nós e por Martin [Waldseemüller], um homem extremamente hábil em tais matérias. [...] Alguns versos sobre este mesmo assunto da autoria de nosso vosgense [Matthias] Ringmann, impressos no livro de Vespúcio, estão circulando pelas bibliotecas do país.[1]

— Walter Lud, *Descrição do espelho do mundo* (1507)

O RIO MAIS EXTENSO DA ALEMANHA, o Reno, surge bem no alto dos Alpes Suíços, alimentado por neve derretida e deslizamento glacial. Depois de deixar para trás as montanhas, o rio primeiro corre diretamente para o norte, definindo a fronteira entre a Suíça e a Áustria; depois vira para oeste, no lago Constança, definindo a fronteira entre a Suíça e a Alemanha; e depois vira novamente para o norte, na cidade suíça de Basileia, e entra na extremidade sul do grande Vale do Reno. Aí começa a dividir a França da Alemanha e viaja por cerca de 120 quilômetros até Estrasburgo, a capital da Alsácia.

Atualmente a Alsácia faz parte da França, mas no começo do século XVI era território germânico. Na época, Estrasburgo nem sequer tinha esse nome. Era Strassburg — uma cidade agitada com aproximadamente 20 mil habitantes, localizada numa encruzilhada geográfica. Reno acima, ao norte, havia outras importantes províncias germânicas e os Países Baixos; para leste estavam as importantes cidades germânicas de Augsburgo, Ulm e Nuremberg, e além delas os territórios da Áustria, Boêmia e Polônia; ao sul ficavam a Suíça e a Itália; e a oeste estava a França, a Espanha e Portugal. A localização literalmente definia Estrasburgo: o nome deriva das palavras alemãs para *rua* e *cidade*, e originalmente significava algo como "cidade de ruas (cruzadas)".

As coisas juntavam-se em Estrasburgo. Era um centro regional de transportes, um centro de manufatura e um entreposto agrícola; suas docas e seus armazéns fervilhavam com as atividades de mercadores cujo negócio era comprar e transportar mercadorias através da Europa central. A cidade era próspera, mas durante grande parte da Idade Média foi um lugar atrasado: imutável em seus modos tradicionais, concentrada em ofícios e comércios básicos, conservadora na religião e pouco interessada no mundo mais vasto. Mas nas décadas finais do século XV a cidade começou a ganhar vida de uma maneira inteiramente nova. O comércio de livros chegou e com ele vieram alguns dos primeiros humanistas germânicos.

* * *

O HUMANISMO EVOLUIU num clima político muito específico na Alemanha, tal como acontecera um século antes na Itália. Quando o século XVI começou, muitos dos príncipes da Europa se consideravam parte do Sacro Império Romano: uma aliança informal de feudos da Europa central, originalmente unificados por Carlos Magno, que em 800 tinha recebido do papa Leão III o título de imperador. A jogada foi política. O papa tinha esperança de que Carlos Magno, que já unificara muitas das tribos de francos da Europa central, pudesse ajudá-lo no projeto maior de ressuscitar e unir a defunta metade ocidental do Império

Romano. Mas a Europa medieval mostrava-se refratária e feudal demais para ser unificada como Leão esperava. No entanto, a jogada deu aprovação oficial à ideia de que a Europa central devia ter um soberano global cuja autoridade derivasse da Igreja. Em consequência disso, no início dos anos 1500 o Sacro Império Romano pelo menos detinha o domínio nominal sobre grande parte da região e tinha assumido um caráter predominantemente alemão — uma mudança reconhecida oficialmente em 1512, quando seu nome foi formalmente alterado para Sacro Império Romano da Nação Germânica.

O humanismo germânico surgiu durante este crescente ânimo de nacionalismo e ambição imperial. Os líderes do movimento argumentavam que em tempos antigos as tribos da Germânia tinham se unido para formar uma nação única tão poderosa e grandiosa que conseguira resistir aos avanços do Império Romano. Mas conforme a Idade Média avançou, esta grande nação germânica — a Germânia, como os romanos a chamavam — se fragmentara em facções rivais que se corroeram a partir de dentro. No final do século XV restavam apenas vestígios dispersos e lembranças vagas de uma Germânia unificada.

Os humanistas alemães consideravam isso uma desgraça. Eles queriam reunir os povos germânicos divididos e oprimidos da Europa e criar um sucessor moderno para as antigas Grécia e Roma: uma nova Germânia que pudesse tornar-se a herdeira do império que os italianos, segundo achavam, mostravam-se incapazes de governar. Para ter êxito neste esforço, os alemães precisariam se familiarizar novamente com sua história política e cultural comum — e a única maneira de fazer isso, argumentavam os humanistas, era absorvendo tudo que os antigos haviam registrado sobre a história e a geografia da Germânia.

Um dos primeiros humanistas a popularizar esta mensagem na Alemanha foi um estudioso, professor e caçador de manuscritos chamado Conrad Celtis. No final dos anos 1480, Celtis viajou à Itália, visitou várias cidades importantes (entre elas, Florença, onde frequentou os mesmos círculos que Giorgio Antonio Vespucci) e voltou para casa espantado. Um vasto fosso cultural separava os italianos dos germânicos, percebeu Celtis — e fiéis à sua herança imperial romana, a maioria dos italianos considerava os germânicos bárbaros demais para jamais atravessarem esse fosso.

Celtis decidiu provar que estavam enganados. Nos anos que se seguiram ele embarcou em uma missão quase evangélica de plantar as sementes do humanismo por todas as terras de língua germânica. Ele pregava este evangelho onde quer que fosse — mais reconhecidamente numa palestra entusiástica que proferiu aos estudantes e na faculdade da Universidade de Ingolstadt, em 1492. "Tentem igualar, nobres homens, a antiga nobreza de Roma", disse ele a seu público,

> que, depois de conquistar o império dos gregos, assimilou toda a sua sabedoria e eloquência. [...] Da mesma maneira, vós que tomastes o império dos italianos deveríeis rejeitar o barbarismo e tentar adquirir a cultura romana. Desfazei-vos dessa reputação dos germânicos encontrada nos escritores gregos, latinos e hebreus, que nos atribuem a embriaguez, crueldade, selvageria e todos os outros vícios beirando a bestialidade e o excesso. Considerai uma grande desgraça ser ignorante das histórias dos gregos e latinos, e o cúmulo da vergonha nada saberem da topografia, clima, rios, montanhas, antiguidades, dos povos de nossa região e de nosso próprio país: em suma, todos aqueles fatos que estrangeiros coletaram tão inteligentemente acerca de nós. [...] Assumi, ó homens da Alemanha, aquele vosso espírito ancestral, com o qual vós tantas vezes confundistes e aterrorizastes os romanos, e voltai vossos olhos para as fronteiras da Alemanha, e juntai seus territórios divididos e enfraquecidos.[2]

Nos anos que se seguiram, muitos alemães começariam a estudar a história e geografia da Germânia. Entre eles estava um jovem e sonhador poeta alsaciano chamado Matthias Ringmann, que no início de 1505 se estabeleceu em Estrasburgo, fundou uma pequena escola, arranjou emprego numa firma de impressão — e se lançou no estudo da *Geografia* de Ptolomeu.

*   *   *

RINGMANN NÃO ERA um desconhecido em Estrasburgo. Nascido em 1482, ele tinha sido criado a apenas 30 quilômetros para sudoeste, em

Eichhoffen, uma tranquila aldeia agrícola nos contrafortes das montanhas dos Vosges. Ele vinha de uma família camponesa, mas algo o atraiu para o mundo das letras, e em 1498 saiu de casa e se inscreveu na Universidade de Heidelberg, um importante centro de ensino e sentimento nacionalista germânico, onde o próprio Conrad Celtis lecionara até o ano anterior. Ringmann prosseguiu os estudos na Universidade de Paris. Durante os anos que viveu tanto em Heidelberg como em Paris, ele se engajou numa série de estudos de amplo alcance: latim, grego, literatura clássica, história, poesia, retórica, gramática, matemática e cosmografia.

Enquanto estava na Universidade Ringmann fez uma grande quantidade de novos amigos, e juntos eles criaram para si mesmos um pequeno universo humanista paralelo. Eles atribuíram apelidos clássicos a si mesmos, conversavam e correspondiam-se em latim; faziam peregrinações à Itália; procuravam refugiados de Bizâncio e estudavam grego; escreviam poemas divertidos repletos de alusões clássicas e sentimento nacionalista; e empregavam-se em firmas de impressão, onde ajudavam a publicar obras concebidas para disseminar o mais longe e amplamente possível o evangelho humanista.

Quando Ringmann voltou para casa após os estudos, em 1503, estava transformado. Já não mais o pequeno Matthias, ele agora identificava-se como Philesius Vogesigena, "ou Amante dos Vosges" — um nome que também trazia à mente o deus grego solar, Apolo, a quem os gregos às vezes se referiram como Philesius. Ringmann voltara exaltando Grécia e Roma, falando em línguas clássicas, compondo versos divertidos de sua autoria e, acima de tudo, falando e falando — sobre como as montanhas dos Vosges, agora em território francês, eram por direito uma parte da Germânia; sobre como os francos haviam sido levados à cultura pelos druidas[3], cujo idioma, conhecimento e cultura remetiam à Grécia Antiga; sobre como a Germânia fora uma potência europeia muito antes de Roma; sobre como os impérios Romano e Bizantino haviam sido apenas pontes provisórias para a transferência do império e conhecimento da Grécia Antiga para a Germânia; e muito mais. Para aqueles que o haviam conhecido antes de partir Ringmann deve ter parecido quase irreconhecível. "Nosso pequeno Thomas fala tão profundamente que quase ninguém consegue entendê-lo"[4], queixar-se-iam, alguns anos depois, os familiares de outro jovem humanista alemão, depois que ele voltou para casa, após seus estudos, repleto de ideias semelhantes.

Ringmann começou a estudar a *Geografia* não muito depois de se estabelecer em Estrasburgo. Como os primeiros humanistas italianos antes dele, Ringmann a princípio se voltou para o trabalho não porque quisesse mapear o mundo moderno, mas porque queria reconstruir o antigo. Em 1506 ele assumiu outro projeto em Estrasburgo que apenas fortaleceria seu interesse por Ptolomeu: a primeira tradução alemã dos *Comentários* de Júlio César, um texto que discutia a geografia e os povos do norte da Europa com alguma minúcia.

Ao trabalhar nos *Comentários*, Ringmann descobriria o que Petrarca, Boccaccio e Salutati na Itália haviam descoberto antes dele: que escrever sobre história antiga para um público moderno representava um grande desafio, porque muitos dos nomes de lugares tinham mudado. Quando Ringmann finalmente publicou a obra no início de 1507, ele alertaria os leitores para este problema num preâmbulo — e usaria uma linguagem que em muito se parecia com aquela usada por Petrarca um século e meio antes na introdução de *sua* obra sobre César. "Muitas províncias que em tempos antigos eram grandes e vastas"[5], escreveu Ringmann, "hoje já não existem ou são de pequena extensão. Por outro lado, encontramos várias terras ou domínios hoje famosos e muito poderosos que não existiam ou eram muito pequenos. Com base nisto, os que lerem os livros a seguir terão de me desculpar se identificarem a falta de algum nome". Ringmann, porém, não apenas se queixou do problema. Ele voltou-se para Ptolomeu para ajudar a minorar a confusão e, no final de seu preâmbulo, forneceu aos leitores uma lista dos nomes de lugares em latim usados por César, junto com seus equivalentes germânicos.

Reunir uma lista das cidades e regiões germânicas mencionadas por César, confrontá-las com os nomes utilizados na *Geografia*, determinar sua latitude e longitude e correlacioná-las com as cidades e regiões da Alemanha moderna deve ter sido um trabalho meticuloso e fatigante. Mas a obra de Ringmann sobre Ptolomeu não era apenas trabalho penoso. Em algum momento, na primavera de 1505, ele deparou com uma das primeiras cópias da carta *Mundus novus* e, após consultar a

Geografia, decidiu que ela anunciava o descobrimento de uma terra não mencionada por Ptolomeu.

*   *   *

RINGMANN LEU A CARTA com assombro e orgulho. Américo Vespúcio — um colega humanista, nascido e criado no meio dos homens cultos de Florença, aparentemente um membro da família do grande erudito Giorgio Antonio Vespucci — acabara de fazer a maior descoberta geográfica de todos os tempos: um mundo inteiramente novo. O que mais impressionou Ringmann foi o fato de esta descoberta ser ao sul. Ele sabia que um almirante genovês de nome Colombo navegara pelo ocidente para as Índias e encontrara ilhas ali, e que na esteira dele os espanhóis e portugueses haviam feito outras viagens de descobrimentos do outro lado do Atlântico. Mas o que ele lera sobre essas viagens — que os europeus tinham finalmente conseguido navegar até a Ásia — não desafiava nada do que ele já aprendera em seus estudos geográficos. O que Vespúcio anunciava em sua carta, por outro lado, era algo inteiramente novo.

Ou não?

Sendo um classicista bem informado, Ringmann sabia que muitos dos antigos haviam descrito a existência de um gigantesco continente desconhecido do outro lado do mundo. Ele sabia que Virgílio, por exemplo, previra que o César Augusto de Roma finalmente estenderia seu governo tanto para além da África quanto da Índia até "as terras que se estendem além das estrelas, além das rotas do sol e do ano, e onde Atlas, o portador do céu, gira sobre os ombros o firmamento cravejado de estrelas cintilantes"[6]. Atualmente essa linguagem exige alguma decodificação, mas Ringmann não teve qualquer dificuldade para entendê-la. Ele sabia que as terras "que se estendem além das estrelas" significavam terras no hemisfério sul, onde os céus do norte não eram mais visíveis. Uma terra "além das rotas do sol e do ano" queria dizer algo ainda mais específico: uma terra além do Trópico de Capricórnio, que, a 23½ graus ao sul, era o ponto mais ao sul tocado pelo eclíptico. A referência a Atlas também reforçava esta ideia do sul; ele segurava o globo por baixo, com o Polo Sul tocando seu ombro.

Lendo Vespúcio e pensando em Virgílio, Ringmann somou dois mais dois. Virgílio descrevera uma grande e nova terra ao sul que ficava distante do mundo conhecido, do outro lado do oceano. A nova era que Virgílio profetizara havia quase 1.500 anos tinha despontado: Roma estava se reerguendo, e um novo César, o Sacro Imperador Romano, estava destinado a estender seu domínio por sobre um império cristão verdadeiramente global.

Num estado de grande excitação, Ringmann decidiu publicar uma nova edição da carta do *Mundus novus*, com o título de *Sobre a costa no sul recentemente descoberta pelo rei de Portugal*. Também decidiu fazer uma introdução à obra com uma pequena carta de sua autoria, endereçada a um de seus amigos humanistas, na qual associava explicitamente o descobrimento de Vespúcio à profecia de Virgílio.

Mestre Ringmann Philesius para Jacob Braun, seu fiel amigo.
Virgílio, nosso poeta, cantou em sua *Eneida* sobre uma terra que fica além das estrelas, além das rotas do sol e do ano, onde Atlas, o portador do céu, gira sobre seu ombro o firmamento cravejado de estrelas cintilantes. Se alguém se admirar ante algo assim, não refreará sua surpresa ao ler atentamente o que um grande homem, de brava coragem, mas curta experiência, Américo Vespúcio, primeiro relatou, sem exagero, sobre um povo que vive no sul, quase sob o Polo Antártico. Há pessoas nesse lugar, diz ele (como você lerá presentemente) que andam inteiramente nuas, e que não apenas (como fazem certos povos na Índia) oferecem a seu rei as cabeças dos inimigos que mataram, mas eles próprios se alimentam avidamente da carne de seus inimigos conquistados. O próprio livro de Américo Vespúcio caiu por acaso em nossas mãos, e nós o lemos apressadamente e o comparamos quase inteiramente com Ptolomeu (cujos mapas você sabe que estamos empenhados em examinar com grande cuidado), e assim fomos induzidos a compor, sobre esta recém-descoberta região do mundo, um pequeno poema não só poético, mas também de caráter geográfico. Esta obra nós lhe enviamos, meu amigo Jacob, junto com outro livro, para que você saiba que não foi esquecido.
Adeus. Às pressas, de nossas escolas. Estrasburgo, 31 de julho de 1505.[7]

Seguia-se o "pequeno poema" de Ringmann. Ele celebrava a ideia — tão popular em Florença no final do século XV — de que a *Geografia* de Ptolomeu permitia aos leitores erguerem-se acima das nuvens e olhar do alto todo o mundo conhecido. Ringmann iniciou o poema referindo-se a si mesmo como Philesius — talvez um sinal codificado para seus amigos humanistas de que sua perspectiva seria tão elevada quanto a de Apolo. A partir dessa perspectiva divina ele examinava o mundo como Ptolomeu o mapeara, concentrando a atenção especialmente em suas regiões mais distantes. *Ali*, observou ele, olhando do alto a África, está o fértil Delta do Nilo. *Ali* estão as Montanhas da Lua. *Ali* estão os ermos do deserto tórrido e as terras dos etíopes. E *ali*, continuou, voltando o olhar para o leste, as regiões indianas, o oceano Índico e a Taprobana. Olhando ainda mais para leste, ele dirigiu a atenção para a parte da Terra que nem Ptolomeu havia mapeado: o novo mundo descoberto por Vespúcio. *Ali*, escreveu ele, recorrendo a Ptolomeu, "está um mundo desconhecido em nossas representações, [...] uma terra bem próxima ao Polo Antártico"[8].

Os aspectos sensacionais da carta de Vespúcio — o drama no mar alto, os selvagens nus, o sexo — atraíram muitos leitores para *Sobre a costa no sul recentemente descoberta pelo rei de Portugal*. Mas os amigos humanistas de Ringmann reconheceram na obra o que ela realmente era: um chamado à ação. *Nós, os novos romanos, descobrimos uma grandiosa terra ao sul*, dizia Ringmann, *e agora temos que acrescentá-la ao mundo de Ptolomeu*.

Era hora de uma nova edição da *Geografia*.

*   *   *

ATÉ A SEGUNDA metade do século XV, falar de uma "edição" da *Geografia* não fazia qualquer sentido. Qualquer um que desejasse consultar a obra tinha de procurar manuscritos que haviam sido laboriosamente copiados à mão — linha por linha, coluna por coluna, página por página, mapa por mapa. Como o cardeal Fillastre percebera na época do Concílio de Constança, era particularmente difícil encontrar edições ilustradas da obra; a maioria dos copistas simplesmente *não fazia* ilustrações complicadas, muito menos cartografia. As cópias mais antigas da *Geografia* geralmente reproduziam apenas a tradução original latina do texto feita por Jacopo Angeli, suplementada com cópias de mapas que apareciam nas cópias do texto levadas de Bizâncio para a Itália. A obra não estava sendo constantemente atualizada e aperfeiçoada, como Ptolomeu insistira que deveria ser.

A mudança veio na segunda metade do século. O aumento do estudo do grego na Europa foi um fator que contribuiu; os eruditos recém-proficientes no idioma começaram a reconhecer as muitas falhas e inadequações da tradução de Angeli. Alguns cartógrafos também começaram a entender que a *Geografia* lhes oferecia não apenas uma maneira de reconstruir o mundo antigo, mas também de retratar o moderno. No geral, graças às ambições imperiais de expansão da Igreja, à tomada de Constantinopla pelos turcos e à busca de novas vias para alcançar o Oriente, os europeus foram forçados a pensar a geografia de maneiras completamente novas.

E então apareceu a prensa móvel.

Inúmeros estudos se dedicaram ao tema de como o advento da prensa móvel transformou a natureza do livro na Europa. Como a história de Cristóvão Colombo revela, a transformação aos poucos democratizou a leitura e o saber. Mas o advento da impressora não somente permitiu a disseminação da palavra impressa. Também possibilitou a difusão de imagens impressas — mais especificamente, aquilo que um erudito moderno chamou de "a afirmação pictórica repetida com exatidão"[9]. Em nenhuma outra coisa teria isto mais impacto do que no caso dos mapas.

Reproduzir imagens complexas antes do advento da impressão era uma tarefa cara, difícil e que consumia muito tempo. O desafio afligira até antigas autoridades. Ao discutir as diversas maneiras como os gregos haviam tentado transmitir o conhecimento botânico de geração em geração, Plínio, o Velho, fez um aparte que poderia muito bem aplicar-se aos mapas.

> Há alguns escritores gregos que [...] adotaram um método muito atraente de descrição, embora ele tenha feito pouco mais do que provar as notórias dificuldades que a envolviam. Era seu plano delinear as várias plantas em cores e depois acrescentar por escrito

uma descrição das propriedades que elas possuíam. As imagens, no entanto, tendem a iludir, e mais particularmente quando é necessária uma quantidade de tintas para imitar a natureza com algum sucesso; além disso, a diversidade de copistas desde as pinturas originais e seus comparativos graus de perícia aumentam consideravelmente as chances de se perder a necessária semelhança para com os originais. [...]. Por isso outros escritores se limitaram a uma descrição verbal das plantas[10].

O surgimento da prensa móvel resolveu este problema. Finalmente, a informação visual — tão crucial para a preservação e o avanço do conhecimento científico — podia ser reproduzida com eficiência, a custos reduzidos e extensamente. Os cartógrafos logo se deram conta de que podiam imprimir montanhas de cópias ilustradas idênticas da *Geografia*. Nascia a ideia de uma edição de Ptolomeu.

A primeira edição impressa da *Geografia* com mapas apareceu em Bolonha[11], em 1477, e uma série de outras em breve se seguiram: Roma em 1478 (a edição que Colombo possuía); Florença em 1482; Ulm, Alemanha, em 1482 e 1486; Nuremberg em torno de 1490; novamente Roma em 1490. A *Geografia* ficou disponível a um público muito maior e mais diverso do que nunca, e os efeitos foram profundos. A repentina disponibilidade dos mapas de Ptolomeu, por mais desatualizados que fossem, ajudou os europeus de todos os estratos a visualizarem o mundo de uma forma nova e padronizada. A rápida disseminação da *Geografia* durante as décadas de 1470 e 1480 também ajudou a determinar o progresso contínuo dos descobrimentos geográficos. Ela colocou a África e o Extremo Oriente sob uma nova perspectiva e deu aos exploradores, mercadores e navegadores europeus um bem conhecido conjunto de marcos terrestres a serem identificados — o Prassum Promontorium, Catigara, o Sinus Magnus, a Aurea Chersonese — conforme navegavam em busca de uma rota marítima para as Índias. Pela primeira vez, eruditos e exploradores encontravam-se literalmente na mesma página.

No final dos anos 1400, os impressores publicaram muitos outros tipos de mapas-múndi: cartas náuticas, diagramas simples, *mappaemundi* elaborados, mapas-múndi híbridos que se valiam de cartas náuticas, e mais. No curto prazo, esta torrente de mapas impressos deu vida nova a visões geográficas que a Era dos Descobrimentos rapidamente tornaria obsoletas, mas no longo prazo teve o efeito contrário. Agora capazes de comparar diferentes tipos de mapas lado a lado, muitos europeus foram forçados pela primeira vez a aceitar, como o cardeal Fillastre no Concílio de Constança, a perturbadora ideia de que muitas das antigas tradições de mapeamento do mundo simplesmente não podiam ser conciliadas. Apenas um tipo de mapa parecia oferecer uma maneira sistemática de sair deste labirinto: o de Ptolomeu. E assim, a forma de mapeamento da *Geografia* aos poucos se tornou o padrão europeu, e muitas das convenções cartográficas que hoje temos como certas começaram a se encaixar. Cada vez mais pessoas concordavam que um mapa-múndi não deveria ter nenhuma narrativa ou função simbólica evidente. Deveria ser uma projeção matemática da Terra esférica. Deveria situar os lugares do mundo dentro de uma grade de coordenadas e possibilitar cálculos fáceis de distância e ajustes de escala. Deveria colocar o norte no topo; deveria fazer o mundo parecer mais largo do que alto e expor a imagem completa dentro de uma moldura retangular; e deveria ser corrigido e revisado constantemente de modo a refletir a realidade moderna.

Os primeiros impressores a atualizarem a *Geografia* começaram experimentalmente. A edição de Ulm de 1482, por exemplo, colocava as regiões do norte da Europa desconhecidas de Ptolomeu numa pequena bolha que ultrapassava a borda norte do mapa (Gravura 7). Esse esquema — quebrar a moldura do mapa para assinalar uma ruptura em relação a Ptolomeu — seria empregado por Henricus Martellus menos de uma década depois, claro, quando estendeu a África de Ptolomeu para o sul de forma a representar os descobrimentos feitos por Bartolomeu Dias. Martellus, Behaim e outros também expandiram a Ásia para muito além do limite que a *Geografia* lhe atribuíra no leste. No início dos anos 1490, a grade de Ptolomeu se estendera em todas as direções para incluir novas informações, e o mundo inteiro parecia estar ganhando nitidez.

Então Colombo retornou de sua primeira viagem. Os cartógrafos ptolomaicos ficaram em estado de choque, ou pelo menos numa espécie de postura defensiva. Sem saberem exatamente como deveriam atualizar seus mapas, eles simplesmente deixaram de imprimi-los; após a edição romana de 1490, não apareceria nenhuma nova edição no prelo por incríveis dezessete anos. Durante esse período, quem estivesse interessado nos mapas dos descobrimentos ocidentais teria de buscar informações em outra fonte: as cartas náuticas desenhadas pelos próprios exploradores do Novo Mundo.

* * *

TODAS AS CARTAS NÁUTICAS mais antigas do Novo Mundo que sobreviveram, com exceção da de Juan de La Cosa, de 1500, têm origem portuguesa. Elas datam de 1502 a 1506, e são fascinantes. Nas cartas mais antigas, as extensões desconectadas de novas costas erguem-se do oceano; nas cartas posteriores, com o surgimento de novas informações, elas gradualmente se fundem, formando um continente único. O processo não é diferente de um decalque de uma moeda: diversos traços desconexos vão surgindo e posteriormente se configuram numa imagem familiar.

A mais antiga das cartas náuticas portuguesas ainda existentes é, na verdade, uma cópia italiana, tirada clandestinamente de Portugal em 1502, por um agente secreto chamado Alberto Cantino. Oficialmente em Portugal como mercador de cavalos, Cantino na verdade fora enviado pelo duque de Ferrara para reunir informações sobre os descobrimentos ocidentais em curso. Em 1502, Cantino já enviara ao duque uma série de cartas descrevendo as viagens portuguesas, mas depois da rápida e assombrosa sucessão de descobrimentos feitos por Cabral, Vespúcio, os Corte-Real e outros entre 1500 e 1502, o duque evidentemente decidiu que precisava de algo mais: um mapa que reunisse tudo.

Foi exatamente o que Cantino lhe encontrou. Como exatamente ele conseguiu isso, não se sabe. Os riscos envolvidos eram consideráveis, dado o decreto do rei D. Manuel segundo o qual quem fosse pego passando segredos cartográficos seria condenado à morte. Mesmo assim, Cantino conseguiu uma elegante e colorida cópia de uma carta náutica oficial portuguesa, e no outono de 1502 ele a entregou a um associado em Gênova. Numa carta enviada de Roma em 19 de novembro desse ano, Cantino informou ao duque que ele podia esperar receber a carta náutica em breve — e que gostaria do que iria ver.

O duque gostou. O simples tamanho da carta náutica, com cerca de um metro de altura por mais de 2 metros de largura, foi concebido para impressionar. Ainda mais notável era o que efetivamente continha: uma imagem do mundo radicalmente expandida reunindo os resultados de muitas viagens de descobrimentos recentes dos portugueses (Figura 64).

A simples representação do Velho Mundo já a tornava valiosa. Expondo pela primeira vez a recém-aberta via marítima entre a Europa e a Índia, a carta náutica retratava as costas oriental e ocidental da África com uma nova precisão, e revelava algo que os europeus ainda não haviam reconhecido: que o subcontinente indiano era uma península que se estendia ao sul pelo oceano Índico. Mas isto era apenas incidental ao verdadeiro propósito da carta náutica, que, conforme explicava uma inscrição em seu verso, era apresentar a seus espectadores "as ilhas recém-descobertas nas regiões das Índias"[12].

Estas ilhas dominavam a porção ocidental da carta náutica. No norte, a oeste da Inglaterra e da Groenlândia, portando o título de "Terra do Rei de Portugal" estava o que parecia uma grande ilha arborizada: quase com certeza a porção da Terra Nova ou Labrador visitada pelos Corte-Real em 1501. Para oeste dessa ilha, atravessando uma extensão de água, bem na extremidade da carta náutica, ficava uma longa e fina faixa de costa norte-sul descrita como "parte da Ásia": o continente explorado por João Caboto e pelos ingleses no final dos anos 1490, marcado no sul com os nomes de lugares asiáticos que Colombo pensava ter descoberto na costa norte de Cuba. Logo abaixo desta costa ficava um grupo de ilhas, grandes e pequenas, identificadas como "as Antilhas do Rei de Castela, descobertas por Colombo". Ali, Hispaniola e Cuba estão claramente visíveis — embora Cuba seja erroneamente designada Isabella, uma referência a Isabela, o nome da colônia de Colombo em Hispaniola.

Nada disto teria soado ao duque como revolucionário. Tudo correspondia ao que Colombo e outros afirmaram ter encontrado: uma quantidade de novas ilhas importantes a oeste da Europa, não muito distantes da costa leste da Ásia. Mas o que o duque viu mais ao sul não correspondia a nada que ele já tivesse visto num mapa. Ali, adornado com papagaios e árvores, e dividido em dois pela linha oficial de demarcação luso-espanhola, estava um informe monstro continental (Gravura 10).

Não se sabe o que passou pela cabeça do duque ao ver, pela primeira vez, esta vasta terra nova no sul. Mas sua reação foi provavelmente semelhante àquela registrada alguns anos mais tarde pelo humanista italiano Pedro Mártir. Escrevendo da Espanha para o papa Leão X, numa obra intitulada *Sobre o Novo Mundo*, Mártir lembrava-se de ter examinado uma antiga carta náutica dos portugueses e percebido que a terra recém-descoberta ao sul literalmente fazia da Europa uma anã.

> Este continente estende-se pelo mar exatamente como a Itália, mas difere dela por não ter a forma de uma perna humana. Além disso, por que comparar um pigmeu a um gigante? Essa parte do continente que começa em seu ponto mais oriental que se projeta para Atlas [isto é, a parte de sua costa leste que se estendia para o hemisfério sul] [...] é pelo menos oito vezes maior do que a Itália; e sua costa ocidental ainda não foi descoberta.[13]

Para aumentar a credibilidade deste mapa na avaliação do papa, Mártir acrescentou um detalhe importante. "Afirma-se"[14], escreveu ele, "que Américo Vespúcio de Florença auxiliou em sua composição".

O comentário de Mártir levou alguns escritores a especular que algumas das mais antigas cartas náuticas portuguesas do Novo Mundo derivam de originais desenhados pelo próprio Vespúcio. Tem sido impossível provar essa relação, mas ao menos é plausível. Os espanhóis, por exemplo, tinham tamanho respeito por Vespúcio como navegador e cartógrafo que, em 1508, apenas dois anos depois de o contratarem para trabalhar na Casa do Comércio, fizeram dele seu primeiríssimo major piloto: responsável pelo controle de missões, pode-se dizer, para a exploração espanhola do Novo Mundo. Como major piloto, Vespúcio tinha que treinar todos os pilotos e navegadores da Espanha na arte de navegação pelas estrelas, e tinha que produzir e continuamente atualizar a principal carta náutica dos novos descobrimentos da Espanha.

Eterno homem de negócios, Vespúcio percebeu que podia fazer dinheiro paralelamente a seu novo cargo. Ele começou a deixar vazar informações secretas de sua carta náutica oficial — e em 1510 foi pego.

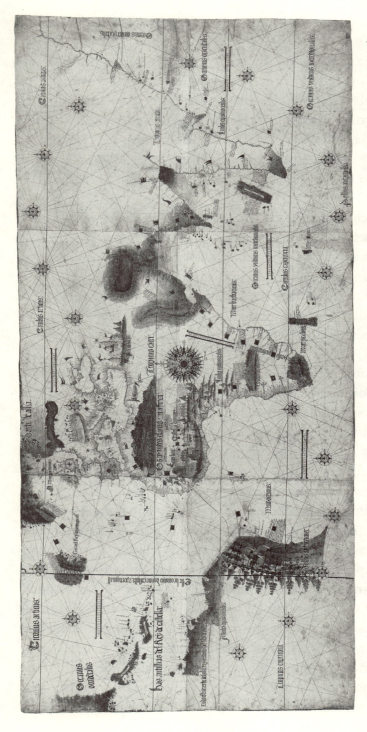

Figura 64: A carta náutica de Cantino (1502). À direita, a Índia aparece pela primeira vez em seu verdadeiro formato peninsular, refletindo um novo conhecimento levado para casa pelos portugueses. À esquerda, no oeste, estão as costas do Novo Mundo descobertas pelos espanhóis, pelos portugueses e pelos ingleses. Baseada num original português, a carta náutica coloca grande parte da América do Sul no lado português da linha de demarcação.

A notícia chegou ao rei Fernando, que num ataque de irritação escreveu para seus agentes em Sevilha, em 15 de junho. Eles deveriam encontrar Vespúcio, escreveu ele, e fazê-lo jurar que "daqui em diante nunca mais cometerá ou consentirá em um procedimento tão irresponsável e promíscuo, mas emitirá mapas somente para as pessoas indicadas pelo monarca ou pela Casa do Comércio"[15].

Se Vespúcio deixou vazar os mapas oficiais em Sevilha, é justo presumir que ele também o tenha feito anteriormente na década, depois de retornar a Lisboa, em 1501, de sua viagem com os portugueses ao Novo Mundo. A demanda na época era alta; este era o mesmíssimo período em que Juan de La Cosa, Alberto Cantino e outros estavam na cidade tentando avidamente adquirir cartas náuticas que mostrassem o que os portugueses tinham acabado de descobrir. Como agente autônomo com uma longa experiência no negócio dos descobrimentos ocidentais, Vespúcio teria reconhecido o enorme valor das cartas náuticas que trouxera consigo do Novo Mundo e devia saber que havia estrangeiros na cidade dispostos a pagar generosamente por elas.

*   *   *

A PUBLICAÇÃO DE *Sobre a costa sul*, no verão de 1505, parece ter tido o efeito que Matthias Ringmann esperava. No espaço de um ano, ele e um grupo de humanistas da região haviam unido forças, fundado uma pequena firma de impressão, e começado a trabalhar em uma nova edição da *Geografia*. Cheios de expectativas em relação a sua nova e modesta firma de impressão, deram-lhe um nome em latim: Gymnasium Vosagense.

O Gymnasium se formou em Saint-Dié, uma tranquila cidade religiosa nas montanhas dos Vosges, cerca de 100 quilômetros a sudoeste de Estrasburgo. Na época, Saint-Dié era a capital religiosa e administrativa do ducado de Lorena — a orla mais oriental das terras de língua francesa da Europa. Atualmente a cidade é conhecida como Saint-Dié-des-Vosges e tem um cenário idílico: uma depressão natural nas montanhas orlada por colinas com mantos de pinhais e cortada pelo rápido e lamacento rio Meurthe. Junto à própria Saint-Dié, a depressão montanhosa contém uma miscelânea de florestas e pastos que, vistos de qualquer um dos picos próximos, revela-se um sedutor estudo em diferentes tons de verde. Muitas vezes se instalam a chuva e a neblina, e os sinos da igreja repicam a cada hora, como fazem há séculos. É um lugar tranquilo que convida à contemplação.

O espírito inspirador do Gymnasium parece ter sido Walter Lud, um cônego da igreja em Saint-Dié. Em 1505 Lud era, na verdade, o prefeito da cidade: ele administrava os assuntos da igreja e supervisionava seus projetos de construção; trabalhava como secretário pessoal, capelão e conselheiro do duque Renato; e administrava as minas de prata do duque, que eram próximas. Apesar de seus muitos compromissos, Lud também se dedicava ao estudo da geografia e astronomia, observando os céus, estudando Ptolomeu, fazendo mapas e seguindo as notícias dos descobrimentos do Novo Mundo. Por esse motivo, em algum momento no final de 1505 ou início de 1506 ele se viu lendo *Sobre a costa sul* — e concordando que de fato era hora de uma nova edição da *Geografia*.

Para tanto, Lud decidiu criar o Gymnasium Vosagense, ou assim sugerem as poucas informações sobreviventes sobre as origens do grupo. Primeiro, Lud garantiu o apoio financeiro do duque Renato, um militar aventureiro, caçador de javalis, com um interesse em astronomia e artes, e então começou a formar sua equipe. Ele contou o máximo possível com uma rede de familiares e amigos, mas para encontrar eruditos que tivessem o tempo e a perícia para assumir a tarefa de rever a *Geografia* precisou procurar fora de Saint-Dié. Tendo acabado de ler *Sobre a costa sul*, ele sabia de pelo menos um erudito a quem podia recorrer: o jovem Matthias Ringmann.

O ajuste era perfeito. Um filho nativo das Vosges, Ringmann era um humanista bem relacionado que já publicara uma obra geográfica. Era escritor; lia latim e grego; tinha estudado matemática e cosmografia; e já trabalhara com alguns dos mais importantes impressores de Estrasburgo. E o melhor de tudo, já estava mergulhado no estudo da *Geografia*. Apesar de todas as suas qualificações, porém, havia uma coisa que Ringmann não conseguia fazer: mapas ptolomaicos exatos. E por isso Lud se voltou para outro alemão — um humanista e clérigo chamado Martin Waldseemüller.

Gymnasium

* * *

APENAS UM LEVE VESTÍGIO de Martin Waldseemüller foi descoberto antes de seu surgimento na cena em Saint-Dié: uma nota manuscrita no rol de alunos da Universidade de Freiburg registrando sua matrícula ali em 7 de dezembro de 1490. Se ele iniciou seus estudos na puberdade ou no meio da adolescência, como era a regra na época, Waldseemüller deve ter nascido em meados da década de 1470, o que sugere que tinha cerca de 30 anos quando Lud o levou para Saint-Dié. No momento em que chegou, já fora ordenado padre na diocese de Constança e tinha bons contatos entre os impressores humanistas da Basileia, o que sugere que talvez tenha trabalhado na cidade quando estava na faixa dos 20 anos. Waldseemüller foi educado no meio dos primeiros nacionalistas alemães, e depois da universidade parecer ter mergulhado no mesmo mundo humanista de Matthias Ringmann. Como ele, Waldseemüller adotou um apelido de sonoridade clássica: Ilacomilus, às vezes representado como Hylacomylus, uma cunhagem envolvendo elementos de latim e grego que equivalia aproximadamente ao significado de *Waldseemüller* em alemão ("moleiro do lago da floresta").

O que levou Waldseemüller à atenção de Lud é um mistério. Não há registro de que ele tenha produzido um único mapa antes de 1507. E mesmo assim, ao atualizar o duque Renato sobre o projeto de Ptolomeu nesse ano, Lud descreveu Waldseemüller como um mestre cartógrafo. Lud tinha contatos na comunidade de impressores em Estrasburgo, portanto ele talvez tenha conhecido Waldseemüller ali. É possível até que o próprio Ringmann tenha apresentado Waldseemüller a Lud: afinal, ambos eram jovens humanistas alemães; ambos haviam sido educados em Freiburg e partilhavam alguns dos mesmos mentores; ambos tinham ligações com impressores e eruditos da região e tinham um interesse especial em Ptolomeu. Além disso, em seu prefácio à obra *Sobre a costa sul*, Ringmann usara o plural ao descrever seu estudo de Ptolomeu ("cujos mapas estamos empenhados em examinar com grande cuidado"), o que torna concebível que ele e Waldseemüller já tivessem estabelecido algum tipo de trabalho em parceria. Como quer que tenham se conhecido, Ringmann e Waldseemüller rapidamente se tornariam amigos e colaboradores produtivos. Ringmann, o erudito literário, se encarregaria das palavras; Waldseemüller, o técnico cartógrafo, se encarregaria dos mapas.

Lud, Waldseemüller e Ringmann logo desenvolveram um ambicioso plano para sua *Geografia*. Como a introdução da obra acabaria por explicar, nas edições existentes de Ptolomeu em latim reinava um "monstruoso caos", e isto se devia a dois fatores: as tentativas aleatórias e descoordenadas dos primeiros impressores de atualizarem seus mapas para a era moderna e as muitas deturpações introduzidas na obra ao longo dos séculos por copistas e impressores. A situação deixava os cuidadosos eruditos da geografia clássica com vontade de arrancar os cabelos. "Em muitos lugares"[16], continuou a introdução, "mesmo o leitor mais dedicado não sabe o que deriva dos modernos e o que é do próprio Ptolomeu".

Limpar esta bagunça tornou-se uma das principais metas do Gymnasium. Ringmann e Waldseemüller concordavam ambos que sua nova *Geografia* tinha que fazer mais do que simplesmente corrigir e atualizar o que aparecia em outras edições da obra em latim; deveria também se conformar o máximo possível com as intenções originais de Ptolomeu. Para tanto eles decidiram procurar e estudar todos os antigos manuscritos gregos da obra que conseguissem encontrar. Eles sabiam que esta simples tarefa já não era para qualquer um. Mas Ringmann e Waldseemüller também decidiram assumir uma tarefa ainda mais ambiciosa. Tentariam produzir algo inteiramente inédito: uma edição da *Geografia* que contivesse não um conjunto inteiro de mapas, mas dois. O primeiro conjunto ofereceria aos eruditos clássicos a melhor representação disponível do mundo conforme Ptolomeu e os antigos o haviam conhecido — os mapas mundial e regionais oficiais possibilitados pelos 8 mil conjuntos de coordenadas reunidos na *Geografia*. Neste aspecto, a obra tinha um propósito convencional; era destinada a um público de humanistas germânicos cujo foco era principalmente a reconstrução e o restabelecimento dos grandes legados imperiais do passado. Mas o segundo conjunto de mapas ofereceria algo inédito: uma edição completa de mapas ptolomaicos fornecendo um retrato abrangente do mundo moderno.

Ringmann e Waldseemüller não tinham ilusões quanto aos desafios que enfrentariam. Diante deles estavam meses, ou mesmo anos, de trabalho árduo. Provavelmente tenham começado sua tarefa lentamente, num misto de entusiasmo e temor: recebendo instruções de Lud à medida que o projeto começava a tomar forma; caminhando pelos Vosges enquanto discutiam seus planos; gradualmente se liberando de compromissos existentes em outros lugares; viajando e contatando amigos e colegas em busca de textos e mapas. Mas no momento exato em que estavam se preparando para o longo curso, notícias excitantes chegaram a Saint-Dié. Como acontecera antes com o duque de Ferrara, duque Renato conseguira obter uma cópia de uma carta náutica de Portugal.

E tinha recebido uma carta pessoal de Américo Vespúcio.

✦ O mundo inteiro, o velho e o novo ✦

CAPÍTULO DEZOITO

MUNDO SEM FIM

Ao descrever a aparência geral do mundo, pareceu melhor localizar as descobertas dos antigos e acrescentar o que foi descoberto pelos modernos desde então [...] cuidadosa e claramente unidos, para serem vistos de imediato.[1]

— O Mapa de Waldseemüller de 1507

A carta era realmente impressionante. Dirigida pessoalmente ao duque Renato, escrita em francês e datada de 4 de setembro de 1504, ela continha uma longa e vívida descrição de quatro viagens que Vespúcio afirmava ter feito recentemente ao Novo Mundo. Ela repetia muito do que já constava na carta *Novus mundus*, mas também fornecia um tesouro em novas informações.

Vespúcio começava por explicar-se. "A principal razão que me levou a vos escrever", disse ele ao duque,

> foi o pedido do portador desta carta, certo Benvenuto Benvenuti, um companheiro florentino, muito devotado ao serviço a Vossa Magnificência, como ele demonstra ser, e muito meu amigo.

Encontrando-se aqui nesta cidade de Lisboa, ele me rogou que comunicasse a Vossa Magnificência as coisas que vi em diversas regiões do mundo em virtude de quatro viagens que fiz para descobrir novas terras: e duas foram por ordem do augusto Rei de Castela, D. Fernando VI, para seguir para ocidente sobre as profundezas do Mar Oceano, e as outras duas foram por ordem do poderoso rei D. Manuel de Portugal, para seguir para o sul; Benvenuti disse-me que Vossa Magnificência ficaria satisfeita com ela, e nisto esperava ser-vos útil. Razão pela qual assumi a tarefa, já que tenho a certeza de que Vossa Magnificência me conta entre seus criados, dado que me lembro como, na época de vossa juventude, eu era vosso amigo, tal como sou hoje vosso criado, e de como íamos ambos escutar os princípios da gramática exemplificados na boa vida e doutrina do venerável e devoto frade de San Marco, frei Giorgio Antonio Vespucci, meu tio; e quisera Deus que eu tivesse seguido seus conselhos e doutrina, pois, como diz Petrarca, eu seria "um homem diferente daquele que sou".[2]

Isto foi como música para os ouvidos de Ringmann e Waldseemüller. A citação de Petrarca, a menção a Giorgio Antonio Vespucci, as alusões à comunidade florentina: tudo isso confirmava que este Américo Vespúcio era, de fato, mais do que um mercador e navegador. Era um humanista, um explorador experiente e um erudito que, providencialmente, parecia ter uma ligação íntima com o próprio duque Renato. E Ringmann e Waldseemüller perceberam que o que Vespúcio expunha em sua carta era o mais abrangente relato já escrito sobre o descobrimento do Novo Mundo — "uma descrição"[3], como disse Vespúcio na carta, "das principais terras e das diversas ilhas, sobre as quais os autores antigos não fazem qualquer menção, mas que recentemente, no ano 1497 da encarnação de Nosso Senhor, foram descobertas no curso de quatro viagens oceânicas". O ano de 1497 era de particular importância, porque deixava claro que Vespúcio chegara pela primeira vez ao Novo Mundo um ano antes de Colombo. Todos no Gymnasium concordaram: era uma carta notável. O que eles não perceberam, porém, foi que esta carta, como a *Mundus novus* antes dela, era uma fraude.

Esta segunda carta pública de Vespúcio é chamada hoje, frequentemente, de Carta a Soderini. Isto porque vieram à tona três versões distintas da carta, embora praticamente idênticas, nas quais Vespúcio se dirige não ao duque Renato, mas a Piero Soderini, que fora eleito soberano da república florentina em 1502. Faz todo sentido que Vespúcio tivesse escrito a Soderini e não a Renato; não há qualquer notícia de que Renato tenha tido algum florentino a seu serviço, e nem que tivesse estudado em Florença na juventude, enquanto Soderini satisfaz as duas as condições. Vespúcio tinha outro bom motivo para escrever a Soderini: Lorenzo di Pierfrancesco de Médici tinha morrido em 1503. Nada mais natural que, após a morte de seu patrono, Vespúcio tentasse se insinuar junto a um velho amigo agora poderoso, que, como bem se sabia, tinha interesse em terras estrangeiras.

Então, por que a cópia da carta do Gymnasium era dirigida ao duque Renato? A explicação mais provável é algo mais ou menos assim: em algum momento de 1505, Renato obteve uma cópia da carta, talvez de amigos em Portugal, ou talvez de amigos na França. Com a carta em mãos, ele ou alguém a seu serviço decidiu fazer uma nova cópia — uma cópia na qual ele, e não Soderini, apareceria como o destinatário pretendido. Foi esta versão falsificada da carta que chegou a Saint-Dié. Mas a história fica ainda mais complicada, porque a maioria dos estudiosos hoje concorda que a carta foi uma fraude em outro nível. Ela talvez tenha feito parte do que um perito em Vespúcio chamou de "uma operação cultural e política, de caráter primorosamente florentino, que glorifica Vespúcio atacando indiretamente Colombo"[4].

A carta de fato parece arquitetada para exaltar Vespúcio em detrimento de Colombo. Ela descreve quatro viagens: um número não mencionado uma única vez em nenhuma das cartas particulares de Vespúcio a sobreviverem, mas que se iguala ao número de viagens feitas por Colombo. De modo nada plausível, a carta diz que três das quatro viagens de Vespúcio começam exatamente no mesmo dia: 10 de maio. A primeira viagem que ela descreve, supostamente feita com os espanhóis em 1497-1498, equivale a pouco mais do que uma coleção de detalhes tirados da "segunda" viagem espanhola de Vespúcio (a viagem de 1499-1500 à Venezuela e ao Haiti), detalhes que foram reformatados, embelezados e antedatados para dar a impressão de que Vespúcio havia chegado a Pária antes de Colombo. A primeira viagem também foi descrita muito mais extensamente do que as outras três, o que naturalmente a faz parecer mais importante. De modo inverso, a última viagem, supostamente feita com os portugueses em 1503-1504, recebe apenas um tratamento mais superficial. Dá a impressão de ser uma explicação posterior, feita apenas para que Vespúcio pareça ter feito tantas viagens quanto Colombo. Além disso, alguns dos detalhes que a carta *efetivamente* fornece sobre esta suposta quarta viagem derivam, de maneira bem óbvia, das experiências e dos escritos do próprio Colombo. Em certo ponto há até mesmo um naufrágio rapidamente seguido da construção de um forte, a decisão de deixar um pequeno grupo de marinheiros para trás para guarnecer uma pequena colônia, e uma traiçoeira viagem marítima de retorno a Portugal.

Tudo isso para dizer que é quase certo que a "Carta a Soderini" não foi escrita pelo próprio Vespúcio. Infelizmente, para os que gostam de clareza, isto não significa necessariamente que Vespúcio não tenha escrito a Soderini em algum momento, ou que ele não tenha sido de fato a fonte de muito do que aparece na "Carta a Soderini". O problema — o problema Vespúcio — é que nesta carta, como em todas as suas cartas, é impossível discernir exatamente o que é o quê. Mas os membros do Gymnasium nunca acharam que houvesse algum problema. Partiram do princípio de que a carta era verdadeira e a leram fascinados.

* * *

EMBORA A NOVA CARTA de Vespúcio estivesse cheia de pormenores cativantes, ela não continha praticamente nenhuma informação geográfica útil. Martin Waldseemüller deve ter ficado muito aborrecido com isso ao explorar a carta em busca de pistas sobre como mapear o Novo Mundo. A única exceção digna de nota aparecia próxima ao fim do relato da terceira viagem de Vespúcio — a mesma viagem descrita na carta *Mundus novus*. Para começar, as duas cartas contam praticamente a mesma história sobre esta viagem. Vespúcio e seus companheiros portugueses fazem sua travessia oceânica, decidem rumar para o sul e seguem a costa por centenas de milhas. Mas quando, por sua própria estimativa,

Vespúcio atinge os 32 graus ao sul, seu relato subitamente — e literalmente — dá uma guinada e toma uma nova direção.

> Como nossa viagem já durava dez meses, e como não tínhamos encontrado nenhuma espécie de mineral nesta terra, decidimos deixá-la e partimos para tentar outra região no mar. Por deliberação, decidimos que deveríamos seguir o rumo que me parecia ser o melhor, e o comando total da frota me foi confiado. [...] Uma vez que obtivemos nossas provisões, partimos desta terra e iniciamos nosso curso para sudeste. [...] E navegamos com este vento até que nos encontramos em uma latitude tão alta que o Polo Sul estava a completos 52 graus acima do horizonte. [...] Uma tempestade irrompeu com tamanha violência que tivemos que recolher completamente as velas e rumar no vento forte com os mastros nus, porque estes eram ventos de sudoeste, com o mar muito alteroso e o ar muito turbulento; e esta tempestade foi tão feroz que a frota inteira ficou muito atemorizada. As noites eram muito longas, já que em 7 de abril tivemos uma noite de 15 horas. [...] E navegando nesta tempestade, avistamos terra nova em 7 de abril, ao longo da qual seguimos por cerca de 20 léguas; e deparamos com costa sempre exposta, e não vimos nenhum porto nem pessoas.[5]

Esta é uma das mais famosas e controversas passagens de toda a literatura sobre o descobrimento do Novo Mundo. Alguns leitores simplesmente aceitam tudo como fato. Partem do princípio de que Vespúcio realmente assumiu o comando da expedição a cerca de 32 graus sul e depois ordenou a seus navios que avançassem pelo mar em sentido sudeste, rumo a pontos desconhecidos. Neste cenário, a terra que ele e seus homens finalmente atingiram só pode ter sido uma: a ilha da Geórgia do Sul, que está completamente isolada no Atlântico, a cerca de 54 graus sul, mais de mil milhas a leste da ponta da América do Sul. Mas esta interpretação tem seus problemas. Em todas as suas outras cartas existentes, familiares e públicas, Vespúcio se dá ao trabalho de dizer que sua expedição acompanhou a costa e a seguiu para sudoeste — uma versão dos acontecimentos que faz muito mais sentido e é corroborada pelos poucos relatos independentes da viagem. Afinal, o propósito da expedição era conhecer o máximo possível sobre esta vasta nova terra ao sul, e em suas outras cartas Vespúcio registrou repetidamente seu interesse em circum-navegá-la pelo ocidente, de maneira a desbravar uma nova rota para Catigara, as ilhas das Especiarias e a Índia. Por que abandonar essa busca oficialmente aprovada, patrocinada por investidores que esperavam resultados, em favor de uma aventura perigosa que levaria a expedição para sudeste sem nenhum objetivo conhecido rumo ao oceano aberto, gelado e tempestuoso, em latitudes até mesmo abaixo da ponta sul da África?

Alguns argumentam que toda esta passagem talvez tenha sido uma fraude deliberada: uma tentativa de ocultar aonde Vespúcio realmente foi. Talvez Vespúcio e seus colegas navegantes tenham começado a seguir a costa para sudoeste, completamente confiantes de que estavam explorando uma costa do lado português da linha de demarcação. Mas em algum momento, não muito depois de terem alcançado os 32 graus sul, perceberam que a costa os tinha levado muito para sudoeste, a ponto de terem passado para território espanhol. (De fato, a costa do Brasil, onde se fala português, encontra ainda hoje a costa do Uruguai, onde se fala espanhol, a cerca de 34 graus ao sul.) Em outras palavras, eles se deram conta de que não tinham direito de viajar para mais longe. No entanto, relutando em desistir de sua busca por ouro, pedras preciosas, especiarias e uma rota marítima ao redor do continente, eles decidiram desconsiderar o Tratado de Tordesilhas e continuar a seguir a costa — e depois ocultar o que tinham feito.

Esta última possibilidade, embora não passe de especulação, tem muito em seu favor. Ela explica a súbita e estranha decisão de entregar o comando a Vespúcio, por exemplo. Ao colocarem um italiano no comando da expedição e deixarem que ele tomasse a decisão de navegar para o sul, os oficiais portugueses na viagem se isentariam de responsabilização oficial por terem entrado em águas espanholas. Até a tempestade tem uma importante função neste cenário. Onde quer e qualquer que fosse a costa que Vespúcio relatou ter encontrado a 52 graus ao sul, ele e seus homens podiam relatar que haviam chegado lá por acaso, e não intencionalmente.

Os membros do Gymnasium não tinham nada disso em mente quando começaram a examinar a nova carta de Vespúcio. Comparando-a com o relato na *Novus mundus*, eles se concentraram em uma pergunta fundamental.

O que exatamente Vespúcio descobrira?

* * *

O LUGAR ÓBVIO PARA SE BUSCAREM respostas eram as cartas náuticas do duque Renato. Havia boas razões para se presumir que o próprio Vespúcio participara de sua preparação: a carta *Mundus novus* sugeria isso. "Se meus companheiros não tivessem confiado em mim e em meus conhecimentos de cosmografia"[6], escrevera Vespúcio, "não teria havido nenhum piloto ou capitão na viagem que soubesse onde estávamos dentro de 500 léguas".

Como o duque conseguiu suas cartas náuticas? Ninguém sabe. Ele tinha vagas ligações familiares na corte portuguesa e diversos marinheiros a seu serviço, portanto talvez tenha acionado um desses canais. Ele também apoiava vários eruditos, clérigos e fidalgos, muitos dos quais tinham laços com Portugal e Itália, e qualquer um deles pode ter agido como uma espécie de agente de compras para ele, como Alberto Cantino fizera para o duque de Ferrara.

O próprio Matthias Ringmann é uma possibilidade intrigante. Sabe-se que no outono de 1505 ele fez uma breve viagem atravessando os Alpes até Carpi, no norte da Itália, onde se encontrou com seu amigo Gianfrancesco Pico della Mirandola — um pequeno fidalgo que mantinha fortes vínculos com as comunidades humanistas da Itália e da Alemanha. Mirandola era amigo de Conrad Celtis, entre outros humanistas germânicos proeminentes, e seu tio era o famoso Giovanni Pico della Mirandola, que em 1486 havia escrito um dos mais importantes manifestos da Renascença italiana: a *Oração sobre a dignidade do homem*. Tendo acabado de publicar *Sobre a costa sul* e transbordando de curiosidade sobre o Novo Mundo, Ringmann teria todos os motivos e oportunidades durante sua estadia em Carpi para levantar informações sobre Vespúcio com Mirandola e para procurar cartas náuticas que mostrassem a extensão dos recentes descobrimentos portugueses. Na época, o próprio mapa de Cantino estava apenas a uns 70 quilômetros de distância, em Ferrara, onde a família Mirandola interagia regularmente com o duque, e para onde o próprio Ringmann viajaria numa segunda visita à Itália, em 1508.

Nenhuma das cartas náuticas que chegaram a Saint-Dié em 1505 sobreviveu. No entanto, sabe-se que ao estudar a geografia do Novo Mundo Waldseemüller se baseou em uma carta náutica em particular, e as evidências sugerem, fortemente, que era idêntica a uma carta náutica que sobreviveu: uma cópia de um original português, desenhada por um cartógrafo genovês, Nicoly de Caverio, em 1504 ou 1505 (Figura 65).

A carta náutica de Caverio é enorme, medindo quase 1,2 x 2 metros. Como a carta náutica de Cantino, ela exibe os numerosos descobrimentos geográficos portugueses recentes — a rota marítima ao redor do sul da África, o verdadeiro formato peninsular do subcontinente indiano, os contornos emergentes do Novo Mundo. O lado ocidental do mapa tem uma forte semelhança com o que aparece na carta náutica de Cantino, mas dá mais pormenores, retratando mais traços da costa, registrando mais nomes de lugares e — pela primeira vez que se tem notícia numa carta náutica — fornecendo uma escala de latitudes. Esta última característica teria sido de especial interesse para Waldseemüller, porque lhe teria permitido identificar com precisão o limite sul da exploração portuguesa do Novo Mundo, em cerca de 35 graus ao sul, aproximadamente onde Vespúcio afirmou ter se afastado da costa e seguido para o mar.

Quando Ringmann e Waldseemüller desenrolaram pela primeira vez sua versão da carta náutica, devem ter ficado espantados. Ler sobre o Novo Mundo era uma coisa, mas vê-lo — especialmente em conjunção com uma escala de latitudes que presumivelmente derivava das próprias observações de Vespúcio — era algo completamente diferente. De repente parecia possível alinhavar uma imagem do globo inteiro. A carta náutica também mexeu com suas imaginações de maneiras ainda mais grandiosas. O que Ringmann viu quando olhou para a carta náutica não era apenas um novo lugar, mas um novo tempo: o futuro. Virgílio profetizara o descobrimento de uma grande terra nova ao sul, do outro lado do mundo, e ali estava ela. O mundo estava completo e pertencia aos novos romanos.

Examinar o mundo como um todo a partir desta perspectiva — o mundo do espaço e tempo que Cristo tantas vezes observava do topo dos *mappaemundi* — lançou Ringmann num estado de ânimo grandioso.

A Quarta Parte do Mundo

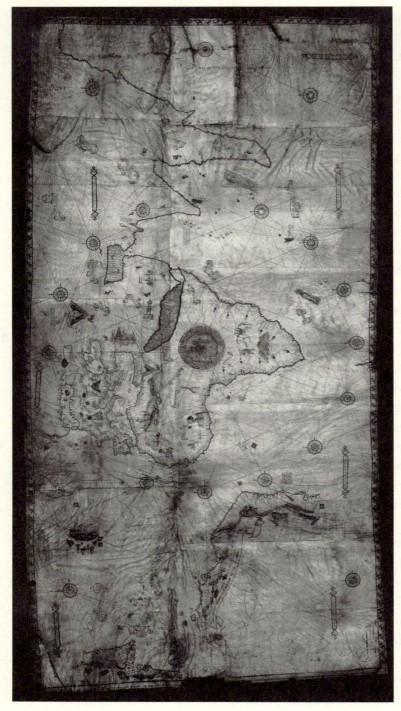

Figura 65: A carta náutica de Caverio (c. 1504-1505). Esta carta náutica, ou outra quase idêntica a ela, forneceu a Martin Waldseemüller as informações que ele utilizaria no mapeamento do Novo Mundo.

Permitiu-lhe imaginar a unificação do mundo não apenas de forma geográfica, mas política e religiosa. Ele registrou suas esperanças por escrito em 1511, depois de passar algum tempo meditando sobre um majestoso mapa da Europa que Waldseemüller concluíra recentemente. "Olhando para este mesmo mapa da Europa", escreveu ele a Waldseemüller,

> e considerando quão poderosa é a Espanha, quão rica e marcial é a França, quão grandiosa é a Alemanha e robustos são nossos homens, quão forte é a Grã-Bretanha, quão brava é a Polônia, quão valente é a Hungria, e (deixando por mencionar muitos estados não menosprezáveis) quão rica, corajosa e experiente na arte militar é a Itália, eu não poderia lamentar mais dolorosamente as guerras cruéis, prejudiciais e terríveis que nossos príncipes travam, suas dissensões perpétuas e ódios pessoais, discutindo eternamente entre si questões de território, soberania, supremacia e autoengrandecimento, enquanto deixam os turcos e os inimigos de nossa fé derramar sangue cristão, destruir cidades, devastar países, incendiar igrejas, raptar nossas filhas, violar nossas mulheres e cometer os maiores crimes. Por outro lado, se apenas desistissem destas disputas sérias e perigosas, destas inimizades e ódios, se adotassem a paz e unissem suas forças, eles pegariam em armas contra o inimigo comum e facilmente subjugariam o mundo inteiro e fariam com que o bendito Salvador [...] fosse o objeto de adoração de todas as nações.[7]

A carta náutica de Caverio era um impressionante testamento da recém-descoberta capacidade europeia de expandir seu alcance a todas as direções ao redor do globo. E do ponto de vista de Ringmann enquanto humanista germânico, era óbvio quem podia — ou pelo menos quem *devia* — assumir o desafio de unificar a Europa e presidir sobre o império cristão global: Maximiliano I, o comandante do Sacro Império Romano. Ringmann e Waldseemüller devem ter tido tais ideias em mente quando se juntaram pela primeira vez em Saint-Dié, vários anos antes. Que melhor maneira de celebrar a potencial grandiosidade deste novo césar, e talvez instigá-lo e aos humanistas da Europa a agir, do que desenhando um novo mapa que mostrasse o pleno alcance de seu futuro império global?

Com o conhecimento que tinham de Ptolomeu, seu privilegiado acesso à carta de Vespúcio e à carta náutica de Caverio e sua nova prensa móvel, os membros do Gymnasium perceberam que estavam especialmente qualificados para tornar esta perspectiva uma realidade. Decidindo agir rapidamente, enquanto a carta de Vespúcio e a carta náutica de Caverio ainda eram uma novidade, eles fizeram uma pausa em seu demorado projeto da *Geografia*. Em vez disso, decidiram produzir um pacote geográfico consistindo de três partes: um enorme novo mapa do mundo inteiro, dedicado a Maximiliano I, que resumiria o saber geográfico antigo e moderno; uma minúscula versão desse mapa, impressa na forma de uma série de gomos que poderiam ser colados em uma pequena bola, criando o primeiro globo produzido em massa; e uma espécie de guia do usuário para esses dois mapas, intitulado *Introdução à cosmografia*, que também incluiria uma tradução completa em latim da nova carta de Vespúcio ao duque.

Era um momento profundo na história da cartografia — e na mais abrangente história das ideias. Ptolomeu mostrara a seus leitores como se elevarem acima das nuvens e enxergarem do alto a metade conhecida do mundo; os exploradores modernos tinham finalmente começado a explorar e descrever sua outra metade; e agora, com seu livro, mapa e gomos, os membros do pequeno Gymnasium Vosagense estavam prestes a tornar possível a todos, não somente a uma figura divina suspensa sobre a Terra, entender a composição do mundo, ver o mundo inteiro de um só relance e segurar o globo em suas mãos.

* * *

E ASSIM, o trabalho começou. Walter Lud e seu sobrinho Nicholas supervisionavam a operação, e Jean Basin de Sandacourt, amigo de Walter, começou a traduzir a carta de Vespúcio do francês para o latim. Mas o grosso da obra — o desenho do mapa e do globo e a redação da *Introdução à cosmografia* — coube a Waldseemüller e Ringmann.

Ringmann assumiu o comando da escrita do livro. As bibliotecas hoje atribuem a autoria a Waldseemüller, mas na verdade o livro não identifica nenhum autor, e as impressões digitais de Ringmann aparecem em toda a obra. O autor, por exemplo, cita os *Comentários* de Júlio

César, a primeiríssima edição alemã que seria traduzida por Ringmann no começo de 1507. Ele demonstra familiaridade com o grego antigo, uma língua que Ringmann, o único entre os membros do Gymnasium, conhecia bem. Ele embeleza sua escrita com fragmentos de versos de Virgílio, Ovídio e outros escritores clássicos, um cacoete literário que caracteriza todos os escritos de Ringmann. E o único escritor contemporâneo mencionado no livro, a quem o autor se refere como "nosso poeta Gallinarius"[8], vem a ser um jovem humanista germânico chamado Johannes Hänlein, um conhecido amigo de Ringmann.

Ringmann, o escritor; Waldseemüller, o cartógrafo: era uma divisão natural de tarefas, e sabe-se que os dois homens trabalharam exatamente desta maneira em 1511, quando Waldseemüller imprimiu seu mapa da Europa. No momento de sua publicação, um pequeno folheto, intitulado *Descrição da Europa*, acompanhava o mapa, e neste caso não restam dúvidas sobre quem escreveu o livro. Dedicando seu mapa ao sucessor do duque Renato, o duque Antoine da Lorena, Waldseemüller escreveu: "Peço-vos humildemente que aceiteis minha obra com benevolência: com um resumo explanatório preparado por Ringmann."[9]

Por que demorar nesta questão da autoria? Porque quem quer que tenha escrito a *Introdução à cosmografia* é quase certo que tenha cunhado o nome América (que seria pronunciada "Amer-eeka"). Também aqui a balança pesa em favor de Ringmann. Considere a famosa passagem na qual o autor explica e justifica o uso do nome.

> Estas partes foram, na verdade, mais amplamente exploradas, e uma quarta parte foi descoberta por Américo Vespúcio (como se verá a seguir). Já que tanto a Ásia como a África receberam seus nomes a partir de mulheres, não vejo por que alguém deveria ter justificativa para impedir que esta [nova parte] seja chamada *Amerigen* — a terra de Amerigo Vespucci, no italiano — ou *América*, em homenagem a seu descobridor, Americus, um homem de personalidade perspicaz.[10]

Isto é bem próprio de Ringmann, de quem se sabe que passou tempo ponderando sobre as razões pelas quais conceitos e lugares tantas vezes tinham nomes de mulheres. "Por que todas as virtudes, qualidades intelectuais e ciências são sempre simbolizadas como se pertencessem ao sexo feminino?"[11], escreveria ele num ensaio sobre as musas em 1511. "De onde surge este costume: um uso comum não somente aos escritores pagãos, mas também aos eruditos da Igreja? Ele originou-se da crença de que o saber está destinado a ser fértil em boas obras. [...] Até as três partes do mundo antigo receberam o nome de mulheres." A passagem onde se dá o nome à América também revela o toque de Ringmann de outras maneiras. Em sua poesia e prosa, Ringmann normalmente se entretinha inventando palavras, fazendo trocadilhos em línguas diferentes e investindo sua escrita com significados ocultos para seus amigos letrados encontrarem e saborearem. A passagem está repleta de jogos de palavras desse tipo, muitos dos quais exigem familiaridade com o grego, um idioma que Waldseemüller não conhecia.

A chave para a passagem, quase sempre ignorada ou negligenciada, é o curioso nome Amerigen — uma cunhagem que envolve precisamente o tipo de trocadilho multifacetado e multilinguístico a que Ringmann muitas vezes se entregava. A palavra associa *Amerigo* com *gen*, uma forma da palavra grega para "*Terra*", criando o significado que o autor propõe a seguir — "a terra de Amerigo". Mas a palavra também revela outros significados. *Gen*, em grego, também pode significar "nascido"; e a palavra *ameros* pode significar "nova", possibilitando que se leia *Amerigen* não só como "terra de Amerigo" mas também como "nascido novo"[12] — um duplo sentido que teria deliciado Ringmann, e que complementa lindamente a ideia de fertilidade que ele associava aos nomes femininos. O nome também pode conter um trocadilho com *meros*, uma palavra grega que às vezes pode ser traduzida por "lugar"[13]. Aqui *Amerigen* torna-se *A-meri-gen*, ou "terra-de-lugar-nenhum": nada mal para descrever um continente anteriormente sem nome cuja geografia ainda é incerta. Para culminar, *Amerigo* tem uma origem claramente germânica, derivando de *Amalrîch*, um nome usado por muitas figuras importantes ao longo da história germânica. Imerso como ele estava no estudo da Germânia e da história do povo germânico, é bem possível que Ringmann tenha reconhecido esta conexão e a explorado, astutamente, para dar ao Novo Mundo um nome germânico.

Ringmann não parece ter perdido muito tempo na *Introdução à cosmografia*. O livro passa a sensação de ter sido escrito às pressas, como que remendado a partir de alguns textos fundamentais que ele por acaso

Mundo sem fim

tinha à mão. Ele frequentemente se utiliza diretamente da *Esfera* de Sacrobosco[14], uma obra na qual um dos professores favoritos de Ringmann era perito. O autor também preenche quase cinco páginas inteiras do último capítulo do livro com uma descrição do mundo conhecido tomada literalmente de uma popular tradução latina de uma obra intitulada *Periegesis* — um texto do escritor grego Dionísio Periegetes, do século III, que era frequentemente ensinado em escolas medievais. E quando chegou o momento de Ringmann introduzir a carta de Vespúcio no livro, ele nem sequer se preocupou em compor um novo poema para a ocasião, como era seu costume. Em vez disso, inseriu uma versão ligeiramente modificada do poema que já imprimira em *Sobre a costa sul*.

Nada disto significa que Ringmann tenha escrito a *Introdução à cosmografia* sozinho. Algumas das partes mais técnicas do livro — algumas das cartas náuticas e tabelas de graus, um aviso quanto à localização do equador nas cartas náuticas, uma breve explicação sobre como utilizar um astrolábio, e o famoso parágrafo exibindo o propósito do livro e relacionando os emblemas usados no mapa — passam a sensação de acréscimos finais, escritos por outra mão. Parecem ter sido obra de Waldseemüller, o cartógrafo inclinado para os detalhes, que talvez tenha revisado e acrescentado ao livro depois de Ringmann produzir um primeiro rascunho. Este tipo de arranjo seria perfeito para Waldseemüller. Afinal, ele não tinha ido para Saint-Dié apenas para brincar com palavras. Ele tinha um mapa para fazer.

* * *

DESDE O COMEÇO, Waldseemüller reconheceu que teria que juntar as peças de seu mundo a partir de várias fontes diferentes. Uma escolha era fácil de fazer: ele iria retratar o mundo conhecido exatamente como Ptolomeu o mapeara havia mais de mil anos. Hoje esta escolha parece estranha; Waldseemüller sabia muito bem quão imperfeitos e incompletos eram os mapas de Ptolomeu, e tinha acesso a cartas náuticas modernas que retratavam o mundo conhecido muito mais rigorosamente. Mas, no que dizia respeito ao Velho Mundo, Waldseemüller não estava em busca de precisão geográfica. Estava projetando seu mapa para humanistas e estudiosos, não para navegadores e exploradores, e eles não precisavam de um retrato moderno da Europa, do norte da África, do Mediterrâneo e do ocidente da Ásia. Que utilidade teria isso, afinal, para o estudo das viagens de Odisseu e Eneias, as conquistas de Alexandre e César, ou a história da Germânia? O que eles precisavam, e o que Waldseemüller decidiu lhes dar bem no centro de seu mapa, era uma reconstrução do mundo antigo como Ptolomeu o descrevera.

Para esta parte de seu mapa, Waldseemüller baseou-se principalmente na respeitadíssima *Geografia* de 1482, publicada em Ulm (Gravura 7). Ele tomaria uma grande parte diretamente desta edição da obra, incluindo seu acréscimo experimental das terras do norte da Europa desconhecidas de Ptolomeu. Mas a *Geografia* de Ulm era um texto em latim, e por isso Waldseemüller não confiava completamente nela. Ele sabia que copistas, impressores e tradutores haviam introduzido erros no texto durante o século XV. Portanto, "com a ajuda de outros"[15], como ele colocou, também se utilizou de pelo menos outra versão do texto — um velho manuscrito grego que ele presumiu estar mais próximo do original de Ptolomeu. Não está claro que manuscrito é esse.

Tendo escolhido suas fontes ptolomaicas, Waldseemüller tinha agora que decidir como expandir seu mundo de modo a incluir as muitas terras além dos limites da *Geografia* que tinham sido exploradas pelos europeus modernos. Para o Extremo Oriente, ele tinha um lugar óbvio ao qual se voltar: mapas como os de Martin Behaim e Henricus Martellus, produzidos no final da década de 1480 e começo da de 1490. Ele parece ter se inspirado particularmente em um mapa muito parecido com o grande mapa de Martellus que hoje é propriedade da Universidade de Yale (Figura 56). Aqui, já nitidamente fundido ao mundo ptolomaico conhecido, estava o Extremo Oriente de Marco Polo: a ilha de Cipangu na mais distante orla do mapa; Catai e Mangi nos limites orientais do continente da Ásia; e a longa Cauda do Dragão, descendo para o sul até o oceano Índico, onde se encontrava com as ilhas das Especiarias. A representação que o mapa fazia da África tornara-se obsoleta pelas recentes viagens de Vasco da Gama e Cabral à Índia, mas Waldseemüller decidiu tomar seu aspecto simbólico; como Martellus, ele enterraria a ponta sul do continente na orla sul de seu mapa.

Waldseemüller sabia exatamente onde buscar uma imagem muito mais precisa do sul da África e uma representação mais atualizada do

Novo Mundo: sua cópia da carta náutica de Caverio. Ele sabia que esta fonte precisaria ser manuseada com cuidado, porque, como todas as cartas náuticas, ela não contava com a curvatura da Terra. Isto significava que qualquer informação geográfica que ele quisesse tomar do mapa teria primeiro que ser convertida num conjunto de coordenadas que pudessem ser integradas com consistência matemática no resto de sua projeção. Só então, depois de ter fundido o Velho e o Novo Mundo, ele seria capaz de oferecer aos leitores o tipo de mapa que Ptolomeu havia insistido que todos os cartógrafos deveriam se empenhar em criar: um mapa que retratasse o mundo como "uma entidade única e contínua"[16].

Ptolomeu no centro, Martellus no leste, Caverio no oeste — Waldseemüller tinha suas principais fontes cartográficas definidas. Mas ainda tinha muitas decisões a tomar sobre o projeto geral de seu mapa. Havia a questão do tamanho, por exemplo. Ptolomeu não dissera nada sobre este assunto. Mas Estrabão — o *outro* grande cartógrafo grego antigo, cuja obra os humanistas europeus tinham traduzido para o latim e admiravam — havia proposto algumas orientações específicas. "Para confinar as partes adequadas do mundo conhecido com clareza"[17], escrevera Estrabão em seus *Esboços geográficos*, "e fazer uma exposição apropriada aos espectadores [...] deve-se desenhar [o mapa] sobre uma superfície plana de pelo menos 2,10 metros".

Waldseemüller e seus colegas em Saint-Dié gostaram da ideia de um mapa grande. Eles sabiam que tinham uma oportunidade única e fugaz de criarem uma novíssima perspectiva do mundo e queriam aproveitá-la ao máximo. Quanto maior o mapa, mais pormenores poderia fornecer, mais pessoas poderia alcançar e, claro, mais eficazmente divulgaria o Gymnasium e suas futuras publicações geográficas. Um mapa grande tinha outra vantagem: podia ser utilizado para o ensino. Pendurado na parede de uma sala de aula, ele daria o cenário perfeito para um mestre ou professor humanista que quisesse um adereço visual único, facilmente visível a distância, para ajudá-lo a conduzir seus alunos pelos mundos da história antiga, da literatura clássica e da geografia moderna — ou para ajudá-lo a inspirar esses estudantes com uma imagem que deixasse claro como o Sacro Império Romano da Nação Alemã se desenvolvera e estava agora sendo reconstruído em cima dos antigos impérios da Grécia e de Roma. É bem possível que Waldseemüller tivesse em mente essas funções didáticas quando, em sua dedicatória a Maximiliano, explicou quem ele entendia ser o público de seu mapa. "Preparei um mapa do mundo inteiro para o uso geral dos estudiosos"[18], escreveu ele, "como uma introdução, por assim dizer".

*   *   *

O MAPA TERIA 1,35 metro de altura por 2,4 metros de largura, decidiu Waldseemüller — maior do que as cartas náuticas de Caverio e Cantino, maior do que o mapa mural de Martellus, maior, na verdade, do que qualquer mapa já impresso. Anteriormente, quando mapas dessa escala eram feitos, eles eram desenhados ou pintados à mão, e eram artigos de luxo destinados aos ricos e poderosos. Mas Waldseemüller e seus colegas tinham em mente algo diferente. Eles iriam imprimir mil cópias idênticas de seu mapa e o venderiam por todo lado, a preço acessível.

A impressão em si exigiria considerável planejamento e coordenação antecipados[19]. Waldseemüller sabia que nenhuma prensa móvel conseguia imprimir um mapa desse tamanho sobre uma única folha de papel, por isso decidiu desenhar seu mapa em 12 segmentos separados, mas contíguos. Primeiro ele prepararia um esboço-mestre do mapa inteiro nestes 12 segmentos, e um artista preencheria as margens e os espaços em branco com retratos e detalhes ornamentais. Waldseemüller então entregaria as folhas-mestras acabadas a um xilogravurista habilidoso, ou a uma equipe de xilogravuristas, que faria a transferência dos contornos dos 12 desenhos para 12 blocos de madeira correspondentes — ao avesso, claro, de maneira que a impressão final aparecesse direita. Isto geralmente era resolvido colocando-se as folhas com a face para baixo sobre os blocos de madeira e depois talhando pelo verso do desenho, seguindo os contornos, diretamente sobre o bloco. Com os contornos transferidos ao avesso, o xilogravurista então se concentraria nos pormenores. Qualquer coisa destinada a ser espaço vazio — o interior de continentes e ilhas, as margens do mapa, os espaços reservados para legendas — seria escavado e cinzelado, para criar áreas no bloco que não entrassem em contato com o papel durante a impressão. Todo o resto — cordilheiras, rios, nomes de lugares, legendas, ilustrações — seria deixado à superfície, para ser formatado, lixado, untado e envernizado até que o bloco

Mundo sem fim

estivesse pronto. Algumas das inscrições do mapa seriam cinzeladas na madeira à superfície, e outras seriam inseridas nos espaços vazios com caracteres tipográficos metálicos. Quando finalmente o bloco inteiro estivesse acabado, seria firmado sobre uma prensa móvel e revestido com tinta grossa e pegajosa; uma única folha de papel seria pressionada em cima dele; e o resultado seria uma única cópia impressa desse segmento do mapa, que seria dependurada numa corda para secar.

Repita isso mil vezes para cada um dos 12 blocos.

Waldseemüller e seus colegas sabiam que esta era uma tarefa grande e complexa demais para a sua pequena casa impressora. Ficariam ocupadíssimos em Saint-Dié só com a impressão da *Introdução à cosmografia* e ainda tinham que levar em conta a questão do tempo; eles queriam publicar o livro, o mapa e o globo em conjunto. Então, ao que parece, concordaram em dividir para vencer. Decidiram imprimir a *Introdução à cosmografia* em Saint-Dié, como a primeiríssima publicação do Gymnasium. Não se sabe onde o globo foi impresso, mas seu desenho era simples — uma variação drasticamente reduzida do mapa grande, cortada num único bloco de madeira pequeno — e também pode ter sido impresso em Saint-Dié. Mas para o mapa grande eles buscaram ajuda em Estrasburgo.

Era uma escolha óbvia. Waldseemüller, Ringmann e Lud tinham bons contatos na indústria editorial de lá. Os principais impressores da cidade conseguiam lidar com trabalhos desta dimensão e complexidade e tinham acesso a comunidades florescentes de xilogravuristas, artistas, compositores tipógrafos, revisores e outros especialistas — para não mencionar grandes fornecimentos de papel e tinta. Evidências sugerem que o impressor que escolheram foi Johannes Grüninger, o dono de uma das maiores e mais importantes casas impressoras de Estrasburgo.

Tendo definido um impressor, Waldseemüller retornou ao desenho de seu mapa. Uma das mais importantes decisões iniciais que tinha que tomar dizia respeito à projeção que iria usar: ou seja, o sistema matemático que empregaria para aplanar o mundo redondo. Ele gostava da projeção que Martellus usara em seu grande mapa: uma versão modificada da segunda projeção descrita por Ptolomeu na *Geografia*. Diferentemente de Ptolomeu e Martellus, porém, Waldseemüller tinha que incluir o Novo Mundo, e para deixar espaço para isso ele decidiu fazer algo inédito: iria expandir seu mapa em 360 graus de longitude. Em outras palavras, onde seu mapa terminava no Oriente, começaria no Ocidente, sem deixar nada de fora entre um e outro.

Waldseemüller escolheu sua projeção por razões práticas. Mas também tinha as estéticas. Em primeiro lugar, percebeu que isso lhe permitiria reproduzir o mundo conhecido de Ptolomeu no centro de seu mapa com um mínimo de distorção, o que significava que qualquer um que estivesse familiarizado com a *Geografia* o reconheceria instantaneamente. O preço desta escolha era que seu mundo apareceria arqueado em seus cantos, onde ele planejava mapear as regiões desconhecidas de Ptolomeu — mas percebeu que isso, na verdade, criaria uma agradável qualidade simétrica que ele poderia usar para obter um efeito simbólico. Podia fazer os dois lados do mapa — o Novo Mundo à esquerda, o Extremo Oriente à direita — parecerem se espalhar majestosamente a partir do Velho Mundo no centro, quase como as asas de um pássaro prestes a levantar voo — quase, poder-se-ia dizer, como as asas estendidas de uma águia de duas cabeças que Maximiliano I usava em seu estandarte imperial (Figuras 66 e 67).

Figuras 66 e 67. Esquerda: O sacro imperador romano Maximiliano I a cavalo, junto de seu estandarte imperial, a águia de duas cabeças (1508). *Direita*: O estandarte de Maximiliano transformado num tipo de mapa, com escudos representando os eleitores e membros do Sacro Império Romano (1510).

Waldseemüller conhecia bem a águia de duas cabeças. Representação visual do Sacro Império Romano, ela era um emblema amado pelos primeiros humanistas germânicos, e o próprio Waldseemüller a usaria em seu mapa para demarcar as fronteiras políticas da Europa. Os sacros imperadores romanos usavam esse emblema havia já três séculos, em grande parte por causa de sua associação com o passado imperial de Roma. No fim da Antiguidade, os imperadores romanos de Bizâncio haviam usado o emblema para representar sua autoridade secular e religiosa e seus sonhos de governarem tanto o Oriente quanto o Ocidente.

Os sacros imperadores romanos da Europa medieval se apoderaram deste simbolismo e acrescentaram outros seus. O Ocidente, antes tão poderoso, estava agora velho e frágil, mas guiado pelos novos césares ele poderia recobrar a saúde e se fortalecer outra vez. Este era exatamente o tipo de lenda de autorrejuvenescimento que a Bíblia e os cristãos há muito associaram à águia. Segundo uma lenda, conforme uma águia envelhecia seu bico se encurvava sobre si mesmo, impedindo-a de se alimentar. Mas ela partiria seu bico contra uma rocha, possibilitando-lhe comer novamente, e com o tempo sua energia juvenil seria restaurada. "O mundo está moribundo"[20], escrevera Santo Agostinho mais de mil anos antes, "o mundo está perdendo sua força, o mundo está sem fôlego. Não receeis, vossa juventude será renovada como a de uma águia".

Era precisamente este o tipo de renascimento que Ringmann e outros humanistas associavam à descoberta do Novo Mundo. A Velha Europa havia se encerrado sobre si mesma e estava definhando, mas agora, finalmente, tropeçara em novas terras que lhe abriram a possibilidade de renascimento. É bem provável que ao esboçar seu mapa, Waldseemüller tivesse tais ideias em mente, consciente ou inconscientemente. Terras novas haviam sido descobertas, o Velho Mundo era mais bem entendido e o mundo inteiro podia ser refeito — talvez até na forma da própria águia imperial de Maximiliano. Embora apenas uma conjetura, isto poderia explicar o traço mais memorável do desenho que Waldseemüller escolheria para seu mapa: estes dois hemisférios colocados com tanto destaque no topo da moldura. Um, decidiu ele, mostraria o Velho Mundo e viria acompanhado de um retrato de Ptolomeu, e o outro retrataria o Novo Mundo e o Extremo Oriente e viria acompanhado de um retrato de Vespúcio. Num nível, esta era uma alusão óbvia às imagens de Cristo que pairavam no topo dos *mappaemundi* medievais (Gravura 1), e sua mensagem era clara: antes só Deus era capaz de ver o globo inteiro, mas agora, graças ao saber dos antigos e aos feitos heroicos dos modernos, personificados pelas façanhas de Ptolomeu e Vespúcio, era possível a *todos* enxergar o mundo inteiro com um só olhar. *Saibam que vocês são deuses*. Mas esses dois retratos, fixados no topo de um grande mapa em forma de asas, uma olhando para o Oriente e a outra, para Ocidente, também trazem outra coisa à mente: a águia de duas cabeças. Waldseemüller planejou dedicar este mapa a Maximiliano I, que em breve seria o sacro imperador romano da Nação Alemã, e que melhor maneira de honrá-lo do que dar-lhe o mundo na forma de seu estandarte imperial? A ideia pegaria: mais adiante no século, o cartógrafo alemão Georg Braun e outros dedicariam seus mapas ao sacro imperador romano jogando explicitamente com o motivo da águia de duas cabeças (Figura 68).

Figura 68: A águia de duas cabeças como mapa-múndi, dedicada ao sacro imperador romano Maximiliano II (1574).

* * *

Com o tamanho e o aspecto geral do mapa determinados, Waldseemüller passou à preparação de um exemplar-mestre. Começou por juntar e inserir dados de suas várias fontes e, depois, preparou uma lista abrangente de coordenadas geográficas, um desafio logístico e matemático assustador. Depois, traçou a grade e começou a demarcar essas coordenadas. Ponto por ponto, os contornos de seu mundo ganharam forma: seus continentes e oceanos, suas ilhas e mares, suas regiões, cidades e povoações. Europa, África e Ásia, todas emergiram com seu conhecido formato — mas não o Novo Mundo. Rompendo com a prática de qualquer outro cartógrafo de sua época, Waldseemüller nem fez das terras recém-descobertas uma parte da Ásia nem deixou ambígua sua condição continental. Antes, ele decidiu cercá-las com água. Anos antes de Balboa e Magalhães supostamente se tornarem os primeiros europeus a confirmar a existência do oceano Pacífico, Waldseemüller colocou-o em seu mapa.

Era uma jogada impetuosa, um salto da imaginação não justificado por suas fontes conhecidas. Afinal, a carta náutica de Caverio e outras representações iniciais do Novo Mundo não haviam feito qualquer tentativa de definir toda a sua natureza ou extensão; tinham apenas delineado as regiões de sua costa leste que haviam sido recentemente exploradas. Em suas cartas, tanto as familiares quanto as públicas, o próprio Vespúcio sempre se referira ao Novo Mundo apenas como uma parte anteriormente desconhecida da Ásia. Mas Waldseemüller tinha uma ideia diferente. "Sabe-se hoje que a Terra está dividida em quatro partes"[21], escreveriam ele e Ringmann na *Introdução à cosmografia* — e a quarta parte, continuariam, "descobriu-se estar cercada pelo oceano por todos os lados".

Não é fácil entender o que deu tanta certeza a Waldseemüller e Ringmann. Talvez eles tivessem acesso a informações hoje perdidas sobre uma antiga viagem secreta portuguesa pelo estreito de Magalhães. Talvez o próprio Vespúcio tenha feito essa viagem. Alguns observadores destacaram que o topo do estreito fica logo abaixo dos 52 graus sul, uma latitude que corresponde quase exatamente ao ponto mais meridional que Vespúcio afirma ter alcançado em sua grande viagem pelo sul. Há outras possibilidades. Talvez Waldseemüller tenha confundido o que viu na carta náutica de Caverio — uma terra indefinida no seu lado ocidental — por uma terra cercada por água. Talvez ele e Ringmann, inebriados com os escritos de Platão, Virgílio, Plutarco, Sêneca e outros, tenham presumido que o oceano de fato tivesse soltado suas correntes e revelado um grandioso novo mundo do outro lado da Terra. Ou talvez a explicação seja mais simples. Tendo decidido delinear um total de 360 graus de longitude em seu mapa, talvez Waldseemüller tenha percebido que não podia obscurecer esta nova terra nas margens ocidentais de seu mundo, como cartógrafos anteriores haviam feito; antes, tinha de lhe dar definição — e apenas tenha adivinhado com base em seus conhecimentos. Ele tinha muitos dados brutos com que trabalhar. Tinha uma ideia razoável do tamanho da Terra; sabia que Ptolomeu envolvera o mundo conhecido ao redor de metade do globo; sabia até onde Martellus e Behaim tinham expandido a Ásia para o leste, para além do limite de Ptolomeu; sabia aproximadamente a que distância Colombo e Vespúcio haviam navegado da Europa para o oeste; e viu os novos contornos de costa que eles tinham descoberto e mapeado lá.

O próprio Ringmann, como poeta e sonhador, talvez tenha facilitado as coisas. Ao se referir a Ptolomeu na versão do pequeno poema geográfico que ele imprimiu em *Sobre a costa sul*, ele descrevera a terra descoberta por Vespúcio como "um mundo não conhecido em suas imagens [...] uma terra bem abaixo do Polo Antártico". Era geralmente assim que geógrafos instruídos reagiam ao lerem a carta *Mundus novus* pela primeira vez. Vespúcio claramente descrobrira *algo* ao sul, mas ainda não era possível dizer o que era. Para um cartógrafo, o natural a fazer era refletir essa incerteza. Mas, na versão revisada de seu poema geográfico que ele incluiria na *Introdução à cosmografia*, Ringmann deixou toda dúvida para trás. A maior parte do poema permaneceu exatamente igual — com uma exceção significativa. Em vez de descrever o novo mundo de Vespúcio como "uma terra bem abaixo do Polo Antártico", Ringmann agora a descreveu como "uma terra cercada pelo vasto oceano"[22].

* * *

TENDO REUNIDO os contornos gerais das quatro partes do mundo, Waldseemüller podia agora preencher os detalhes: as regiões geográficas, as divisões políticas, as montanhas e os rios, os nomes dos lugares, as legendas descritivas, as ilustrações decorativas.

A Europa era uma visão do passado antigo. Waldseemüller desenhou-a como os romanos a haviam conhecido, dividida em províncias tais como Ânglia, Hispânia, Gália, Itália e, claro, Germânia, que ele retratou como a mais proeminente de todas. Deslocando-se para o leste, ele continuou a seguir Ptolomeu, mas também começou a introduzir as partes da Ásia que os europeus tinham começado a visitar e explorar no século XIII. Para além da Europa oriental estava a Tartária e os ermos desérticos da Ásia Central: o território mongol. Estas eram as terras avaliadas a distância por Matthew Paris e inicialmente descritas para os europeus medievais pelos primeiros missionários cristãos — lugares onde, observou Waldseemüller, se podia encontrar os comedores de carne de cavalo e humana (*hippophagi* e *anthropophagi*); comunidades minúsculas de cristãos nestorianos; e a terra de Gogue e Magogue, que Waldseemüller identificou como o lar dos *iudei clausi*, ou "judeus enclausurados".

Prosseguindo para leste e viajando adiante no tempo, Waldseemüller deixou o mundo de Ptolomeu para trás. No lado oriental da Ásia Central, numa região localizada vagamente entre o que chamou de Alta e Média Índias, ele desenhou uma grande cruz representando o reino de Preste João, e ao sul dela utilizou-se da linguagem da apócrifa Carta a Preste João para descrever as terras ricas em pedras preciosas do grande rei. Depois vinha o Extremo Oriente, conforme Marco Polo, Sir John Mandeville e outros antigos viajantes haviam-na descrito, como Martellus e Behaim a tinham mapeado, e como Colombo e Vespúcio e outros exploradores do Novo Mundo a tinham imaginado — embora Waldseemüller não necessariamente escrevesse os nomes de seus lugares da maneira como eles haviam feito. Primeiro vinha o Catai (que Waldseemüller chamou Chatay) e Manzi (Mangi), dominados por uma imagem da magnífica Cidade do Céu do Grande Khan, Kinsai (Quinsaij); depois surgia a península que se projetava na direção leste, que Colombo erroneamente associara a Cuba; depois a grande ilha de Cipangu (Zipangri), desenhada no oceano bem na orla do mapa, exatamente como Martellus a retratara; e finalmente, no sul, as grandes ilhas das Especiarias.

Waldseemüller agora chegara ao canto inferior direito de seu mapa. Virando para oeste, ele passou sob a Cauda do Dragão e reentrou no mundo de Ptolomeu. Conforme avançava para o ocidente pelo oceano Índico ele o ia preenchendo com muitos dos antigos marcos terrestres que tanto tinham obcecado os europeus do século XV: a Catigara, a Aurea Chersonese, o Sinus Magnus, a Taprobana, o Prassum Promontorium. Aqui ele se baseou principalmente no que encontrou na *Geografia*, assim como fez com a Arabia Felix, o mar Vermelho e grande parte da costa oriental da África. Mas quando virou para o sul ao longo desta costa, mais uma vez teve que deixar Ptolomeu para trás. Agora ele se voltou para a sua cópia da carta náutica de Caverio, e conforme se deslocou para o sul, copiou o que viu: uma linha costeira repleta de nomes de lugares portugueses; uma série de bandeiras altas portuguesas encimadas por cruzes, representando os padrões plantados ao longo da costa pelos portugueses; e, no interior, um grande retrato de um elefante, sob o qual ele — ou seu ilustrador — acrescentou um grupo amontoado de africanos nus.

No fundo mediano de seu mapa, Waldseemüller fez a ponta sul da África atravessar a moldura do mapa, exatamente como Martellus fizera antes dele. Ainda utilizando sua cópia da carta náutica de Caverio como seu guia principal, ele então dobrou o Cabo da Boa Esperança e avançou pela costa ocidental da África, primeiro viajando para o norte, passando por mais padrões portugueses; depois virando para oeste e avançando ao longo do lado inferior do bojo ocidental africano, além da fortaleza de Elmina; e depois rumando novamente para o norte ao longo da costa da África ocidental.

Para a África ocidental, onde as novas terras descobertas pelos portugueses se encontravam com as antigas mapeadas por Ptolomeu, Waldseemüller misturou elementos da carta náutica de Caverio e da *Geografia*. Desenhou o equador passando bem acima do bojo da África ocidental, como Ptolomeu fizera, apesar de saber, pela carta náutica, que na verdade ele estava localizado mais ao sul — uma decisão desconcertante que ele e Ringmann se sentiram obrigados a mencionar na *Introdução à cosmografia*. Inseriu as recém-descobertas ilhas de Cabo Verde em seu mapa, e creditou sua descoberta ao infante D. Henrique — mas colocou-as a oeste da antiga província romana da Líbia. Às ilhas

Canárias ele se referiu por seu nome clássico, as ilhas Afortunadas, mas mapeou-as ao estilo das cartas náuticas. Decidiu também incluir em seu mapa o temível Cabo do Bojador da lenda medieval, mas situado diretamente ao lado da província romana de Getúlia. Esta mistura de fontes, porém, não durou muito tempo. Assim que Waldseemüller alcançou o norte da África e virou para leste, Mediterrâneo adentro, mais uma vez Ptolomeu foi seu único guia.

Por fim, Waldseemüller voltou sua atenção para o Novo Mundo. Aqui ele copiou cuidadosamente o que encontrou na carta náutica de Caverio, inserindo uma série de bandeiras ao longo da região que o dividia em território português e espanhol. A ilha arborizada no norte ele atribuiu a Portugal, rotulando-a simplesmente de "costa desconhecida". As ilhas do Caribe ele atribuiu aos espanhóis e deu o crédito de seu descobrimento diretamente a Colombo. Também entregou aos espanhóis o continente a oeste, avolumando-o como Caverio havia feito. No leste, reproduziu os nomes e características da costa; no oeste, rabiscou uma cordilheira genérica; e para além de tudo, bem na orla ocidental de seu mapa, deixou espaço para o oceano — exatamente o mesmo corpo de água que, do outro lado de seu mapa, banhava as costas de Cipangu e Catai.

Waldseemüller seguiu de perto a carta náutica ao começar a esboçar a grande e nova terra ao sul explorada tão recentemente por Colombo, Vespúcio e Cabral. Nos extremos leste e oeste da costa norte do continente ele pôs duas bandeiras espanholas, emoldurando uma área da costa que incluía o Golfo de Pária. Copiando uma legenda diretamente da carta náutica, descreveu toda a região norte do continente conforme tinha sido descoberta pelo rei de Castela. Deslocando-se para leste, cruzando uma linha invisível de demarcação, plantou duas bandeiras portuguesas na longa costa leste do continente: a primeira, em cima de um navio perto de onde Cabral fizera seu desembarque acidental, e a segunda no ponto mais ao sul alcançado por Vespúcio — que, por razões desconhecidas, ele escolheu situar exatamente 42 graus ao sul, inscrito na moldura sul de seu mapa. No oeste, colocou mais montanhas, com mais oceano além, e entre as duas costas, sem dúvida estimulado por Ringmann, deu um nome a este novo continente ao sul: América.

Seu mundo estava quase completo. Faltavam apenas as ilustrações da moldura, que ele teria de pedir a um artista para fazer: os grandes retratos de Ptolomeu e Vespúcio no topo, e retratos menores, no padrão do estilo ptolomaico, dos 12 ventos clássicos com bochechas inchadas. Nos quatro cantos da moldura do mapa, contudo, ele deixou espaço para quatro longas legendas — e ali, de volta ao reino das palavras, parece que mais uma vez contou com o apoio de Ringmann. A influência de Ringmann é mais óbvia na legenda acima do Novo Mundo, que contém fortes ecos do que ele escrevera em *Sobre a costa sul* para seu amigo Jacob Braun. "Muitos encararam como uma invenção as palavras de um famoso poeta [Virgílio]", começa a legenda, "de que 'há terras que se estendem além das estrelas, além das rotas do sol e do ano, e onde Atlas, o portador do céu, gira sobre os ombros o firmamento cravejado de estrelas cintilantes'. Mas agora, finalmente, eis a prova clara de que isto é verdadeiro".

Por fim, o esboço do mapa ficou pronto, e era assombroso de se ver. Ao misturar tradições cartográficas anteriormente independentes, ao juntar o Velho Mundo ao Novo, ao revelar e dar nome a um novo continente, e ao mapear tanto o tempo quanto o espaço, o mapa exaltava o espírito do saber e da investigação que finalmente possibilitara imaginar retratar uma visão do mundo como um todo. Waldseemüller e Ringmann sabiam que nem todos estariam prontos para aceitar esta visão, por isso, na legenda que aparece no canto inferior direito do mapa eles pediram indulgência a seus espectadores. "Um pedido temos de fazer", escreveram: "Que os inexperientes e desconhecedores da cosmografia não condenem tudo isto antes de tomarem conhecimento do que certamente lhes será mais claro posteriormente, quando vierem a entender isto."

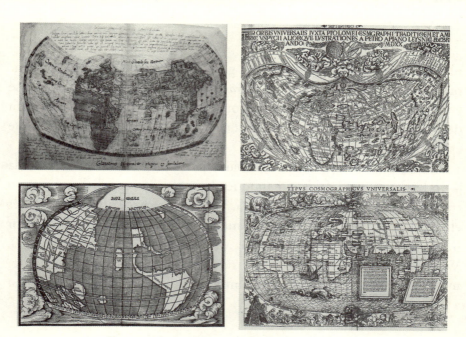

✦ Em sentido horário, a partir do alto, à esquerda:
mapas de Glareanus, Apian, Münster e Stobnicza ✦

CAPÍTULO DEZENOVE
ALÉM-MUNDO

Recentemente compusemos, desenhamos e publicamos um mapa do mundo inteiro, como um globo e um planisfério, que está sendo disseminado pelo mundo, não sem glória e louvor.[1]

— Martin Waldseemüller para Matthias Ringmann (1508)

O INVERNO DE 1506-1507 foi atarefado para Waldseemüller. Mesmo depois de ter terminado as folhas-mestras de seu grande mapa, ele ainda tinha muito que fazer. Precisou cavalgar montanhas abaixo, repetidamente, para falar de negócios com Johannes Grüninger em Estrasburgo e para se consultar com os artistas de lá que iriam ilustrar o mapa — artistas que, como sugerido, talvez tenham tido alguma ligação com o desenhista Albrecht Dürer[2]. Ele tinha que supervisionar o desenho e a produção de seus 12 blocos de madeira; tinha que trabalhar no desenho e impressão dos gomos para o globo; tinha que ajustar com Ringmann a redação e produção da *Introdução à cosmografia*; e tinha que se encontrar com Walter Lud e seus outros colegas do Gymnasium para decidirem as logísticas prática e financeira das tarefas de publicação que estavam prestes a empreender.

Mas no começo de abril a maior parte da obra estava adiantada — o bastante, pelo menos, para que ele se sentisse capaz de retomar o trabalho de sua edição adiada da *Geografia*. Para isso, no início do mês ele enviou uma carta a Johann Amerbach, um importante impressor humanista estabelecido na Basileia desde o final da década de 1470. Waldseemüller vivera e trabalhara na cidade na juventude e evidentemente conhecera Amerbach enquanto estava lá, e agora tinha um favor a lhe pedir.

> Ao distinto homem, Mestre Johann Amerbach, mais zeloso restaurador de livros úteis.
>
> Saudações. Não creio que tenha escapado a seu conhecimento que vamos imprimir a Cosmografia de Ptolomeu na cidade de Saint-Dié, depois de termos acrescentado certos mapas novos. E porque nossos exemplares são discordantes, peço que o senhor me gratifique, não tanto por mim, mas por meus mestres, Walter e Nicholas Lud. Acredito que o fará com prazer, porque é algo que beneficiará nossos esforços literários em comum, pelos quais o senhor trabalha dia e noite.
>
> Na biblioteca dos dominicanos próxima ao senhor há um manuscrito de Ptolomeu escrito em letras gregas que julgo estar tão isento de erros quanto o original. Portanto peço-lhe que faça o que for preciso para que possamos tê-lo emprestado pelo período de um mês, seja em seu nome ou no nosso. Se for de utilidade um depósito de segurança ou um recibo, providenciaremos para que o senhor receba imediatamente o que precisar. Eu incomodaria a outros com isto se não acreditasse que o senhor de bom grado assumiria esta tarefa e de fato pudesse ser bem-sucedido.
>
> O globo que preparamos para o [mapa-múndi] geral de Ptolomeu ainda não está impresso, mas estará dentro de um mês. E se esse manuscrito [em grego] de Ptolomeu de fato chegar até nós,

providenciarei para que o globo lhe seja enviado de volta com esse mesmo Ptolomeu, juntamente com certos outros itens que poderão ser úteis a seus filhos.

Adeus, e por favor assegure-nos de que não o importunamos e buscamos sua ajuda em vão. Da cidade de Saint-Dié, 5 de abril de 1507.

Martin Waldseemüller, cognome Ilacomylus, seu mais humilde criado[3].

Esta carta — o único documento escrito pelo próprio punho de Waldseemüller a ter sobrevivido — dá um vislumbre fascinante de Waldseemüller em ação: aproveitando ao máximo seus contatos no mundo editorial, mencionando nomes para conseguir que as coisas sejam feitas, rastreando diligentemente uma edição obscura da *Geografia*, demonstrando confiança no rigor das primeiras edições do texto em grego, e definindo seu próprio empreendimento geográfico como nada mais que uma humilde parte do esforço humanista global para ressuscitar e ampliar o saber dos antigos. Sua referência aos filhos de Amerbach também é reveladora. Dois deles eram estudantes universitários na época, membros da mesma geração de jovens humanistas que Waldseemüller e Ringmann esperavam atingir com seus mapas e sua mensagem.

A carta também oferece pistas sobre quando o mapa e o globo do Gymnasium foram publicados. Como Waldseemüller refere-se ao mapa como se ele já existisse, é possível que estivesse quase completo ou mesmo já publicado na época em que a carta foi escrita, no começo de abril. Sua afirmação de que o globo estaria terminado no espaço de um mês fornece um dado ainda mais concreto, sugerindo que provavelmente tenha sido impresso por volta do final de abril — o que corresponderia perfeitamente à data da primeira publicação da *Introdução à cosmografia*: 25 de abril.

No final de abril, todo o trabalho pesado estava concluído. Tudo estava publicado: o mapa gigante, o pequeno globo e a *Introdução à cosmografia*. Os membros do Gymnasium apresentaram uma cópia honorária completa a um encantado duque Renato, e alguns anos depois, em 1511, Waldseemüller lembraria sua reação com orgulho. "Não esquecemos"[4], escreveu ele ao dedicar seu mapa da Europa ao filho e sucessor de Renato, o duque Antoine, "com que indulgente atenção, com que agradável semblante e com que bondosa disposição [seu pai] aceitou um mapa geral do mundo e alguns outros exemplos de nossa obra literária que lhe oferecemos".

Com tudo impresso, era finalmente hora de fazer negócio. Em Saint-Dié, folhas recém-impressas e não encadernadas da *Introdução à cosmografia* foram agrupadas (na época os livros eram vendidos sem encadernação, com capas feitas pelo comprador ou por um encadernador), carregadas em barricas, e depois transportadas pelas montanhas abaixo em burros e carretas até Estrasburgo, talvez junto com cópias dos gomos do globo. Ali, presumivelmente na firma impressora de Grüninger, as cópias do livro juntaram-se às cópias do mapa grande e para serem vendidas como um pacote — na loja de Grüninger, em mercados, em tabernas e na movimentada praça diante da catedral da cidade, onde livreiros vendiam suas mercadorias pendurando folhas soltas de páginas de rosto ao redor de suas bancas para anunciarem suas ofertas. O negócio foi rápido. O Gymnasium imprimiria mais cópias da *Introdução à cosmografia* em Saint-Dié em agosto, e o próprio Grüninger imprimiria outra edição em Estrasburgo em 1509.

Mas Estrasburgo foi só o começo. Os melhores lugares para se comercializar livros no início do século XVI eram as feiras de livro regionais: eventos populares, realizados uma ou duas vezes por ano em importantes cidades europeias, onde os impressores se reuniam para comprar e vender seus livros, promoverem ofertas prestes a surgir, sonharem novos projetos e ampliarem suas redes literárias e comerciais. Estrasburgo teve sua própria feira em 1507, e os membros do Gymnasium certamente venderam sua obra lá, mas também estavam de olho em outras feiras, incluindo a mais importante de todas: a Feira do Livro de Frankfurt, ainda hoje em funcionamento. "Aproxima-se a época da Feira de Frankfurt"[5], diria o grande cartógrafo flamengo Gerardus Mercator a um amigo mais tarde no século, quando tinha um novo atlas ptolomaico para vender, "na qual, se for possível, comercializarei livremente esta obra de Ptolomeu". Waldseemüller e seus colegas certamente tinham planos semelhantes. E foi assim, na primavera e verão de 1507, que seu mapa começou a se espalhar pela Alemanha e além.

Além-mundo

* * *

EM ALGUM MOMENTO no verão de 1507, o estudioso beneditino Johannes Trithemius recebeu uma carta de seu amigo William de Velde. Clérigo erudito e autor alemão que participava dos círculos humanistas, Trithemius assumira o cargo de abade do mosteiro de Würzburg, a cerca de 110 quilômetros a leste de Frankfurt. Sabendo do interesse de Trithemius por geografia, Velde relatou em sua carta que pouco tempo antes se deparara com algo que talvez fosse do interesse de seu amigo. Sua carta se perdeu — mas não a resposta de Trithemius. "Você diz que está à venda em Worms um globo lindamente desenhado das terras, mares e ilhas e que eu talvez desejasse adquirir"[6], escreveu Trithemius em 12 de agosto de 1507. "Mas ninguém me convencerá facilmente a gastar 40 florins nisso. Há alguns dias, porém, adquiri, de fato, um lindo e pequeno globo por uma soma modesta, recentemente impresso em Estrasburgo, e ao mesmo tempo um mapa grande do mundo, de plano expandido, mostrando as ilhas e regiões recentemente descobertas pelo espanhol Américo Vespúcio no oceano Ocidental para o sul, até quase o décimo paralelo [50 graus], com alguns outros assuntos relativos a esta mesma exploração."

A carta de Trithemius é a mais antiga referência independente ao mapa de Waldseemüller a sobreviver e fornece a única descrição existente sobre o modo como o mapa e seus materiais de apoio foram vendidos. Aparentemente eles foram comercializados como um pacote, tal como a página de rosto da *Introdução à cosmografia* sugere que seriam — e eram baratos. Os globos e grandes mapas murais já não eram apenas para os ricos e poderosos.

Na *Introdução à cosmografia*, Trithemius não encontrou qualquer informação sobre como agrupar e montar este novo mapa. Mas quem quer que o tenha vendido a ele certamente lhe deu as instruções, e estas devem ter sido quase idênticas às instruções que Johannes Grüninger imprimiria cerca de duas décadas depois para acompanhar outro mapa mural do mundo em 12 partes: a Carta Marina de Lorenz Fries, de 1525. Cada edição deste mapa — ele próprio baseado no mapa de Waldseemüller de 1516 com o mesmo nome — vinha acompanhado de um diagrama (Figura 69) e do seguinte conjunto de instruções.

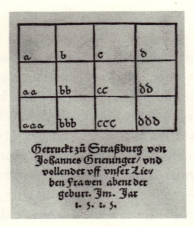

Figura 69: Diagrama para a montagem de um mapa mural de 12 folhas. Lorenz Fries (1525).

Se desejar montar você mesmo o mapa e colá-lo, pegue um pano de linho ou um pedaço de pano velho e limpo, coloque uma tábua larga sobre uma mesa ou arca, e estique firmemente a folha, com pregos cravados em toda a volta. Depois, corte as páginas pelo lado esquerdo, de maneira que se encaixem. As folhas do meio, *aa* etc., também devem ser cortadas ao comprimento. Você deve verificar o ajuste antes de começar a colagem. Depois, coloque alguma cola, mas não muita, numa pequena frigideira. Aqueça-a, mas sem deixá-la muito quente. Depois, pegue uma escova, não muito pequena e com cerdas macias. Coloque a frigideira sobre a tábua na qual você esticou o linho, e então pegue a primeira folha, rotulada *a*. Vire-a, pincele o avesso com cola e coloque-a no alto à esquerda, da maneira que alguém escreve *a* e depois *b*. Tenha alguém por perto para lhe passar as páginas, de maneira que possa pô-las depressa e de forma que se ajustem imediatamente. Depois, ponha um pedaço de papel limpo sobre ela e esfregue-o com um pedaço de pano, para alisá-la.[7]

Montadas desta forma para uso, supostamente, em sala de aula, cópias do mapa de Waldseemüller começaram a surgir em universidades alemãs na década seguinte a 1507. Talvez tenha sido assim que o jovem humanista suíço Henricus Glareanus encontrou o mapa pela primeira vez. Em 1507, aos 19 anos, Glareanus matriculou-se na Universidade de Colônia, onde por três anos prosseguiu um diversificado curso de estudos. Quando saiu da universidade, em 1510, levou consigo não só a *Introdução à cosmografia*, mas também vários esboços do mapa que fizera enquanto estava lá (Figuras 2 e 3) — os mesmos esboços que ressurgiriam quase duzentos anos depois e provariam que o mapa de Waldseemüller de fato tinha existido.

Um incontável número de outros jovens alemães também se deparou com o mapa em universidades por volta da mesma época. Em algum momento entre 1514 e 1518, na Universidade de Tübingen, por exemplo, um jovem professor de hebraico chamado Sebastian Münster assistiu a palestras sobre geografia ministradas por um de seus colegas e esboçou cópias de mais de quarenta mapas em seu livro de apontamentos. Dois desses esboços derivam do mapa de Waldseemüller, incluindo esta cópia óbvia de seu hemisfério do Novo Mundo (Figura 70).

Figura 70: Cópia do hemisfério ocidental de Waldseemüller, por Sebastian Münster (c. 1514-1518). A China e a Índia estão à esquerda; o Japão e a América do Norte, no meio; a América do Sul, no canto inferior direito.

O mapa também apareceu em outros lugares. Em 1520, um jovem matemático chamado Peter Apian, aluno na Universidade de Viena que recentemente terminara um curso na Universidade de Leipzig, fez uma óbvia cópia do mapa e publicou-a como se fosse obra sua (Figura 71).

Figura 71: Cópia do mapa de Waldseemüller
de 1507, por Peter Apian (1520).

Estrasburgo, Würzburg, Colônia, Tübingen, Leipzig, Viena: o mapa estava por toda parte — assim como a *Introdução à cosmografia*. Cópias do livro surgiam não apenas na Alemanha, mas em toda a Europa, a ponto de, em 1516, o humanista inglês Sir Thomas More ser capaz de se referir de improviso, em sua *Utopia*, às "quatro viagens"[8] de Vespúcio, "relatos que hoje são leitura comum em toda parte" — quase certamente uma referência à carta de Vespúcio que aparecera na *Introdução à cosmografia*. O intrigante é que a *Introdução à cosmografia* talvez tenha ajudado More a ter a ideia de sua *Utopia*. O livro de More, afinal, apresenta a seus leitores um paraíso comunitário no Novo Mundo, bem distante no oceano, descoberto, supostamente, por um dos marinheiros deixados para trás no final da quarta viagem de Vespúcio. O próprio nome *Utopia* — uma palavra de raízes gregas cunhada por More para significar "nenhum-lugar" (*ou-topía*), "bom lugar" (*eu-topía*), ou ambos — possui uma estranha semelhança com o nome América. Ambas são cunhagens de quatro sílabas a partir do grego, ambas identificam uma região anteriormente desconhecida do outro lado do oceano e sugerem ser uma espécie de Terra de Lugar Nenhum (*A-meri-gen*, ou "terra-de-lugar-nenhum", e *ou-topía*, ou "lugar-nenhum"), e ambas fazem um jogo de palavras particular destinado a um pequeno público de humanistas altamente instruídos. More talvez tenha sido uma das poucas pessoas a efetivamente compreenderem o trocadilho de Matthias Ringmann.

Mas e Vespúcio? Será que ele alguma vez se deparou com o mapa de Waldseemüller ou com a *Introdução à cosmografia*? Terá sabido que o Novo Mundo fora batizado em sua honra? Provavelmente não. Não se tem conhecimento de que o livro ou seu nome tenha chegado à Península Ibérica antes de sua morte, em 1512, em Sevilha. Mas chegaram lá pouco depois: o nome América apareceria num livro impresso na Espanha em 1520, e algum tempo antes de 1539 sabe-se que o filho de Colombo, Fernando, que vivia na Espanha, adquiriu uma cópia da *Introdução à cosmografia*. Por volta desta época, também Bartolomeu de Las Casas leu o livro e ficou tão desolado com sua celebração de Vespúcio que lançou sua famosa campanha para retificar os registros. "Surpreende-me"[9], escreveu ele em sua *História das Índias*, "que o filho do Almirante, Fernando, que é um homem tão sábio, não tenha notado que Américo Vespúcio usurpou a glória de seu pai, especialmente porque ele tinha prova documental disso, como eu sei que tem". Essa prova só pode ter sido a *Introdução à cosmografia*.

Inspirados por Las Casas, os espanhóis rejeitariam o uso do nome América por mais dois séculos, mas a causa estava perdida desde o começo. O nome, tão poético e com sonoridade mítica, era um complemento aos nomes Ásia, África e Europa e tinha surgido no lugar certo e na hora certa; não havia retorno, especialmente quando os humanistas começaram a disseminar a palavra. Fortemente influenciados pelo mapa de Waldseemüller e pela *Introdução à cosmografia*, Henricus Glareanus, Sebastian Münster e Peter Apian tornar-se-iam todos autoridades geográficas de direito, e em todos os seus escritos e mapas eles identificariam o Novo Mundo comumente como América. Provavelmente, nenhuma obra tenha feito mais para garantir a aceitação e sobrevivência do nome do que a *Cosmografia* de Münster, de 1544. Reimpresso pelo menos 35 vezes e traduzido para pelo menos cinco línguas, o livro iria se tornar um dos mais vendidos de todo o século XVI. Contra esse tipo de concorrência, Las Casas e os espanhóis não tinham qualquer chance.

Muitos outros ajudaram a assegurar a aceitação do nome — mais notoriamente, o jovem Gerardus Mercator, destinado a tornar-se o cartógrafo mais influente e copiado do século. Aos 26 anos, em 1538, quando desenhou seu primeiro mapa do mundo, Mercator decidiu que o Novo Mundo como um todo, e não apenas sua parte sul, deveria ser chamado América. Os nomes que ele decidiu usar são os que apareceram na maior parte dos mapas desde então: América do Norte e América do Sul.

*　　*　　*

WALDSEEMÜLLER E RINGMANN continuaram a trabalhar juntos nos anos seguintes a 1507. Ringmann viajou novamente para a Itália em 1508, desta vez retornando com um manuscrito grego de Ptolomeu, e ele e Waldseemüller parecem ter completado a obra de sua nova edição da *Geografia* pouco tempo depois. Mas seu plano de publicar em Saint-Dié não deu em nada. Durante uma caça aos lobos em dezembro de 1508, o duque Renato teve um derrame e morreu no mesmo dia. Seu sucessor, o duque Antoine, parece ter tido pouco interesse no Gymnasium ou em sua obra.

O próprio Ringmann não viveu muito mais. Em 1509, sofria de dores no peito — provavelmente tuberculose — e estava exausto. Apesar de sua saúde frágil, prosseguiu com uma árdua rotina de trabalho e de viagens, mas no outono de 1511 estava às portas da morte. A carta que Ringmann escreveu nesse outono elogiando o novo mapa da Europa de Waldseemüller pode ter sido a última vez que este teve notícias dele. "Considerando a pressa de minha composição e a gravidade de minha doença"[10], disse Ringmann ao velho amigo, "você não me recusará suas desculpas, caro Martin, por ter escrito sem elegância e graça latina". Umas poucas semanas depois, antes mesmo de completar 30 anos, Ringmann estava morto.

Waldseemüller viveria por mais oito anos. Mas algo peculiar aconteceu após a morte de Ringmann: Waldseemüller deixou de usar o nome América. Em 1513, quando sua nova edição da *Geografia* foi finalmente impressa, em Estrasburgo, nenhum dos dois mapas no atlas que retratava o Novo Mundo chamava-o de América nem o mostrava cercado por água (Figuras 72 e 73).

Além-mundo

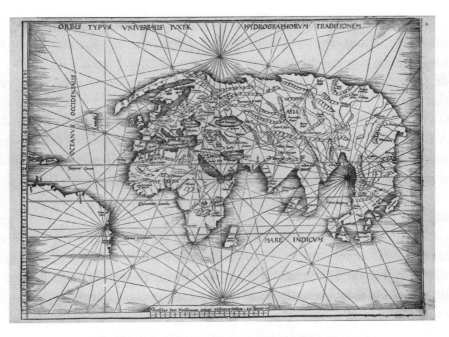

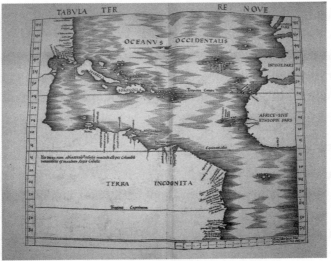

Figuras 72 e 73. No alto: O mundo moderno, da *Geografia* de Martin Waldseemüller e Matthias Ringmann, editada em Estrasburgo (1513), com o nome América visivelmente ausente. *Abaixo*: O mapa do Novo Mundo da mesma edição da *Geografia*. Aqui a América do Sul é chamada de *Terra Incognita* e só Colombo é identificado como seu descobridor.

Waldseemüller representou o Novo Mundo exatamente da mesma maneira três anos depois, em 1516, quando produziu sua Carta Marina: um admirável mapa-múndi com 12 folhas elaboradamente ilustradas e densamente anotadas, baseado intimamente na carta náutica de Caverio. Aqui Waldseemüller rotulou a América do Norte como A TERRA DE CUBA — PARTE DA ÁSIA, e chamou a América do Sul simplesmente de A NOVA TERRA, embora identificasse a região norte descoberta por Colombo como A TERRA DE PÁRIA, e a região sul descoberta por Vespúcio somente como BRASÍLIA, OU A TERRA DOS PAPAGAIOS (Figura 74).

Como explicou num longo e curioso discurso ao leitor no canto inferior esquerdo do mapa, Waldseemüller projetou sua Carta Marina como uma continuação do mapa de 1507 e como uma espécie de retratação. O discurso — que séculos depois ajudaria Joseph Fischer a identificar Waldseemüller como o autor dos dois mapas-múndi que acabara de descobrir no castelo de Wolfegg — é ao mesmo tempo revelador e enigmático, e por vezes evocativamente melancólico.

Ilacomilus, Martin Waldseemüller, deseja felicidade ao leitor.

Parecerá a você, Leitor, que anteriormente nós apresentamos e mostramos diligentemente uma representação do mundo repleta de erros, prodígios e confusões. Acreditamos que o leitor discorde de nós quanto a esta representação, pelo fato de termos representado formas irregulares em nossa prévia descrição da terra e mar (e estes nós certamente descrevemos sem retórica enganosa).

Como recentemente viemos a perceber, nossa representação anterior agradou a bem poucas pessoas. Portanto, dado que os que verdadeiramente buscam o conhecimento raramente disfarçam suas palavras com retórica desconcertante e não embelezam os fatos com atrativos, mas, em vez disso, com uma venerável abundância de simplicidade, devemos dizer que cobrimos nossas cabeças com o manto da humildade.

No passado publicamos uma imagem do mundo inteiro em mil cópias que foi completada em alguns anos, não sem trabalho árduo, e fundamentada na tradição de Ptolomeu, cujas obras são conhecidas de poucos em virtude de sua excessiva antiguidade. [...] Embora seja bem sabido que o mecanismo do mundo não

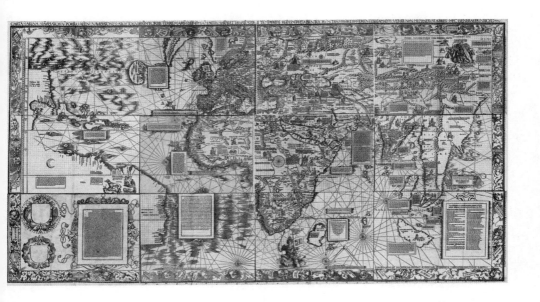

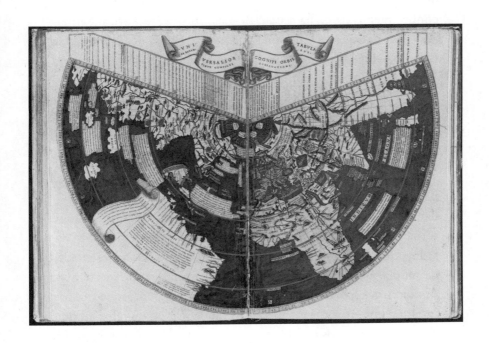

mudou desde a época de Ptolomeu, é verdadeiramente um fato que a passagem do tempo inverte e muda as coisas, de maneira que é difícil encontrar uma cidade ou uma região em vinte que desde essa época tenha mantido seu nome antigo ou não tenha se desenvolvido recentemente. Por causa disto, e porque ao se olhar para trás nada nestes assuntos é claro, nosso entendimento de regiões e cidades muito distantes pode ser dificultado. Onde se localizam hoje Augusta, Rauricum, Elcebu, Berbetomagus, ou, entre as potências marítimas estrangeiras, Byzantium, Aphrodisium, Cartago, Nínive, cujos nomes e localizações nos foram transmitidas com grande precisão por Ptolomeu? Esta é, naturalmente, uma pergunta difícil. Estarão próximas, junto ao rio Reno, ou distantes e ocultas? Quem tem conhecimento, quem pode destacar, e quem pode nos dar a conhecer o povo sequani, os hedui, os helvéticos, os leuci, os vangioni, os hagoni, os mediomatrice, os quais eram todos tão conhecidos em uma época? Reconheço que é possível que ninguém hoje pudesse conhecer os modos dos antigos e ter conhecimento da Gália celta e Bélgica, Austrásia, Norica, Sarmatia, Cítia, Táurica e a Chersonese Dourada, a Baía de Caticolphi, a Baía do Ganges e a muito conhecida ilha da Taprobana. O tempo é extenso; ele renova e muda os assuntos dos homens [...].

Motivado por estas considerações, preparei esta segunda imagem do mundo inteiro para benefício dos eruditos, de modo que, assim como a representação de toda a terra e mar pelos autores antigos ficou reunida [no mapa de 1507], não só a nova e atual imagem do mundo ficaria patente, mas também a mudança natural ocorrida durante esse intervalo de tempo ficaria tão evidente que vocês teriam uma visão única do tipo de coisa que se torna perecível. Estas coisas, quaisquer que tenham sido no passado e quaisquer que possam vir a ser no futuro, são apresentadas de modo que não se pode duvidar delas com o passar do tempo. Agradou-nos, portanto, criar uma imagem e descrição do mundo inteiro como uma carta náutica, ao modo dos cartógrafos modernos. [...] Tomamos o máximo cuidado para que nem uma única palavra de nossa descrição fosse embelezada por um estilo atraente ou adornada com algum tipo de arranjo festivo, pois é sempre melhor falar num estilo humilde e verdadeiro. Por esta razão lhes pedimos que nos considerem com espírito benevolente.[11]

Qual a necessidade deste extenso pedido de desculpas? Uma possibilidade é que Waldseemüller tenha se deparado com o mapa de Johannes Ruysch não muito depois de publicar seu mapa, e decidido que sua imagem do Novo Mundo era melhor (Figura 75). O mapa de Ruysch, que apareceu em uma reedição da *Geografia* romana de 1508, retratava a América do Norte como parte da Ásia, e a América do Sul como uma nova terra gigantesca de tamanho e natureza ainda indeterminados. Ruysch colocou uma legenda por cima da costa ocidental da América do Sul que dizia, em parte, "Visto que ainda não a exploraram completamente [a América do Sul] [...] ela deve ser imperfeitamente delineada até que se saiba em que direção se estende"[12]. Está claro que Waldseemüller conhecia o mapa de Ruysch; para descrever a América do Sul em sua Carta Marina ele tomou várias frases literais da legenda que Ruysch colocou no meio do continente.

Há outras possibilidades. Talvez Ringmann, em seu apego à profecia de Virgílio e seus jogos de palavras, tenha convencido Waldseemüller a representar o Novo Mundo de maneira mais imaginativa e ousada em 1507 e que Waldseemüller não se sentisse confortável com isso, e agora, com a morte de Ringmann, se sentisse capaz de se afastar de sua obra anterior. Talvez Waldseemüller tenha chegado a sentir que, ao combinar tantas fontes e tradições diferentes, seu mapa de 1507 tinha se tornado a mesma espécie de "caos monstruoso" que sua nova edição de Ptolomeu deveria banir. Talvez o simbolismo do mapa e sua bajuladora dedicatória a Maximiliano tenham ofendido seus senhores franceses em Saint-Dié, que o tinham feito cônego na cidade em 1514. Ou talvez, ao ler mais sobre o descobrimento e exploração do Novo Mundo nos anos posteriores a 1507, ele tenha começado a perceber que Vespúcio não era tudo aquilo que suas cartas públicas pretendiam fazer dele.

Depois da Carta Marina, Waldseemüller não produziria mais nenhum mapa. Quatro anos depois, em 16 de março de 1520, ele faleceu — "morto sem testamento"[13], escreveria posteriormente um tabelião ao registrar a venda de sua casa em Saint-Dié, "o falecido Martin Valdesmiles, ex-cônego nesta região".

Cópias do mapa de Waldseemüller começaram a desaparecer durante as décadas que se seguiram. Não havia outro destino possível para mapas encharcados de cola, transferidos para velhos lençóis de linho, cheios de tachas, pendurados em paredes, enrolados e desenrolados continuamente, rabiscados com correções, esquadrinhados e tocados por admiradores, expostos ao calor e ao frio, ao sol e à umidade, à fumaça e à fuligem — e, acima de tudo, tornados obsoletos pelo contínuo ritmo de descobertas geográficas. As cópias se desgastaram ou foram descartadas às dezenas e centenas, substituídas por mapas mais recentes, mais atualizados e mais bem impressos. Em 1570, o mapa tinha quase desaparecido da memória. Quando o cartógrafo Abraham Ortelius publicou, nesse ano, uma lista incrivelmente abrangente de seus antecessores cartográficos e seus mapas, ele mencionou Waldseemüller — e não fez qualquer referência ao grande mapa de 1507.

Mas uma cópia sobreviveu. Em algum momento entre 1515 e 1517, enquanto reunia materiais para ajudá-lo a desenhar e imprimir gomos de globo de sua autoria, o matemático Johannes Schöner, de Nuremberg, adquiriu uma cópia do mapa — não um original, mas uma reedição, segundo conclusões de estudos recentes[14], por causa do estado desgastado e estalado dos blocos de madeira e do tipo de linha d'água usado no papel. Schöner não precisava do mapa para exibição ou para lecionar. Precisava dele como obra de referência, portanto não o agrupou nem montou. Em vez disso, atou-o — junto com uma cópia da Carta Marina de 1516 de Waldseemüller, um mapa das estrelas estampado por Albrecht Dürer em 1515 e gomos de globo celeste que ele mesmo produziu em 1517 — num enorme fólio, com capa de madeira, que conseguiu manter em sua biblioteca pessoal. Nos anos entre 1515 e 1520, Schöner estudou o mapa atentamente. Traçou uma grade de linhas vermelhas por partes de suas duas folhas centrais, presumivelmente para ajudá-lo a transferir para seus globos as coordenadas de lugares que ele viu ali; foram vários globos produzidos durante esses anos, todos eles baseados marcadamente no mapa de Waldseemüller. Mas com o passar das décadas, conforme surgiam mapas mais recentes, e seus próprios interesses deslocaram-se da geografia para a astronomia, Schöner passou a consultar o fólio cada vez menos. Na época em que morreu, em 1545, ele provavelmente não o abria havia anos. O mapa de Waldseemüller estava então prestes a iniciar seu longo sono. Mas nessa época o mapa já chegara à Polônia e ajudara a convencer Nicolau Copérnico, um humanista que falava alemão, de que era hora de propor um modelo do cosmos fundamentalmente novo.

* * *

COPÉRNICO PUBLICOU *Sobre as revoluções das esferas celestes*, o tratado astronômico que expunha completamente sua nova teoria do cosmos, em 1543, o ano de sua morte. Na verdade ele desenvolvera a teoria muito antes, mas por décadas tinha resistido à ideia de publicá-la, por receio de como seria recebida. "Posso desde já imaginar, Santo Padre"[15], disse ele ao papa Paulo III na frase de abertura de seu prefácio a *Sobre as revoluções*, "que assim que algumas pessoas ouvirem que neste volume, em que escrevi sobre as revoluções das esferas do universo, atribuo certos movimentos ao globo terrestre, elas gritarão que devo ser imediatamente repudiado juntamente com esta crença". Contudo, Copérnico discutira suas ideias em privado com amigos durante grande parte de sua vida e até enviara a alguns deles um breve manuscrito resumindo sua herética teoria do cosmos, uma obra hoje conhecida como *Commentariolus*, ou *Pequeno comentário*. Muitos dos que admiravam as ideias de Copérnico o pressionavam a torná-las públicas, e finalmente, como ele escreveu em seu prefácio, eles venceram sua resistência. "O desprezo que eu tinha motivos para recear por conta da novidade e da informalidade de minha opinião"[16], escreveu ele, "quase me induziu a abandonar completamente a obra que havia assumido. Mas embora eu hesitasse por um longo tempo e mesmo resistisse, meus amigos me pressionavam. Encorajavam-me repetidamente, às vezes com repreensões, e exigiram que eu publicasse urgentemente este volume e finalmente permitisse que ele aparecesse depois de ter estado enterrado entre meus papéis e jazendo oculto não apenas até o nono ano, mas hoje já no quarto período de nove anos".

O quarto período de nove anos: a frase é enrolada, mas a matemática é simples. Quatro períodos de nove anos são 36 anos — e 36 anos antes de 1543 são 1507.

Apesar do que este prefácio sugere, Copérnico não escreveu *Sobre as revoluções* integralmente em 1507 e depois manteve-o escondido por décadas. A última parte do manuscrito, que ainda hoje existe, revela ter sido escrita apressadamente e contém referências a observações celestes feitas não muito antes da morte de Copérnico. Não resta dúvida, contudo, de que Copérnico desenvolveu uma versão preliminar de sua teoria e a redigiu no início do século. Em 1514, por exemplo, ele aparentemente já escrevera e fizera circular o *Pequeno comentário*; nesse ano, Matthew de Miechów, um médico e professor de geografia da Universidade de Cracóvia, sob cuja orientação Copérnico estudara geografia uma década antes, preparou um inventário de sua biblioteca e notou que numa cômoda de madeira de faia ele guardava algo notável — "um manuscrito de seis folhas explanando a teoria de que a Terra se move enquanto o sol está fixo!"[17]

No prefácio a *Sobre as revoluções*, Copérnico certificou-se de pontuar que ele não era o primeiro a sugerir que a Terra estava em movimento. Diversos astrônomos gregos haviam feito essa declaração na Antiguidade, escreveu, e "foram eles"[18], explicou, "que primeiro abriram o caminho para a investigação destas mesmas questões". A ideia também ressurgira nos tempos modernos, embora Copérnico não mencionasse isso em seu prefácio. Em 1440, o influente cardeal e humanista Nicolau de Cusa — um célebre astrônomo e cartógrafo que também era amigo íntimo de Toscanelli — tinha escrito que "a Terra, que não pode ser o centro [do cosmos], de algum modo tem de estar em movimento"[19]. Exatamente na mesma época em que Copérnico desenvolvia sua teoria, Leonardo da Vinci pensava em linhas muito similares. "A Terra não é o centro da órbita do Sol nem está no centro do universo"[20], escreveu ele em 1511, em um de seus livros de apontamentos privados, "mas no centro de seus elementos parceiros e unida a eles".

Como tantos outros humanistas de fala alemã, Copérnico passou algum tempo estudando na Itália no final dos 1490 e começo dos 1500, e foi provavelmente durante este período que deparou pela primeira vez com a teoria de que a Terra estava em movimento. A teoria claramente o intrigou, e depois que retornou à Polônia, em 1503, começou a buscar formas de provar isso. Em algum momento não muito depois de 1507 ele parece ter se deparado com o mapa de Waldseemüller — e o que viu nele o fez perceber que devia começar pela recém-batizada América.

Sabe-se que tanto o mapa como a *Introdução à cosmografia* chegaram à Polônia — especificamente, à Universidade de Cracóvia — não mais tarde do que 1512. Na época, a universidade era um centro de saber humanista na Europa oriental; Conrad Celtis passara um período ali, de 1489 a 1491, e o próprio Copérnico estudara lá entre 1491 e 1495. No corpo docente da universidade havia uma série de professores que lecionavam geografia, e em 1512 um deles, certo Johannes de Stobnicza, publicou um pequeno compêndio de geografia com pistas óbvias de que usou o pacote geográfico do Gymnasium. Intitulado *Introdução à cosmografia de Ptolomeu, com as latitudes e longitudes de regiões e cidades famosas*[21], a obra declarava sua intenção de descrever as terras "que chegaram ao nosso conhecimento por intermédio das viagens de Américo Vespúcio e outros"; referia-se continuamente ao Novo Mundo como América; identificava a América como uma quarta parte do mundo recém-descoberta, e num ponto reproduzia quase literalmente a passagem do batismo da América[22] — sinais seguros de que Stobnicza estava plagiando a *Introdução à cosmografia*. Stobnicza também editou dois pequenos mapas hemisféricos em seu livro, um do Velho Mundo e outro do Novo Mundo (Figura 76), e estes não deixam absolutamente nenhuma dúvida de que sua fonte era Waldseemüller.

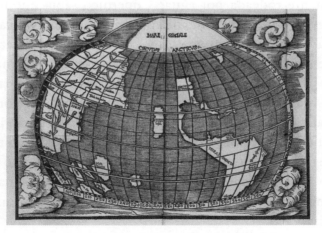

Figura 76: Cópia do hemisfério ocidental de
Waldseemüller, por Johannes de Stobnicza (1512).

Nos anos que se seguiram a seu retorno da Itália, Copérnico manteve vínculos com amigos e ex-professores da Universidade de Cracóvia, vários dos quais acompanharam ativamente os relatórios dos descobrimentos do Novo Mundo e tinham fortes laços com o mundo do humanismo alemão e suas publicações. O próprio Copérnico teve um interesse especial por geografia durante esse período e, de fato, faria, posteriormente, seus próprios mapas. Se, como parece irrefutável, a *Introdução à cosmografia* e o mapa de Waldseemüller chegaram à Polônia nos anos imediatamente seguintes a 1507, o provável é que Copérnico tenha se deparado com eles. Mas a melhor evidência de tal conexão vem de *Sobre as revoluções*, uma obra que o próprio Copérnico afirmou ter iniciado nessa mesma época.

* * *

SOBRE AS REVOLUÇÕES é fundamentalmente uma obra de astronomia e geometria. Mas o que possibilitou a Copérnico começar a escrever o livro foi uma revelação geográfica.

Uma questão fundamental o importunava ao refletir sobre o modelo tradicional do cosmos. Se o cosmos era um conjunto de esferas engrenadas tendo a Terra imóvel em seu centro, por que ela não estava completamente rodeada por água? Copérnico sabia que nos séculos precedentes os estudiosos tinham apresentado uma explicação. Deus deslocara a Terra do centro do cosmos, dizia sua teoria, fazendo com que um de seus lados viesse à tona na esfera aquática de maneira que a terra e o ar se encontrassem e possibilitassem a vida terrestre. Isto significava que a Terra não mais podia ocupar o centro geométrico da esfera aquática, ou, por extensão, do cosmos, mas isso não importava; o importante era o centro gravitacional do cosmos, onde tudo finalmente chegava ao repouso. Segundo esta teoria, pelo fato de a terra exposta ao ar ser mais leve do que a terra saturada de água, o centro gravitacional da Terra e o centro do cosmos ainda eram uma única e mesma coisa.

Copérnico conhecia bem este argumento de seus tempos de estudante. Mas não o engolia. Simplesmente não fazia sentido, nem matemática, nem geométrica, e nem logicamente — como ele explicou bem no início de *Sobre as revoluções*, numa pequena seção intitulada "Como a terra forma uma única esfera com a água".

> Não deveríamos dar atenção aos peripatéticos que declararam que [...] a Terra é saliente em certa medida pelo fato de seu peso não ser igual em toda parte, por conta de suas cavidades, sendo seu centro de gravidade diferente de seu centro de magnitude. Mas eles falham por ignorância da arte da geometria. Pois não percebem que a água não pode ser sete vezes maior e ainda deixar alguma parte da terra seca, a menos que a Terra como um todo desocupasse o centro de gravidade [...].
> Além disso, não há nenhuma diferença entre o centro de gravidade da Terra e sua magnitude. Pode-se estabelecer isto pelo fato de que desde o oceano para o interior a curvatura da terra não sobe uniformemente numa ascensão contínua. Se o fizesse, isso manteria a água do mar completamente fora e de maneira nenhuma permitiria que os mares interiores e os amplos golfos nela penetrassem. Ademais, a profundidade do abismo nunca deixaria de aumentar desde o litoral e pelo mar adentro, de maneira que nenhuma ilha ou recife ou qualquer forma de terra seria encontrada pelos marinheiros nas viagens mais longas.[23]

Copérnico notou, porém, que mares interiores e golfos *de fato* existem; o mar Mediterrâneo e o mar Vermelho eram disso prova suficiente. Ele então passou a anunciar que os exploradores modernos tinham trazido recentemente para casa evidências ainda mais constrangedoras — evidências empíricas, não filosóficas ou teológicas —, contrárias à ideia de uma Terra saliente em um dos lados da esfera aquática. "Em sua *Geografia*", ele escreveu,

> Ptolomeu estendeu a área habitável por metade do mundo. Para além desse meridiano, onde ele deixou a terra desconhecida, os modernos acrescentaram o Catai e um território com uma vastidão de 60 graus de longitude, de modo que agora a Terra é habitada por uma faixa de longitude maior do que a que resta para o oceano. Além disso, a essas regiões deveriam ser acrescentadas as

ilhas descobertas em nossa época sob as soberanias de Espanha e Portugal, e especialmente a América, batizada a partir do capitão do navio que a descobriu. Em virtude de seu tamanho ainda não revelado, pensa-se que seja um segundo grupo de países habitados. Também há muitas ilhas antigamente desconhecidas. Bem poucas razões temos para nos maravilharmos com a existência de antípodas. [...] De fato, o raciocínio geométrico sobre a localização da América nos força a crer que esteja diametralmente oposta ao distrito do Ganges na Índia.[24]

Nos anos imediatamente seguintes a 1507, apenas duas fontes poderiam ter fornecido a Copérnico este denso conjunto de informações geográficas tão específicas: o mapa de Waldseemüller e a *Introdução à cosmografia*. O mapa, por exemplo, destaca "a terra do Catai e todo o sul da Índia" como uma região recém-descoberta que fica "além de 180 graus de longitude", e depois prossegue situando a ponta mais oriental dessa região num ponto exatamente 60 graus além do limite de Ptolomeu. Tudo o que Copérnico continua a dizer também pode ser facilmente encontrado na *Introdução à cosmografia* e ainda mais facilmente observado no mapa de Waldseemüller — as referências aos reis da Espanha e de Portugal como os principais impulsionadores dos descobrimentos ocidentais; a particular atenção dada à América e seu "descobridor", Américo Vespúcio; os comentários sobre a existência de ilhas anteriormente desconhecidas e da Antípoda. Mas o mais revelador de tudo é a última linha de Copérnico, na qual ele declara que a América está "diametralmente oposta ao distrito do Ganges na Índia". De todos os mapas disponíveis a Copérnico no início do século XVI, somente o de Waldseemüller apresentava uma imagem do mundo capaz de induzi-lo a fazer esta observação em particular. Waldseemüller colocou a palavra *Ganges* a 145 graus de longitude em seu mapa, logo abaixo do Trópico de Câncer, e pôs a palavra *América* a 325 graus de longitude, logo acima do Trópico de Capricórnio — pontos sobre o globo diametralmente opostos entre si.

Ao estudar o mapa, ou refletir sobre ele mais tarde, Copérnico parece ter tido uma epifania. Se a Terra realmente se projetava para fora de um dos lados da esfera aquática — como mostrado nos diagramas da *Esfera* de Sacrobosco (Figura 26) e da *Imagem do Mundo* de Pierre D'Ailly (Figura 43) —, então, por definição, o oceano teria de se tornar cada vez mais profundo quanto mais longe se navegasse desde as costas do mundo conhecido. Neste modelo do cosmos a terra simplesmente não poderia se projetar da esfera de água em dois pontos diametralmente opostos — mas foi exatamente isso que Copérnico viu acontecer no mapa de Waldseemüller. Diante dele, baseado em observações empíricas de exploradores modernos e exibido em uma escala majestosa por cosmógrafos humanistas em cujo saber ele podia confiar, Copérnico tinha uma imagem drasticamente nova do mundo inteiro que mostrava uma nova terra gigantesca ao sul, diametralmente oposta ao mundo conhecido no meio do oceano. Só uma explicação parecia possível: simplesmente não podia haver uma esfera aquática. "A partir de todos estes fatos, finalmente"[25], concluiu Copérnico, "penso estar claro que a terra e a água juntas fazem pressão sobre um único centro de gravidade; que a Terra não tem nenhum outro centro de magnitude; que, sendo a terra mais pesada, suas brechas estão preenchidas com água; e que, consequentemente, há pouca água em comparação com a terra, embora muito mais água talvez apareça na superfície".

Subitamente, o modelo tradicional do cosmos se fragmentara bem em sua essência, e Copérnico, por fim, sentiu-se livre para começar a descobrir qual seria a aparência de um cosmos centrado no Sol. Afinal, só havia duas maneiras possíveis de explicar o movimento dos céus: ou os céus ou a Terra tinha de estar em movimento. Se o modelo tendo a Terra como centro apresentava discrepâncias inexplicáveis, e que, de fato, estavam diretamente em desacordo com a realidade geográfica observável, então por que não considerar a outra possibilidade? Aristóteles, observou Copérnico, tinha argumentado que o movimento natural das esferas celestes era circular. Se fosse esse o caso, então por que não assumir que a Terra se movimentava dessa mesma forma? "Encaramos como uma certeza", explicou ele,

> que a Terra, circunscrita entre os polos, está confinada por uma superfície esférica. Por que, então, ainda hesitamos em conceder--lhe o movimento destinado pela natureza à sua forma [e, em vez disso] atribuir um movimento ao universo inteiro, cujo limite é

desconhecido e incognoscível? Por que não deveríamos admitir, com relação à rotação diária, que a aparência [de movimento] está nos céus e a realidade, na Terra? [...] Porque quando um navio está flutuando calmamente, os marinheiros veem seu movimento espelhado em tudo que está fora, enquanto, por outro lado, supõem que estão parados juntamente com tudo que está a bordo. Da mesma maneira, o movimento da Terra pode inquestionavelmente produzir a impressão de que o universo inteiro está girando.[26]

* * *

COPÉRNICO NÃO PERMITIRIA que *Sobre as revoluções* fosse publicado senão em 1543, quase no fim de sua vida. Mas suas ideias se espalharam bem antes disso. Na década de 1530, sua nova teoria do cosmos tinha atraído admiradores, alguns dos quais começaram a fazer alusões a ela em suas publicações. Muito convenientemente, a primeira destas alusões emergiu numa obra não de astronomia, mas de geografia, na forma de um notável e pequeno mapa que — secretamente, segundo os conhecedores — juntara os novos mundos de Waldseemüller e Copérnico (Figura 77).

Geralmente atribuído a Sebastian Münster, o mapa apareceu num pequeno volume de escritos sobre viagens intitulado *O novo mundo de regiões e ilhas desconhecidas dos Antigos*, uma obra editada por Simon Grynäus e publicada em 1532. Como frequentemente se observa, o mapa deve muito ao mapa de Waldseemüller. Entre outras semelhanças, o mapa de Münster apresenta aos espectadores uma mistura incomum de fontes ptolomaicas e não ptolomaicas; identifica a região sul do Novo Mundo como América; localiza muitas formações de terra exatamente onde aparecem no mapa de Waldseemüller, nas latitudes e longitudes; e utiliza muitos dos mesmos nomes de lugares, incluindo Zipangri por Cipangu, Spagnolla por Hispaniola e Isabella por Cuba. Münster também se baseou em outras fontes para fazer seu mapa (isso reflete o conhecimento da recente circum-navegação do globo por Magalhães, por exemplo), mas sua visão global é inspirada pelo mapa de Waldseemüller — o qual, claro, Münster esboçara quinze anos antes em seu livro de apontamentos, durante as aulas de geografia que frequentou como jovem professor universitário. Mas em seu mapa Münster também fez uma alusão a Copérnico, algo raramente observado. No alto e na parte inferior de seu mapa, como parte da ornamentação da orla, aparecem dois pequenos querubins. Um paira sobre o Polo Norte e o outro abaixo do Polo Sul, e ambos fazem o mundo girar com uma manivela (Figura 78).

A mensagem, que teria abalado Waldseemüller, é clara. O mundo, finalmente mapeado como um todo, tem quatro partes — e juntas elas começaram a girar.

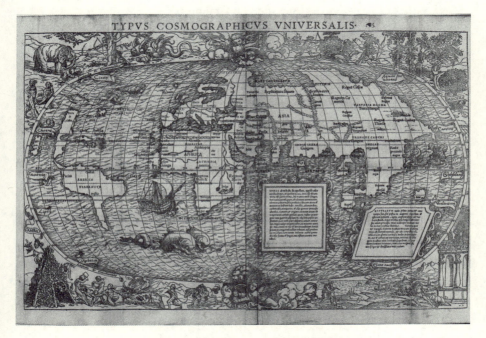

Figura 77 e 78. Acima: Mapa-múndi geralmente atribuído a Sebastian Münster (1532), demonstrando uma dívida clara ao mapa de Waldseemüller de 1507. *Abaixo*: Detalhe do mapa de Münster, mostrando um querubim girando o mundo com uma manivela, onze anos antes de Copérnico publicar sua teoria de que a Terra orbita ao redor do Sol.

✦ Alexandre, o Grande ✦

EPÍLOGO
O CAMINHO DO MUNDO

Maravilhamento é o movimento do homem que não sabe por si mesmo descobrir [...]. Tal é a origem da filosofia.[1]

— Alberto Magno (c. 1250)

$\mathcal{P}$RÓXIMO AO INÍCIO de sua *Crônica*, Matthew Paris, o monge beneditino com quem este livro começou, desenhou um retrato de Alexandre, o Grande. À primeira vista, o retrato parece ser apenas um dos muitos rabiscos de Matthew. Mas merece um olhar mais atento, porque, com um toque maravilhosamente suave, ele capta o novo espírito de questionamento que estava emergindo na época de Matthew e que animaria as muitas e diferentes viagens de descobrimento geográfico e intelectual que tornaram o mapa de Waldseemüller possível.

Retratado nas vestes de um rei cristão e simbolizando a herança imperial e erudita da Antiguidade, Alexandre segura um globo T-O na mão. É uma pose clássica, desenhada inúmeras vezes durante a Idade Média para sugerir o poder e a sabedoria de um soberano. Mas Matthew subverte a forma. Seu Alexandre não é estático. Não está sentado rigidamente em seu trono com um olhar inexpressivo para fora da página. É uma figura ativa e interrogadora. Com a cabeça inclinada para um lado, uma mão no quadril e um olho fechado, ele segura o globo na

O que vê são as três partes do mundo conhecido, mas dá para perceber que ele está refletindo sobre outra coisa — uma quarta parte, talvez do outro lado do oceano, do lado de trás do globo. Ele está tentando ter um vislumbre do desconhecido.

Quando as autoridades medievais discutiam a quarta parte do mundo, naturalmente tinham um lugar real em mente. Mas também entendiam que a expressão possuía um sentido metafísico. Ela representava uma verdade fundamental sobre a condição humana: que o desconhecido estará sempre conosco. Isto foi um dogma para a Europa cristã durante séculos. As coordenadas de toda a criação tinham sido projetadas em um mapa cósmico de espaço e tempo, com a Terra e a história humana no centro e, como os *mappaemundi* ensinavam, somente Deus conseguia vê-lo e compreendê-lo como um todo. Mas esse dogma começou a se desgastar quando Matthew desenhou seu retrato de Alexandre. Encorajados por um novo espírito empírico e humanista, números cada vez maiores de europeus inclinavam suas cabeças, questionavam-se sobre o mundo e punham-se a caminho para apreciá-lo eles próprios. Seus motivos diferiam, e eles se moviam aos trancos e barrancos. Mas aos poucos, orientados surpreendentemente por uma Igreja com uma perspectiva cada vez mais global e com ambições imperiais, seus esforços estimularam uma busca coletiva por conhecimento, poder e riqueza como nunca se tinha visto. Essa busca era ao mesmo tempo mística, voraz, evangélica, egocêntrica, grandiosa, inspiradora e, muitas vezes, enganadora — e nada retrata melhor todo o seu curso do que o mapa de Waldseemüller de 1507.

O mapa revela mundos sobrepostos. Mostra o mundo como Platão o imaginou, com os habitantes da bacia mediterrânea alvoroçando-se e apressando-se por todo lado na orla das águas como formigas e rãs ao redor de um pântano. Mostra o mundo como Ptolomeu o mapeou no século II, com Roma no auge de sua extensão geográfica e imperial. Monges irlandeses balançam em barcos minúsculos no Atlântico Norte, na esperança de terem um vislumbre do paraíso. Grupos de mongóis atravessam a Ásia Central e a Europa e, em resposta, frei João e frei Guilherme, cobertos apenas com seus mantos e de sandálias, caminham lenta e penosamente para o leste em busca do Grande Khan. Marco Polo viaja até o mar do Catai, e Sir John Mandeville vai ainda mais longe, levando seus leitores além do reino do Paraíso Terrestre, oceano afora, passando a grande ilha de Cipangu e de volta, ao redor do globo, até onde sua viagem começara. Deslocando-se na outra direção, os irmãos Vivaldi navegam para além dos Pilares de Hércules, entram no Atlântico, esperando achar uma nova rota para a Índia. Os navegadores europeus mapeiam as costas do Mediterrâneo e do Atlântico e retratam o mundo conhecido com uma espécie de novo foco. Petrarca, Boccaccio e os primeiros humanistas reavivam o estudo da geografia antiga; Manuel Chrysoloras leva a *Geografia* de Ptolomeu para Florença; e os eruditos, em suas reuniões em Constança e Florença, tentam sintetizar os relatos geográficos dos antigos e dos modernos. Orientados pelo infante D. Henrique, pelas cartas náuticas catalãs, por Ptolomeu e Fra Mauro e pelas estrelas, os portugueses navegam para sul além do Cabo do Bojador, para leste sob a África ocidental e novamente para o sul cruzando o equador, seguindo uma costa que se recusa a terminar. O velho Paolo Toscanelli diz-lhes para viajarem para oeste, não leste, para chegarem às Índias, e Bartolomeu Dias avista terra perto do Cabo da Boa Esperança, no lado inferior do mundo.

Colombo também está ali. Por quatro vezes ele faz a travessia do Atlântico, e após cada viagem relata notícias significativas: ele chegou às Índias; localizou Ofir e Társis; aproximou-se do Paraíso Terrestre; encontrou a Aurea Chersonese. Caboto, os Corte-Real e Cabral riscam essas águas — e depois há Vespúcio, o insano e incompreensível Vespúcio, que navega longe no hemisfério sul e cujos relatos de uma vasta terra nova ficam em algum ponto entre a verdade e a ficção. Surgem novos contornos de costa em faixas isoladas das primeiras cartas náuticas do Novo Mundo; uma dessas cartas náuticas segue rumo à cidadezinha montanhosa de Saint-Dié, na Lorena; e aí, nas cabeças de Martin Waldseemüller e Matthias Ringmann, essas costas se definem finalmente como uma nova e quarta parte do mundo.

O mapa de Waldseemüller contém tudo isto e mais. É o mundo visto de cima como um todo, uma visão da Terra, como a de Deus, subitamente acessível a todos. É um suplemento a Ptolomeu e uma introdução à cosmografia. É um registro do passado, um comentário sobre o presente e um sonho sobre o futuro; um mundo simultaneamente antigo, medieval e moderno. É o Sacro Império Romano transformado na águia de duas cabeças, é o cumprimento de uma antiga profecia e é o pano de fundo para algo novo: um moderno épico de descobrimentos ocidentais e de destino manifesto em que exploradores europeus, como Odisseu, Alexandre e Eneias antes deles, vagueiam pelo mundo conhecido, perambulam pelo mar alto e chegam a costas desconhecidas. É uma certidão de nascimento para o mundo que nasceu em 1492 — e uma certidão de óbito[2] para o que lá estava antes. É uma revelação cósmica: um globo arrancado de seu antiquíssimo lugar no centro do cosmos e libertado, finalmente, para seguir seu caminho ao redor do Sol.

A geografia como hoje a entendemos, como um ramo independente do saber dedicado à descrição da Terra e suas características, é algo muito novo. Durante milênios foi algo menos do que isso — e algo mais. Foi uma ferramenta utilizada pelos filósofos e teólogos para sondarem os mistérios da existência e rastrearem o curso da história humana. Ela traçava as fronteiras do conhecido. Ao colocar a quarta parte do mundo dentro dessas fronteiras e depois expandi-las ao redor de todo o mundo pela primeira vez, o mapa de Waldseemüller ajudou a antecipar a era geográfica moderna, um feito pelo qual ele merece um lugar importante na história das ideias. Mas o mapa também representa a culminação daquela tradição muito mais antiga em que a geografia é filosofia — e em que o aparecimento da quarta parte do mundo em um mapa serve para lembrar com humildade de tudo aquilo que ainda permanece desconhecido. Em outras palavras, o que ele retrata é, em última instância, nada menos que os contornos da própria experiência humana: a interminável tentativa de imaginar um lugar para nós no mundo.

✦ O mundo moderno, por Martin Waldseemüller (data incerta) ✦

Apêndice
O MAPA STEVENS-BROWN

Espero encontrar tempo para lhe escrever em breve sobre um mapa que descobri que exibe o nome América antes de tudo o que se conhece, e de alguma maneira me veio à cabeça que este é o mapa há muito desaparecido feito em Saint-Dié por Waldseemüller.[1]

— Henry Newton Stevens Jr. para John Nicholas Brown (1896)

Em dezembro de 1893, num leilão de livros em Londres, Henry Newton Stevens Jr., um revendedor de livros e mapas raros, comprou uma cópia incompleta da *Geografia* de Estrasburgo, de 1513. A cópia consistia de um fragmento do texto de Ptolomeu e um só mapa: a bem conhecida representação do mundo moderno de 1513, feita por Martin Waldseemüller (Figura 73). A oferta não atraiu nenhum outro licitante e Stevens pôde obtê-la pela pechincha de 2 libras e 4 xelins.

Stevens prestou pouca atenção ao que tinha comprado. Como um dos sócios da firma Henry Stevens, Son & Stiles, uma livraria de livros antigos localizada em frente ao Museu Britânico, era rotineiro ele escavar cópias baratas e imperfeitas de textos raros e então armazená-las em sua loja. Se mais tarde ele adquirisse uma cópia melhor, mas incompleta, de um desses textos, ele conseguia, muitas vezes, extrair páginas de suas cópias fragmentárias e usá-las para "restaurar" seus textos melhores, de maneira a vendê-los completos.

Stevens não tocou em seu fragmento de Ptolomeu por alguns anos, até que, em meados da década de 1890, ele teve uma razão para tirá-lo do depósito — "com o propósito"[2], recordaria ele mais tarde, "de melhorar outra cópia imperfeita que acabava de ser adquirida". Mas, para seu espanto, quando olhou para o mapa, desta vez ele notou algo que não tinha visto antes: a palavra AMÉRICA impressa em letras maiúsculas atravessando o Novo Mundo.

Figuras 79 e 80. Esquerda: o Novo Mundo ostentando o nome América, como aparece no mapa Stevens-Brown (ilustração aberta deste Apêndice).
Direita: o Novo Mundo sem qualquer nome, como aparece no mapa padrão do mundo moderno de 1513 de Waldseemüller (Figura 72).

Isto era muito estranho. Muitas cópias do mapa-múndi de 1513 de Waldseemüller haviam sobrevivido até o século XIX, mas todas elas — impressas como foram após a aparente retratação de Waldseemüller da palavra América — deixaram o Novo Mundo sem nome. No tamanho, título e aspecto geral, o mapa de Stevens era quase idêntico ao mapa de 1513, mas quando ele o inspecionou mais detalhadamente, percebeu que fora impresso a partir de um bloco de madeira completamente diferente e que continha duas diferenças importantes: usava caracteres românicos para os nomes dos lugares, em vez de letras góticas cinzeladas, e incluía alguns nomes de lugares que não apareciam no mapa de 1513 — mais particularmente, América (Figuras 81 e 82).

A descoberta deixou Stevens entusiasmado. Na época, os historiadores da cartografia consideravam a cópia de 1520 que Peter Apian havia feito do grande mapa de 1507 de Waldseemüller (Figura 73) o mais antigo mapa publicado contendo o nome América. Stevens percebeu que seu mapa podia ser vários anos anterior ao de Apian, e que o que ele tinha em sua posse talvez fosse um protótipo do mapa de 1513, estampado e publicado em algum momento antes de abril de 1507 — em algum momento, ou seja, antes de o Gymnasium ter adiado o trabalho de sua nova edição de Ptolomeu. Stevens chegou a imaginar que seu mapa pudesse ser o próprio mapa de 1507 há muito desaparecido.

Stevens imediatamente enviou a notícia de seu achado a um de seus clientes mais importantes, John Nicholas Brown, um norte-americano, ávido colecionador de livros e mapas relacionados com a descoberta do Novo Mundo. Brown era descendente da família que no século anterior ajudara a fundar a Universidade Brown, em Providence, Rhode Island, e sua coleção estava (e ainda está) abrigada na biblioteca de livros raros da universidade, a Biblioteca John Carter Brown. "Por favor, considere isto confidencial por enquanto"[3], disse Stevens a Brown depois de lhe sugerir que seu mapa talvez fosse o mapa de Waldseemüller de 1507. "Ainda não está à venda, mas você terá prioridade quando estiver."

É desnecessário dizer que Brown respondeu com interesse, mas também pediu provas da autenticidade e primazia do mapa de Stevens. Stevens atirou-se à tarefa, e nos anos que se seguiram foi gradualmente devorado por uma obsessão por seu mapa. Com a ajuda de amigos do Museu Britânico ele investigou todos os aspectos do mapa de que pudesse se lembrar: seu lugar na história cartográfica, sua relação com as outras partes da produção geográfica do Gymnasium, suas correspondências e minúsculas diferenças em relação ao mapa de 1513, o tipo de papel em que foi impresso, a proveniência de sua linha d'água, o estilo de letra usado etc. Em 1900, baseado no que descobrira em sua pesquisa, ele achou que era capaz de provar que o mapa tinha sido estampado e publicado em Nuremberg, em algum momento depois de 1505 e antes de abril de 1507, e também chegou à conclusão de que seu mapa, não somente era o protótipo do mapa de 1513, mas também o primeiro mapa publicado a exibir a palavra *América* ou mostrar qualquer parte do Novo Mundo. John Nicholas Brown morreu em 1900, mas Stevens, mesmo assim, prosseguiu com suas investigações e começou a enviar atualizações a George Parker Winship, que administrava a Biblioteca John Carter Brown e fora nomeado seu agente de compras pela mãe de Brown, Sophia Augusta Brown.

Em dezembro de 1900, Stevens finalmente oficializou seu caso perante Winship. "Tenha a certeza de que ficará convencido"[4], escreveu ele em uma carta confidencial que acompanhava um extenso relatório. "As pessoas do museu estão bastante satisfeitas por eu ter dado provas de meu argumento. [...] Como dizia o comerciante de refrigerante de gengibre quando lhe pediam para garantir seu refrigerante [...] 'Se não tiver gás você não paga, mas é melhor ter o dinheiro pronto, mesmo assim'."

O argumento de Stevens, em resumo, era que seu mapa fora desenhado em Saint-Dié, mas estampado e publicado em Nuremberg em algum momento antes de abril de 1507, provavelmente em 1505 ou 1506. Nessa época ainda não havia nenhuma casa impressora em Saint-Dié, sustentava Stevens, portanto os membros do Gymnasium tiveram de produzir seu mapa em Nuremberg, talvez como uma espécie de teste para sua edição da *Geografia*. Mas então Waldseemüller e Ringmann puseram de lado a Geografia para produzirem seu grande mapa de 1507, seu globo e a *Introdução à cosmografia*. Em 1513, quando sua edição da *Geografia* foi finalmente publicada em Estrasburgo, Waldseemüller desistira do nome América, por isso, naturalmente, o nome foi retirado da nova versão do mapa que foi estampada e publicada nesse ano.

Surpreendentemente, quase nenhum acadêmico examinou o mapa desde que Stevens delineou seu argumento. Entre os poucos que o fizeram, o consenso informal é que Stevens — cujo interesse pessoal em aumentar a importância histórica de seu mapa enquanto tentava vendê-lo fazia dele tudo menos um observador neutro — exagerou seu argumento. Fazia sentido que o mapa fosse produzido ao mesmo tempo que o mapa mural e os gomos do globo de 1507, como parte do pacote completo dos materiais sobre a "América" produzidos pelo Gymnasium naqueles anos; mas também faria sentido que o mapa fosse uma espécie de reedição, produzido algum tempo depois que o nome América tivesse realmente se tornado popular. Quaisquer que sejam suas origens, o mapa ainda assim é inegavelmente um tesouro, com uma história misteriosa que clama por mais estudo, mas não parece ser o que Stevens tão desesperadamente buscou provar que era.

Mas George Parker Winship não sabia disso. Quando recebeu o relatório de Stevens sobre o mapa, no final de 1900, ele ficou convencido com suas afirmações — e, em 28 de fevereiro de 1901, Sophia Augusta Brown autorizou-o a comprá-lo. "Depois de tudo o que você me contou sobre as pesquisas do sr. Stevens sobre o mapa e suas convicções quanto a sua genuinidade"[5], disse ela a Winship em uma carta, "estou pronta a comprá-lo do sr. Stevens por mil libras, sentindo-me certa de que meu querido Filho teria feito o mesmo se estivesse vivo".

De ambos os lados do Atlântico, reinou uma sensação de triunfo. George Parker Winship e Sophia Augusta Brown acreditavam ter adquirido um mapa para todos os tempos — um mapa que se tornaria a joia de sua coleção e traria fama e renome internacionais à Biblioteca John Carter Brown. Stevens, por sua vez, não só auferira um lucro espetacular mas também conquistara a honra de descobrir um marco na história da cartografia. Nessa primavera e verão, Winship e Stevens trocaram uma série de cartas nas quais, já sonhando com o mapa exposto na biblioteca, discutiram que tipo de estojo luxuoso deveria abrigá-lo e com que tipo exato de letras em ouro deveriam identificá-lo.

O momento de triunfo não durou muito. Em julho, Joseph Fischer fez sua famosa visita ao castelo de Wolfegg e a notícia do que ele descobrira chegou a Winship em outubro. Vacilando com a notícia, Winship escreveu uma carta a Stevens em 18 de outubro e fez uma pergunta ansiosa que deve ter atingido Stevens diretamente no coração:

"O que é este novo mapa de Waldseemüller MSS de 1507"[6], escreveu Winship, "que apareceu no castelo de Wolfegg?".

Agradecimentos

Ao pesquisar e escrever este livro, contei com a gentileza de pessoas estranhas e amigas, e uma das felizes consequências disso é que muitos desses desconhecidos são hoje amigos. Devo muitíssimo a meu agente, Rafe Sagalyn, que me ajudou a entender que este é um livro abrangente, não restrito; a muitos de meus colegas no *The Atlantic Monthly* em Boston, que me deram muitos conselhos sensatos quando embarquei neste projeto; a meus pais, Jim e Valerie, e minha irmã, Alison, todos eles escritores experientes, que me ajudaram e orientaram de maneiras muito maiores do que as que posso expressar; e à minha tia, Jane Lester, que regularmente me ofereceu o mais acolhedor alojamento em Washington durante minhas visitas à Library of Congress. Fico em dívida para com toda a maravilhosa equipe da Free Press, especialmente Ellen Sasahara, projetista do livro, e meus dois editores: Bruce Nichols, com quem iniciei o livro, e Hilary Redmon, que o viu chegar ao final com uma rara mistura de entusiasmo, discernimento e sensibilidade. Agradecimentos especiais também vão para três outras pessoas da equipe da Free Press: Carol de Onís por sua admiravelmente detalhada e atenta revisão, Sydney Tanigawa por toda sua ajuda no acompanhamento do livro durante a produção, e para Jill Siegel por me ter orientado tão habilmente pelas águas desconhecidas da promoção de livros. Muitos agradecimentos também a Daniel Crewe, diretor editorial de minha editora inglesa, a Profile Books, cuja cuidadosa leitura de meu original inicial me ajudou a fortalecer este livro incomensuravelmente.

Entre as pessoas a quem pedi ajuda e orientação especializada durante as pesquisas e redação deste livro estão Peter Barber, Danny Barenholz, Theodore Cachey, Tony Campbell, Yelitza Claypoole, Alan Cooper, Susan Danforth, Carol Delaney, Anthony Grafton, Ernesto Guerra, Felipe Fernández-Armesto, Ronald Grim, Kathy Hayner, Brian Jay Jones, Robert Karrow, Corby Kummer, Hans-Jörg Künast,

Jill Lepore, R. Jay Magill, Berndt Mayer, An Mertens, Peter Meurer, Thomas Nadler, Benjamin Olshin, Kieran O'Mahony, Monique Peletier, John Pike, Richard Ring, Albert Ronsin, Sara Schecter, Felicitas Schmeider, Benjamin Schwarz, Zur Shalev, Rodney Shirley, Larry Silver, Geoffrey Symcox, Nathaniel Tayler, Kim Veltman, Benjamin Weiss, Colin Wells, Ashley West, Scott Westrem e Margarita Zamora. Pela ajuda nas pesquisas, sou profundamente grato a Maud Streep, David Thoreson, Dustin Hesstand e Preston Copeland. Tive aulas particulares de latim com Paul Anders e Tom Burke, do Instituto de Estudos Antigos, em Cambridge, Massachusetts, durante a maior parte do tempo em que escrevi — sessões que me ajudaram incomensuravelmente na avaliação das fontes com as quais estava trabalhando. Robb Menzi, Bill Pistner e Chris Stone me ofereceram momentos valiosos apresentando-me perspectivas nada óbvias.

Várias pessoas merecem menção especial por terem me dado mais de seu tempo e perícia do que eu teria o direito de esperar, e em muitos casos por lerem parte ou todo o original deste livro. São elas Evelyn Edson, W. Ralph Eubanks, Elizabeth Fisher, Alfred Hiatt, Peter Jackson, Christine Johnson, o falecido John Larner, Cullen Murphy e Kirsten Seaver. Sou muito grato a Ted Widmer, o diretor da maravilhosa Biblioteca John Carter Brown, da Universidade Brown, por ter feito de mim um pesquisador convidado na biblioteca, e por ter me convidado a dar duas palestras sobre este livro lá, em 2007 e 2008 — palestras que me ajudaram a perceber o que eu gostaria que o livro alcançasse. Tenho uma dívida particularmente grande para com dois membros do Departamento de Geografia e Mapas na Library of Congress: John Herbert, diretor do departamento, que me apresentou o mapa de Waldseemüller quando eu sabia muito pouco sobre ele, e que, com entusiasmo incentivador, abraçou a ideia deste livro desde o começo; e John Hessler, um dos mais antigos bibliotecários cartógrafos do departamento, que seguramente sabe mais sobre o mapa de Waldseemüller do que qualquer outra pessoa viva. Sem a orientação e o apoio incansavelmente generosos de John Hessler, este livro não teria sido possível. No entanto, minha maior dívida é para com Catherine Claypoole, minha esposa e melhor leitora, que tanto fez, no trabalho e em casa, para que eu pudesse escrever este livro — e que, de maneiras palpáveis e impalpáveis, contribuiu com ele muito mais do que imagina. Este livro também é dela.

Nem é preciso dizer que quaisquer erros encontrados neste livro, sejam de fato ou de julgamento, são inteiramente meus.

Notas

Citação de Abertura

1. Isidoro, *Etimologias* 14. in Barney et al., *The "Etymologies" of Isidore*, p. 285, 293. Tradução ligeiramente modificada.

Prólogo: Despertar

1. Thacher, *The Continent of America*, p. 151, 157.
2. Fischer; Von Wieser, *The "Cosmographiae Introductio"*: Original latino à p. i; tradução do autor.
3. "sete anos após": Fischer; Von Wieser, *The "Cosmographiae Introductio"*: Original latino à p. ciii; tradução do autor.
4. Fischer; Von Wieser, *The "Cosmographiae Introductio"*: Original latino à p. ciii; tradução do autor.
5. Vespúcio, *Letters*, p. 126-27.
6. Vespúcio, *Letters*, p. 126-27.
7. Irving, *A History of New York*, p. 70.
8. *English Traits*, p. 154-55.
9. Lester; Foster, *The Life and Voyages*, p. 306-7.
10. Irving, *A History of New York*, p. 276.
11. Humboldt, *Examen Critique*, IV. Original francês em 100; tradução do autor.
12. Humboldt, *Examen Critique*, IV. Original francês em 33; Tradução do autor.
13. Sumner, nota manuscrita no interior da primeira capa. Waldseemüller; Ringmann. *Cosmographiae Introductio*. Biblioteca Houghton. Universidade de Harvard. (Houghton *AC85 Su662 Zz507w).
14. Fischer; Von Wieser. *The "Cosmographiae Introductio"*: Original latino na página desdobrável entre xxviii e xxxix; tradução em

inglês na página desdobrável entre 66 e 67. Tradução um tanto modificada.

15 Fischer; Von Wieser. *The "Cosmographiae Introductio"*: Original latino à página iii-iv; tradução em inglês à página 34. Tradução um tanto modificada.

16 Fischer; Von Wieser. *The "Cosmographiae Introductio"*: Original latino à página xxxvii; tradução em inglês à página 78.

17 Fischer; Von Wieser. *The "Cosmographiae Introductio"*: Original latino à página xxx; tradução em inglês à página 70.

18 Vespúcio, *Letters*, p. 15.

19 Soulsby. "The First Map". p. 202.

20 Nordenskiöld. *Facsimile-Atlas*. p. 69, nota 2.

21 *Geographical Journal*, p. 329.

22 Fischer; Von Wieser. *The Oldest Map*. Original latino à página 9; tradução do autor.

23 Fischer; Von Wieser. *The Oldest Map*, Original latino à página 9; tradução do autor.

24 Thacher. *The Continent of America*, p. 157.

25 Fischer. *The Oldest Map*, p. 269.

26 Fischer. *The Oldest Map*, Original latino à página 2; tradução do autor.

27 Mapa de Waldseemüller de 1507, legenda na parte inferior esquerda. O texto correspondente na *Introdução à cosmografia* pode ser encontrado em Fischer; Von Wieser, *The "Cosmographiae Introductio"*: Original latino à página xlv; tradução em inglês à página 88. Tradução ligeiramente modificada.

28 Fischer. *The Oldest Map*, p. 270.

29 Waldseemüller, Carta Marina, legenda na parte inferior esquerda do mapa. Tradução inédita de John Hessler, bibliotecário cartográfico sênior. Library of Congress. Tradução ligeiramente modificada.

30 Soulsby "The First Map", p. 203.

31 Long Sought Map Discovered. *New York Times*, mar. 2, 1902, SM5.

32 Seaver, *Maps, Myths, and Men*. p. 326.

33 Stevens, *Rare Americana*, viii.

Notas

Capítulo Um: Os mapas de Matthew

1 *The Letters*, p. 503. Tradução ligeiramente modificada.
2 Ver Paris, *English History*.
3 Leclerq, *The Love of Learning*, p. 155.
4 Lewis, *The Art of Matthew Paris*, p. 49.
5 Lewis, *The Art of Matthew Paris*, p. 45.
6 Isidoro, *Etymologies* 14.1.1. In: Barnes et al., *The "Etymologies" of Isidore*, p. 285. Tradução ligeiramente modificada.
7 Thorndike, *The Sphere of Sacrobosco*, p. 121.
8 Thorndike, *The Sphere of Sacrobosco*, p. 121.
9 Esta e outras referências a textos da biblioteca de Santo Albano vêm de Ker, *Medieval Libraries of Great Britain*, p. 164-68.
10 *The dream of Scipio* 20. In: *On the Good Lie*, p. 349-50.
11 Isidoro, *Etymologies* 14.1.1. In: Barnes et al., *The "Etymologies" of Isidore*, p. 285.
12 Gênesis 2.8 (Tradução João Ferreira de Almeida).
13 Ezequiel 43.2 (Tradução João Ferreira de Almeida).
14 Lactantius, *The Divine Institutions* 2.10. In: Cassidy, *The Sea Around Them*. p. 46.
15 Cosgrove, *Apollo's Eye*, p. 16, nota 40.
16 Isaías 40.22 (Tradução João Ferreira de Almeida).
17 Lanman, "The Religious symbolism", p. 21.
18 Maur, Raban, *De universo*, 12.2. In: Kimble, *Geography in the Middle Ages*, p. 32.
19 Isidoro de Sevilha, *Etymologies* 14.3.2. In: Barney et al., *The "Etymologies" of Isidore*, p. 285.
20 Ezequiel 5.5 (Tradução João Ferreira de Almeida).
21 Baxandall, *Painting & Experience*, p. 41.
22 Mateus 24.14 (Tradução João Ferreira de Almeida).
23 J. R. S. Phillips. "The Outer World of the European Middle Ages". In: Schwartz. *Implicit Understandings*, p. 45.
24 Phillips, *The Medieval Expansion*, p. 46.
25 Constable, *Religious Life*, p. 134.
26 Leclerq. *The Love of Learning*, p. 165.
27 Gribble, *The Early Mountaineers*, p. 4.

28 Constable, *Religious Life*, p. 133.
29 Connolly, "Imagined Pilgrimage", p. 598.

Capítulo Dois: A praga de Deus

1   Paris, *English History*, I, p. 312-13.
2   Paris, *English History*, I, p. 131-32. Todas as citações sobre este episódio, nos próximos parágrafos, foram extraídas das duas páginas acima.
3   Paris, *English History*, I, p. 132.
4   Paris, *English History*, I, p. 348.
5   Jackson, *The Mongols and the West*, p. 60-61, e Dienes, "Eastern Missions", p. 226-40.
6   Dienes, "Eastern Missions", p. 239.
7   Rachewiltz *Papal Envoys to the Great Khans*, p. 73.
8   Phillips, *The Medieval Expansion of Europe*, p. 60.
9   Rachewiltz, "Some Remarks", p. 25.
10 Jackson, *The Mongols and the West*, p. 55.
11 Paris, *English History*, I, p. 312-13.
12 Dawson, *Mission to Asia*, xii.
13 Dawson, *Mission to Asia*, xii.
14 Jackson, *The Mongols and the West*, p. 49, nota 101.
15 Jackson, *The Mongols and the West*, p. 49.
16 Jackson, *The Mongols and the West*, p. 49.
17 Slessarev, *Prester John*, p. 27-28. Tradução ligeiramente modificada.
18 Silverberg, *The Realm of Prester John*, p. 42.
19 Silverberg, *The Realm of Prester John*, p. 43.
20 Silverberg, *The Realm of Prester John*, p. 42.
21 Beckingham; Hamilton, *Prester John*, p. 242.
22 Silverberg, *The Realm of Prester John*, p. 71.
23 Silverberg, *The Realm of Prester John*, p. 71.
24 *The Realm of Prester John*, p. 146.
25 Dienes, "Eastern Missions", p. 235.
26 Jackson, *The Mongols and the West*, p. 60.
27 Paris, *English History*, I, p. 346.
28 Paris, *English History*, I, p. 339.

29 Jackson, *The Mongols and the West*, p. 65.
30 Jackson, *The Mission of Friar William*, p. 28.
31 Dawson, *Mission to Asia*, p. 3.
32 Rachewiltz, *Papal Envoys*, 87.
33 Dawson, *Mission to Asia*, p. 75-76.
34 Dawson, *Mission to Asia*, p. 52.
35 Dawson, *Mission to Asia*, p. 29-30.
36 Dawson, *Mission to Asia*, p. 52.
37 Dawson, *Mission to Asia*, p. 53.
38 Dawson, *Mission to Asia*, p. 53.
39 Jackson, *The Mongols and the West*, p. 46 e 90.
40 Dawson, *Mission to Asia*, p. 57.
41 Dawson, *Mission to Asia*, p. 58.
42 Dawson, *Mission to Asia*, p. 59.
43 Dawson, *Mission to Asia*, p. 6.
44 Dawson, *Mission to Asia*, p. 57-58.
45 Dawson, *Mission to Asia*, p. 64.
46 Dawson, *Mission to Asia*, p. 66.
47 Dawson, *Mission to Asia*, p. 65.
48 Dawson, *Mission to Asia*, p. 83-84.
49 Dawson, *Mission to Asia*, p. 69.
50 Coulton, *From St. Francis to Dante*, p. 135. Tradução bastante modificada, baseada na versão que aparece em Biler, *The Measure of Multitude*, p. 231.
51 Dawson, *Mission to Asia*, p. 68.
52 Jackson, *The Mongols and the West*, p. 98.
53 Jackson, *The Mission of William of Rubruck*, p. 36.
54 Jackson, *The Mission of Friar William*, p. 126.
55 Jackson, *The Mission of Friar William*, p. 133.
56 Jackson, *The Mission of Friar William*, p. 282.
57 Jackson, *The Mission of Friar William*, p. 136.
58 Jackson, *The Mission of Friar William*, p. 249.
59 Jackson, *The Mission of Friar William*, p. 129.
60 Jackson, *The Mission of Friar William*, p. 201.
61 Jackson, *The Mission of Friar William*, p. 122.
62 Jackson, *The Mission of Friar William*, p. 253.

63   Polo, *The Travels*, p. 34.

Capítulo Três: A descrição do mundo

1   Polo, *The Travels*, p. 33. Tradução ligeiramente modificada.
2   Polo, *The Travels*, p. 36.
3   Polo, *The Travels*, p. 35.
4   Polo, *The Travels*, p. 36.
5   Polo, *The Travels*, p. 120.
6   Polo, *The Travels*, p. 39.
7   Polo, *The Travels*, p. 39.
8   Polo, *The Travels*, p. 39.
9   Polo, *The Travels*, p. 41.
10   Polo, *The Travels*, p. 42.
11   Larner, *Marco Polo*, p. 186.
12   Heers, "De Marco Polo à Christophe Colombe", p. 186. Tradução do autor.
13   Franke, "Sino-Western contacts", p. 54-55.
14   este exemplo e os seguintes vêm do glossário intitulado "Notes on Chinese Names and Terms". In Birrel, *The Classic of Mountains and Seas*. Ver também Schiffeler, *The legendary creatures*.
15   Polo, *The Travels*, p. 33.
16   Polo, *The Travels*, p. 33.
17   Polo, *The Travels*, p. 335.
18   Polo, *The Travels*, p. 33.
19   Polo, *The Travels*, p. 33.
20   Polo, *The Travels*, p. 46.
21   Polo, *The Travels*, p. 303.
22   esta e outras possíveis fontes são citadas em Larner, *Marco Polo*, p. 90.
23   Polo, *The Travels*, p. 206-7.
24   Polo, *The Travels*, p. 119.
25   Polo, *The Travels*, p. 120.
26   Polo, *The Travels*, p. 213.
27   Polo, *The Travels*, p. 213.
28   Polo, *The Travels*, p. 214.

29 Polo, *The Travels*, p. 215.
30 Polo, *The Travels*, p. 237.
31 Polo, *The Travels*, p. 236.
32 Larner, *Marco Polo*, p. 94.
33 Polo, *The Travels*, p. 248.
34 Polo, *The Travels*, p. 244.
35 Polo, *The Travels*, p. 303.
36 Polo, *The Travels*, p. 252-253.
37 Gênesis 9.19 (tradução João Ferreira de Almeida).
38 Romanos 10.18 (tradução João Ferreira de Almeida).
39 Santo Agostinho, *Cidade de Deus* 16.9, 49-51.
40 Isidoro de Sevilha, *Etymologies* 14.5.17. In: Barney et al., *The "Etymologies" of Isidore*, p. 293.
41 John Larner, *Marco Polo*, p. 115.
42 Pelliot, *Notes on Marco Polo*, I, p. 602.
43 Jackson, *The Mongols and the West*, p. 174.
44 Schmieder, "The Mongols as non-believing apocalyptic friends", p. 10. Ver também Critchley, *Marco Polo's Book*, p. 149.
45 Dawson, *The Mongol Mission*, p. xxix.
46 Dawson, *The Mongol Mission*, p. xxx.
47 Dawson, *The Mongol Mission*, p. xxx.
48 Schmieder, "Clash of civilizations", p. 17.
49 Larner, *Marco Polo*, p. 113.
50 Yule. *Cathay and the Way Thither*, II, p. 292.
51 Phillips, "The Outer World of the European Middle Ages". In Schwartz, *Implicit Understanding*, p. 54.
52 McNeill, *Plagues and Peoples*, p. 134, 142, 146.

Capítulo Quatro: Pelo Mar Oceano

1 Barron e Burgess, *The Voyage of Saint Brendan*, p. 26.
2 Polo, *The Travels*, p. 248.
3 Woodward, Medieval *Mappaemundi*, p. 321.
4 Mandeville, *The Travels*, p. 183.
5 Mandeville, *The Travels*, p. 185.
6 Mandeville, *The Travels*, p. 129.

A Quarta Parte do Mundo

7   Mandeville, *The Travels*, p. 129.

8   Cassidy, *The Sea Around Them*, p. 87.

9   Barron e Burgess, *The Voyage of Saint Brendan*, p. 27.

10   Barron e Burgess, *The Voyage of Saint Brendan*, p. 53.

11   Honorius Augustodunensis, *Imago Mundi* 1.35 ("Sardinia"), original latino em http://12koerbe.de/arche/imago.htm. Tradução do autor.

12   Para um fac-símile digital de alta qualidade do Mapa Ebstorf, cujo original foi destruído no bombardeio dos aliados durante a Segunda Guerra Mundial, veja http://weblab.unilueneburg.de/kulturinformatik/projekte/ebskart/content/start.html

13   Nangis, Gesta, p. 444.

14   Schoff, *The Periplus of the Erythraean Sea*, p. 22-23.

15   Pliny, *Natural History* 3.5.43, p. 35.

16   Campbell, "Portolan Charts", p. 373.

17   Gurney, *Compass*, p. 37.

18   Brown, *The Story of Maps*, p. 127-128.

19   Brown, *The Story of Maps*, p. 127.

20   Westropp, "Brasil and the Legendary Islands", p. 241.

21   Phillips, *The Medieval Expansion of Europe*, p. 147.

22   Rogers, "The Vivaldi Expedition". Original latino na p. 37; tradução do autor.

Capítulo Cinco: Ver para crer

1   *The Opus majus*, I, p. 272.

2   Edson, *The World Map*, p. 62.

3   Clegg, *The first Scientist*, p. 96.

4   Bridges, *The Life and Work of Roger Bacon*, p. 139.

5   Howe e Woodward, "Roger Bacon".

6   Howe e Woodward, "Roger Bacon".

7   *The Opus majus*, I, p. 204.

8   *The Opus majus*, I, p. 234.

9   Aristóteles, *On the Heavens* 1.9, em Leggart, *Aristotle*, p. 91.

10   Gênesis 1.9 (Tradução João Ferreira de Almeida.)

11   Baumer, *Main Currents*, p. 68.

Notas

12 Thorndike, *The Sphere of Sacrobosco*, p. 119.
13 Goldstein, "The Renaissance Concept of the Earth", p. 33.
14 Howe e Woodward, "Roger Bacon".
15 Howe e Woodward, "Roger Bacon".
16 Plínio, *Natural History* 6.24.88, 405.
17 Howe e Woodward, "Roger Bacon".
18 Howe e Woodward, "Roger Bacon".
19 Howe e Woodward, "Roger Bacon".
20 Howe e Woodward, "Roger Bacon".
21 Gautier Dalché, "Le souvenir de La *Géographie*". p. 95. Tradução do autor.
22 Gautier Dalché, "Le souvenir de La *Géographie*". p. 105. Tradução do autor.
23 Berggren e Jones, *Ptolemy's "Geography"*, p. 19.

Capítulo Seis: Redescoberta

1 Petrarca, *Letters on Familiar Matters*, I, p. 293.
2 Todas as citações deste relato vieram de Franzini e Bouloux, *Îles du Moyen Âge,* p. 9-13. Tradução do autor.
3 Diffie e Winius, *Foundations*, p. 25.
4 Sertorius 8.2, em Plutarco, *Lives* 8, p. 3.
5 Plínio, *Natural History* 6.37.203-205, 489-490.
6 Este trecho da obra de Boccaccio, *De Canaria et insulis*, foi extraído da tradução parcial em inglês de Peter Hulme em Schwartz, *Implicit Understandings*, p. 181.
7 Robinson, *Petrarch*, p. 25-26.
8 Petrarca, *Opera omnia*, p. 187.
9 Petrarca, *Africa* 9.451-57, citado em Findlen, *The Italian Renaissance*, p. 234.
10 Bouloux, *Culture et Savoir*, p. 201. Tradução do autor.
11 Bouloux, *Culture et Savoir*, p. 160 e Gormley, Rouse e Rouse, "The Medieval Circulation", p. 302 ss.
12 Virgílio, *Aeneid* 3.530-36-36, 91.
13 Bouloux, *Culture et Savoir*, p. 195-196. Tradução do autor.
14 Cachey, *Petrarch's Guide to the Holy Land*, p. 30.

15 *Seniles* 9.2, citado em Cachey, *Petrarch's Guide to the Holy Land*, p. 22.

16 Bouloux, *Culture et Savoir*, p. 201. Tradução do autor.

17 Petrarca, *Letters on Familiar Matters*, II, p. 36.

18 Petrarca, *The Life of Solitude*, p. 267.

19 Bouloux, *Culture et Savoir*, p. 252. Tradução do autor.

20 Bouloux, *Culture et Savoir*, p. 252. Tradução do autor.

21 Bouloux, *Culture et Savoir*, p. 309. O título em latim é *De montibus, syluis, fontibus, lacubus, fluminibus, stagnis, seu paludibus, de nominibus maris*.

22 Bouloux, *Culture et Savoir*, p. 212. Tradução do autor.

23 Franzini e Bouloux, *Îles du Moyen Âge*, p. 11. Tradução do autor.

Capítulo Sete: Ptolomeu, o sábio

1 Berggren e Jones, *Ptolemy's "Geography"*, p. 58.

2 Bisaha, "Petrarch's Vision", p. 288.

3 Petrarca, *The Life of Solitude*, II, p. 243-244. Todas as citações neste parágrafos foram extraídas destas duas páginas.

4 Cassiodorus, *Institutions* 1.25, p. 157-158.

5 Plínio, *Natural History* 6.20.54, p. 379.

6 Virgílio, *Aeneid* 6.795-97, p. 171.

7 Larner, "The Church and the Quattrocentro Renaissance", p. 35.

8 Berggren e Jones, *Ptolemy's "Geography"*, p. 57.

9 Berggren e Jones, *Ptolemy's "Geography"*, p. 57.

10 Berggren e Jones, *Ptolemy's "Geography"*, p. 58.

11 Berggren e Jones, *Ptolemy's "Geography"*, p. 58.

12 Berggren e Jones, *Ptolemy's "Geography"*, p. 67.

13 Berggren e Jones, *Ptolemy's "Geography"*, p. 68.

14 Berggren e Jones, *Ptolemy's "Geography"*, p. 64.

15 Berggren e Jones, *Ptolemy's "Geography"*, p. 59.

16 Berggren e Jones, *Ptolemy's "Geography"*, p. 82.

17 Berggren e Jones, *Ptolemy's "Geography"*, p. 83.

18 Berggren e Jones, *Ptolemy's "Geography"*, p. 63.

19 Bisaha, "Petrarch's Vision", p. 308.

20 Bisaha, "Petrarch's Vision", p. 308.

Notas

21 Berggren e Jones, *Ptolemy's "Geography"*, p. 49.
22 Dilke e Dilke, "The Adjustment of Ptolomaic Atlases", p.118.
23 Diller, "The Oldest Manuscripts", p. 67.

Capítulo Oito: A perspectiva florentina

1 Cosgrove, *Appollo's Eye*, p. 109.
2 Staley, *The Guilds of Florence*, p. 562.
3 Edson, *The World Map*, p. 133.
4 Witt, *Hercules at the Crossroads*, p. 129-130. Tradução do autor.
5 Kohl, *The Earthly Republic*, p. 150.
6 Witt, *Hercules at the Crossroads*, p. 68 nota 54. Tradução do autor.
7 Cassiodorus, *Institutions* 1.25, p. 156.
8 Holmes, *The Florentine Enlightenment*, p. 9.
9 Setton, "The Byzantine Background", p. 57.
10 Witt, *Hercules at the Crossroads*, p. 287.
11 Diller, "The Greek Codices", p. 316. Tradução do autor.
12 Esta e outras citações de Angeli neste parágrafo foram extraídas de Hankins, *Ptolemy's "Geography"*, p. 120.
13 Satire 3, 55-66, em Ariosto, *The Satires*, p. 61.
14 Grafton, *Leon Battista Alberti*, p. 244.
15 Alberti, *On Painting*, p. 65-66.
16 Cosgrove, *Appollo's Eye*, p. 109.
17 *The Dream of Scipio* 24, em Cícero, *On the Good Life*, 353.
18 Veltman, "Leonardo da Vinci", p. 17, nota 50.
19 Kemp, *Leonardo da Vinci*, 11.
20 Veltman, "Leonardo da Vinci", p. 2.
21 Para um intrigante mas controverso olhar sobre as semelhanças entre o Homem Vitruviano de Leonardo e os *mappaemundi* cristãos, e sobre a possível influência da *Geografia* de Ptolomeu sobre o advento da perspectiva linear, veja Edgerton, "From Mental Matrix", em Woodward, *Art and Cartography*, p. 10-50.
22 *The Dream of Scipio* 24, em Cícero, *On the Good Life*, 353.

Capítulo Nove: *Terrae incognitae*

1 Berggren e Jones, *Ptolemy's "Geography"*, p. 108.
2 Kremple, "Cultural Aspects", p. 6-13.
3 d'Ailly, *Ymago Mundi*, I, p. 84; tradução do autor.
4 d'Ailly, *Ymago Mundi*, I, p. 84; tradução do autor.
5 Gordan, *Two Renaissance Book Hunters*, p. 195.
6 Holmes, *The Florentine Enlightenment*, p. 64.
7 Kremple, "Cultural Aspects", p. 57.
8 Kremple, "Cultural Aspects", p. 71.
9 Kremple, "Cultural Aspects", p. 72, nota 84.
10 Gautier Dalché, "L'oeuvre géographique", p. 326, nota 35. Tradução do autor.
11 Mela, *De chorographia* 1.2, em Romer, *Pomponius Mela's Description*, p. 33.
12 Mela, *De chorographia* 1.2, em Romer, *Pomponius Mela's Description*, p. 34.
13 Gautier Dalché, "L'oeuvre géographique", p. 332. Tradução do autor.
14 Cosgrove, *Apollo's Eye*, p. 77.
15 Gautier Dalché, "L'oeuvre géographique", p. 337. Tradução do autor.
16 d'Ailly, *Ymago Mundi*, I, p. 152; tradução do autor.
17 Veja Morison, *Admiral*, p. 93-94.
18 d'Ailly, *Ymago Mundi*, I, p. 212; tradução do autor.
19 Hiatt, "Blank Spaces", p. 238.
20 Sobre esta afirmação, veja, por exemplo, Hiatt, "Blank Spaces", p. 238.
21 Gautier Dalché, "L'oeuvre géographique", p. 374. Tradução do autor.
22 Gautier Dalché, "L'oeuvre géographique", p. 375. Tradução do autor.
23 Ropes, *Council of Constance*, p. 520.

Capítulo Dez: Em regiões africanas

1 Azurara, *The Chronicle*, II, p. 236.
2 Silverberg, *The Realms of Prester John*, p. 138.
3 Russel, *Prince Henry*, p. 22.
4 Jordanus, *Mirabilia Descripta*, p. 45-46.

Notas

5   Relano, *The Shaping of Africa*, p. 56.
6   Chet van Duzer, manuscrito não publicado.
7   Azurara, *The Chronicle*, I, p. 27.
8   Azurara, *The Chronicle*, I, p. 66.
9   Azurara, *The Chronicle*, I, p. 28-29.
10 Philips, *The Medieval Expansion*, p. 172.
11 Azurara, *The Chronicle*, I, p. 27.
12 Azurara, *The Chronicle*, I, p. 31.
13 Azurara, *The Chronicle*, I, p. 30.
14 Azurara, *The Chronicle*, I, p. 33-34.
15 Esta e outras citações de *Canarian* neste parágrafo são extraídas de Bontier e Le Verrier, *The Canarian*, p. 92.
16 Bontier e Le Verrier, *The Canarian*, p. 96.
17 Marino, *El Libro*, p. 49.
18 Marino, *El Libro*, p. 65-67.
19 Marino, *El Libro*, p. 61.
20 Marino, *El Libro*, p. 62.
21 Marino, *El Libro*, p. 63.
22 Marino, *El Libro*, p. 61-63.
23 Marino, *El Libro*, p. 59.
24 Azurara, *The Chronicle*, I, p. 37.
25 Azurara, *The Chronicle*, I, p. 40.
26 Azurara, *The Chronicle*, I, p. 51.
27 Azurara, *The Chronicle*, I, p. 61.
28 Azurara, *The Chronicle*, I, p. 50.
29 Azurara, *The Chronicle*, I, p. 83.
30 Azurara, *The Chronicle*, I, p. 99.
31 Azurara, *The Chronicle*, I, p. 100.
32 Azurara, *The Chronicle*, II, p. 174.
33 Azurara, *The Chronicle*, II, p. 289.
34 Todas as citações desta bula neste parágrafo são extraídas de Davenport, *European Treaties*, p. 31-32.
35 Larner, "The Church and the Quattrocento Renaissance", p. 37.
36 Hammond, *Travelers in Disguise*, vii. O original em latim aparece em Bracciolini, *Opera Omnia*, p. 379.

Capítulo Onze: Homens instruídos

1 Gautier Dalché, "The Reception of Ptolemy's *Geography*", p. 310.
2 "Hereges, chamados de nestorianos": Hammond, *Travelers in Disguise*, p. 10.
3 Hammond, *Travelers in Disguise*, p. 18.
4 Hammond, *Travelers in Disguise*, p. 31.
5 Hammond, *Travelers in Disguise*, p. 25.
6 Hammond, *Travelers in Disguise*, p. 18.
7 Os detalhes que seguem são extraídos de: Gill, *The Council of Florence*, p. 141.
8 Gill, *The Council of Florence*, p. 322.
9 Hammond, *Travelers in Disguise*, p. 7.
10 Hammond, *Travelers in Disguise*, p. 40.
11 Hammond, *Travelers in Disguise*, p. 7. Mudei Sumatra para Taprobana, baseado no que aparece no original latino e em Major, *India in the Fifteenth Century*, p. 4.
12 Kremple, "Cultural Aspects", p. 177.
13 Estrabão, *Geography* 1.1, 3.
14 Estrabão, *Geography* 1.1, 5.
15 Larner, *Marco Polo*, 138-39.
16 Estrabão, *Geography* 1.6, 9.
17 Heródoto, *The Histories* 4.44, p. 285.
18 Plínio, *Natural History* 5.1.8, 223.
19 Romer, *Pomponius Mela's Description*, p. 39-40.
20 Galvão, *Discoveries of the World*, p. 67.
21 Kimble, "The Laurentian Map", p. 30.
22 Veja, por exemplo, Nowell, "Henry the Navigator", p. 62-67.
23 Gill, *The Council of Florence*, p. 324, nota 4.
24 Gill, *The Council of Florence*, p. 324, nota 4.
25 Boxer, *The Portuguese Seaborne Empire*, p. 27.
26 Williamson, *The Cabot Voyages*, p. 11.
27 Ravenstein, *Martin Behaim*, p. 77.
28 Platão, *Timaeus*, p. 41.
29 Platão, *The works*, p. 179.
30 Estrabão, *Geography* 1.2.18, 95.

Notas

31 Estrabão, *Geography* 1.4. 6, 243.

32 Plutarco, "The Face on the Moon", *Moralia*, p. 181-83.

33 Virgílio, *Aeneid* 6.795-96, 171.

34 Sêneca, *Medea*, p. 375-79. Tradução de Morison, *Admiral*, p. 54.

35 Veja um debate sobre esta observação, citada em quase todas as discussões sobre a queda de Constantinopla, em Sevcenko, "Intellectual Repercussions", p. 315, nota 47.

Capítulo Doze: O Cabo das Tormentas

1 Ravenstein, *Martin Behaim*, 71.

2 Larner, "The Chruch and the Quattrocento Renaissance", p. 37.

3 Gautier Dalché, "The Reception of Ptolomy's *Geography*", p. 334.

4 Edson, *The World Map*, p. 154.

5 Esta tradução da carta de Toscanelli vem de Griffin, *Las Casas on Columbus*, p. 34-36. A ortografia de alguns nomes de lugares foi alterada para se conformar com a utilizada em outros lugares deste livro. Para pormenores sobre as várias traduções da correspondência de Toscanelli e um resumo da controvérsia que a rodeia, ver N. Sumien, *La correspondance du Savant Florentin Paolo dal Pozzo Toscanelli avec Christophe Colombe.*

6 Davenport, *European Treaties*, p. 44.

7 Davenport, *European Treaties*, p. 31.

8 Parry, *The Discovery of the Sea*, p. 134.

9 Werner, "Prester John", p. 164.

10 Crone, *The Voyages*, p. 127.

11 Crone, *The Voyages*, p. 127.

12 Álvares, *The Prester John of the Indies*, p. 374.

13 Álvares, *The Prester John of the Indies*, p. 374.

14 Rogers, *The Quest for Eastern Christians*, p. 122.

15 Randles, "Bartolomeu Dias", p. 23.

16 Randles, "The Evaluation", p. 57.

17 Randles, "Bartolomeu Dias", p. 26.

18 Randles, "Bartolomeu Dias", p. 28.

19 Randles, "The Evaluation", p. 57.

20 Ravenstein, *Martin Behaim*, 71.

21 Morison, *Journals*, p. 15-17.
22 ver Griffin, *Las Casas*, p. 25.

Capítulo Treze: Colombo

1 Colombo, *The History of the Life and Deeds*, p. 39.
2 Morison, *Admiral*, p. 71.
3 Colombo, *The History of the Life and Deeds*, p. 35.
4 Williamson, *The Cabot Voyages*, p. 188.
5 Williamson, *The Cabot Voyages*, p. 188-189.
6 Colombo, *The History of the Life and Deeds*, p. 39.
7 Griffin, *Las Casas on Columbus*, p. 34.
8 Morison, *Journals*, p. 14.
9 Morison, *Admiral*, p. 71.
10 Morison, *Admiral*, p. 71.
11 Polo, *The Travels*, p. 103.
12 Taylor, *The Haven-Finding Art*, p. 129.
13 Crones, *The Voyages of Cadamosto*, p. 61.
14 Crones, *The Voyages of Cadamosto*, p. 55.
15 Crones, *The Voyages of Cadamosto*, p. 101.
16 Taviani, *Christopher Columbus*, p. 172.
17 Morison, *Admiral*, p. 35.
18 Larner, *Marco Polo*, p. 113.
19 Grafton, *Leon Battista Alberti*, p. 331.
20 Anderson, *The Annals*, I, lii.
21 Clough, "The New World", p. 297.
22 Buron, *Ymago Mundi*, III, p. 742. Tradução do autor.
23 Buron, *Ymago Mundi*, III, p. 742. Tradução do autor.
24 Rogers, *The Quest for Eastern Christians*, p. 67.
25 Buron, *Ymago Mundi*, III, p. 743. Tradução do autor.
26 Buron, *Ymago Mundi*, III, p. 740. Tradução do autor.
27 Taviani, *Christopher Columbus*, p. 453.
28 Buron, *Ymago Mundi*, III, p. 660. Tradução do autor.
29 Buron, *Ymago Mundi*, I, p. 224. Tradução do autor.
30 Buron, *Ymago Mundi*, I, p. 196. Tradução do autor.
31 Buron, *Ymago Mundi*, I, p. 208. Tradução do autor.

32 Buron, *Ymago Mundi*, I, p. 208. Tradução do autor.
33 Todas as distâncias citadas neste parágrafo derivam de Morison, *Admiral*, p. 68.
34 Randles, "The Evaluation", p. 53.
35 Griffin, *Las Casas on Columbus*, p. 50-51.
36 Griffin, *Las Casas on Columbus*, p. 59.
37 Morison, *Admiral*, p. 105.

Capítulo Quatorze: O Almirante

1 Morison, *Journals*, p. 95.
2 Morison, *Journals*, p. 48.
3 Morison, *Journals*, p. 49.
4 Taviani, *Christopher Columbus*, p. 445.
5 Morison, *Admiral*, p. 35.
6 Symcox e Formisano, *Italian Reports*, p. 102.
7 Morison, *Journals*, p. 57.
8 Morison, *Journals*, p. 60.
9 Morison, *Journals*, p. 52.
10 todas as entradas que se seguem vêm de Morison, *Journals*, p. 53-62.
11 Morison, *Journals*, p. 64.
12 Morison, *Journals*, p. 65.
13 Morison, *Journals*, p. 68.
14 Morison, *Journals*, p. 67.
15 Morison, *Journals*, p. 67.
16 Morison, *Journals*, p. 67.
17 Morison, *Journals*, p. 76.
18 Morison, *Journals*, p. 72.
19 Morison, *Journals*, p. 74.
20 Morison, *Journals*, p. 78.
21 Morison, *Journals*, p. 80.
22 Morison, *Journals*, p. 82.
23 Morison, *Journals*, p. 83.
24 Morison, *Journals*, p. 84.
25 Morison, *Journals*, p. 86.

26 Morison, *Journals*, p. 86.
27 Morison, *Journals*, p. 90.
28 Morison, *Journals*, p. 88.
29 ver, por exemplo, o vigésimo capítulo de *Mandeville's Travels*.
30 Taviani, *Christopher Columbus*, p. 448, 450.
31 Para um fascinante estudo da importância das regiões do sul e equatoriais no pensamento de Colombo, ver Wey Gómez, *The Tropics*.
32 Morison, *Journals*, p. 116, nota 3.
33 Morison, *Journals*, p. 117.
34 Morison, *Journals*, p. 131.
35 Morison, *Journals*, p. 133.
36 Morison, *Journals*, p. 134.
37 Morison, *Journals*, p. 136, nota 8.
38 Morison, *Journals*, p. 138.
39 Morison, *Journals*, p. 139.
40 Morison, *Journals*, p. 182.
41 Morison, *Journals*, p. 185.
42 Morison, *Journals*, p. 186.
43 Zamora, *Reading Columbus*, p. 194-195.
44 Todas as citações neste parágrafo derivam de Morison, *Admiral*, p. 344.
45 Morison, *Admiral*, p. 355.
46 Todas as citações da carta de Hanibal Ianuarius vêm de Symcox e Rabiti, *Italian Reports*, p. 27-28.
47 Morison, *Admiral*, p. 375.
48 Symcox e Formisano, *Italian Reports*, p. 27.
49 Cachey, "The literary response", p. 66.
50 Morison, *Admiral*, p. 383.
51 Davenport, *European Treaties*, p. 77.
52 Davenport, *European Treaties*, p. 77.
53 Vander Linden, "Alexander VI and the Demarcation", p. 16.
54 Davies, "Columbus Divides the World", p. 339.
55 Morison, *Journals*, p. 285.
56 Morison, *Admiral*, p. 372.
57 Davies, "Columbus Divides the World", p. 340.

58 Griffin, *Las Casas on Columbus*, p. 89.
59 Morison, *Admiral*, p. 345.
60 Zamora, *Reading Columbus*, p. 111.
61 Jane, *The Four Voyages*, p. 114.
62 Jane, *The Four Voyages*, p. 118.

Capítulo Quinze: O portador de Cristo

1 Vigneras, "Saint Thomas", p. 86.
2 1 Reis 6.21–22.
3 Mateus 12.42.
4 1 Reis 10.22.
5 Colombo, *El Libro de las Profecías*, p. 88.
6 Buron, *Ymago Mundi*, p. 304-306. Tradução de Morison, *Journals*, p. 22.
7 Bacon, *Opus majus*, I, p. 204.
8 Flint, *The Imaginative Landscape*, p. 70-71, nota 71.
9 Morison, *Journals*, p. 227.
10 Morison, *Journals*, p. 244.
11 Varela, *Textos*, p. 311. Tradução do autor.
12 Davenport, *European Treaties*, p. 95.
13 Morison, *Journals*, p. 217.
14 Williamson, *The Cabot Voyages*, p. 203.
15 Williamson, *The Cabot Voyages*, p. 204.
16 Williamson, *The Cabot Voyages*, p. 207-208.
17 Williamson, *The Cabot Voyages*, p. 209-210.
18 Williamson, *The Cabot Voyages*, p. 233.
19 Williamson, *The Cabot Voyages*, p. 234.
20 Williamson, *The Cabot Voyages*, p. 225.
21 Buron, *Ymago Mundi*, III, p. 747.
22 Ravenstein, *A Journal*, p. 1.
23 Griffin, *Las Casas on Columbus*, p. 185.
24 Morison, *Journals*, p. 263-264.
25 Morison, *Journals*, p. 264.
26 Morison, *Journals*, p. 273.
27 Morison, *Journals*, p. 268.

28   Morison, *Journals*, p. 274.
29   Morison, *Journals*, p. 278.
30   Morison, *Journals*, p. 275.
31   Morison, *Journals*, p. 279.
32   Delumeau, *History of Paradise*, p. 53-54.
33   Delumeau, *History of Paradise*, p. 53.
34   Scafi, *Mapping Paradise*, p. 231.
35   Morison, *Journals*, p. 285-286.
36   Scafi, *Mapping Paradise*, p. 126-127.
37   Arciniegas, *Why America?*, p. 183.
38   Colombo, *El Libro de las Profecías*, p. 72.
39   Colombo, *El Libro de las Profecías*, p. 101.
40   Isaías 60.9.
41   Colombo, *El Libro de las Profecías*, p. 239.
42   Colombo, *El Libro de las Profecías*, p. 109.
43   Symcox e Rabiti, *Italian Reports*, p. 55.
44   Symcox e Rabiti, *Italian Reports*, p. 56-57.

Capítulo Dezesseis: Américo

1   Vespúcio, *Cartas*, p. 17.
2   Vespúcio, *Cartas*, p. 45. Todas as citações da carta *Mundus novus* nesta seção vêm de Vespúcio, *Cartas*, p. 45-55.
3   Baxandall, *Painting & Experience*, p. 86.
4   Arciniegas, *Why America?*, p. 85.
5   Pohl, *Amerigo Vespucci*, p. 31.
6   Fernandez-Armesto, *Amerigo*, p. 55.
7   Diffie and Winius, *Foundations*, p. 460.
8   Vespúcio, *Cartas*, p. 3.
9   Vespúcio, *Cartas*, p. 3.
10   Vespúcio, *Cartas*, p. 4.
11   Vespúcio, *Cartas*, p. 5.
12   Vespúcio, *Cartas*, p. 9.
13   Vespúcio, *Cartas*, p.11.
14   Vespúcio, *Cartas*, p. 13.
15   Vespúcio, *Cartas*, p. 11.

Notas

16 Vespúcio, *Cartas*, p. 11.
17 Vespúcio, *Cartas*, p. 11.
18 Vespúcio, *Cartas*, p. 8.
19 Vespúcio, *Cartas*, p. 15.
20 Vespúcio, *Cartas*, p. 11.
21 Vespúcio, *Cartas*, p. 17.
22 Vespúcio, *Cartas*, p. 19.
23 Diffie e Winius, *Foundations*, p. 194.
24 Vespúcio, *Cartas*, p. 26.
25 Vespúcio, *Cartas*, p. 24.
26 Vespúcio, *Cartas*, p. 27.
27 Vespúcio, *Cartas*, p. 29.
28 Vespúcio, *Cartas*, p. 29-30.
29 Arciniegas, *Why America?*, p. 352-353.
30 Vespúcio, *Cartas*, p. 35.
31 Vespúcio, *Cartas*, p. 30.
32 Arciniegas, *Why America?*, p. 351-352.
33 Vespúcio, *Cartas*, p. 101.
34 Arciniegas, *Why America?*, p. 418.
35 Greenlee, *The Voyage*, p. 123.
36 Arciniegas, *Why America?*, p. 418.

Capítulo Dezessete: Gymnasium

1 Lud, *Speculum orbis*, citado em Thacher, *The Continent of America*, p. 151.
2 Forster, *Selections*, p. 43-47.
3 Spitz, "Conrad Celtis", p. 365.
4 Davis, *Society and Culture*, p. 196.
5 Hiatt, "Mutation and Nation", in Shalev e Burnett, *Ptolemy's Geography*, no prelo.
6 Virgílio, *Eneida*, 6.795-6.796, p. 171.
7 Ringmann, *De ora antarctica*, citado em Thacher, *The Continent of America*, p. 126-127.
8 Ringmann, *De ora antarctica*, original em latim em Thacher, *The Continent of America*, p. 162. Tradução do autor.

9   Ivins, *Prints and Visual Communication*, p. 2.

10   Plínio, *História Natural*, 25.4–5, citado em Ivins, *Prints and Visual Communication*, p. 14.

11   Para as datas e edições listadas neste parágrafo, ver Campbell, *The Earliest Printed Maps*, p. 122-141.

12   Para esta legenda e as de Cantino que se seguem, ver Nebenzahl, *Atlas of Columbus*, p. 34.

13   Anghiera, *De orbo novo*, 10, p. 271.

14   Anghiera, *De orbo novo*, 10, p. 271.

15   Fernandez-Armesto, *Amerigo*, p. 177.

16   Skelton, "Bibliographical Note", in Ptolomeu, *Geographia*, v.

Capítulo Dezoito: Mundo sem fim

1   mapa de Waldseemüller, legenda do canto superior direito.

2   Vespúcio, *Cartas*, p. 57-58.

3   Fischer e von Wieser, *The "Cosmographiae Introductio"*. Original em latim na p. xlv; em inglês na p. 88.

4   Vespúcio, *Cartas*, p. xxxii.

5   Vespúcio, *Cartas*, p. 90-91.

6   Vespúcio, *Cartas*, p. 47.

7   Waldseemüller e Ringmann, *Instructio manuductionem*, citado em Thacher, *The Continent of America*, p. 155.

8   Fischer e von Wieser, *The "Cosmographiae Introductio"*. Original em latim na p. xxvii; em inglês na p. 66.

9   Waldseemüller e Ringmann, *Instructio manuductionem*, citado em Thacher, *The Continent of America*, p. 153. Tradução ligeiramente modificada pelo autor.

10   Fischer e von Wieser, *The "Cosmographiae Introductio"*. Original em latim na p. xxx. Tradução do autor.

11   Do ensaio introdutório de Lilio Giraldi, *Syntagma of the Muses*, citado em Charles, *The Romance*, p. 81.

12   Correspondência privada com Elisabeth Fisher, Professora de Literatura Clássica, Universidade George Washington.

13   Kadir, *Columbus*, p. 60.

14   Hessler, *The Naming of America*, p. 60.

Notas

15 Fischer e von Wieser, *The "Cosmographiae Introductio"*. Original em latim na p. iii. Tradução do autor.

16 Berggren e Jones, *Ptolemy's "Geography"*, p. 57.

17 Estrabão, *Geography* 2.5.10, tradução de Berggren e Jones, *Ptolemy's "Geography"*, p. 32.

18 Fischer e Von Wieser, *The "Cosmographiae Introductio"*. Original em latim na p. iii; em inglês na p. 34.

19 Para detalhes sobre as primeiras impressões de mapas a partir de blocos de madeira, ver Campbell, "The Woodcut Map"; Grenacher, "The Woodcut Map"; e Woodward, *Five Centuries of Map Printing*, especialmente Robinson, "Mapmaking and map printing", e Woodward, "The woodcut technique", que são os capítulos 1 e 2, respectivamente.

20 Santo Agostinho, Sermão 81.8, citado em Brown, *Augustine of Hippo*, p. 296.

21 Fischer e von Wieser, *The "Cosmographiae Introductio"*. Original em latim na p. xxx; em inglês na p. 70.

22 Fischer e von Wieser, *The "Cosmographiae Introductio"*. Original em latim na p. xl; em inglês na p. 82.

Capítulo Dezenove: Além-mundo

1 Waldseemüller, "Architecturae et perspectivae rudimenta", in Reisch, *Margarita philosophica*, citado em Thacher, *The Continent of America*, p. 133.

2 Fischer e von Wieser, *The Oldest Map*, p. 19. Esta ligação ainda tem que ser substanciada, mas é no mínimo plausível; Dürer sabia de Waldseemüller e seus mapas, e trabalhou com vários humanistas de Estrasburgo com quem Waldseemüller se associou. Ver Johnson, *Carta Marina*, p. 27. Sugestivamente, uma versão em miniatura da famosa ilustração de Dürer de um rinoceronte, primeiro publicada em 1515, aparece sobre a África na Carta Marina de 1516 de Waldseemüller.

3 Original em latim em Thacher, *The Continent of America*, p. 128. Tradução substancialmente modificada. Ver também a tradução em Amerbach, *The Correspondence*, p. 97-98.

4 Waldseemüller e Ringmann, *Instructio manuductionem*, citado em Thacher, *The Continent of America*, p. 153.

5 Thacher, *The Continent of America*, p. 192.

6 Citado em Thacher, *The Continent of America*, p. 151. Tradução um pouco modificada.

7 Johnson, *Carta Marina*, p. 52.

8 More, *Utopia*, I, p. 10.

9 Schwartz, *Putting "America" on the Map*, p. 129.

10 Waldseemüller e Ringmann, *Instructio manuductionem*, citado em Schmidt, *Histoire Littéraire*, p. 127. Tradução do autor.

11 Tradução inédita de John Hessler, bibliotecário cartográfico sênior, Biblioteca do Congresso.

12 Nebenzahl, *Atlas of Columbus*, p. 50.

13 Ronsin, *Le nom de l'Amérique*, p. 119 e 265, nota 51. Tradução do autor.

14 Ver, por exemplo, Harris, "The Waldseemüller World Map".

15 Copérnico, *On the Revolutions*, p. 3.

16 Copérnico, *On the Revolutions*, p. 3.

17 Rose, resenha sem título, p. 138. Ver também Biskup, *Regesta*, n. 91, p. 63.

18 Copérnico, *On the Revolutions*, p. 8.

19 Goldstein, "The Renaissance Concept", p. 35, citando Cusanus, Nicolaus, *Of Learned Ignorance*, tradução G. Heron (Londres: Routledge & Kegan Paul, 1954).

20 Goldstein, "The Renaissance Concept", p. 35, citando Richter, *The Notebooks*, II. p. 137, n. 858.

21 Uminski, *Poland Discovers America*, p. 17. O título em latim começa *Introductio in Ptholome: Cosmographiam*.

22 Uminski, *Poland Discovers America*, p. 18. Para o latim original, ver Bartlett, *Bibliotecha Americana*, I, p. 54.

23 Copérnico, *On the Revolutions*, p. 9.

24 Copérnico, *On the Revolutions*, p. 10.

25 Copérnico, *On the Revolutions*, p. 10.

26 Copérnico, *On the Revolutions*, p. 16.

Epílogo: O caminho do mundo

1   Alberto Magno, *Opera*, 6.30, como traduzido em Cunningham, *Woe or Wonder*, p. 80.

2   Estou em dívida para com Richard Ring, o bibliotecário de coleções especiais na Biblioteca Pública de Providence, por este comentário.

Apêndice: O mapa Stevens-Brown

1   Henry N. Stevens Jr. para John Nicholas Brown, correspondência privada, 1º de abril de 1896. Biblioteca John Carter Brown na Universidade Brown.

2   Stevens, *The First Delineation*, p. ix.

3   Henry N. Stevens Jr. para John Nicholas Brown, correspondência privada, 1º de abril de 1896. Biblioteca John Carter Brown na Universidade Brown.

4   Henry N. Stevens Jr. para John Nicholas Brown, correspondência privada, 1º de abril de 1896. Biblioteca John Carter Brown na Universidade Brown.

5   Sophia Augusta Brown para George Parker Winship, correspondência privada, 28 de fevereiro de 1901. Biblioteca John Carter Brown na Universidade Brown.

6   Comentário citado em carta de Henry N. Stevens Jr. para George Parker Winship, correspondência privada, 26 de outubro de 1901. Biblioteca John Carter Brown na Universidade Brown.

Obras Citadas

AILLY, Pierre de. *Ymago mundi de Pierre d'Ailly*. Edmond Buron (org.). Paris: Maisonneuve Frères, 1930.

ALBERTI, Leon Battista. *On painting* e *On sculpture*. Cecil Grayson (trad. e org.). Londres: Phaidon, 1972.

ÁLVARES, Francisco. *The Prester John of the Indies...* [A partir do original português publicado em Lisboa em 1540: *Verdadeira informação das terras do Preste João das Índias*. Charles Fraser Beckingham e George Wynn Huntingford (org.). Traduzido por Lorde Stanley of Alderly. Cambridge: Hakluyt Society, 1961.

AMERBACH, Johannes. *The correspondence of Johann Amerbach*: impressão primitiva em seu contexto social. Barbara C. Halporn (trad. e org.). Ann Arbor: University of Michigan Press, 2000.

ANDERSON, Christopher. *The Annals of the English Bible*. Hugh Anderson (org.). Londres: Jackson, Walford & Hodder, 1862.

ANGHIERA, Pietro Martire d'. *De orbe novo*. Traduzido por Francis Augustus MacNutt. Nova York: G. P. Putnam's Sons, 1912.

ARCINIEGAS, Germán. *Why America? 500 years of a name: the life and times of Amerigo Vespucci*. Traduzido por Harriet de Onís. Bogotá: Villegas, 2002.

ARIOSTO, Ludovico. *The satires of Ludovico Ariosto*: *a Renaissance autobiography*. Traduzido por Peter DeSa Wiggins. Athens: Ohio University Press, 1976.

ARISTÓTELES. *On the Heavens* [Sobre os céus] *I* e *II*. Stuart Leggatt (trad. e org.). Warminster: Aris & Phillips, 1995.

SANTO AGOSTINHO, bispo de Hipona. *The city of God against the pagans*. [*A cidade de Deus*]. Tradução de Eva Matthews Sanford e William McAllen Green. V. 5 (livros 16–18, cap. 1–35). Loeb Classical Library. Cambridge: Harvard University Press, 1957–1972.

AZURARA, Gomes Eannes de. *The Chronicle of the discovery and conquest of Guinea* [*Chronica do descobrimento e conquista da Guiné*, original publicado em 1453]. Tradução de Charles Raymond Beazley e Edgar Prestage. 2 v. Londres: Hakluyt Society, 1896-99.

BACON, Roger. *The Opus Majus of Roger Bacon*. Tradução de Robert Belle Burke. Filadélfia: University of Pensilvannia Press, 1928.

BARRON, W. R. J. e BURGESS, Glyn S. (org.). *The voyage of saint Brendan*: *representative versions of the legend in English translation*. Exeter: University of Exeter Press, 2002.

BARTLETT, John Russell. *Bibliotecha Americana*: *a catalogue of books relating to North and South America...* Cambridge: Riverside Press, 1875.

BAUMER, Franklin L. (org.). *Main currents of Western thought*. New Haven: Yale University Press, 1978.

BAXANDALL, Michael. *Painting & Experience in Fifteenth-Century Italy*: *a primer in the Social History of Pictorial Style*. 2 ed. Oxford: Oxford University Press, 1988.

BEACH, Oliver Berghof e LEWIS, W. J. *Prints and visual communication*. Cambridge: MIT Press, 1969. (Publicado originalmente em 1953 pela Harvard University Press).

BECKINGHAM, Charles Fraser. *Between Islam and Christendom*: *travellers, facts, and legends in the Middle Ages and the Renaissance*. Londres: Variorum Reprints, 1983.

_____ e HAMILTON, Bernard (org.). *Prester John, the Mongols, and the Ten Lost Tribes*. Aldershot: Variorum, 1996.

BERGGREN, J. Lennart e JONES, Alexander (trad. e org.). *Ptolemy's "Geography"*: *an annotated translation of the theoretical chapters*. Princeton: Princeton University Press, 2000.

BERNARDO DE CLARAVAL. *The Letters of St. Bernard of Clairvaux*. Tradução de Bruno Scott James. Stroud: Sutton, 1998.

BILLER, Peter. *The measure of multitude*: *population in medieval thought*. Oxford: Oxford University Press, 2000.

BIRREL, Anne. *The classic of mountains and seas*. Nova York: Penguin Putnam, 1999.

BISAHA, Nancy. "Petrarch's Vision of the Muslim and Byzantine East". *Speculum*, 76, n. 2, p. 284-314, abr. 2001.

Obras Citadas

BISKUP, Marian (org.). *Regesta Cpernicana (Calendar of Copernicus' Papers)*. Varsóvia: Ossolineum, Academia Polonesa da Imprensa Científica, 1973.

BOCACCIO, Giovanni. De Canaria. In *Tutte le Opere di Giovanni Bocaccio*, 970-986. Editado originalmente por Manlio Pastore Stocchi, 1964. Reimpressão editada por Vittore Branca. Milão: Mondadori, 1992.

BONTIER, Pierre e LE VERRIER, Jean. *The Canarian, or Book of the conquest and conversion of the Canarians in the year 1402, by Messire Jean de Bethencourt*: Editado e traduzido por Richard Henry Major. Londres: Hakluyt Society, 1872.

BOULOUX, Nathalie. *Cultures et savoirs géographiques en Italie du XIVe siècle*. Turnhout, Bélgica: Brepols, 2002.

BOXER, Charles Ralph *The Portuguese Seaborne Empire*: 1415–1825. Nova York: Knopf, 1969.

BREWER, John Sherren (org.). *Monumenta Franciscana*. v. 1. Londres: Longman, 1858.

BRIDGES, John Henry. *The life and work of Roger Bacon: an introduction to the "Opus Majus"*. JONES, Gordon H. (org.). Londres: Williams & Norgate, 1914.

BROWN, Lloyd. *The story of maps*. Nova York: Dover, 1979. (Publicado originalmente em 1949 por Little, Brown & Company).

BROWN, Peter Robert Lamont. *Augustine of Hippo: a biography*. Berkeley: University of California Press, 1967.

BRUNI, Leonardo. "Panegyric to the city of Florence". In *The earthly republic: Italian humanists on government and society*. Editado e traduzido por Benjamin G. Kohl e Ronald G. Witt, com Elizabeth B. Welles. Filadélfia: University of Pensylvannia Press, 1978.

CACHEY, Theodore J. "The literary response of Renaissance Italy to the New World encounter". *Claudel Studies*, [s/l], 15, n. 2, p. 66-75, 1988.

_____ (trad.). *Petrarch's guide to the Holy Land: Itinerary to the Sepulcher of Our Lord Jesus Christ*. Notre Dame, Ind.: University of Notre Dame Press, 2002.

CAMPBELL, Tony. *The earliest printed maps, 1472-1500*. Berkeley: University of California Press, 1987.

_____. "Portolan charts from the late thirteenth century to 1500". In: *Cartography in prehistoric, ancient, and medieval Europe and the Mediterranean.* HARLEY, J. B. e WOODWARD, David (org.). *History of cartography.* Chicago: University of Chicago Press, 1987, p. 371-463. v. I.

_____. "The woodcut map considered as physical object: a new look at Erhard Etzlaub's "Rom Weg" map of c. 1500". *Imago Mundi*, n. 30, p. 79-91, 1978.

CASSIDY, Vincent H. *The sea around them*: *the Atlantic Ocean, A.D. 1250.* Baton Rouge: Louisiana State University Press, 1968.

CASSIODORUS. *Institutions of divine and secular learning* e *On the Soul.* Tradução de James W. Halporn. Liverpool: Liverpool University Press, 2003.

CHARLES, Heinrich. *The romance of the name "America".* Nova York: Author, 1926.

CÍCERO. *On the good life: [selected writings of] Cicero.* Tradução de Michael Grant. Harmondsworth: Penguin, 1971.

CLEGG, Brian. *The first scientist*: *a life of Roger Bacon.* Londres: Constable, 2003.

CLOUGH, Cecil H. "The New World and the Italian Renaissance". In: *The European outthrust and encounter: the first phase (c. 1400–c. 1700).* CLOUGH, Cecil H. e HAIR, Paul Edward Hedley (org.). Liverpool: Liverpool University Press, 1994, p. 291-328.

COLOMBO, Fernando. *The history of the life and deeds of the Don Admiral Christopher Columbus.* LUZZANA, Ilaria Caraci (org.). Tradução de Geoffrey Symcox e Blair Sullivan. In *Reportorium Columbianum*, v. 13. Turnhout, Bélgica: Brepols, 2004.

COLOMBO, Cristóvão. *The book of prophecies.* RUSCONI, Roberto (org.). Tradução de Blair Sullivan. In *Reportorium Columbianum*, v. 3. Berkeley: University of California Press, 1997.

_____. *The "Libro de las profecías" of Cristopher Columbus.* Tradução de Delno C. West e Augustus Kling. Gainesville: University of Florida Press, 1991.

CONNOLLY, Daniel K. "Imagined pilgrimage in the itinerary maps of Matthew Paris". *The Art Bulletin*, [s/l], 81, n. 4, p. 598-622, 1999.

CONSTABLE, Giles. *Religious life and thought (11th-12th centuries)*. Londres: Variorum Reprints, 1979.

COPÉRNICO, Nicolau. *As revoluções dos orbes celestes*. 2 ed. Lisboa: Calouste Gulbenkian, 1996.

COSGROVE, Denis. *Apollo's eye*: a cartographic genealogy of the Earth in the western imagination. Baltimore: Johns Hopkins University Press, 2001.

COULTON, George Gordon (org.). *From St. Francis to Dante*: a translation of all that is of primary interest in the chronicle of the Franciscan Salimbene... Londres: Duckworth, 1908.

CRITCHLEY, John. *Marco Polo's book*. Aldershot: Variorum, 1992.

CRONE, Gerald Roe (trad. e org.). *The voyages of Cadamosto and other documents on Western Africa in the second half of the fifteenth century*. Londres: Hakluyt Society, 1937.

CUNNINGHAM, J. V. *Woe or wonder*: the emotional effect of Shakespearean tragedy. Denver: University of Denver Press, 1951.

DAVENPORT, Frances Gardiner (org.). *European treaties bearing on the history of the United States and its dependencies to 1648*. Washington, D.C.: Carnegie Institution of Washington, 1917.

DAVIES, Arthur. "Columbus divides the world". *The Geographical Journal*, [s/l], 133, n. 3, p. 337-344, set. 1967.

DAVIS, Natalie Zemon. *Society and culture in early modern France*: eight essays. Londres: Duckworth, 1975.

DAWSON, Christopher (org.). *Mission to Asia*. Toronto: University of Toronto Press, 1980. (Publicado originalmente como *The Mongol Mission*. Londres: Sheed & Ward, 1955).

DELUMEAU, Jean. *History of paradise: the Garden of Eden in myth and tradition*. Tradução de Matthew O'Connell. Nova York: Continuum, 1995.

DIENES, Mary. "Eastern missions of the Hungarian Dominicans in the first half of the thirteenth century". *Isis*, [s/l], 27, n. 2, p. 225-241, ago. 1937.

DIFFIE, Bailey W. e WINIUS, George D. "Foundations of the Portuguese empire: 1415–1580". In *Europe and the world in the Age of Expansionism*. 1 v. SHAFER, Boyd C. (org.). Minneapolis: University of Minnesota Press, 1977.

DILKE, Oswald A. W. e DILKE, Margaret S. "The adjustment of Ptolemaic atlases to feature the New World". In *The Classical Tradition and the Americas*. HASSE, Wolfgang e REINHOLD, Meyer (org.). Nova York: de Gruyter, 1994. p. 117-134.

DILLER, Aubrey. "The Greek codices of Palla Strozzi and Guareno Veronese". *Journal of the Warburg and Courtauld Institutes*, [s/l], 24, n. 3/4, p. 313-321, jul.–dez. 1961.

_____. "The oldest manuscripts of Ptolemaic maps". *Transactions and proceedings of the American Philological Association*, [s/l], 71, p. 62-67, 1940.

EDSON, Evelyn. *The world map, 1300–1492*. Baltimore: Johns Hopkins University Press, 2007.

EMERSON, Ralph Waldo. *English traits*. Londres: G. Routledge, 1857.

ESTRABÃO. *Geography*. Tradução de Horace Leonard Jones. Loeb Classical Library. Nova York: G.P. Putnam's Sons, 1917–1933. v. 1, l. 1–2.

FERNANDEZ-ARMESTO, Felipe. *Amerigo: the man who gave his name to America*. Nova York: Random House, 2006.

FINDLEN, Paula (org.). *The Italian Renaissance: the essential readings*. Malden: Blackwell, 2002.

FISCHER, Joseph e WIESER, Franz Ritter von. *The "Cosmographiae Introductio" of Martin Waldseemüller in facsimile*. HERBERMANN, Charles George (org.). Nova York: U.S. Catholic Historical Society, 1907.

_____. *The oldest map with the name America of the year 1507 [Die älteste Karte mit dem Namen Amerika aus dem Jahre 1507]...* Londres: Stevens, Son & Stiles [Innsbruck: Wagner], 1903.

_____. "The oldest map with the name 'America', and how it was found, told by its discoverer, Rev. Joseph Fischer, S.J." *Benziger's Magazine* [s/l], 4, n. 2, p. 269-270, abr. 1902.

FLINT, Valerie. *The imaginative landscape of Christopher Columbus*. Princeton: Princeton University Press, 1992.

FORSTER, Leonard (trad. e org.). *Selections from Konrad Celtics: 1459–1508*. Cambridge: Cambridge University Press, 1948.

FRANKE, Herbert. "Sino-Western contacts under the Mongol empire". *Journal of the Hong Kong Branch of the Royal Asiatic Society*, [s/l], 6, p. 49-72, 1966.

FRANZINI, Antoine e BOULOUX, Nathalie. *Îles du Moyen Âge*. Paris: Presses Universitaires de Vincennes, 2004.

FRIEDMAN, John Block. *The monstrous races in medieval art and thought*. Syracuse: Syracuse University Press, 2000. (Publicado originalmente em 1981 pela Harvard University Press).

GADOL, Joan. *Leon Battista Alberti: universal man of the early Renaissance*. Chicago: University of Chicago Press, 1970.

GALVÃO, Antonio. *The discoveries of the world, from their first originall vnto the yeere of Our Lord 1555*. HAKLUYT, Richard (org.). Londres: Impensis G. Bishop, 1601.

GAUTIER DALCHÉ, Patrick. "L'oeuvre géographique du cardinal Fillastre (m. 1428). Représentation du monde et perception de la carte à l'aube des déscouvertes". *Archives d'Histoire Doctrinale et Littéraire du Moyen Âge*, [s/l], p. 319-383, 1992.

_____. "The reception of Ptolemy's *Geography* (end of the fourteenth to beginning of the sixteenth century)". In: *Cartography in the European Renaissance*. WOODWARD, David (Ed.). *History of cartography*. Chicago: University of Chicago Press, 2007, p. 285-364. v. 3, l. 1.

_____. "Le souvenir de la *Géographie* de Ptolémée dans le monde latin médiéval". *Euphrosyne: Revista e Filologia*, Lisboa, 27, p. 79-106, 1999.

The Geographical Journal, [s/l], 10, n. 3, p. 323-333, set. 1897.

GIL, Joseph. *The Council of Florence.* Cambridge: Cambridge University Press, 1961.

GOLDSTEIN, Thomas. "The Renaissance concept of the Earth in its influence upon Copernicus". *Terrae Incognitae*, [s/l], n. 4, p. 19-51, 1972.

GORDAN, Phyllis Walter Goodhart (trad. e org.). *Two Renaissance book hunters: the letters of Poggius Bracciolini to Nicolaus de Niccolis*. Nova York: Columbia University Press, 1974.

GORMLEY, Catherine M; ROUSE, Mary A.; ROUSE, Richard H. "The medieval circulation of the *Chorographia* of Pomponius Mela". *Medieval Studies*, Toronto (Pontifical Institute of Medieval Studies), n. 46, p. 266-320, 1984.

GRAFTON, Anthony. *Leon Battista Alberti: master builder of the Italian Renaissance*. Cambridge: Harvard University Press, 2002.

GREENLEE, William Brooks (trad. e org.). *The voyage of Pedro Álvares Cabral to Brazil and India: from contemporary documents and narratives*. Londres: Hakluyt Society, 1938.

GRENACHER, E. "The woodcut map: a form-cutter of maps wanders through Europe in the first quarter of the sixteenth century". *Imago Mundi*, n. 24, p. 31-41, 1970.

GRIBBLE, Francis Henry. *The early mountaineers*. Londres: T.F. Unwin, 1899.

GRIFFIN, Nigel (trad. e org.). "Las Casas on Columbus: background and the second and fourth voyages". In *Repertorium Columbianum*, Turnhout, Bélgica: Brepols, 1999. v. 7.

GURNEY, Alan. *Compass: a story of exploration and inovation*. Nova York: Norton, 2004.

HAMMOND, Lincoln Davis (org.). *Travelers in disguise: narratives of eastern travel by Poggio Bracciolini and Ludovico de Varthema*. Tradução de John Winter Jones. Cambridge: Harvard University Press, 1963.

HANKINS, James. "Ptolemy's *Geography* in the Renaissance". In *The marks in the fields*: essays on the uses of manuscripts. DENNIS, Rodney G. e FALSEY, Elizabeth (org.). Cambridge, Mass.: Harvard University Press, 1992. p. 119-127.

HARRIS, Elizabeth. "The Waldseemüller world map: a typographical appraisal". *Imago Mundi*, n. 37, p. 30-53, 1984.

HEERS, Jacques. "De Marco Polo à Christophe Colomb: comment lire le *Devisement du monde?*" *Journal of Medieval History*, n. 10, p. 125-43, 1984.

HERÓDOTO. *As histórias*. Tradução de Aubrey De Sélincourt; revisada com prefácio e notas de John Marincola. Nova York: Penguin, 1996.

HESSLER, John (trad. e org.). *The naming of America: Martin Waldseemüller's 1507 world map and the Cosmographie Introductio*. Londres: Giles; Easthampton: distribuição de Antique Collectors' Club Limited, 2008.

HIATT, Alfred. Blank spaces on the Earth. *Yale Journal of Criticism*, 15, n. 2, p. 223-250, 2002.

_____. "Mutation and nation: the 1513 Strasbourg Ptolemy". In SHALEV, Zur e BURNETT, Charles (org.). *Ptolemy's* Geography *in the Renaissance*. Londres: Warburg Institute, no prelo.

HOLMES, George. *The Florentine Enlightenment, 1400-1500*. Londres: Weidenfeld & Nicolson, 1969.

HUMBOLDT, Alexander von. *Examen critique de l'histoire de la géographie du nouveau continent...* Paris: Gide, 1836–1839.

IRVING, Washington. *A history of the life and voyages of Christopher Columbus...* Nova York: G. & C. Carvill, 1828. v. 3.

_____ [pseudônimo: Diedrich Knickerbocker]. *A history of New York, from the beginning of the world to the end of the Dutch dinasty...* Nova York: Inskeep & Bradford, 1809. v. 1.

ISIDORO DE SEVILHA. *The "Etymologies" of Isidore of Seville*. Tradução de Stephen A. Barney et al. Nova York: Cambridge University Press, 2006.

JACKSON, Peter (trad.). *The mission of friar William of Rubruck: his journey to the court of the Great Khan Möngke*. Londres: Hakluyt Society, 1990.

JANE, Cecil (trad. e org.). *The four voyages of Columbus: a history in eight documents, including five by Christopher Columbus in the original Spanish with English translations*. Nova York: Dover, 1988.

JOHNSON, Hildegard Binder. *Carta Marina: world geography in Strassburg, 1525*. Minneapolis: University of Minnesota Press, 1963.

JORDANUS, Catalani. *Mirabilia descripta: the wonders of the East*. Tradução de Henry Yule. Londres: Hakluyt Society, 1863.

DJELAL, Kadir. *Columbus and the ends of the Earth: Europe's prophetic rhetoric as conquering ideology*. Berkeley: University of California Press, 1992.

KEMP, Martin. *Leonardo da Vinci: experience, experiment, and design*. Princeton: Princeton University Press, 2006.

KER, Neil Ripley. *Medieval libraries of Great Britain: a list of surviving books*. Londres: Royal Historical Society, 1941.

KIMBLE, George Herbert Tinley. *Geography in the Middle Ages*. Londres: Methuen, 1938.

_____. "The Laurentian map with special reference to its portrayal of Africa". *Imago Mundi*, n. 1, p. 29-33, 1935.

KREMPLE, Frederich Awalde. *Cultural aspects of the councils of Constance and Basel*. 1954. Dissertação (doutoramento): University of Minnesota.

LANMAN, Jonathan T. "The religious symbolism of the T in T-O maps". *Cartographica*, 18, n. 4, p. 18-22, 1981.

LARNER, John T. "The Church and the Quattrocento Renaissance in Geography". *Renaissance Studies*, 12, n. 1, p. 26-39, mar. 1998.

_____. *Marco Polo and the discovery of the world*. New Haven: Yale University Press, 2001.

LECLERQ, Jean. *The love of learning and the desire for God: a study of monastic culture*. Tradução de Catharine Misrahi. Nova York: Fordham University Press, 1961.

LESTER, C. Edwards e FOSTER, Andrew. *The life and voyages of Americus Vespucius...* Nova York: Baker & Scribner, 1846.

LUDD, Guelterus. *Speculi orbis succintis sed neque poenitenda neque inelegans declaratio*. Estrasburgo: Grüninger, 1507. Boston: [s/ed.], 1924.

MAJOR, Richard Henry (org.). *India in the fifteenth century*. Londres: Hakluyt Society, 1857.

MANDEVILLE, John. *The travels of sir John Mandeville*. Tradução de C.W.R.D. Moseley. Nova York: Penguin, 1893.

MARINO, Nancy F. (trad. e org.). *El Libro del conocimiento de todos los reinos*. Tempe: Arizona Center for Medieval and Renaissance Studies, 1999.

MCNEILL, William Hardy. *Plagues and peoples*. Nova York: Anchor Books Doubleday, 1976.

MORE, Thomas. *Utopia*. Tradução de Marcelo Brandão Cipolla e Jefferson Luiz Camargo. São Paulo: Martins Fontes, 2009.

MORISON, Samuel Eliot. *Admiral of the Ocean Sea: a life of Christopher Columbus*. Boston: Little, Brown, 1942. v.1.

_____ (trad. e org.). *Journals and other documents on the life of Christopher Columbus*. Nova York: Heritage, 1963.

MUNDY, John Hine e WOODY, Kennerly M. (org.). *The council of Constance: the unification of the Church*. Tradução de Louise Ropes Loomis. Nova York: Columbia University Press, 1961.

NANGIS, Guillaume de. "Gesta sanctae memoriae Ludovici regis Franciae". In *Recueil des historiens des Gaules et de la France*, 20. NAUDET, J. e DAUNOU, P.C.F. (org.). Paris: Imprimerie Royale, 1840.

NEBENZAHL, Kenneth. *Atlas of Columbus and the great discoveries*. Chicago: Rand McNally, 1990.

NORDENSKIÖLD, Adolf Erik. *Facsimile-atlas to the early history of cartography with reproductions of the most important maps printed in the XV and XVI centuries*. Tradução de Johan Adolf Ekelof e Clements R. Markham. Estocolmo: P.A. Norstedt, 1889.

PARIS, Matthew. *English history from the year 1235 to 1273*. Tradução de J.A. Giles. Londres: H.G. Bohn, 1852.

PARRY, J. H. *The discovery of the sea*. Nova York: Dial, 1974.

PELLIOT, Paul. *Notes on Marco Polo*. Paris: Imprimerie Nationale, 1959. v. 1.

PETRARCA, Francesco. *Letters on family matters*. Tradução de Aldo S. Bernardo. Nova York: Italica, 2005.

_____. *The life of solitude*. Tradução de Jacob Zeitlin. Westport,: Hyperion, 1924.

_____. *Opera quae extant omnia*. Basileia: Sebastianum Henricpetri [*sic*], 1581.

PHILLIPS, J.R.S. *The medieval expansion of Europe*. 2 ed. Oxford: Oxford University Press, 1998.

PHILLIPS, Seymour. "The outer world of the European Middle Ages". In *Implicit understandigs: observing, reportign, and reflecting on the encounters between Europeans and other peoples in the early Modern Era, 23–63*. SCHWARTZ, Stuart B. (org.). Nova York: Cambridge University Press, 1994.

PHILLIPS, William D., Jr. (trad. e org.). "Testimonies from the Columbian lawsuits". In *Repertorium Columbianum*, Turnhout, Bélgica: Brepols, 2000. v. 8.

PLATÃO. *Plato* (Timaeus, Critias, Cleitophon, Menexenus, Epistles). Tradução de R.G. Bury. Loeb Classical Library. Cambridge: Harvard University Press, 1999.

_____. *The works of Plato*. Selecionadas e editadas por EDMAN, Irwin. Nova York: The Modern Library, 1928.

PLÍNIO, o Velho. *Natural History*. Tradução de H. Rackham. Loeb Classical Library. Cambridge: Harvard University Press, 1942. v. 2, l. 3–7.

PLUTARCO. *Lives*. (Sertorius and Eumenes, Phocion and Cato and Younger). Tradução de Bernadotte Perrin. Loeb Classical Library. Cambridge: Harvard University Press, 1989. v. 8.

POHL, Frederick Julius. *Amerigo Vespucci: pilot major.* Nova York: Columbia University Press, 1944.

POLO, Marco. *The travels of Marco Polo.* Tradução de Ronald Latham. Nova York: Penguin, 1958.

PTOLOMEU. *Geograhia: Estrasburgo, 1513.* Theatrum Orbis Terrarum: a series of atlases in facsimile. 2 s., v. 4. Amesterdã: Theatrum Orbis Terrarum, 1966.

RACHEWILTZ, Igor de. *Papal envoys to the Great Khans.* Stanford: Stanford University Press, 1971.

_____. "Some remarks on the ideological foundations of Chingis Khan's empire". *Papers on Far Eastern History,* 7, p. 21-36, mar. 1973.

RANDLES, W. G. L. "Bartolomeu Dias and the discovery of the south--east passage linking the Atlantic to the Indian Ocean (1488)". *Revista da Universidade de Coimbra,* 34, p. 19-28, mar. 1987.

_____. "The evaluation of Columbus's 'India' project by Portuguese and Spanish cosmographers in the light of the geographical science of the period". *Imago Mundi,* n. 42, p. 50-64, 1990.

RAVENSTEIN, Ernest George. *Martin Behaim, his life and his globe.* Londres: G. Philip & Son, 1908.

_____ (trad. e org.). *A journal of the first voyage of Vasco da Gama.* Londres: Hackluyt Society, 1898.

REISCH, Gregor. *Margarita philosophica.* Estrasburgo: Schott, 1508.

RELANO, Francesc. *The shaping of Africa: cosmographic discourse and cartographic science in late medieval and early modern Europe.* Burlington, Vt.: Ashgate, 2002.

RICHTER, Jean Paul (org.). *The notebooks of Leonardo da Vinci.* Nova York: Dover, 1970.

RINGMANN, Matthias. *Be [i.e. de] ora Antarctica per regem portugallie pridem inuenta.* Estrasburgo: Hupfuff, 1505.

ROBINSON, James Harvey e ROLFE, Henry Winchester (org.). *Petrarch: the first modern scholar and man of letters...* Nova York: Putnam, 1898.

ROGERS, Francis Millet. *The quest for Eastern Christians.* Minneapolis: University of Minnesota Press, 1962.

_____. "The Vivaldi expedition". In *Seventy-third Annual Report of the Dante Society,* 31-45. Cambridge: Dante Society of America, 1955.

ROMER, F. E. (trad.). *Pomponius Mela's description of the world*. Ann Arbor: University of Michigan Press, 1998.

RONSIN, Albert. *Le nom d'Amérique: l'invention des chanoines et savants de Saint-Dié*. Estrasburgo, França: La Nuée Bleue, 2006.

ROSE, William J. Ensaio sem título. *Isis*, 16, n. 1, p. 136-138, jul. 1931.

RUSSELL, Peter Edward. *Prince Henry "The navigator": a life*. New Haven: Yale University Press, 2000.

SCAFI, Alessandro. *Mapping Paradise: a history of Heaven on Earth*. Chicago: University of Chicago Press, 2006.

SCHIFFELER, John William. *The legendary creatures of the Shan Hai Ching*. San Francisco: [s/ed.], 1978.

SCHMIDT, Charles. *Histoire littéraire de l'Alsace à la fin du XVe et au commencement du XVIe siècle*. Paris: Sandoz et Fischbacher, 1879.

SCHMIEDER, Felicitas. "Clash of civilizations in the medieval world: Christian strategies for diplomacy and conversion among the Mongols". *Annuario della Casa Romena di Venezia*, Bucareste, 3, p. 10-28, 2001.

_____. "The Mongols as non-believing apocalyptic friends around the year 1260". *Journal of Millenial Studies*, 1, n. 1, 1998, http://www.mille.org/publiations/summer98/fschmieder.pdf.

SCHOFF, Wilfred H. (Trad.). *The periplus of the Erythraean Sea: travel and trade in the Indian Ocean, by a merchant of the first century*. Nova York: Longmans, Green, 1912.

SCHWARTZ, Seymour. *Putting "America" on the map*. Amherst, NY: Prometheus, 2007.

SCHWARTZ, Stuart B (org.). *Implicit understandings: observing, reportign, and reflecting on the encounters between Europeans and other peoples in the early Modern Era*. Nova York: Cambridge University Press, 1994.

SEAVER, Kirsten. *Maps, myths, and men: the story of the Vinland map*. Stanford: Stanford University Press, 2004.

SETTON, Kenneth. "The Byzantine background to the Italian Renaissance". *Proceedings of the American Philosophical Association*, [s/l], 100, p. 1-76, [s/d].

SEVCENKO, Ihor. "Intellectual repercussions of the Council of Florence". *Church History*, [s/l], 24, n. 4, p. 291-323, dez. 1955.

SILVERBERG, Robert. *The realm of Prester John*. Londres: Phoenix, 2004. (Publicado originalmente em 1972 por Doubleday & Co.)

SLESSAREV, Vsevolod. *Prester John: the letter and the legend.* Minneapolis: University of Minnesota Press, 1959.

SOULSBY, Basil H. "The first map containing the name America". *Geographical Journal,* [s/l], 19, n. 2, p. 201-209, fev. 1902.

SPITZ, Lewis William. *Conrad Celtics, career humanist: a case study in the nature of the northern Renaissance.* 1954. Dissertação (doutoramento): Harvard University.

STALEY, Edgcumbe. *The guilds of Florence.* Londres: Methuen, 1906.

STEVENS, Henry Newton. *The first delineation of the New World and the first use of the name America on a printed map...* Londres: Stevens, Son & Stiles, 1928.

_____. *Rare Americana including the original Waldseemüller maps of 1507 and 1516.* Catálogo de leilão. Londres: Stevens, Son & Stiles, 1907.

SUMIEN, N. *La correspondence du savant florentin Paolo dal Pozzo Toscanelli avec Christophe Colombe.* Paris: Société d'éditions géographiques, maritimes, et coloniales, 1927.

SUZANNE, Lewis. *The art of Matthew Paris in the "Chronica Majora".* Berkeley: University of California com o Corpus Christi College (Cambridge), 1987.

SYMCOX, Geoffrey e RABITTI, Giovanna (org.). "Italian reports on America, 1493-1522: letters, dispatches, and papal bulls". Tradução de Peter D. Diehl. In *Repertorium Columbianum*, Turnhout, Bélgica: Brepols, 2001. v. 10.

SYMCOX, Geoffrey e FORMISANO, Luciano (org.). "Italian reports on America, 1493-1522: accounts by contemporary observers". Tradução de Theodore J. Cachey, Jr. E John C. McLucas. In *Repertorium Columbianum*, Turnhout, Bélgica: Brepols, 2001. v. 12.

TANNER, Norman P (org.). *Decrees of the ecumenical councils.* Londres: Sheed & Ward, 1990.

TAVIANI, Paolo Emilio. *Christopher Columbus: the grand design.* Londres: Orbis, 1985.

TAYLOR, Eva Germaine Rimington. *The haven-finding art: a history of navigation from Odysseus to captain Cook.* Nova York: Abelard-Schuman, 1957.

THACHER, John Boyd. *The continent of America: its discovery and its baptism.* Nova York: W.E. Benjamin, 1896.

THORNDIKE, Lynn (trad. e org.). *The sphere of Sacrobosco and its commentators.* Chicago: University of Chicago Press, 1949.

UMINSKI, Sigmund H. *Poland discovers America: the Poles in the Americas.* Nova York: Polish Publication Society of America, 1972.

VANDER LINDEN, H. "Alexander VI and the demarcation of the maritime and colonial domains of Spain and Portugal, 1493-1494". *The American Historical Review,* [s/l], 22, n. 1, p. 1-20, out. 1916.

VARELA, Consuelo (org.). *Textos y documentos completos: relaciones de viajes, cartas y memoriales.* Madri: Alianza, 1982.

VELTMAN, Kim H. "Leonardo da Vinci: studies of the human body and principles of anatomy". Tradução não publicada de um original alemão em SCHREINER, Klaus (org.). *Gepeinigt, beghert vergessen,* Munique, 1992, p. 287-308. Disponível em http://www.sumscorp.com/leonardoindex.htm.

VESPÚCIO, Américo. *Letters from a New World: Amerigo Vespucci's discovery of America.* FORMISANO, Luciano (org.). Tradução de David Jacobson. Nova York: Marsilio, 1992.

VIGNERAS, Louis-André. "Saint Thomas, Apostle of America". *Hispanic American Historical Review,* [s/l], 57, n. 1, p. 82-90, fev. 1977.

VIRGÍLIO. *Eneida.* Tradução de José Vitorino Barreto Feio e José Maria da Costa e Silva. São Paulo: Martins Fontes, 2004.

WALDSEEMÜLLER, Martin e RINGMANN, Matthias. *Instructio manuductionem praestans in cartam itinerariam Mart. Hilacomili.* Estrasburgo: Grüninger, 1511.

WERNER, A. "Prester John and Benin". In "Notes and Queries". *Bulletin of the School of Oriental Studies, University of London,* 2, n. 1, p. 163-165, 1921.

WESTROPP, Thomas Johnson. "Brasil and the legendary islands of the North Atlantic". *Proceedings of the Royal Irish Academy,* 30, sec. C, n. 8, p. 223-263, 1912.

WEY GOMEZ, Nicolás. *The tropics of empire: why Columbus sailed south to the Indies*. Cambridge: The MIT Press, 2008.

WILLIAMSON, James Alexander. *The Cabot voyages and Bristol discovery under Henry VII*. Cambridge: Hakluyt Society, 1962.

WITT, Ronald G. *Hercules at the crossroads: the life, works, and thought of Coluccio Salutati*. Durham, N.C.: Duke University Press, 1983.

WOODWARD, David e HARLEY, J. B. (org.). "Medieval *mappaemundi*". In: *Cartography in prehistoric, ancient, and medieval Europe and the Mediterranean. History of Cartography*. Chicago: University of Chicago Press, 1987, p. 286-370. v. 1.

WOODWARD, David (Ed.). *Art and cartography: six historical essays*. Chicago: University of Chicago Press, 1987.

_____. *Five centuries of map printing*. Chicago: University of Chicago Press, 1975.

WOODWARD, David (org.). *Roger Bacon: the fourth part of the Opus Maius: mathematics in the service of theology: sections of interest to the history of geographical thought*. Tradução não publicada de Herbert M. Howe, 1996, www.geography.wisc.edu/histcart/bacon.html.

YULE, Henry (trad. e org.). *Cathay and the way thither: being a collection of medieval notices of China*. Londres: Hakluyt Society, 1866.

ZAMORA, Margarita. *Reading Columbus*. Berkeley: University of California Press, 1993.

Leitura adicional

O INTERESSE POR mapas-múndi antigos disparou nas décadas mais recentes, e o próprio estudo da história da cartografia, nos últimos tempos, tem passado por algo como um renascimento. A mais importante obra de referência neste campo em rápida expansão é uma enorme série de volumes intitulada *A história da cartografia*, publicada pela University of Chicago Press. Três volumes da série foram publicados, dois dos quais são de particular relevância para o período e temas cobertos por este livro: *Cartography in Prehistoric, Ancient, and Medieval Europe and the Mediterranean* [*A Cartografia na Europa e Mediterrâneo Pré-históricos, Antigos e Medievais*] (v. 1, 1987) e *Cartography in the European Renaissance* [*Cartografia na Renascença Europeia*] (v. 3, 2007). Outras introduções à história da cartografia publicadas, informativas e muitas vezes de belo efeito para os olhos incluem *The Map Book* [*O Livro dos Mapas*] (2005) de Peter Barber, *Apollo's Eye* [*O Olho de Apolo*] (2001) de Dennis Cosgrove, *The World Map* [*O Mapa-múndi*] (2007) e *Mapping Time and Space* [*Mapear o Tempo e o Espaço*] (1997) de Evelyn Edson, *Atlas of Columbus and the Great Discoveries* [*Atlas de Colombo e as Grandes Descobertas*] (1990) de Kenneth Nebenzahl, *Cartographia* (2007) de Vincent Virga, *The Image of the World* [*A Imagem do Mundo*] (1994) de Peter Whitfield, e *The Mapmakers* [*Os Cartógrafos*] (1981, revisado em 2000) de John Noble Wilford. Diversas pesquisas mais antigas continuam tendo interesse e valor, embora traiam sua idade em trechos: *History of Cartography* [*História da Cartografia*] (1964) de Leo Bagrow, *Dawn of Modern Geography* [*A Aurora da Geografia Moderna*] (1987) de C. Raymond Beazely, *The Story of Maps* [*A História dos Mapas*] (1949) de Lloyd Brown, e *Maps and Their Makers* [*Os Mapas e seus Criadores*] (1953) de G. R. Crone.

O interesse pelo próprio mapa de Waldseemüller também tem crescido drasticamente em anos recentes. Desde 2007 o mapa tem estado em exibição permanente no Grande Salão do Edifício de Jefferson no Congresso, junto com a Carta Náutica de Waldseemüller, e os dois mapas ali formam a peça central de uma exposição fascinante intitulada "Explorando as Américas Primitivas: A Coleção Jay I. Kislak". O mapa de Waldseemüller e a Carta Náutica também podem ser vistos lado a lado na internet como parte do site "Exploring the Early Americas", em loc.gov/exhibits/earlyamericas/maps/html/. Também pode ser consultada e carregada uma imagem digital de alta resolução do mapa de Waldseemüller gratuitamente da biblioteca indo a memory.loc.gov/ammen/gmdhtml/dsxphome.html e procurando o nome "Waldseemüller". Para atualizações em tempo real sobre o estudo em avanço do mapa na biblioteca, ver "Warping Waldseemüller", um blog privado mantido por John Hessler, um bibliotecário de pesquisa sênior no Departamento de Geografia e Mapas da Biblioteca, em warpinghistory.blogspot.com. e, com a ajuda da Free Press, produzi minha própria versão comentada do mapa, que pode ser encontrada em: simonandschuster.com/4thpartmap.

Uma quantidade de livros e artigos em inglês sobre o mapa de Waldseemüller também apareceu recentemente. Estes incluem a publicação pessoal de Peter W. Dickson *The Magellan Myth: Reflections on Columbus, Vespucci, and the Waldseemüller map of 1507* [*O Mito de Magalhães: Reflexões sobre Colombo, Vespúcio e o mapa de Waldseemüller de 1507*] (2007); "Renaissance German Cosmographers and the Naming of America" ["Cosmógrafos Alemães da Renascença e o Batismo da América], in *Past and Present* [*Passado e Presente*] (v. 1, n. 1, maio de 2006); *The Naming of America: Martin Waldseemüller's 1507 World Map and the "Cosmographiae introductio"* [*O Batismo da América: O Mapa-múndi de Martin Waldseemüller de 1507 e a "Cosmographiae introductio"*] (2007) e "Warping Waldseemüller: A Phenommenological and Computational Study of the 1507 World Map" ["Espiando Waldseemüller: Um estudo Fenomenológico e Computacional do Mapa-múndi de 1507], in *Cartographica* (v. 44, 2006) de John W. Hessler; *Putting "America" on the Map: The Story of the Most Important Graphic Document in the History of the United States* [*Pondo "América" no Mapa: A História do Documento Gráfico Mais Importante na História dos Estados Unidos*] (2007) de Seymour I. Schwartz.

Também vale a pena procurar diversas obras antigas em inglês relacionadas com Waldseemüller. Entre elas está "The Waldseemüller

World Map: A Typographic Appraisal" ["O Mapa-múndi de Waldsee-müller: Uma Avaliação Tipográfica"], in *Imago Mundi* (v. 37, 1985) de Elizabeth Harris; *The "Cosmographiae Introductio" of Martin Waldsee-müller in Facsimile* [*O "Cosmographiae Introductio" de Martin Waldsee-müller em fac-símile*] (1907) e *The Oldest Map with the Name America of the Year 1507* [*O Mapa Mais Antigo com o Nome América do Ano de 1507*] (1903) de Joseph Fischer e Franz Von Wieser; *Carta Marina: World Geography in Strassburg, 1525* [*Carta Náutica: Geografia Mundial em Estrassburgo, 1525*] (1963) de Hildegard Binder Johnson; o capítulo Waldseemüller in *Mapmakers of the Sixteenth-Century and Their Maps* [*Cartógrafos do Século XVI e Seus Mapas*] (1993) de Robert W. Karrow; "The Naming of America" ["O Batismo da América"], in *Sixteenth-Century Journal* (v. 13, n. 4. inverno de 1982) de Franz Laubenberger e Steven Rowans; *Maps, Myths, and Men* [*Mapas, Mitos e Homens*] (2004) de Kirsten Seaver, que argumenta convincentemente que Joseph Fischer, o descobridor do mapa de Waldseemüller, falsificou o famoso mapa de Vinland; a nota bibliográfica na obra de Waldseemüller e do Gymnasium Vosagense de R. A. Skelton em *Geographia: Strassburg, 1513*, um fac-símile da edição de 1513 da Geografia de Ptolomeu por Waldseemüller e Ringmann (1996); *The Continent of America: Its Discovery and Its Batism* [*O Continente da América: Sua Descoberta e Seu Batismo*] (1896) de John Boyd Thacher; e o capítulo sobre Waldseemüller em *America: Early Maps of the New World* [*Os Primeiros Mapas do Novo Mundo*] (1992) de Hans Wolff.

Para os muitos assuntos e temas discutidos em *A quarta parte do mundo*, ver a bibliografia.

Autorizações e créditos

CRÉDITOS DAS IMAGENS COLORIDAS

Gravura 1: O Mapa Psalter (1265). Copyright © The British Library Board, todos os direitos reservados 2009 (Add. MS 28681 fol 9).

Gravura 2: Cristo crucificado em um mapa T-O. De um manuscrito de Isidoro de Sevilha, *Etimologias* (século XIII). Biblioteca Medicea Laurenziana, Florença. Foto por cortesia do Ministero per i Beni e le Attività Culturali. É proibida qualquer reprodução adicional. Foto © Donato Pineider.

Gravura 3: São Brandão e companheiros. De uma cópia de manuscrito de *A viagem do abade São Brandão* (1460). Universitätbibliothek Heidelberg (Cod. Pal. Ger,. 60, fol. 179v).

Gravura 4: Itália num mapa-múndi por Matthew Paris (circa 1255). Cortesia do Master and Fellows of Corpus Christi College, Cambridge (MS 26, fol. vii v.).

Gravura 5: A Itália em uma carta náutica do século XIV. Cortesia do Departamento de Geografia e Mapas da Library of Congress.

Gravura 6: O Atlas Catalão (1375). Biblioteca Nacional da França.

Gravura 7: O mundo de Claudio Ptolomeu, Geografia *de Ulm (1482).* Cortesia do Departamento de Livros Raros e Coleções Especiais, Library of Congress.

Gravura 8: O mapa-múndi de Simon Marmion (1460). Bibliothèque Royale de Belgique / Koninklijke Bibliotheek van België, Section des Manuscrits / Afdeling Handschriften (MS9231, fol. 281 v.).

Gravura 9: O mapa-múndi de Henricus Martellus (circa 1489-1490). Copyright © The British Library Board, todos os direitos reservados (Add. S 15.760, fols. 68v-69r).

Gravura 10: Pormenor da carta náutica de Cantino (1502). Biblioteca Estense Universitaria, Modena, Itália.

Gravura 11: América no mapa de Waldseemüller de 1507. Cortesia do Departamento de Geografia e Mapas, Library of Congress.

CRÉDITOS DAS IMAGENS DE ABERTURA DOS CAPÍTULOS

Capítulos 1 a 18: Pormenores do mapa de Waldseemüller. Cortesia do Departamento de Geografia e Mapas, Library of Congress.

Capítulo 19: Quatro Derivados de Waldseemüller. A partir do topo à esquerda, no sentido horário, ver créditos para as Figuras 3, 73, 79, 78.

Epílogo: Alexandre, o Grande. Cortesia do Departamento de Geografia e Mapas, Library of Congress. Da *Chronica maiora* de Matthew Paris *(circa 1255).* Cortesia do Master and Fellows of Corpus Christi College, Cambridge (MS 26, f. 12 v.).

Apêndice I: O mapa Stevens-Brown (século XVI, data incerta). Cortesia da Biblioteca John Carter Brown, Universidade Brown.

CRÉDITOS DAS IMAGENS EM PRETO E BRANCO

Figura 1: Página de rosto, Cosmographiae introductio *(1507).* Cortesia do Departamento de Livros Raros e Coleções Especiais, Library of Congress.

Figura 2: Mapa do hemisfério ocidental, Henricus Glareanus (1510) e *Figura 3: Mapa-múndi, Henricus Glareanus (1510).* Biblioteca Universitária de Munique (Cim. 74).

Figura 4: Gomos de globo, Martin Waldseemüller (1507). Cortesia da Biblioteca James Ford Bell, Universidade de Minnesota.

Figura 5: O mapa-múndi de Waldseemüller (1507). Cortesia do Departamento de Geografia e Mapas, Library of Congress.

Figura 6: O cosmos medieval, Matthew Paris. Cortesia do Master and Fellows of Corpus Christi College, Cambridge (MS 385, p. 119).

Figura 7: Navegadores e navio. Sacrobosco, *Sphera mundi cum tribus commentis (1499)*. Cortesia dos Curadores da Biblioteca Pública de Boston / Livros Raros.

Figura 8: Mapa zonal, Matthew Paris. Cortesia do Master and Fellows of Corpus Christi College, Cambridge (MS 385, Parte II, p. 178).

Figura 9: Mapa T-O, Gregorio Dati. De um manuscrito do século XV de *La sfera (antes de 1435)*. Cortesia dos Curadores da Biblioteca Pública de Boston / Livros Raros.

Figura 10: Mapa T-O, Matthew Paris (circa 1255). Cortesia do Master and Fellows of Corpus Christi College, Cambridge (MS 385, Parte II, p. 152).

Figura 11: Frederico II segurando um globo T-O, Matthew Paris (circa 1255). Cortesia do Master and Fellows of Corpus Christi College, Cambridge (MS 16, fol. 127 r).

Figura 12: Mapa-múndi, Matthew Paris (circa 1255). Cortesia do Master and Fellows of Corpus Christi College, Cambridge (MS 26, fol. vii v.).

Figura 13: Mapa de Lambeth Palace" (circa 1300). De Nennius, *Historia Britonum* (MS 371), fol. 9v. Cortesia dos curadores da Lambeth Palace Library.

Figura 14: As raças monstruosas. De Sebastian Münster, *Cosmographiae universalis (1553)*. Cortesia dos Curadores da Biblioteca Pública de Boston / Livros Raros.

Figura 15: Itinerário de peregrinação, Matthew Paris (circa 1255). Cortesia do Master and Fellows of Corpus Christi College, Cambridge (MS 26, fol. i v.).

Figura 16: Os mongóis aos olhos dos ocidentais, Matthew Paris (circa 1255). Cortesia do Master and Fellows of Corpus Christi College, Cambridge (MS 16, fol. 166).

Figura 17: Seres monstruosos chineses. Do *Shan-hai ching t'u-shuo* (Xangai: Hui un t'ang shu-chü, 1917), como reproduzido em Schifeller, *The Legendary Creatures of the Shan Hai Ching* (As criaturas lendárias do Shan Hai Ching) (1978).

Figura 18: Mapa-múndi de um manuscrito de Marco Polo (século XIV). Manuscritos, Mapas e Imagens, Kungl, Biblioteca Nacional da Suécia (M. 304).

Figura 19: Mapa T-O com quarto continente. Cortesia de Kloester Einsiedeln (Codex Eins. 263 [973], fol. 182 r.). Imagem digital por cortesia da Biblioteca Hill Museum & Manuscript, Abadia e Universidade de São João, Collegeville, Minnesota.

Figura 20: A Carte Pisane (circa 1275). Biblioteca Nacional da França.

Figura 21: Carta náutica anônima (século XIV). Cortesia do Departamento de Geografia e Mapas, Library of Congress.

Figura 22: Rosa dos Ventos, da carta náutica de José Aguiar (1492). Wikimedia Commons. Carta original na Biblioteca Beinecke de Livros e Manuscritos Raros, Universidade de Yale.

Figura 23: Mapa-múndi de Petrus Vesconte (1321). Copyright © The British Library Board, todos os direitos reservados (Add. MS 27376*, fols. 187v-188r).

Figura 24: O cosmos cristão, Hartmann Schedel. Nuremburg Chronicle *(1492)*. Cortesia dos Curadores da Biblioteca Pública de Boston / Livros Raros.

Figura 25: A Terra no centro exato do cosmos. Pormenor da *Figura 24.* Cortesia dos Curadores da Biblioteca Pública de Boston / Livros Raros.

Figura 26: A Terra descentrada. De Sacrobosco, *Sphera mundi cum tribus commentis (1499).* Cortesia dos Curadores da Biblioteca Pública de Boston / Livros Raros.

Figura 27: Diagrama de Roger Bacon. In Bacon, *Opus maius (circa 1267).* Copyright © The British Library Board, todos os direitos reservados (Add. MS 7 F VII, 85r).

Figura 28: As ilhas do Atlântico. Da carta náutica de Angelino Dulcerto (1339). Biblioteca Nacional da França.

Figura 29: Esfera armilar. De Peter Apian, *Cosmographicus liber (1524).* Cortesia dos Curadores da Biblioteca Pública de Boston / Livros Raros.

Figura 30: Latitude e longitude. De Peter Apian, *Cosmographicus liber (1524).* Cortesia dos Curadores da Biblioteca Pública de Boston / Livros Raros.

Figura 31: Instrumentos para observar os céus. De Peter Apian, *Instrument Buch (1533).* Cortesia do Departamento de Livros Raros e Coleções Especiais, Library of Congress.

Figura 32: Altura percebida da Estrela Polar. De Sacrobosco, *Sphera mundi (1490).* Cortesia dos Curadores da Biblioteca Pública de Boston / Livros Raros.

Figuras 33 e 34: As primeira e segunda projeções de Ptolomeu. Da *Geografia* de Ptolomeu (fac-símile de um manuscrito de 1430). Cortesia do Departamento de Geografia e Mapas, Library of Congress.

Figura 35: A terceira projeção de Ptolomeu. Da *Geografia* de Ptolomeu (1525). Cortesia do Departamento de Livros Raros e Coleções Especiais, Library of Congress.

Figura 36: Mapa das cordilheiras da Ásia (século XV). ÖNB/Viena, Arquivo de Imagens, Cod. 5266, fol. 92r.

Figura 37: Mapa-múndi, Geografia *de Ptolomeu (circa 1300).* Biblioteca Apostólica Vaticana, Roma (Urb. Gr. 82, ff. 60v-61r).

Figura 38: Perspectiva de Florença (circa 1352). Pormenor da *Madonna della Misericordia,* Loggia del Begallo, Florença. Wikimedia Commons.

Figura 39: Perspectiva de Florença (1492). Hartmann Schedel, *Nuremberg Chronicle.* Wikimedia Commons.

Figura 40: Homem Vitruviano. Pormenor de *As proporções da figura humana, conforme Vitrúvio (circa 1490).* Galleria dell'Academia, Veneza - Gabinetto dei Disegni e delle Stampe. Arquivo fotográfico da Soprintendenza Speciale per il Patrimonio Storico, Artistico ed Etnoantropologico e per il polo museale della città di Venezia e dei comuni della gronda lagunare (ou SSPSAE-VE). Fotógrafo: Dino Zanella.

Figura 41: Mapa-múndi do Cardeal Fillastre (circa 1418). De situ orbis, Pompônio Mela (Reims BM. MS 1321, fol. 12), Biblioteca Municipal de Reims.

Figura 42: Terra descentrada. De Pierre d'Ailly, *Imago mundi (manuscrito do início do século XV).* Bibliothèque Royale de Belgique / Koninklijke Bibliotheek van België, Section des Mnuscrits / Afdeling Handschriften (MS 21198-204, fol. 2v.).

Figura 43: Mapa-múndi zonal. De Pierre d'Ailly, *Imago mundi (manuscrito do início do século XV).* Bibliothèque Royale de Belgique / Koninklijke Bibliotheek van België, Section des Mnuscrits / Afdeling Handschriften (MS 21198-204, fol. 4).

Figura 44: Mapa do norte da Europa, Claudius Clavus (1424). Biblioteca Municipal © Cidade de Nancy (MS 441 [354]).

Figura 45: África e o Atlântico. Pormenor da carta náutica de Viladestes (1413). Biblioteca Nacional da França.

Figura 46: O mapa-múndi Catalão-Estense (circa 1450). Biblioteca Estense Universitaria, Modena, Itália.

Figura 47: O mapa Kangnido (século XV). Biblioteca da Universidade Ryukoku, Japão.

Figura 48: O mapa-múndi de Albertin de Virga (circa 1411-1415). De Kamal, Youssouf, *Monumenta Cartographica*, V. 4, fasc. Iii, fol. 1377. Cortesia do Departamento de Geografia e Mapas, Library of Congress. O mapa original desapareceu em 1932 e nunca foi recuperado.

Figura 49: Antília e Satanezes. Da carta náutica de Pizzigano (1424). Cortesia da Biblioteca James Ford Bell, Universidade de Minnesota.

Figura 50: O mapa-múndi de Fra Mauro (circa 1459). Com autorização da Biblioteca Nacional Marciana, Veneza.

Figura 51: Reconstrução do mapa de Toscanelli. De Kretschmer, *Die Entdeckung Amerika's in ihrer Bedeutung für die Ceschichte des Weltbildes*, placa 6 (1892). Cortesia do Departamento de Geografia e Mapas, Biblioteca do Congresso.

Figura 52: Pormenor da carta náutica "Ginea Portogalexe" (circa 1489). Copyright © The British Library Board, todos os direitos reservados 2009 (Egerton MS 73, fol. 33A).

Figuras 53 e 54: Mapa-múndi da Geografia *de Roma (1478) e Prassum Promontorium.* Mapas fac-símile de *Cosmographia. Roma, 1478* (Amsterdã: Theatrum Orbis Terrarum, 1966). Cortesia do Departamento de Geografia e Mapas, Library of Congress.

Figura 55: O mapa mural de Henricus Martellus (circa 1489-1490). Cortesia da Biblioteca Beinecke de Livros e Manuscritos Raros, Universidade de Yale.

Figura 56: O globo de Martin Behaim mostrando o Extremo Oriente como os geógrafos europeus o imaginavam em 1492.

Figura 57: Astrolábio náutico. Fac-símile da página de rosto de *A Regiment for the Sea* (Um regimento para o mar), de William Bourne (1574). Cortesia da Library of Congress.

Figura 58: Página de rosto de Colombo. Da *De Insulis nuper in mari Indico repertis* (Basileia: I. G., 1494). Cortesia da Coleção de Jay I. Kislak, do Departamento de Livros Raros e Coleções Especiais, Library of Congress.

Figura 59: Os descobrimentos de John Cabot ao norte. Pormenor do mapa-múndi de Johannes Ruysch, da reedição de 1508 da *Geografia* de Roma de 1507. Cortesia do Departamento de Livros Raros e Coleções Especiais, Library of Congress.

Figura 60: O mundo em formato de pera. De Dante, *Commedia* (Florença: Giunta, 1506). Reproduzido a partir do original na posse do Departamento de Coleções Especiais das Bibliotecas Universitárias de Notre Dame.

Figura 61: O portador de Cristo. Frontispício de R. H. Major, org., *Cartas selecionadas de Cristóvão Colombo* (Londres, 1870). Cortesia da Library of Congress.

Figuras 62 e 63: O sudeste da Ásia de Ptolomeu (1478) e Catigara. Pormenor fac-símile de *Cosmographia. Roma, 1478* (Amsterdã: Theatrum Orbis Terrarum, 1966). Cortesia do Departamento de Geografia e Mapas, Library of Congress.

Figura 64: A carta náutica de Cantino (1502). Biblioteca Estense Universitaria, Modena, Itália.

Figura 65: A carta náutica de Caverio (circa 1504-1505). Biblioteca Nacional da França.

Figura 66: Maximiliano I a cavalo. Hans Burgkmair (1508). Erlangen, Graphische Sammlung der Universität.

Figura 67: Estandarte imperial de Maximiliano. Hans Burgkmair (1510). Erlangen, Graphische Sammlung der Universität.

Figura 68: O mundo como uma águia de duas cabeças. Georg Braun (1574). Herzog August Bibliothek Wolfenbüttel (K2.6).

Figura 69: Diagrama para a montagem de um mapa mural de doze folhas. De *Uslegung der mercarthen* por Lorenz Fries (Estrasburgo: Grüninger, edição de 1525). Cortesia da Biblioteca John Carter Brown, Universidade Brown.

Figura 70: Cópia do hemisfério ocidental de Waldseemüller. Sebastian Münster (Brown, 1514-1518). Departamento de Impressões e Manuscritos Antigos, Biblioteca Estadual de Munique (Cod. Lat 10691).

Figura 71: Cópia do mapa de Waldseemüller de 1507. De Peter Apian, in Solino, *Polyhistor (1520)*. Cortesia do Departamento de Livros Raros e Coleções Especiais, Library of Congress.

Figura 72: O mundo moderno, Martin Waldseemüller (1513). Cortesia do Centro de Mapas Norman B. Leventhal, Biblioteca Pública de Boston.

Figura 73: O Novo Mundo, Martin Waldseemüller (1513). Da edição de Estrasburgo em 1513 da *Geografia* de Ptolomeu. Cortesia do Departamento de Geografia e Mapas, Library of Congress.

Figura 74: A Carta Marina, Martin Waldseemüller (1516). Cortesia da Coleção de Jay I. Kislak, Library of Congress.

Figura 75: Mapa-múndi, Johannes Ruysch (1508). Da reedição de 1508 da *Geografia* de Roma de 1507. Cortesia do Departamento de Livros Raros e Coleções Especiais, Library of Congress.

Figura 76: Hemisfério ocidental, Jan de Stobnicza. De Stobnicza, *Introductio in Ptolemei Cosmographian (1512)*. Cortesia do Departamento de Livros Raros e Coleções Especiais, Library of Congress.

Figuras 77 e 78: Mapa-múndi geralmente atribuído a Sebastian Münster. De Grynäus, *Novus orbis regionum (1532)*. Cortesia do Departamento de Livros Raros e Coleções Especiais, Library of Congress.

Figura 79: O Novo Mundo ostentando o nome América. Pormenor de uma ilustração de abertura do Apêndice I.

Figura 80: O Novo Mundo sem ostentar nome. Pormenor da Figura 74.

Índice remissivo

Ábrego (vento sul), 111

Açores, 211, 236

Acre, 77, 82
  bispo de, 68

Adão e Eva, 94
  em mapas medievais, 50-51

Afonso IV, rei de Portugal, 133, 146-48

Afonso V, rei de Portugal, 245-47, 251

Afortunadas, ilhas, 236
  atingidas por navegadores romanos, 153
  Boccaccio sobre as, 148
  lendas relativas à localização das, 134-35
  na carta náutica de Dulcert (1339), 134
  no mapa-múndi de Ptolomeu, 167
  Petrarca sobre as, 146
  primeiro meridiano de Ptolomeu, 161

África, 17, 114
  antigo conhecimento de, 232-33
  circum-navegação, 232-33
  como lar do Preste João, 68
  descrições do interior, 213-16
  explorada pelos portugueses, 204-23
  explorada por Covilhã, 254-55
  na *Geografia* de Ptolomeu, 161-63, 253
  raças monstruosas na, 53
  referências bíblicas, 95

África, sul da, no mapa-múndi de 1507, 242

África Subsaariana, 207, 220

Agostinho, Santo, 95, 324, 401

Agrícola, Gneu Julio, 153

água (elemento), 120-21

águia dupla, 400-1, 402, 437

águia imperial, 29, 401

Aguiar, José, 111

Ailly, Pierre d', 246, 312
  A Imagem do Mundo, 196-200, 285, 431
    sobre o Paraíso Terrestre, 323-24
    sobre o tamanho da Terra, 283
    usada por Colombo, 282-84, 320
  citado por Colombo, 331
  desenho da Terra fora do centro, 196, 197
  e a *Geografia* de Ptolomeu, 202
  mapa-múndi de, 198-99, 200

al-Battani:
  Sobre a ciência das estrelas, 128

Alberti, Leon Battista, 182-86
  Descrição da cidade de Roma, 184-85
  elogia Gutenberg, 279
  Exaltação da mosca, 182
  Sobre a pintura, 182

Alberto Magno, 434

Alemanha:
  Alexandre, o Grande, 54, 71
  ameaçada pelos mongóis, 69
  descrita como bárbara, 364
  em mapas medievais, 50
  enviados da, a karakorum, 79

Índice remissivo

no mapa-múndi de 1507, 361
nomes dos lugares na, 366
na Taprobana, 229
portões de, 118
retrato por Matthew Paris, 434
Alexandre V, papa, 179, 189
Alexandre VI, papa, 304, 313
Alexandria (Egito), 91, 152, 155
al-Idrisi, Muhammad, 209
Allegretti, Allegretto, 303
Almina, monte *ver* Elmina
Alpes, travessia dos (1188), 57
alquimia, 119
Altai, montanhas, 73
Amalrich (nome), 394
amazonas, 53
Amazonas, rio, 348
Amerbach, Johann, 410-11
América:
na carta náutica de Cantino, gr.10
na carta náutica de Caverio, 390
na carta náutica de La Cosa, 333
na edição de 1513 da *Geografia*, 418, 419
natureza continental, 23-24, 26, 29-30
no mapa de Glareanus, 25, 26
no mapa de Ruysch, 317, 318
no mapa de Stobnicza, 427
no mapa-múndi de 1507, 23, 287, 310, 401-2, 407, gr.11
nome, 17, 19, 393-94, 417-18
América Central descoberta por Colombo, 335
América do Norte:
identificada com ilhas atlânticas, 237
implícita no mapa de Clavus, 200-1
no mapa-múndi de 1507, 30

América do Sul:
arredondamento da, 23-2
exploração por Vespúcio da costa da, 354-56, 385-88
identificada com ilhas atlânticas, 237
Pedro Mártir sobre o formato da, 375
terras de Colombo na, 323-24
Amerigen (nome), 17, 393, 394
Amerigo (nome), 394
anatomia, comparada com a *Geografia* de Ptolomeu, 186-88
Angeli, Jacopo, 176-79, 186, 189, 192, 370
Anghiera, Pedro Mártir de, 304
Sobre o Novo Mundo, 375
Angola, 251-52
Anselmo, Santo, 57
anticristo, 54, 118
Antígua, 307
Antília (ilha lendária), 237, 246
na carta náutica de Colombo, 289
na carta náutica de Pizzigano, 238
no globo de Behaim, 263
no mapa de Toscanelli, 249-50
Antípoda, 94-97, 125, 153, 198, 239, 282, 304, 355, 430
Antoine, duque da Lorena, 393, 412, 418
antropófagos em mapas medievais, 53
Aparktias (vento norte), 160
Apian, Peter, 415, 417
cópia do mapa-múndi de 1507, 416, 440
Cosmographicus liber (1524), 496
mapa-múndi (1532), 409
apocalipse nos mapas medievais, 54-55
Apocalipse, Livro do, 54
apóstolos nos mapas medievais, 51

ar (elemento), 120-21
Ararat, monte, 50
Arca de Noé em mapas medievais, 50
Arghun Khan, 98
Ariosto, Ludovico, 180
Aristóteles, 151
  cosmografia de, 120-22
  sobre a distância da Europa à Índia,
    125
aritmética, como ensinada em
  Florença, 341-42
Armênia, 55, 66, 88
armênios:
  em karakorum, 79
  no Concílio de Florença, 226
  relato sobre o império mongol, 76
  visita a Santo Albano, 39
Aromata (nome de um lugar
  ptolomaico), 160
"arqueologia literária", 140
Aryne (cidade mítica), 128, 199
Ásia:
  Caboto reivindica ter chegado à,
    316-17
  começa a exploração europeia, 70-71
  concepções medievais da, 70-71
  em As viagens de Mandeville, 103
  no mapa de Matthew Paris, 50
  no mapa-múndi de 1507, 22-23
  referências bíblicas, 94-95
Ásia Central, 78-80, 100
  no livro As viagens de Marco Polo,
    88
  João de Plano Carpini na, 73
Ásia, sudeste da:
  na Geografia de Ptolomeu, 347
  no mapa-múndi de 1507, 224
  no relato de Conti, 225
  referido no Livro de Polo, 92-93
asiáticos na Irlanda, 281

Assassinos, seita muçulmana, 60-61
Assuã (Egito), 155
ástomo (raça monstruosa), 53
astrolábio, 128, 158, 276, 284, 358
  usado para determinar a latitude,
    275-76
astrolábio náutico, 276
astrólogos, 91, 273
astronomia, 119, 127
astrônomos árabes, 42, 127-29
astrônomos e a determinação da
  latitude, 274-75
Atlântia (ilha), 146
Atlântico Norte, mercadores de
  Bristol no, 268-69
Atlântida (ilha lendária), 239-40, 246
atlas ver atlas individuais sob o título
  "mapas, cartas náuticas, atlas e
  globos"
Atlas, montanhas, 207, 213
Augusto (imperador romano), 47, 165
Aurea Chersonese (hoje País do
  Ouro), 311
  Colombo anseia chegar a, 309
  localização da, 348
  na Geografia de Ptolomeu, 347
Avignon (França), 141, 146, 150
Azurara, Gomes Eanes de, 235
  Crônica do descobrimento e
    conquista da Guiné, 208-11

Babilônia, sultão da, 22-23
bacalhau, pesca do, 268-69
Bacon, Roger, 115, 117-29, 154, 160,
  246, 283, 312
  diagrama da Terra, 126
  mapa perdido, 127-28
  Opus majus, 118, 126, 198, 199
  sobre a distância entre a Espanha e
    a Índia, 126

Índice remissivo

sobre a necessidade de mais coordenadas de cidades, 128
sobre a terra habitável, 198-99
sobre o coeficiente do mundo conhecido em relação ao todo, 125
Bagdá, 77, 97
califa de, 74
Baikal, lago, 62
Balboa, Vasco Núñez de, 23
Barbarigo, Jacomo, 231
Barrind (monge), 107
barris:
calcular o volume de, 341-42
para expedir livros (barrica), 412
Barros, João de, 254, 257, 272
Batu Khan, 73, 76, 78
Beauvais, Vicente de:
Espelho histórico, 76, 279
Beda, o Venerável, 324
Behaim, Martin, 275-76, 396, 404
exagera a largura da Eurásia, 263-64
globo (1492), 237, 242, 261-64, 262, 272, 294-95
Béla IV, rei da Hungria, 69
beneditinos, 39-40
Benvenuti, Benvenuto, 382-83
Berardi, Giannotto, 344, 346
Berlinghieri, Francesco, 169, 185
Bernáldez, Andrés, 278, 289, 297, 309
Bernardo de Claraval, São, 39
Béthencourt, Jean de, 211-12
Bíblia, 61
como autoridade cosmográfica, 122-23
consultada por Colombo, 278
de Gutenberg, 279
geografia como apoio para o estudo da, 119, 198

inspira Colombo a navegar para ocidente rumo a Ofir, 311-12
quanto à extensão da terra habitável, 94-95
Vulgata, 48
Biblioteca do Vaticano, 20, 280
Biondo, Flavio, 224, 228
blêmios (raça monstruosa), 53
Bobadilla, Francisco de, 329
Boccaccio, Giovanni, 170
como geógrafo, 147-49
sobre as ilhas Afortunadas, 148-49
sobre as ilhas Canárias, 340
Sobre Canária, 148-49, 340
Sobre montanhas, 147, 178
Bojador, cabo *ver* Cabo do Bojador
Bolonha (Itália), 99
Bonifácio VIII, papa, 169
Bóreas (vento norte), 111
Botticelli, Sandro, 342
Bracciolini, Poggio, 221, 234, 342
corresponde-se com o infante D. Henrique, 222, 242
no Concílio de Constança, 191
no Concílio de Florença, 227-29
Sobre a vicissitude da sorte, 229
Brandão, São, 106-8, 114, 134, 236, 279, gr.3
Brasil (ilha lendária), 236-37, 246
descoberta por homens de Bristol, 315, 320
na carta náutica de Pizzigano, 238
procurada por John Lloyd, 269
Brasil descoberto por Cabral, 332
Braun, Georg, 402
Braun, Jacob, 368, 408
Brown, John Nicholas, 438, 440-41
Brown, Sophia Augusta, 441-42
Brown, Universidade, 444
Brunelleschi, Filippo, 181

Bruni, Leonardo, 173
Panegírico à cidade de Florença, 173
budistas, 89
bulas papais, 221, 250
bússola, 110-13
bússola imantada, 110-14
bússola náutica, 110-13

Cabo Cruz, 254
Cabo da Boa Esperança:
dobrado por Dias, 256-58
no mapa de Martellus (1489 ou
1490), 258
Cabo de São Roque, 349
Cabo do Bojador, 216
dobrado pelos portugueses, 209-11,
235
em *As Canárias*, 212
em *O livro do conhecimento*, 213
no mapa-múndi de 1507, 407
Cabo Prassum (nome ptolomaico do
lugar), 257
Cabo Raptum (nome ptolomaico do
lugar), 257
Cabo Verde, ilhas de:
atingido pelos portugueses, 220
Colombo nas, 321
no mapa-múndi de 1507, 406-7
Vespúcio nas, 354
Caboto, João, 374
Colombo envia cópia de seu mapa
a, 320
encontra-se com o rei D. Fernando,
315
mapa mostrando descobertas de,
318
possível encontro com Colombo,
315-16
seu mapa e globo, 320
viaja à América, 316-19

Cabral, Pedro Álvares, 332
viagem a Calecute, 353-54
Cadamosto, Alvise, 274
Cagliari (Sardenha), 108, 113
caldeus, 55, 226
Calecute (Índia), 255, 321
calendário, reforma do, 119
Camarões, costa explorada dos, 246
Canárias, As (1402), 211-13
Canárias, ilhas, 135-36, 146
Bocaccio sobre as, 148-49
descoberta das, 133-38
direito dos espanhóis às, 250
disputadas por portugueses e
catalães, 137
em *As Canárias*, 212-13
expedições às, 133-38, 147, 340
no mapa-múndi de 1507, 133,
406-7
paragens de Colombo nas, 287-88
plataforma para ataques à África,
212-13
tentativa francesa de tomar as,
211-12
viagem catalá às, 137
Cancellieri, Francesco, 20
Câncer e Capricórnio, trópicos, 159
canibalismo:
em Cipangu, 91-93
em mapas medievais, 53
no mapa-múndi de 1507, 405
no relato de Vespúcio, 338, 349
Canovai, Stanislao, 20
Cantão (China), 112
Cantino, Alberto, 377
carta náutica (1502), 373-77, 376,
gr.10
Cantuária, monge da, 57
Cão, Diogo, 255, 261, 265, 272
desaparece no mar, 266

Índice remissivo

explora a costa africana, 251-54
Capraria (ilha), 135, 146
caravela (tipo de embarcação), 245, 276
Carlos VIII, rei de França, 285
Carpi (Itália), 388
Carta Pisana (ca. 1275), 109, 110
cartas náuticas, 108-17, 109, 134, 180, 213, 220, 235, gr.5
    características das, 110-11
    e o relato de Conti, 229
    estudadas por Boccaccio, 147
    mencionadas por Petrarca, 144
    portuguesas, 373-77
    possuídas pelo duque Renato, 388-89
    Preste João aparece nas, 205
    referidas na carta de Toscanelli, 247-48
    utilizadas na audiência com o rei D. João, 284
    ver também cartas náuticas individuais sob o título "mapas, cartas náuticas, atlas e globos"
Cartas Portolanas ver cartas náuticas
cartografia mundial, perspectiva de Ptolomeu da,154
cartografia segundo Ptolomeu, 154-55
Casa de Contratación, Sevilha, 357
Cáspio, mar, 54, 62, 64
    Boccaccio no, 147-48
Cáspio, montes, 61
Cassiodoro:
    cita a *Geografia* de Ptolomeu, 165
    Instituições, 152, 173
Catai *ver* China
Catai, mar do *ver* China, mar da
Catigara, 348
    na *Geografia* de Ptolomeu, 347
    no mapa-múndi de Ptolomeu, 167

Cáucaso, 64-65
Cauda do Dragão, 348, 353-55
    na carta de Martellus, 259
    no globo de Behaim, 263
    no mapa-múndi de 1507, 396, 406
    Vespúcio reivindica ter alcançado a, 351-52
cavalos, 63
Caverio, Nicoly de:
    carta náutica mundial (ca. 1504-1505), 389-91, 390, 397, 403, 406, 421
Cazaquistão, 69
Celtis, Conrad, 363-65
    na Universidade de Cracóvia, 427
Cernent (ilha), 146
Cervantes, Miguel de, 208
César, Júlio:
    Comentários, 366, 392-93
    Petrarca sobre, 141
Ceuta, 202-3, 204, 207, 213, 224
chanceler de Florença, 171-72
China, 62, 82, 99, 118
    contatos com mercadores europeus, 85-86
    imagem da, na Europa, 100
    na carta de Toscanelli, 249
    nas viagens de Mandeville, 104
    no Atlas Catalão, 117
    no globo de Behaim, 261, 262
    no mapa de Ruysch (1508), 318
    no mapa de Toscanelli, 250
    no mapa-múndi de 1507, 82, 101, 406
    no relato de Conti, 225
    o objetivo de Colombo, 23, 271-72
    uso da bússola em, 112
    visitada pelos francos em 1261, 85
China, mar da, 101
    Colombo no, 281-82

no mapa-múndi de Martellus,
259-60
referido no *Livro de Polo*, 93
China, sul da, 91
no globo de Behaim, 261, 262
no mapa de Toscanelli, 250
China oriental, 101
chineses, 88
citados por Petrarca, 144
Colombo pretende fazer, 289-90
disponíveis para Colombo, 284
em karakorum, 79
impacto da impressão nos, 371-73
mapas, 89, 233
no *Livro* de Polo, 93
organizados e preparados por
Colombo, 271-72
persas, 89
Petrus Vesconte sobre, 116
primeiros, impressos, 282
referidos na carta de Toscanelli,
247-48
referidos por Polo em seu *Livro*,
88-89
relatos do Ocidente, 85-86
riqueza e poder dos, 90
Chingis Khan, 63, 64, 75, 78, 80
confundido com Preste João, 69
conquista a Pérsia, 68
Chipre, 50, 76, 77, 79
Chrysoloras, Manuel, 176-78, 192,
227
no Concílio de Constança, 190-91
Chu Yu, 112
ciápodes (raça monstruosa), 53
Cibao, relatos de ouro em, 307-8
Cícero, Marco Túlio, 44-45
conceito de *humanitas*, 172
O sonho de Cipião, 43, 185, 188
sobre a estrutura da Terra, 195

ciclopes (raça monstruosa), 53
cinocéfalos (raça monstruosa), 53,
213
Cipangu *ver* Japão
Círculo Antártico, 159, 338
Círculo Ártico, 159
Circum-navegação:
da África, 232-33
da Terra, 105, 309
Cisma Papal, 189-90, 226
Clássico das montanhas e mares, 86
Cláudio, imperador romano, 121
Clavus, Claudio, 230
mapa da Europa do Norte, 200,
228
Clemente IV, papa, 118, 126
Clemente V, papa, 150
Clemente VI, papa, 137
Colombo, Cristóvão, 265-86, 417
*A história do descobrimento de novas
ilhas*, 304
atacado na carta de Soderini,
384-85
audiência com o rei João, 272
biografia de, por Irving, 19-20
calcula a distância navegada, 297
carta a Fernando e Isabel, 301-4
carta ao Grande Khan, 296
carta de Jaime Ferrer de Blanes,
310
carta de John Day, 320
como cartógrafo, 289-90
comparado a São Tomé, 310
corresponde-se com Toscanelli,
270-71
descobre a Jamaica, 309
desenha um mapa, 308-9
em Hispaniola, 298-301
em uma legenda no mapa-múndi
de 1507, 30

encontra-se com Vespúcio, 356-57

erros nos seus cálculos de distância, 284

estudo e aprendizado, 278-82

experiência prévia no mar, 266-68

iguala Pária ao Paraíso terreno, 322-23

mantém dois diários de bordo, 290

morte de, 23, 335

O livro dos privilégios, 329-31

pensa que Cuba seja a Ásia, 308-9

planos para colonização em La Navidad, 302-3

planos para colonizar Hispaniola, 300

pobreza, 278

possível encontro com Caboto, 315-16

"orgulhoso", 265

primeira terra à vista (1492), 291-92

primeiro encontro com americanos nativos, 292

primeiros relatos da viagem de 1492, 304

procura Cipangu, 298-99

retorna a casa acorrentado, 329

seu diário, 288

seu mapa, 306

seus livros, 280-84

sobre a linha de demarcação papal, 305

Sobre as ilhas recentemente descobertas, 304, 305

sobre o formato do mundo, 326

sua carta náutica de descobertas, 345

sua leitura desatualizada, 282

viagens:

    comparadas às de Vasco da Gama, 328

    primeira, 18, 287-301

    segunda, 18, 306-9

    terceira, 18, 315, 320-29

    quarta, 334-35

Colombo, Diego, 356

Colombo, Fernando, 265, 269, 270, 285, 288, 297, 417

Colônia, universidade de, 415

Columba, São, 106

comércio de manuscritos, 191-92

Concílio de Constança (1414-1418), 189-203, 204, 224, 227, 282, 369, 372

Concílio de Florença (1431-1448), 226-28, 242

    delegados portugueses no, 235

    e as ilhas atlânticas, 239

    influência na geografia, 241

Concílio de Lyon (1245), 70

Concílio de Pisa (1409), 189

    conhecimento do mapa-múndi de 1507, 415

Constança, Lago, 27

Constantino, imperador da Etiópia, 235

Constantinopla, 77, 81, 84

    cópias da *Geografia* em, 168

    saqueada na quarta cruzada, 166

    sitiada pelos turcos, 176

    sob ameaça dos turcos, 226

    tomada pelos turcos, 240

Conti, Niccolò, 281

    citado por Colombo, 281

    conversão forçada de, 225

    fonte para o mapa de Fra Mauro, 244

    no Concílio de Florença, 227-29

continente no sul do mapa-múndi ptolomaico, 167

continentes, batismo dos, 393-94

coordenadas:
diagrama ilustrando o conceito de, 157
usadas por Bacon, 126-27
coordenadas geográficas na *Geografia* de Ptolomeu, 163
Copérnico, Nicolau, 124, 425-33
Commentariolus (1514), 425-26
cópia do mapa-múndi de 1507, 415
depara-se com o mapa-múndi de 1507, 426
Sobre as revoluções das esferas celestes (1543), 425-33
coptas, 226
Corte-Real, Miguel e Gaspar, 375
viagem de, 332-33
Cosa, Juan de La, 377
mapa-múndi (1500), 333, 334, 373
navega com Hojeda, 345
suas cartas náuticas, 357-58
Cosmografia, 417
cosmografia definida, 16-18
cosmografia grega, 156
cosmógrafos na corte mongol, 89
Cosmographiae introduction ver *Introdução à cosmografia*
cosmologia, Bacon sobre, 119
cosmos, 16, 124
costa africana explorada:
por Cão, 251-54
por Dias, 255-58
por Gomes, 245-46
Costa do Ouro explorada, 245
Costa dos Escravos, 145
costa saariana, 208
Covilhã, Pero da, 254-55, 321
Cracóvia, Universidade de, 192, 426-28

Credo Niceno, 227
cremação, 89
Cresques, Abraão:
Atlas Catalão (1375), 117, 212, gr.6
cristãos:
comunidades governadas pelo Khan, 89-90
comunidades na África, 206
comunidades na China, 91
comunidades no Oriente, 119
concepção, do cosmos, 123
cronologia da história, 174
mapas medievais, 47
missionários, na China, 98
perspectivas, sobre a escravidão, 217, 219
teologia, 122, 173
cristãos nestorianos, 66, 68, 76, 80
em karakorum, 79
enviados pelos mongóis como emissários, 98
na China, 91
no Concílio de Florença, 226
no mapa-múndi de 1507, 405
no relato de Conti, 224
"cristãos novos" para patrocinarem viagens de exploração, 356
Cristóvão, São, imagem de, 334
Croft, Thomas, 269
Cruzada, 40, 65, 116, 151
contra os mouros, 221
oitava (1270), 108
primeira (1095-1099), 55
quarta (1202-1204), 166
quinta (1217-1221), 68
sétima (1248-1254), 76
Cuba:
a ideia de Colombo sobre, 197-98
Colombo acredita ser Cipangu, 294

Colombo visita na segunda viagem, 308-9
no diário de Colombo, 294
no mapa-múndi de 1507, 30, 287
Cuneo, Michel de, 312, 315
Cusa, Nicolau de, 426
Cybao, 298

d'Abano, Pietro, 97
Da Vinci, Leonardo 185-88
e a teoria heliocêntrica, 426
retrato de Vespúcio, 342
seu *Homem vitruviano*, 187, 188
Dante Alghieri, 122
A divina comédia, 326, 327
Dati, Giuliano, 304
Dati, Gregorio, 45, 494
Davi (enviado nestoriano), 76-77, 79
David, rei da Índia, 68
Day, John:
carta a Colombo, 320
e o mapa da viagem de Caboto, 320
Declaração da Independência, EUA, 9
descobrimentos, dinâmica dos, 137-38
diagrama zonal, 124
diagramas cosmográficos, 123-24
Dias, Bartolomeu, 266
audiência com o rei D. João, 284
encontra-se com Colombo, 264
explora a costa africana, 255-58
mapa de, 258
sobre a extensão da África, 260
Diaz, Diniz, 219-20
dicionário geográfico, 147
Dinamarca, 201
Diógenes (viajante à Índia), 160
Dominica, 307
Don, rio, 46
Dulcert, Angelino, 133-35, 134, 205-6
Dürer, Albrecht, 28, 409, 424

e a *Geografia* de Ptolomeu, 193
e o Concílio de Florença, 228
Eanes, Gil, 210-12, 235
Ebstorf, mapa (ca. 1234), 108
Éden, Jardim do, 46
Eduardo III, rei da Inglaterra, 99
Egito, 55-56, 77, 97
Eichhoffen (Alsácia), 365
Eljigidei (príncipe mongol), 76-77
Elmina, 251, 254, 267, 281, 300, 406
Embreonea (ilha), 146
Emerson, Ralph Waldo, 20
"empenados", 86
empirismo, aristotélico, 120
equador, 156-57
Era Europeia dos Descobrimentos, dinâmica da, 137
Eratóstenes, 154-55
Eriksson, Leif, 237
Escandinávia, mapa de Clavus da, 201
Escócia, 106, 201, 303
Escola Catalá de cartógrafos, 205
escravos berberes, 217
escravos, comércio de, 211, 216-19
Escrituras, geografia como suporte para estudo da, 198
esfera armilar, 156, 157, 186, 275
esfera celestial, 120
esferas concêntricas, 121
esfericidade da Terra, 42-43
Eskender (rei cristão na Etiópia), 255
Espanha:
Colombo chega a, 277
como centro de conhecimento, 120
guerra com Portugal, 250
no mapa-múndi de 1507, 224
ver também Fernando, rei de Castela e Isabel I, rainha de Castela

especiarias, comércio de:
Colombo sobre o, 281-82
Covilhã sobre o, 254-55
direcionado para Lisboa, 328
e a viagem de Vasco da Gama, 321
italianos e o, 244
no diário de Colombo, 294
no Império Romano, 153
Especiarias, ilhas das, no mapa-múndi
de 1507, 224
espionagem, 357, 373
Estrabão, 280
fonte para o mapa de Fra Mauro,
244
Geografia, 230-31, 279
sobre ilhas atlânticas, 239
sobre o tamanho adequado do
mapa-múndi, 397
estrada terrestre da Europa para a
China, 80
Estrasburgo (França), 16, 336, 362,
364, 368, 377-79, 412-13, 416,
438, 441
Estrela Polar:
diagrama mostrando medida da, 159
invisível em Java, 93
referida no *Livro* de Polo, 96-97
utilizada para determinar a latitude,
274-75
estrelas, 17, 155
Etiópia:
cristãos na, 205
e Preste João, 67
em mapas medievais, 53
em *O livro do conhecimento*, 213-14
enviados em Florença, 226, 235
explorada por Covilhã, 255
legiões romanas na, 160
na *Geografia* de Estrabão, 232
no mapa de Fillastre, 205

Eufrates, rio, 105, 323-24
Eugênio III, papa, 65
Eugênio IV, papa, 225-26, 235, 248
Europa Central:
no mapa-múndi de 1507, 361
Europa ocidental ameaçada pelos
mongóis, 70
Europa oriental, mongóis na, 71
europeus na China, 85-86
Evangelhos, manuscrito grego dos, 178
exploração e humanismo, 146
"Explorando as Américas Primitivas"
(exposição), 34
Extrema Índia, 67, 205
Extremo Oriente, 11, 25, 29, 67, 83,
85
Ezequiel (livro bíblico), 46, 48
Ezra (livro bíblico), 125

Farang (*Frank*), 85
Faroé, 106
Feira do Livro de Frankfurt, 412
feiras de livros, 191, 412
Feldkirch (Áustria), 27
fenícios circum-navegam a África, 232
Fernandes, Valentim, 255, 257
Fernandina, ilha, 294
Fernando, rei de Castela, 30, 277
Colombo pede apoio a, 254
encontra-se com Caboto, 315-16
identificado como o novo rei Davi,
312
sobre Vespúcio, 377
Ferrara (Itália), 388
Ferrer de Blanes, Jaime, 310
figuras, Plínio sobre o valor das,
370-71
Filipe IV, rei da França, 98
Filipe V, rei da França, 116
Filipinas, 93

Índice remissivo

Fillastre, cardeal Guillaume, 369, 372
    mapa-múndi (ca. 1418), 194, 205
    no Concílio de Constança,
        192-201
    obtém o mapa de Clavus, 201-2
    sobre a *terra incognita*, 199
    sobre o formato dos continentes,
        198
filósofos escolásticos, 122-24, 173, 196
Fischer, Joseph, 27-28, 30-31, 420,
    442
    O mais antigo mapa com o nome
        América (1903), 32
Fison (Ganges), rio, 105, 325
Flaco, Septímio, 160
Florença (Itália), 20
    academia, 230
    centro de estudo geográfico, 169-88
    expedição às Canárias, 133-38
    paisagens de, 183
    papel do chanceler, 171-73
    preparando-se para o Concílio, 226
    relação com Roma, 172-73
fogo (elemento), 120-21
fonte da juventude, 68
França:
    enviados em karakorum, 79
    reis *ver* Carlos VIII, Luís IX, Filipe
        V, Filipe VI
Francisco de Assis, São, 71
franks visitam a China, 85
Frederico II, imperador romano, 47, 69
Freising, bispo Otto de, 55, 66
Freiburg, Universidade de, 37
Fries, Lorenz:
    Carta marina (1525), 413-14

Galeta (ilha), 146
Gália, Petrarca sobre a, 140
Galvão, António, 235

Galway (Irlanda), 281
Gana, 251
Ganges, rio, 105, 229, 309, 323-24,
    422
Gênesis (livro bíblico), 46
Gengis Khan *ver* Chingis Khan
Gênova (Itália), 113
    e o tráfico de escravos, 217
    expedição às Canárias, 133-38
Geografia, 150-68, 195, 283
    citada em fontes árabes, 128-29
    como fonte para o mapa-múndi de
        1507, 22, 28, 396
    como símbolo do humanismo, 185
    comparada a de Estrabão, 230
    comparada com as viagens de
        Vespúcio, 369
    cópia de Colombo da, 271, 279, 309
    cópia obtida por Fillastre, 192
    desaparecida na Idade Média, 129
    detalhes da, 347
    edição de Mercator, 412
    edição de Roma de 1478 da, 347
    edição de Roma de 1508 da, 423
    edição de Ulm de 1482 da, gr.7
    edição por Ringmann e
        Waldseemüller, 418-24
    edições impressas da, 369-73
    estudos de Ringmann da, 366
    formato original da, 164
    Leonardo sobre a, 186
    manuscrito grego da, 177, 410
    no Concílio de Constança, 192
    nova fase no acolhimento da, 230
    recepção em Florença, 178-88
    recuperação da, 168
    sobrevivência da, 165
geografia:
    como apoio para o estudo bíblico,
        119

em Florença, 342-43
Roger Bacon sobre a importância da, 119-20
geografia antiga, 141-49
geografia da Antiguidade:
estudada por Boccaccio, 147-49
pesquisada por Petrarca, 140-46
Geographical Journal, 24, 26, 31
Geon (Nilo), rio, 105, 324
Geórgia do Sul, ilha da, 386
Geórgia, 65
enviados da, à corte do Grande Khan, 74
enviados da, ao Concílio de Florença, 226
enviados da, em karakorum, 79
Gibraltar, estreito de, 113-14, 135, 203, 266,
Ginea Portogalexe (c. 1489), carta náutica, 252
Glareanus, Henricus, 29, 417
conhecimento do mapa de Waldseemüller, 414-15
mapa do hemisfério ocidental de, 29
mapas baseados no mapa-múndi de 1507, 25, 26
globo:
por Behaim (1492), 237, 242, 261-64, 262, 272, 294-95
por Waldseemüller (1507), 23, 32, 33, 391, 410-11
Golfo de Pária no mapa-múndi de 1507, 340
golfo Etíope, 222
chegada dos portugueses ao, 220
em *O livro do conhecimento*, 214-15
Gomes, Diogo, 275
Gomes, Fernão, 245-46
Gorgonide (ilha), 146

Gracia *ver* Pária
Granada, batalha de (1492), 285
Grande Cisma, 166, 190
Grande Estrada do Norte (Inglaterra), 39
Grande Jubileu (1300), 169
Grande Khan, 70-71, 86, 100
Caboto procura pelo, 316-17
carta de Colombo para o, 296
Colombo pretende encontrar-se com o, 294
Colombo sobre o, 281-82
discutido no Concílio de Florença, 228-29
é relatado que a mãe é cristã, 76
Guilherme de Rubruck para encontrar-se com o, 77
nas viagens de Mandeville, 104
no *Livro* de Marco Polo, 88-89
no mapa de Fra Mauro, 244
no mapa-múndi de 1507, 22-23
referido no *Livro* de Marco Polo, 89
referido por Toscanelli, 248
relatos de conversão ao cristianismo, 76
ver também Arghun Khan, Batu Khan, Chingis Khan, Güyük Khan, Hülegü Khan, Kubilai Khan, Mangku Khan, Ogodai Khan, Sartaq Khan
Grandes Círculos, 156
grau geográfico, 273, 277
Grécia no mapa-múndi de 1507, 169
Gregório X, papa, 83
Gregório XI, papa, 189
gregos:
no Concílio de Florença, 226
sobre a localização das ilhas Afortunadas, 135

Índice remissivo

Groenlândia, 236, 239
  no mapa de Clavus (ca. 1410), 200
  no mapa de Ruysch (1508), 318
  no mapa-múndi de 1507, 27
  visita dos mercadores de Bristol à, 268-69
  visitada pelos Corte-Real, 332-33
Grüninger, Johannes, 399, 409, 412, 413
Grynaeus, Simon:
  O novo mundo de regiões e ilhas desconhecidas dos Antigos (1532), 432
Guacanagarí, 299
Guadalupe, 307
Guanahaní, ilha, 293, 301
guias de peregrinação, 58, 144
Guiné, 220-21, 247, 354
Gutenberg, Johannes, 279
Güyük Khan, 62, 73-75
Gymnasium Vosagense, 21, 24, 377-81, 383-85, 399, 410, 412, 440

Hafner, Hermann, 27
Haiti, 294
Hangzhou (China) *ver* Kinsai
Hänlein, Johannes, 393
Heidelberg, Universidade de, 365
Helluland, 237
hemisfério sul:
  concepções gregas e romanas do, 94
  no mapa-múndi de D'Ailly, 199, 200
Henrique, príncipe de Portugal (infante), 234-35, 267
  como cruzado, 221
  comparado a Alexandre Magno, 218
  corresponde-se com Poggio, 242

  e a exploração de África, 207-23
  e o tráfico de escravos, 216-19
  louvado por Müntzer, 263
  morte de, 245
  motivação para explorar África, 208-11
Henrique III, rei de Inglaterra, 69, 77
Henrique VII, rei de Inglaterra, 317
Henry Stevens, Son & Stiles, 438
Heródoto sobre a circum-navegação de África, 232
Hesperide (ilha), 146
Higden, Ranulf:
  Polychronicon, 324
  sobre o Paraíso Terrestre, 324
Hispaniola:
  Colombo na, 298-301
  no mapa-múndi de 1507, 30, 287
História:
  a abordagem de Salutati à, 174
  como mapa textual, 51
História dos assuntos conduzidos em toda parte, 283, 311
história romana, a linha cronológica de Salutati, 174
Hojeda, Alonso de, 319, 345-46
Homem vitruviano, desenho de Da Vinci, 187-88
"homens-cogumelo", 86
homens com cabeça de cachorro, 53
Homero, 231, 239
horóscopos, 127
Hugh de Saint Victor, 326
Hugo (prelado sírio), 65-66
Hülegü Khan, 97
humanismo:
  definido, 138
  e exploração, 146
  em Florença, 170-88

influência na geografia, 240
na Alemanha, 362-64, 379, 391
humanistas:
humanitas, definido, 172
Humboldt, Alexander von, 21-22, 24
húngaros, 61-62
em karakorum, 79
na corte do Grande Khan, 74
trucidados pelos mongóis, 74-75
Hungria:
Béla IV, rei da, 69
invadida pelos mongóis, 69
invadida pelos tártaros, 61
Hy-Brasil (ilha lendária), 236
Hylacomylus, pseudônimo de Waldseemüller, 21, 379

Ianuarius, Hanibal, 303
Icebergs:
em *Viagem* de Brandão, 107
mencionados pelos Corte-Real, 332-33
idioma latino, 166-67
Igreja Católica Romana, 166
Igreja católica, 61
Igreja Ortodoxa Oriental, 166
Ilacomilus, pseudônimo de Waldssemüller, 379, 420
ilhas atlânticas, 236-40, 246
busca das, 267-68
na carta náutica de Dulcert (1339), 134
no mapa de Toscanelli, 247-48
no mapa-múndi de 1507, 265
imagens em igrejas medievais, papéis das, 50
Império Bizantino, 166-67, 176-77
ameaçado pelos turcos, 55
ataque dos mongóis ao, 80

enviados ao Concílio de Florença, 226-27
rejeita decreto de unificação, 240
Império Romano:
cisão do, 165-66
extensão do, 153
nos mapas medievais, 50
Virgílio sobre o, 240
impressão:
e a *Geografia* de Ptolomeu, 369-73
invenção e disseminação da, 279-80
Índia, 62, 84, 114
alcançada pelos portugueses, 257
como lar do Preste João, 68
expedição por Covilhã, 254-55
na lenda nestoriana, 68
navios em Zaiton, 91
no mapa-múndi de 1507, 23, 224
no relato de Conti, 225
Petrarca sobre a, 145
soberano cristão na, 76-77
Índia Média, 67
Índia Próxima, 67
Índico, oceano, 101
comércio romano no, 152
em Plínio, 244
em Solino, 244
Fra Mauro sobre o, 244
na *Geografia* de Estrabão, 231
na *Geografia* de Ptolomeu, 162
no *Livro* de Polo, 88-89
no mapa de Fra Mauro (c. 1459), 243
no mapa de Martellus (1489 ou 1490), 259
no Mapa Kangnido (1402), 234
no mapa-múndi de 1507, 29
viagem marítima dos Polo através do, 84

Indonésia, 93
Inglaterra, 113
    enviado em karakorum, 79
    reis *ver* Eduardo III, Henrique III,
        Henrique IV
Ingolstadt, Universidade de, 364
Inocêncio IV, papa, 70
Inter caetera (bula papal), 221, 251,
    305
Inter caetera II (bula papal), 305
Introdução à cosmografia (1507):
    como fonte para Copérnico, 430
        cópia encontrada por Glareanus,
        414-15
    desconhecido na Espanha antes de
        1512, 417
    distribuição do, 416
    fac-símile publicado, 31-32
    ideia inicial, 392
    impressão do, 399, 411-12
    na Polônia, 427-28
    página de rosto, 15
    poema no, 404
    possível inspiração para o *Utopia*,
        de More, 416
invasões tártaras, 61-62
Inventio fortunata, 320
Irlanda:
    Colombo visita a, 267, 281
    monges da, 106-8
Irving, Washington, 19-21
Isabel I, rainha de Castela, 277
    Colombo roga apoio a, 285
    funda a Casa de Contratación, 357
Isabela (Hispaniola), 294
    as visitas de Colombo na terceira
        viagem, 327
    Colombo ordena a edificação de,
        307-8
    em situação de colapso, 313-14

Isabela, ilha de *ver* Cuba
Isaías (livro bíblico), 330
Isidoro de Sevilha, 48, 95, 193
    Etimologias, 13, 41, 45, 46
    fonte para Boccaccio, 147-48
    Guilherme de Rubruck sobre, 79
    mapa T-O, 45, 46
    sobre a quarta parte do mundo, 95
    sobre o Paraíso Terrestre, 324
islã, mongóis convertem-se ao, 100
Islândia, 88, 236, 239
    Colombo visita a, 267, 281
    no mapa de Clavus, 201
    Petrarca sobre a, 145
    visitada pelos mercadores de
        Bristol, 268-69
Itália:
    e o comércio de escravos, 220
    e o comércio de especiarias, 244
    em cartas náuticas, 108-11, gr.4-5
    expedição às Canárias, 133-38
    no mapa de Matthew Paris, 50
    no mapa-múndi de 1507, 169
    Petrarca sobre a forma da, 143-45
Itinerário ao sepulcro de Nosso Senhor
    Jesus Cristo, 144
Iunonia, ilha, 146

Jacques de Vitry, 68
Jafé (filho de Noé), 95
Jamaica, 309, 335
Japão, 246
    Colombo acredita estar perto do,
        23, 293
    Colombo compara Hispaniola
        com, 312
    no globo de Behaim, 262
    no *Livro* de Polo, 91-92
    no mapa de Toscanelli, 249-50
    no mapa-múndi de 1507, 101, 405

no mapa-múndi de Martellus, 259, 260

procurado por Colombo, 265-66, 271-72, 298-99

Jardim do Éden, 50

Jasão e os Argonautas, 240, 331

Java Menor, 93, 96, 158

   Java, 158

   identificada com as ilhas atlânticas, 239

   no mapa-múndi de Martellus, 259

   no relato de Conti, 225

Jerônimo, São, 151

Jerusalém, 55-57, 65-66, 98

   centro espiritual da Ásia, 71

   em mapas medievais, 48, 50-52

   nas mãos dos muçulmanos, 68

   nas viagens de Mandeville, 103-4

   no mapa-múndi de D'Ailly, 199

   peregrinações a, 56

jesuítas, 27

Jesus Cristo, 66-67, gr.2

   e o *Homem de vitruviano* de Da Vinci, 188

   em mapas medievais, 47-48, 51-52

   em *mappaemundi*, 179

João de Gênova:

   Catholicon, 50

João de Hollywood *ver* Sacrobosco, Johannes

João de Monte Corvino, 98

João de Plano Carpini, 78, 80, 83, 87, 119

   A história dos mongóis, 71, 75

   expedição à Ásia por, 71-76

   sobre o Preste João, xx

João I, rei de Portugal, 202, 206-7

João II, rei de Portugal, 245, 246, 251-52, 254-56, 261-62, 265-67, 270-73, 276, 284, 302-3

João VIII Paleólogo, 226

João XXII, papa, 116

Joaquim (abade), 330

John Carter Brown Library, xx

Jordano de Severac:

   Livro das maravilhas, 205

Juba II, rei da Namíbia, 135

Jubileu (1300), celebração do, 169

judeus:

   como cartógrafos, 117

   convertidos ao cristianismo para patrocinar viagens, 356

   e a literatura grega, 120

   governados por Kubilai Khan, 90

   mediando entre cristãos e muçulmanos, 117

   sobre mapas medievais, 50

judeus maiorquinos, 117

Juliano (frei húngaro), 61-62, 64, 69

Junônia *ver* Iunonia, ilha

Kalka, rio, 64

Kangnido, mapa (1402), 233, 234

Karakorum, 69, 73-74, 78, 118

Khan *ver* Grande Khan

Khanbalik (Pequim), 90, 98

Kiev, 72, 228

Kinsai (Hangzhou), 90

   Colombo sobre, 281, 288

   no *Livro* de Polo, 90-91

   no mapa de Toscanelli, 249

   no mapa-múndi de 1507,405

Kozhikode *ver* Calecute

Kubilai Khan, 82, 85, 89-90, 97, 98

La Cerda, Louis de, 137, 146

La Navidad (Hispaniola), 300-1, 307

La Rábida, monastério de, 277-79, 287

La Salle, Gadifer de, 211-12

Lactâncio, 46

Lagos (Portugal), 218, 267

Lanzarote (ilha Canária), 134, 211-12

Las Casas, Bartolomeu de, 270, 285,
287-88, 290, 306

   História das Índias, 18, 417

   lê *Introdução à cosmografia*, 417

   ofendido com a carta de Vespúcio,
19

   sobre a humanidade dos índios,
299

   sobre a terceira viagem de
Colombo, 321-29

   versão da carta de Toscanelli, 247-49

latitude:

   aplicada à perspectiva, 182-83

   determinação da, 157-59, 159,
273-74

   diagrama ilustrando o conceito de,
157

   padre islandês na determinação da,
273

   usada por Roger Bacon no
mapeamento, 126-27

Lavrador, 237

Leão III, papa, 362-63

Leão X, papa, 375

Leipzig, Universidade de, 415-16

leitura como atividade oral, 41

leitura silenciosa, 41

leões-marinhos, 216

leste na parte superior do mapa, 46,
96; *ver também* orientação

Líbia, 160

Library of Congress (EUA), 34

língua grega:

   conhecimento de Ringmann da, 394

   no Concílio de Florença, 227

   no Império Romano, 166

   trazida para Florença, 176-77

linha de demarcação, 376

Lisboa, 266-67

literatura grega, 120

*Livro do conhecimento de todos os
reinos, O*, 213-15, 279

livros de pergaminho, feitura dos, 279

livros vendidos não encadernados,
412

Lloyd, John, 269

longitude:

   aplicada à perspectiva, 182-83

   determinação da, 160-61

      diagrama ilustrando, 157

      dificuldade da, 273

      por Vespúcio, 350-51

   método lunar de determinação da,
351

   utilizada por Roger Bacon no
mapeamento, 126-27

Lorenzo, o Magnífico, 342, 343-44

loxodromias, linhas de rumo, 111

Lua, ilha da, 255

Lud, Nicholas, 392, 410

Lud, Walter, 378, 379-80, 392, 410

Luís IX, rei da França, 76-79, 108,
112-13, 117

Lyon (França), 70, 71, 75, 97

macacos, 92, 322

machina mundi, 122

Macróbio:

   Comentário ao sonho de Cipião, 43

macrocosmos, 188

Madagáscar, 255

Madeira, ilhas, 211, 236, 267

Magalhães, estreito de, 403

Magalhães, Fernão de, 23

Magna Carta, 39

Magno, Carlos, 362

Maiorca, 117

Málaca, estreito de, 93

Malásia, península da, 93, 309
   Colombo espera chegar à, 309
   no *Livro* de Polo, 93

Malmesbury, William de, 56

Malocello, Lanzarotto, 133-35, 146,
   211, 270, 335,

mamelucos, 97

Mandeville, *Sir* John, 102-5, 107
   como fonte para o mapa-múndi de
      1507, 405-6
   fonte para o globo de Behaim,
      261-62
   no Paraíso Terrestre, 324
   Viagens, 117, 213, 279, 297

Mangi *ver* China, sul da

Mangku Khan, 78-79

Manuel I, rei de Portugal, 332, 353

Manzai, Manzi *ver* China, sul da

mapa de Lambeth Palace (ca. 1300),
   51-52, 52, 187-88

mapa itinerário, 58

mapa-múndi:
   Catalão-Estense (c. 1450), 214-15,
      215
   coreano, 233
   de Fra Mauro (c. 1459), 243-44,
      243
   concepção de Ptolomeu do, 154
   novidade do, 180
   funções do, 193
   ver também mappaemundi: mapas
      inv=inviduais sob o cabeçalho "mapas,
      cartas náuticas, atlas e globos"

mapa-múndi (1508), 317, 318, 421,
   423

mapas:
   gregos, 165
   persas, 89
   romanos, 47, 165

zonais, 44, 93, 94, 159, 180, 200

mapas, cartas náuticas, atlas e globos
(por autor ou nome)
   Abraão Cresques (1375), 117, 212,
      gr.6
   Albertin de Virga (ca. 1411-1415),
      234, 234
   Albrecht Dürer (1515), 28, 424
   Américo Vespúcio:
      (ca. 1497), 352-53
      (ca. 1508), 375
   Angelino Dulcert (1339), 133-35,
      134, 205-6
   Atlas Catalão (1375), 117, 212,
      gr.6
   Bartolomeu Dias (1488), 258
   Carta náutica de Cantino (1502),
      373-77, 376, gr.10
   Carta Náutica Ginea Portogalexe
      (ca. 1489), 252
   Carta Pisana (ca. 1275), 109, 110
   Cláudio Ptolomeu:
      Geografia, 150-68, 195, 283,
         347, 369-73, 418-23
      mapa-múndi de, 167, 182, 253,
         258, gr.7
   Claudius Clavus (ca. 1410), 200,
      201, 228
   Cristóvão Colombo (ca. 1492),
      289
   Dante Alighieri, 327
   Florença, paisagens de, (1352-
      -1492), 183
   Gerardus Mercator (1538), 417
   Gregorio Dati (antes de 1435), 45
   Guillaume Fillastre (ca. 1418),
      194, 205
   Hartmann Schedel (1493), 123
   Henricus Glareanus (1510), 25,
      26, 29, 409

Índice remissivo

Henricus Martellus (1489 ou 1490), 258-61, 260, 272, 372, 396, 399, gr.9

Isidoro de Sevilha (ca. 600), 45, 46-47

Johannes de Stobnicza (1512), 359, 409, 427

Johannes Ruysch (1508), 317, 318, 421, 423

John Day (1497-1498), 320

Juan de la Cosa (ca. 1500), 333-34, 334, 357-58, 373

Leon Battista Alberti (1430-1440), 184-85

Lorenz Fries (1525), 413

Mapa de Fra Mauro (c. 1459), 243-44, 243

Mapa de Lambeth Palace (ca. 1300), 51, 52, 187-88

Mapa Ebstorf (ca. 1234), 108

Mapa Kangnido (1402), 233, 234

Mapa Saltério (1265), 51-54, gr.1

Mapa-múndi Cataláo-Estense (c. 1450), 214-15, 215

mapa-múndi em formato de Águia (1574), 401

Marco Polo, 93-94, 94, 96

Martin Behaim (1492), 237, 242, 261-64, 262, 272, 294-95

Martin Waldseemüller:
  carta marina (1516), 30-32, 413, 420, 421, 424
  globo (1507), 23, 32-34, 33, 391, 392, 410-11
  mapa da Europa (1511), 391, 418
  mapa do Novo Mundo, 419
  mapa-múndi (1507) ver Waldseemüller, Martin, mapa--múndi de 1507

mapa-múndi (1512), 419

mapa-múndi (depois de 1513?), 438

Matthew Paris (ca. 1255), 42, 44, 45, 49, 58, 145, gr.4

Maximos Planudes (ca. 1300), 167

Mecia de Viladestes (1413), 206, 212

Nicoly de Caverio (ca. 1504-1505), 389-91, 390, 397, 398, 403, 406, 420

Paolo Toscanelli (1474), 247-50, 250

Peter Apian:
  (1520), 416, 440
  (1532), 409

Petrus Vesconte (1321), 115-16, 116

Pierre d' Ailly (início do séc. XV), 197, 198-99, 200

Regiomontano (ca. 1434), 164

Roger Bacon (ca. 1267), 126, 127

Sebastian Münster:
  (ca. 1514-1518), 415
  (1532), 409, 432-33, 433

Simon Marmion (1460), gr.8

Zuane Pizzigano (1424), 237, 238

mapas, projeções de ver projeções de mapas

mapas-múndi medievais ver mappaemundi

mapeamento:
  aplicado à história, 174
  como concebido por Ptolomeu, 154
  o uso de coordenadas por Bacon no, 126-27
  tratado de Alberti sobre, 184

mappaemundi, 49, 54, 61, 71, 105, 108, 110, 116-17, 128, 134-35,

144, 174, 179, 187, 194-95, 205, 223, 246, 271, 282, 309, 371, 389, 402, 435
   como história visual, 51
   e o *Livro* de Polo, 88
   e o relato de Conti, 229
   estudado por Boccaccio, 147
   funções do, 50
Maquiavel, Nicolau, 342
Marchena, frei Antonio de, 277
Marcos (enviado nestoriano), 76-77
Markland, 237
Marmion, Simon (1460), gr.8
maronitas, 226
Marselha, 266
Martellus, Henricus, 284, 404
   exagera a largura da Eurásia, 260
   fonte para o globo de Behaim, 263
   mapas-múndi (1489 ou 1490), 258-61, 260, 272, 372, 396, 399, gr.9
   sobre a extensão da África, 260
   sobre a localização de Catigara, 348
Martinez, Egídio, 202-3
Martinica, 307
Martins, Fernão, 246-47, 270-71
Mateus, evangelho de, 54
Matthew (navio de Caboto), 317
Maximiliano I, imperador, 16, 391-92, 398, 402
   dedicatória de Waldseemüller a, 423
   mapa-múndi de 1507 dedicado a, 23
   propõe expedição à China, 263-64
   retrato de, 400
Meca, 225
Medici, Cosimo de, 178, 190, 230, 342
Médici, Lorenzo di Pierfrancesco de, 336-37, 384

carta de Vespúcio, 345-46
Vespúcio entra ao serviço de, 343-44
Mela, Pompônio, 154, 165, 195-96
   Descrição do mundo, 141-42, 166, 178, 194-95
   e o relato de Conti, 229
   fonte para Boccaccio, 148
   sobre o formato da África, 233, 244
mercadores:
   conseguem acesso ao Oriente, 80
   papel nos descobrimentos, 343
   referidos no *Livro* de Polo, 89
   viajam para o Extremo Oriente, 85, 99
mercadores árabes, 244
mercadores de Bristol, 268-69, 315-20, 332
mercadores hindus na África, 254-55
Mercator, Gerardus, 412, 417
meridianos, 156-57
Merkel, Angela, 34
Mestre José (cartógrafo), 272
microcosmos, 186
Miechów, Matthew de, 426
Mina *ver* Elmina
Minerva, Templo de, 143-44
missionários, 80, 99
Mogúncia, arcebispo de, 48, 190
mongóis, 62-65
   amigáveis Ocidente cristão, 97
   abrem uma via para o Oriente, 80
   carta ao rei da Hungria, 69
   costumes dos, 79
   crueldade dos, 69-70
   derrotam os russos, 64
   descritos como canibais, 63
   destronados pelos chineses (1368), 100
   destruição deixada pelos, 73

Índice remissivo

dieta, 73-74
encontram João de Plano Carpini, 72-73
expulsos do Oriente Médio, 97
especulações de Roger Bacon sobre os, 117-18
imaginando-se estarem abertos ao cristianismo, 76-77, 97-98
incentivam visitas de europeus, 70
interesse europeu nos, 99
mantêm prisioneiros em Karakorum, 79
na Europa oriental, 64, 69
reputação de selvajaria, 64
retirada (1242), 70
sistema de correio, 89
tomam Bagdá (1258), 97
velocidade de deslocação dos, 63, 73
zombam dos cristãos, 78
Mongólia, 62, 69, 73, 80
monstros marinhos, 209
montagem de mapas murais, 414
Montanhas da Lua, 214
morávios, 75
More, Thomas:
Utopia (1516), 416
mouros, 202-3
como escravos, 217
Cruzada contra os, 220-21
expulsos de Granada, 285
resistem às invasões dos portugueses, 207
muçulmanos:
como ameaça ao Império Bizantino, 55
como mercadores e comerciantes, 113, 233, 255
derrotados por Chingis Khan, 68
expulsam os mongóis e latinos do

Oriente Médio, 100
governados por Kubilai Khan, 90
na África do Norte, 202
na corte do Grande Khan, 74
preservam a literatura grega, 120
relataram depredações sobre os cristãos, 77
resistência dos, aos mongóis, 97
retomada de Jerusalém (1187), 55, 68
sofrem nas mãos dos mongóis, 80
Mundus novus (1503), 336-37, 349, 350, 354, 356, 366, 368, 382-83, 385, 388, 404
Münster, Sebastian, 417
Müntzer, Hieronymus, 263
Museu Britânico, 440

Namíbia, costa da, 254
Necos, rei do Egito, 232
Negro, mar, 84, 99
em cartas náuticas, 110-11
no *Livro de Polo*, 87
Névis, ilha, 307
New York Times, 32
Ngan-king (China), 89
Nicolau IV, papa, 98
Nicolau V, papa, 178
Nigéria, 254
Nilo, rio, 45, 105, 160, 206-7, 214, 228, 232-33, 323-24, 369
Niña (nau), 287, 290-91, 301-2
Ningaria (ou Ninguaria), 135, 146
Noé, dilúvio de, 104
nomes de lugares:
na *Geografia* de Ptolomeu, 163, 165
Ringmann sobre, 366
nomes de mulheres para os continentes, 393-94

Nordenskjold, Adolf Erik, 24-25
norueguês viaja à América, 27, 237
Nova Escócia, 333
Novo Mundo *ver* América
Núbia, 206, 214
mundo como uma máquina, 122

oceano, Marco Polo sobre, 102
ocidente (direção), simbolismo do, 46
Ofir, 311-12
Ogígia (ilha lendária), 239-40, 246
Ogodai Khan, 69, 73
oikoumene:
   na *Geografia* de Ptolomeu, 162-63, 167
   Ptolomeu sobre a, 189
   tamanho da, 155-63
Ombrios (ilha), 135
omphalos, 48, 52
Ordem de Cristo, 221
Ordem Dominicana, 83, 205
   em Florença, 342
   embaixadores aos mongóis, 70
Ordem Franciscana, 70-71, 114, 117, 205, 279
   na China, 98
   voto de pobreza da, 78
"orelhudos", 86
orientação dos mapas-múndi medievais, 46
Oriente, diplomatas no, 80
Oriente Médio, 67, 70, 97, 100
Oriente Próximo, 67, 85-86, 97, 100, 205, 224, 231, 244
Orinoco, rio, 323
Ortelius, Abraham, 424
Ortiz, Diogo, 272
"os peludos", 86
"os sem progênie", 86

Otranto (Itália), 143-44
ouro, 89, 92, 281, 293-94
Outremer, 56, 65

Pacífico, oceano:
   avistado por Balboa, 23
   conhecimento europeu da existência do, 10
   no mapa-múndi de 1507, 403
padrões, 251, 254-59, 406
Pádua (Itália), 97
Países Baixos, 113, 362
Palestina, 98
Palos (Espanha), 277, 287-88
Panamá, 23, 335
panotes (raça monstruosa), 53
papagaios, 92, 225, 292, 302, 316, 332, 374
papas *ver* Alexandre V, Alexandre VI, Bonifácio VIII, Clemente IV, Clemente V, Clemente VI, Eugênio III, Eugênio IV, Gregório X, Gregório XI, Inocêncio IV, João XXII, Leão III, Leão X, Nicolau IV, Nicolau V, Paulo II, Paulo III, Pio II, Pio X
papel-moeda, 89
Paraíso Terrestre, 48, 51, 71, 94
   Colombo crê ter encontrado o, 323-26
   em mapas-múndi medievais, 46
   nas viagens de Mandeville, 104-5
   no *Livro do conhecimento*, 214
   no relato de Vespúcio, 338-39
paralelos, 156-57
Parentucelli, Tommaso, 178
Pária, 322-24, 385
Pária, Golfo de, 345, 349, 407
Paris, Matthew, 40-59, 60, 63, 104

Chronica majora, 40-41, 51, 55-56, 61, 434
  como artista, 40
  desenho de mongóis, 63
  diagrama cosmográfico (ca. 1255), 42
  ideias cosmográficas de, 122
  itinerário de peregrinação, 55-56, 58
  mapa T-O de, 45
  mapa zonal (ca.1255), 44
  mapa-múndi (ca. 1255), 49, gr.4
  mapas itinerários, 55-56, 58, 144-45
  paixão por mapas, 40
  retrato de Alexandre, o Grande, 434
  retrato do imperador Frederico II, 47
  sobre o formato da Itália, 110
Paris, Universidade de, 117, 196, 198, 365
Paul Vladimir (magistrado), 192
Paulo II, papa, 280
Paulo III, papa, 425
Pedro (bispo russo), 70
Pedro, infante, duque de Coimbra, 234-35
pena de morte pela fuga de segredos cartográficos, 373
Pequim (Khanbalik), 90, 98
Peregrinus, Petrus, 112
Periegetes, Dionísio, 395
"Périplo do Mar da Eritreu", 110
pérolas, 91-92, 249, 262, 281, 295, 322, 345, 349, 352, 354
Pérsia, 66, 68, 83-84, 97-98, 100, 151
perspectiva linear, 181-88
"perspectógrafo", 186
Peste Negra, 100

Petrarca, Francesco, 133, 147, 170-71, 191
  África, 139
  biografia de Júlio César, 145
  citado por Vespúcio, 383
  pesquisa geográfica de, 138-39
  sobre a reunificação do império, 166
  Sobre a vida solitária, 150
  sobre os bizantinos, 176
  sobre Roma, 150-51
Philesius Vogesigena (Matthias Ringmann), 16, 21, 365, 369; *ver também* Ringmann, Matthias
Piccolomini, Aeneas Sylvius:
  História de assuntos conduzidos em toda parte, 280-81, 282
Pico della Mirandola, Gianfrancesco, 388
  Oração sobre a dignidade do homem, 388
Pilares de Hércules, 203, 232, 239, 270, 436
Pina, Rui de, 302
Pinta (nau), 287, 289, 296, 302
Pinzón, Martin Alonso, 289, 296, 302
Pio II, papa, 280
Pipino, Francesco (frade dominicano), 99
Pipino, frei Francesco, 99, 279, 281
Pizzigano, Zuane, 237-39, 238
planetas, 17
Planudes, Maximos, 169, 179
  e a *Geografia* de Ptolomeu, 167-68
  mapa-múndi ptolomaico (ca. 1300), 167
Platão, 230, 239
Plethon, Jorge Gemisthos, 228, 230, 239, 242

Plínio, o Velho, 165, 309
  e o relato de Conti, 229
  História Natural, 53, 125, 135,
    141-42, 146-47, 178, 312
  sobre a circum-navegação de
    África, 233
  sobre a utilidade das figuras, 370-71
  sobre as ilhas Afortunadas, 135,
    148-49
  sobre o comércio da seda, 153
  sobre o formato da Itália, 110
Plutarco, 135
Pluviaria (ilha), 146
Polo, Maffeo, 81, 82, 91
Polo, Marco, 77, 81, 87, 107, 112,
  114, 141, 158, 225, 237, 246, 255,
  272
  Descrição do mundo ver Livro
  domínio de idiomas, 83
  e o Extremo Oriente, 231
  fonte para Boccaccio, 147
  fonte para o Atlas Catalão, 117
  fonte para o globo de Behaim, 262
  fonte para o mapa de Fra Mauro,
    244
  fonte para o mapa de Martellus,
    259
  fonte para o mapa-múndi de 1507,
    29, 405
  ideias sobre o tamanho da Terra,
    284
  Il milione ver Livro
  Livro de, 84-85, 87-89, 99, 101,
    279, 281-82
  mapa de, 92-94, 94, 96
  perspectiva global, 102
  reações ao seu *Livro*, 97
  sobre distâncias, 272-73
  viagem à China de, 82-100
  Viagens de Marco Polo ver Livro

Polo, Niccolò, 81, 82
Polônia, 12, 69, 362, 391, 425-28
polos celestiais, 155-58, 156
Pordenone, frei Odorico de, 205
"Portador de Cristo", nome para
  Colombo, 330, 331, 334
Porto Rico, 307
Porto Santo (Madeira), 236, 267, 268
Portugal, 28, 113
  apodera-se de Ceuta, 202-3
  contato com povos africanos, 208
  expedições à África, 204-23
  guerra contra a Espanha, 250
  no Concílio de Florença, 235
  reis *ver* Afonso I, Afonso V, João I,
    João II, Manuel I
Prassum Promontorium, 252-53,
  266, 406
Preste João, 65-69, 90, 205-6, 235-36,
  254
  Chingis Khan identificado com, 69
  Covilhã procura por, 255
  dúvidas sobre, 79-80
  João de Plano Carpini sobre, 76
  na carta náutica de Viladestes
    (1413), 206
  nas viagens de Mandeville, 104
  no Atlas Catalão, 117
  no *Livro do conhecimento*, 214
  no mapa-múndi de 1507, 23, 405
  relacionado com o Grande Khan,
    76
  sobre o mapa-múndi do cardeal
    Fillastre, 194
  sua "carta", 67
  Vasco da Gama leva carta a, 321
primeiro meridiano, 160-61
primum móbile, 121-23
projeções:
  de Ptolomeu, 162-64, 162-64, gr.7

do mapa-múndi de 1507, 399-400
Ptolomeu, Cláudio, 280-81
  Almagest, 129
  citado por Cassiodoro, 152
  concepção da África de, 222-23
  Cosmografia, 179
  defesa do universo geocêntrico, 121
  e o relato de Conti, 229-30
  Flavio Biondo sobre, 224
  fonte para o globo de Behaim, 262
  fonte para o mapa de Fra Mauro,
    244
  Geographike hyphegesis, 154
  *Guia para confeccionar um mapa-
    -múndi*, 154
  largura exagerada da Eurásia por,
    260
  mapa-múndi atualizado por
    Martellus, 258
  mapa-múndi como desenhado por
    Maximos Planudes, 167, 182
  Poggio sobre, 228
  projeções, 162-64, 162-64,
    399-400, gr.7
  retrato de, 28, 150
  sobre a localização de Catigara, 348
  sobre a proporção do mundo
    conhecido em relação ao total,
    125
  Waldseemüller sobre seus nomes
    dos lugares, 422

qarib (embarcação árabe), 245
quadrante (instrumento), 158, 274-76,
  338, 358
Quanzhou *ver* Zaiton (China)
quatro elementos, 120
querubins fazendo a Terra girar, 433
Quinto Real, 219
Quios, 266

raça sem ossos, 86
raças monstruosas, 53-54, 71
  citadas por João de Plano Carpini,
    76
  Colombo espera encontrar, 297
  dúvidas sobre existência, 79
  nas viagens de Mandeville, 104
  nos mapas medievais, 52-54
  nos relatos chineses sobre o
    Ocidente, 85-86, 86
  xilogravuras mostrando, 53

Raspe, Henry, 70
ratos e peste, 100
Reconquista, 285
Regiomontano, 164
Reims (França), 193-95
Renato II, duque da Lorena, 18, 377,
  379, 393, 411
  carta de Vespúcio, 18, 382-88
  morte de, 418
Renato, rei de Anjou, 266
Rhapta (nome ptolomaico de um
  lugar), 160
Ringmann, Matthias, 24, 364-69,
  411, 441
  autoria de *Introdução à cosmografia*,
    392-95
  carta a Waldseemüller, 391
  Descrição da Europa (1511), 393
  encontra-se com Pico della
    Mirandola, 388
  estuda a *Geografia* de Ptolomeu, 366
  Humboldt sobre, 21-22
  Introdução à cosmografia, 15-34,
    392-95, 406, 410, 413
  planeja a nova edição da *Geografia*
    de Ptolomeu, 380
  Sobre a costa sul, 368-69, 377-78,
    388, 395, 404, 408

viaja para a Itália, 418
rios do Paraíso, 214, 324
Rodrigo (mestre cosmógrafo), 272
rolos de papiro, 164
Roma:
    mapa de Alberti de, 184-85
      mapas usados para exposição em,
      165
    queda de, 166
    relação com Florença, 172-73
Romance de Alexandre, 54
Romanos:
    sobre a localização das Ilhas
      Afortunadas, 135
    visitam a Taprobana, 126
Roosevelt, Theodore, 32
rosa dos ventos, 111, 113
Rosselli, Francesco, 258
Rossi, Roberto, 176
Rota da Seda, 88
Rubruck, Guilherme de, 80-81, 83,
    87, 117-18, 119
    fonte para Boccaccio, 147-48
    missão aos mongóis (1253-1255),
      77-80
Rússia, 61
    emissários em Karakorum, 79
    emissários na corte do Grande
      Khan, 74
    emissários no Concílio de Florença,
      226
    João de Plano Carpini na, 72, 75
    mongóis invadem a, 64-65, 69, 70
Rustichello de Pisa, 84
Rusudan, rainha da Geórgia, 65
Ruysch, Johannes:
    mapa-múndi (1508), 317, 318,
      421, 423

Saara, deserto do, 203, 207

Sabá, 311-13
Sacro Império Romano, 69-70,
    362-363, 400-401
    no mapa-múndi de 1507, 361
Sacrobosco, Johannes:
    A esfera (1490), 42-43, 123-24,
      158-59, 285, 395, 431
Saffar, Ibn al-:
    Sobre o funcionamento do astrolábio,
      128
Saint Croix, 307
Saint Kitts, 307
Saint-Dié (França), 16, 21, 31, 377-78
Saladino, 56
Salimbene (cronista franciscano), 75
Salomão, templo de, 312
Saltério, mapa (1265), 51-54, gr.1
Salutati, Coluccio, 171-78, 227
Samarcanda, 76
San Salvador, ilha de, 293
Sandacourt, Jean Basin de, 392
Santa María (nau), 287, 289,
    298-301
Santa Sofia, igreja de (Sudaq), 77
Santángel, Luis de, 285
Santo Albano (abadia), 39-40, 55,
    104, 112
    biblioteca de, 43, 48
Sanudo, Marino:
    Livro dos segredos, 116
São Brandão, ilha de, 134, 246
    na carta náutica de Colombo, 289
    na carta náutica de Dulcert (1339),
      134
    no Mapa Ebstorf (ca. 1234), 108
São Jorge da Mina *ver* Elmina
São Marco (convento), 342
Sardenha, 108, 113, 170
Sartaq Khan, 76-78
Satanezes (ilha lendária), 239, 246

na carta náutica de Colombo, 289
na carta náutica de Pizzigano, 238
Sauma, Rabban (emissário nestoriano), 98
Schedel, Hartmann:
Nuremberg Chronicle, 123
Schöner, Johannes, 28, 424
seda, comércio de, 153
Sem (filho de Noé), 95
Sêneca, 246
Medeia, 240, 330
sobre a distância da Europa à Índia pelo oeste, 125
Senegal, 220
Sete Cidades, ilha das, 237, 249, 268
Shang-tu (China), 85, 90
Sian-yang-fu (China), 89
Sibéria, 62
Siena (Egito), 155
Silésia, 69
Sinus Aethiopicus ver golfo Etíope
Sinus Magnus, 347, 348, 371, 406
Síria, 60, 98
Sócrates sobre o tamanho da Terra, 239
Soderini, Piero, 384-85
Soldaia, 77-78, 81; *ver também* Sudaq
Solino, Júlio:
citado por Colombo, 281
descrição das raças monstruosas, 79
Galeria das coisas maravilhosas, 53, 141, 178
sobre o oceano Índico, 244
Sri Lanka *ver* Taprobana
Stella Matutina, 27
Stevens Jr., Henry Newton, 32-33, 438
Stobnicza, Johannes de, 427
Introdução à geografia de Ptolomeu (1512), 427

mapa-múndi de, 409
mapas hemisféricos, 427
Strozzi, Palla, 177-78
Sudaq, 77
Sumatra, 112
identificada com as ilhas atlânticas, 239
no *Livro* de Polo, 93
no relato de Conti, 224
Sumner, Charles, 22

Tânger, 216
Taprobana:
alcançada por navegadores romanos, 153
na *Geografia* de Estrabão, 231
na *Geografia* de Ptolomeu, 161
no relato de Conti, 229
Petrarca sobre a, 145
referências em Plínio, 125-26
Vespúcio planeja alcançar a, 351-52
Társis, 311, 313, 323, 330, 436
tártaros, 61-62
tau (letra grega), 48
Tejo, rio, 264
Templários, 221
tempo, relação com longitude, 160-61
Temujin *ver* Chingis Khan
Tenerife (ilha), 149
Tenggeri (deus do céu mongol), 62
teoria heliocêntrica, 425-32
teorias zonais da Terra, 283-84
Terra:
Colombo sobre a esfericidade, 283
comparada a uma maçã, 102
concepção de Mela da, 195
concepção de Roger Bacon da, 120
elemento antigo, 121

estimativas de tamanho, 155, 161, 249-50, 273

estrutura da, 428-31

forma da, 326

girada por manivela, 433

provas da esfericidade da, 43, 273

Terra em formato de pera, 326, 327

Terra fora do centro, teoria da, 196

terra habitável:

extensão da, 241, 260

ideias sobre a, 197

no mapa-múndi de D'Ailly, 199

perspectiva de Bacon da, 198

segundo Mela, 195-96

terra incognita, 194, 196, 199, 202, 419

Terra Nova:

Caboto na, 317

Leif Eriksson na, 237

na carta náutica de Cantino, 374

os Corte-Real na, 332-33

Terra Prometida dos Santos, 101, 107, 236

Terra Santa, 66, 98, 100

conquistada pelos turcos, 55-56

nas cartas náuticas, 110

nas viagens de Mandeville, 104

os mamelucos derrotam os mongóis na, 97

situação medonha dos cristãos na, 65-66

Terra, zonas da, 43-44

terras desconhecidas *ver terra incógnita*

Tétis (deusa do mar), 240, 331

Thacher, John Boyd, 15

O continente americano, 26

Tibete, 118

Tífis (marinheiro que guiou Jasão), 331

Tigre, rio, 66, 105, 324

Tiro, Marino de, 160

T-O, mapas 45-48, 45, 96, 180, 194-95, 199

tolerância religiosa, 90

Tomás de Aquino, São, 310

sobre o Paraíso Terrestre, 324

Torres, Luís de, 296-97

Toscanelli, Paolo dal Pozzo, 242-43, 263, 270, 278, 281, 342

carta a Martins, 247-49

corresponde-se com Colombo, 271

e Nicolau de Cusa, 426

exagera a largura da Eurásia, 260

mapa (1474), 247-50, 250

no Concílio de Florença, 228

propõe navegar para ocidente para alcançar as Índias, 246

Tratado de Alcáçovas, 250, 288, 302

Tratado de Tordesilhas, 314, 332, 387

Três Índias, 67, 71, 88

trevas, segundo Petrarca, 139

Trindade nos mapas T-O, 45

Trinidad:

Colombo descobre, 322

no mapa-múndi de 1507, 310

visitada por Vespúcio, 349

Troglodítica (nome ptolomaico de lugar), 160

Tübingen, Universidade de, 415

Túnis, 266

turcos otomanos, 176

turcos seljúcidas, 55

turcos, sultão dos, 23, 328

turcos:

em Karakorum, 79

sitiam Constantinopla, 176

sultão dos, 23

Uí Breasail, 236

Ultima Thule, 241

Índice remissivo

alcançada por navegantes romanos, 153

no mapa-múndi de Ptolomeu, 167

Petrarca sobre, 145-46

"umbigo da terra", 48

universidades *ver nomes de universidades*

universo geocêntrico, 40

Urais, montes, 61-62

utopia, etimologia da palavra, 416

Valência (Espanha), 315

Vasco da Gama, 321, 328

Velde, William de, 413

Veneza (Itália), 84, 90

Venezuela:

Colombo desembarca na, 18

no mapa-múndi de 1507, 310

origem do nome, 350

vento norte, 160

xilogravura com o, 115

"Verde Mar das Trevas", 209

Vergil, Polydore, 319

Vesconte, Petrus, 115-16, 116

Vespúcio, Américo, 17, 26, 30, 413

carta a Lorenzo de Médici, 336-39

carta a Renato II, 18, 382-88

carta a Soderini, 382-88

"cartas familiares", 340, 352-56

como cartógrafo e principal piloto, 375

conhecimento da *Introdução à cosmografia*, 417

descreve seus mapas, 352-53

descrito como fraude por Las Casas, 19

e a segunda viagem de Colombo, 344

encontra-se com Colombo, 356

foi a Espanha a negócios, 344

início de vida, 341-43

justificação para nomear o continente segundo ele, 393

mencionado por Stobnicza, 427

Mundus novus, 336-37, 366-68

na *Utopia* de More, 416

navega para Hojeda, 345

realizações de, 358

retrato, 28-29, 336

sobre a viagem de Vasco da Gama, 336

tributo por Canovai, 20

viagens de, 20-21

como contadas na carta de Soderini, 384-88

comparadas com a *Geografia* de Ptolomeu, 369

primeira, 345-52

segunda, 352-56

Vespucci, Giorgio Antonio, 342-43, 363, 383

"véu" (dispositivo para desenhar),183-84, 183

Viagem de São Brandão, A, 101, 106-7

viagem por terra e a longitude, 160

Viena:

ameaça dos mongóis, 69

Universidade de, 415

Viladestes, Mecia de, 206-12, 206

Virga, Albertin de:

Mapa-múndi (c. 1411-1415), 234, 234

Virgílio:

Eneida, 140, 142-43, 153, 240, 368

sobre a extensão do Império Romano, 153

sobre a grande terra do sul, 389

sobre terras a sul, 368

Vitória, cataratas, 214

Vitruvius Pollio, Marcus, 187
Sobre a arquitetura, 187
Vitry, Philippe de, 145
Vivaldi, Sor Leone, 214
Vivaldi, Uglino e Vadino, 113, 114,
133, 270
no *Livro do conhecimento*, 213
Volga, rio, 73, 78, 81
Vosges, montanhas dos, 16, 21, 365,
377-78, 381

Waldburg-Wolfegg und Waldsee,
príncipe Franz zu, 27
Waldseemüller, Martin, 24
carta de Ringmann, 389
Carta marina (1516), 30-32, 413,
420, 421, 424
começo da vida e educação, 379-80
edição da *Geografia* de Ptolomeu,
418
globo (1507), 23, 32-34, 33, 391,
392, 410-11
fac-símile do, 32
impressão do, 411
Humboldt sobre, 21
Introdução à cosmografia ver
Ringmann, Matthias, *Introdução
à cosmografia*
mapa da Europa (1511), 391, 418
mapa do Novo Mundo em edição
da *Geografia*, 419
mapa-múndi (depois de 1513?),
438
mapa-múndi de 1507, 35, 169,
242, 382
adquirido pela Library of
Congress, 9, 34
adquirido por Schöner, 424
como fonte de Copérnico,
430-31

desconhecido de Ortelius, 424
detalhe China oriental e Japão,
101
detalhe da América do Sul, gr.11
detalhe da Ásia Central, 60
detalhe da China, 82
detalhe da Europa Central, 361
detalhe da Índia e ilhas das
Especiarias, 224
detalhe da Itália e Grécia, 169
detalhe da sul da África, 242
detalhe da Venezuela, Golfo de
Pária, Trinidad, 310
detalhe das ilhas Canárias, 133
detalhe de Cuba, Hispaniola,
Caribe, 287
detalhe de hemisférios no topo
do mapa, 37, 131, 359
detalhe de ilhas atlânticas, 265
detalhe de ilhas britânicas, 39
detalhe de retrato de Ptolomeu,
150
detalhe do Noroeste da África,
204
detalhe do retrato de Vespúcio,
336
detalhe do vento norte, 115
detalhe mostrando terra
desconhecida, 189
distribuição, 416
e *Introdução à cosmografia*, 22
encontrado por Copérnico, 427
fac-símile de, 32
ideia inicial, 391
impressão de, 398-99, 411-12
morto em Saint-Dié, 423
preço de venda:
(1907), 33
(2003), 9
primeira referência a, 413

resumo, 435-36

tamanho da edição, 30-31, 398

título, 28

Wieser, Franz Ritter von, 31

O mais antigo mapa com o nome América (1903), 32

Winchester, bispo de, 61

Winship, George Parker, 441-42

Wolfegg (Alemanha), 27, 31, 420, 442

Wolfegg, castelo de, 27, 31, 420, 442

Würzburg, mosteiro de, 413

Xanadu, 90

xilogravura, processo de, 304, 398-99

Ya'qob, Zare'a, imperador da Etiópia, 235

Zaiton (China), 91, 248

Conheça mais sobre nossos livros e autores no site
www.objetiva.com.br
Disque-Objetiva: (21) 2233-1388

Rua Aguiar Moreira 386 | Bonsucesso | cep 21041-070
tel.: (21) 3868-5802 | Rio de Janeiro | RJ
markgrapheditor@gmail.com